KB235782

롱테일 경제학

롱테일 경제학

1판 1쇄 발행 2006년 11월 15일
1판 13쇄 발행 2021년 3월 10일

지은이 크리스 앤더슨
옮긴이 이노무브 그룹 외

발행인 양원석
편집장 정효진
영업마케팅 양정길, 강효경
펴낸 곳 ㈜알에이치코리아
주소 서울시 금천구 가산디지털2로 53, 20층 (가산동, 한라시그마밸리)
편집문의 02-6443-8862   **도서문의** 02-6443-8800
홈페이지 http://rhk.co.kr
등록 2004년 1월 15일 제2-3726호
ISBN 978-89-255-0201-4 (03320)

THE LONG TAIL : Why the Future of Business Is Selling Less of More
by Chris Anderson
Copyright ⓒ 2006 by Chris Anderson
All rights reserved.
Korean Language Translation copyright ⓒ 2006 by Random House Korea Inc.
This Korean edition published by arrangement with Brockman Inc.

The Long Tail

롱테일 경제학

크리스 앤더슨 지음 | 이노무브그룹 외 옮김

21세기에는 엄청난 위력을 발휘했던 히트상품의 영향력은 점점 줄어들고,
꼬리에 있던 틈새상품들의 힘은 점점 거세지고 있다.

서점가를 강타할 것으로 보이는 경제학 서적이 한 권 나왔다. 바로 크리스 앤더슨의《롱테일 경제학》이다. 2004년 10월 〈와이어드〉 기사에서 최초로 '롱테일'을 언급한 저자가 마침내 롱테일의 본질, 역사, 사례, 비전 등 모든 것을 다룬 책을 내놓았다. 오래되었거나 별로 인기가 없는 제품들이 인터넷의 등장으로 인한 생산비, 저장비, 유통비의 절감으로 과거에 비해 전체매출에 훨씬 더 기여할 수 있는 가치있는 제품으로 자리잡게 된 것을 롱테일 현상이라고 한다. 시장들이 수요곡선의 머리부분에 위치한 상대적으로 소수의 히트상품들에 초점을 맞추던 상황에서 꼬리부분의 거대한 틈새상품들을 향해 점점 이동하고 있는 것이다. 매스마켓에서 수백만 개의 틈새마켓들로 경제와 문화를 움직이는 것은 사회의 질서를 다시 잡는 것이나 마찬가지다.

— 〈뉴욕타임스〉

〈와이어드〉의 편집장 크리스 앤더슨은 아마존, 아이튠스, 넷플릭스, 랩소디 등의 매출이 보여주는 수요곡선에서 '롱테일' 개념을 최초로 도출해냈다. 수요곡선의 꼬리부분에 있는 상품들은 머리부분의 상품들만큼 폭발적인 판매가 일어나지는 않지만, 모두 합하면 머리부분과 맞먹거나 능가할 만큼 엄청난 수익을 낸다. 바로 이것이 롱테일 현상이다. 아이튠스의 경우 서비스하는 노래들 가운데 90퍼센트에 달하는 노래들이 매달 팔린다. 예전에는 주목받지 못했던 꼬리부분의 틈새상품들이 인터넷의 등장과 함께 검색엔진, 블로그, 필터 등을 통해 더 많이 노출되며 힘을 발휘하고 있는 것이다. 크리스 앤더슨은 롱테일은 히트 중심의 사고와 문화에 치명타를 안기는 매우 매력적인 경제 패러다임이라고 주장한다.

— 〈뉴스위크〉

소매업이건, 미디어건, 여행업이건, 제조업이건, 심지어 정치 분야이건 간에 인터넷으로 인해 급격한 변화를 겪고 있다. 지금까지 사람들의 기호를 일방적으로 주도하며 히트상품을 만들어온 거대기업들과 기관들은 힘을 잃고 있다. 크리스 앤더슨은 이처럼 인터넷이 이끌어낸 새로운 경제 패러다임에 주목하고 실제로 변화하고 있는 기업의 사례들에 대한 오랜 연구와 조사 끝에《롱테일 경제학》이라는 책을 펴냈다. 잘 팔리지 않는 제품을 판매한 각각의 수익은 보잘것없지만 그것을 모두 합하면 엄청난 수익이 된다는 롱테일 법칙은 기존의 80/20법칙으로는 설명되지 않는, 현재 아마존, 구글, 넷플릭스 같은 곳에서 일어나는 새로운 경제현상을 설명해준다. 독자들은 레고, 키친에이드 같은 기업의 사례를 통해 많은 것을 얻을 수 있을 것이다.

— 〈US뉴스〉

《롱테일 경제학》은 틈새문화의 멋진 미래를 보여주는 책이다. 크리스 앤더슨은 풍요의 경제가 지배하는 롱테일 세계에서는 수요와 공급 사이에 위치한 장애요소들이 사라지고, 모든 사람들에게 모든 상품들을 선택할 여지가 주어진다고 주장한다. 역사상 최초로 히트상품과 틈새상품이 경제적으로 동등한 위치에 놓이게 된 것이다. 소비자들에게 잘 알려지지 않은 서적, 음반, 영화를 판매하는 것은 유명한 히트상품들을 판매하는 것만큼이나 경제적으로 실용성이 있다는 사실이 아마존, 넷플릭스, 아이튠스, 랩소디 등을 통해 입증되었다. 주류에서 벗어난 수백만 개의 상품을 판매하는 것은 효과적이면서도 비용을 줄이는 동시에 상당한 수익을 낼 수 있는 사업이라는 점을 모든 기업들은 알아야 한다.

– 〈USA투데이〉

크리스 앤더슨의 《롱테일 경제학》은 상당히 도발적인 책이다. 그가 2004년에 〈와이어드〉 기사를 통해 '롱테일'이라는 주제를 처음으로 제기한 이후, 롱테일이라는 개념은 수많은 미디어비평가들, 시장분석가들, 기업경영자들의 관심의 대상이 되었다. 그간 주목받지 못했던 틈새상품들이 경제의 중심에서 충분히 역할을 할 수 있다는 경제학적 논리근거를 제공해주었기 때문이다. 그리고 당시의 기사를 훨씬 확장시키며 심도깊은 연구를 진행한 결과물로 나온 것이 이 책이다. 이제 대부분의 소비자들이 몇 가지 상품밖에 선택할 수 없었던 히트상품 중심의 경제구조는 급속히 퇴색하고 있다. 소수의 히트상품들과는 대조적으로 롱테일이 이끌어내는 새로운 경제 패러다임이 히트상품들을 대체할 대안상품들을 충분히 제공하고 있기 때문이다.

– 〈월스트리트 저널〉

대중문화 히트작들이 몰락하고 지금까지 주목받지 못하던 꼬리부분이 주도하는 시대가 왔다. 20세기는 대중지, 라디오, TV로 대표되는 히트상품과 블록버스터의 시대였다. 그래서 소비자들에게 거의 알려지지 않은 틈새상품들, 즉 꼬리는 오프라인 매장에서 순식간에 잘려버릴 수밖에 없었다. 하지만 구글 같은 검색엔진, 아마존 같은 온라인 매장의 등장으로 소비자들은 과거 모두가 동일한 히트상품을 구매하던 것에서 자신에게 딱 맞는 틈새상품을 구매하는 쪽으로 방향을 전환하고 있다. 그래서 이제 틈새상품들로 구성된 꼬리는 결코 잘리지 않은 채 계속 이어진다. 틈새상품들이 사라지지 않고 끊임없이 판매되는 것, 이것이 바로 롱테일이다. 크리스 앤더슨이 《롱테일 경제학》에서 주장하는 것처럼 히트상품이 독점하던 시대, 블록버스터가 지배하던 시대가 종말을 맞이하게 된 것이다.

– 〈타임스〉

인터넷의 등장이 가져온 시장변화를 멋지게 보여준다

이기형 | 인터파크 회장

나는 1996년에 인터넷상거래 비즈니스를 시작한 이래로 어떻게 소비자들에게 효용을 제공할 것인가를 가장 많이 고민해온 사람 중 한 명이라 자부할 수 있다. 인터넷은 오프라인에 비하면 거의 무한정한 공간을 가지고 있기 때문에 오프라인 백화점, 서점, 여행사 등등에 비해서 훨씬 더 많은 상품을 진열할 수 있다는 점에 착안해 카테고리 킬러를 화두로 사업을 진행했다. 그렇게 하면 오프라인에 비해 소비자들에게 훨씬 더 많은 선택권을 줄 수 있고, 그것이 상품을 직접 보고 살 수 없는 온라인의 한계를 극복할 수 있을 것이라 생각했다.

현재 인터파크의 온라인 서점, 온라인 여행사, 온라인 티케팅 등의 사업들이 카테고리 킬러 전략의 산물이다. 온라인 쇼핑몰 사업 역시 같은 맥락에서 진행해왔다. 처음에는 온라인 백화점을 지향하다가 지금은 온라인 장터라는 개념의 마켓플레이스 사업으로 변화했다. 이런 과정을 되짚어보면 크게 두 단계를 거쳤는데, 우선 오프라인을 그대로 온라인에 옮겨오는 과정과 다음으로 오프라인 상점에서 다루기 힘든 상품들로 영역을 확대하는 단계로 나눠볼 수 있다. 첫번째 단계에서는 오프라인에 비해 상대적 경쟁력이 오직 가격밖에 없기 때문에 수익성을 기대하기는 힘들다. 하지만 두 번째 단계를 거치면서 소비자들에게 줄 수 있는 효용이 늘기 시작하고 전체 유통시장에서 온라인의 비중이 급속히 늘기 시작했는데 크리스 앤더슨은 이런 현상을 롱테일 이론으로 설명하고 있다.

이 책은 경영학 서적이라기보다는 경제학 서적에 더 가깝다. 이 책에서 인터넷상거래를 어떻게 성공적으로 할 것인가에 대한 답을 찾기는 어렵다. 그러나 인터넷상거래 시장이 1994년 이후로 진화해온 모습을 정확하게 진단하고 있는 동시에 앞으로 어떻게 발전할 것인지를 가르쳐주는 책이다. 경제학자들은 누가 어떻게 돈을 벌 것인가에는 관심이 없고, 시장이 어떻게 움직여갈 것인가에 항상 초점을 맞추지 않았던가.

크리스 앤더슨의 롱테일 이론에 대한 나의 이해는 온라인이 오프라인의 상품 진열공간의 한계를 극복하고 다양한 소비자의 기호를 자극하는 틈새시장의 상품들을 계속 끌어들일 때 이들 틈새시장에서 거둬들이는 수익이 히트상품 시장 못지 않게 상당한 규모를 형성하게 되고, 또 그 꼬리가 길어지고 두꺼워짐에 따라 수익이 더 늘어난다는 얘기다. 정확한 지적이다. 나처럼 온라인 사업을 하는 사람들이 가격, 빠른 배송, 다양한 상품구색 등에 대해 분절적인 주제를 가지고 매일 고민하고 또 경쟁에 치이고 있을 때, 시장 전체를 바라보며 성공적인 온라인 사업에서 보이는 롱테일 현상이라는 정수를 뽑아낸 저자의 혜안이 놀랍다.

그러나 아쉬운 점도 있다. 아직까지는 롱테일 이론은 음악, 영화와 같은 디지털화가 많이 진전된 상품 시장에 유독 잘 맞는 듯 보인다. 그래서 디지털 재화시장의 현재와 미래에 내용이 편중되어 있다. 디지털 재화시장보다 몇 백 배는 큰 규모인 일반상품 시장의 롱테일은 과연 어떤 모습일까? 이 부분에 대한 갈증은 이노무브그룹에서 작성한 부록 '한국 기업의 롱테일 전략'을 통해 다소나마 해소된다. 특히 한국 온라인 시장에서의 의류의 대성공에 대한 고찰 부분이 아주 흥미롭다. 또한 일반상품을 비롯한 사회의 다른 영역에서의 롱테일이 어떻게 나타날지에 대한 해답을 찾는 것은 이 책을 읽은 독자들의 몫일 수도 있다. 롱테일은 새롭게 나타난 현상으로 이 책을 통해 비로소 이론화되었기 때문이다.

이 책은 인터넷의 등장으로 시장이 어떻게 변화하고 있는지를 너무도 멋지게 보여주고 있다. 그러나 사업은 경쟁이라는 무시무시한 괴물과 맞닥뜨려야 하고, 타이밍 또한 너무도 중요하기 때문에 책을 읽는 내내 생각이 복잡하게 얽히고 풀어지기를 반복했다. 하지만 그럼에도 이 책은 충분히 읽을 만한 가치가 있는 책이다.

롱테일의 모든 것을 다룬 최초의 책

류한호 | 삼성경제연구소 상무/경영전략실장

세상이 무지하게 빠른 속도로 변하고 있다. 그 세상 속에서 살고 있는 우리 자신도 함께 변하고 있다. 그러면서도 무엇이 어떻게 변하고 있는지 의식하지 못하고 있는 경우가 많다. 새로운 물건이나 현상의 등장이 일상적인 일이 되어버려 그냥 따라가기에도 바쁘다.

기업경영의 현장에서도 많은 변화가 일상적으로 일어난다. 그리고 작은 변화들은 모여서 커다란 트렌드를 형성한다. 큰 변화가 시작되는 초기에 그 징후를 빨리 포착해 변화를 기회로 활용하는 기업만이 성공할 수 있다. 그러나 일상에 함몰되어 있다 보면 근시안에서 벗어나 큰 트렌드를 보기가 참 어렵다. 그래서 많은 경영자들은 미래와 변화를 다루고 있는 책을 보며 해법을 찾으려 한다. 이런 경영자들의 갈증을 풀어주는 훌륭한 학자들의 통찰력과 상상력이 돋보이는 책도 많이 나와 있다. 하지만 그런 책들은 약간은 먼 미래의 이야기를 하고 있는 경우가 많다.

그런데 지금 이 순간 이미 벌어지고 있는 엄연한 현실이며 굉장히 중요한 사실임에도 불구하고 눈여겨보는 사람은 상대적으로 적은 그런 변화가 있다. 바로 '롱테일Long Tail 법칙'이다.

이 책의 제목인 '롱테일'이란 말 그대로 긴 꼬리다. 여기서 꼬리란 수요 곡선 그래프를 그렸을 때 꼬리 모양이 나타난다고 해서 그렇게 부르는 것이다. 예를 들면, 한 서점에서 판매하고 있는 다양한 책을 많이 팔리는 순으로 가로축에 배열하고 그 각각의 판매부수를 세로축에 표시한다. 맨 앞자리를 차지하는 히트한 책, 소위 베스트셀러들은 많이 팔렸기 때문에 세로축에 높게 표시될 것이다. 몇 가지 종류의 많이 팔린 책들을 빼고 나면 나머지 책들의 판매부수는 미미하기 때문에 낮게 표시된다. 그러나 판매부수가 적더라도 꾸준히 팔리는 책의 종수가 많다면 수요곡선 그래프에서 낮은 선은 결코 끊어지지 않고 길게 이어진다. 그 긴 선을 바로 '롱테일'이라고 한다.

여기서 '변화'의 핵심은 꼬리가 점점 더 길어진다는 데 있다. 과거의 시장을 지배하던 법칙은 80/20법칙이다. 많이 팔리는 소수의 제품이 전체 매출액의 대부분을 차지한다는 것이다. 그런데 꼬리가 길어지면 비록 어떤 한 가지 상품의 매출은 적더라도 그렇게 적게 팔리는 상품들의 매출액을 다 합한 것이 히트상품의 매출액과 맞먹거나 오히려 능가하는 상황이 벌어지게 된다. 실제로 아마존(도서), 랩소디(음악) 같은 곳에서 그런 일이 벌어졌고, 현재도 계속되고 있다. 이런 상황에서는 히트상품에만 매달리다 보면 많은 시장과 기회를 잃게 된다. 크리스 앤더슨은 2004년 10월에 〈와이어드〉 기사에서 이 개념을 세계 최초로 언급한 후에 블로그 thelongtail.com에서 하루 평균 5,000명 이상의 독자들과 함께 롱테일 개념을 확장해 나갔다. 그리고 3년여의 연구조사 끝에 이 새로운 경제현상을 《롱테일 경제학》이라는 한 권의 역작으로 탄생시켰다. 이 책은 롱테일의 본질과 실체, 사례, 가능성 등을 심도깊게 다룬 최초의 책이다.

이 책에서는 왜 이런 현상이 필연적인 것인지 이미 발생한 많은 사례를 통해서 설명한다. 우리가 이미 익히 알고 있는 구글이나 이베이 같은 경우뿐만 아니라, 주방제품에서 롱테일을 만들어낸 키친에이드와 장난감시장에서 롱테일을 만들어낸 레고에 대한 분석은 흥미롭다. 또 롱테일 현상이 기업경영에 어떤 영향을 주며 기업은 어떻게 이에 대응해야 하는지를 종합적으로 그리고 구체적으로 살펴본다. '선택과 집중'이라는 원칙이 완전히 사라질 수는 없을 것이다. 그러나 그 원칙만이 유용한 것도 아니다.

꼬리가 점점 길어지고 점점 두꺼워지는 시장에서 어떻게 기회를 최대한 살리고 리스크는 줄일 수 있을지에 대해 이 책에서 많은 것을 얻을 수 있을 것이다. 이 책은 이미 일본, 대만, 브라질, 영국 등에서도 출간되었고 미국 주요 서점의 베스트셀러로 랭크되어 있다. 시장에서 벌어지고 있는 커다란 변화의 징후를 놓치지 않도록 꼭 한번은 읽어봐야 할 책이다.

틈새시장을 개척해가는
개미군단의 힘을 보여준다

김택환 | 중앙일보 멀티미디어랩 소장/미디어전문기자

디지털 기술 혁명으로 경제 패러다임이 바뀌었다. 비즈니스 및 마케팅 전략도 변했다. 시장의 룰이 달라진 것이다. 그 변화의 중심엔 '롱테일 법칙'이 자리잡고 있다. 인터넷 시대 소수의 히트상품이나 스타가 지배한다는 비즈니스의 황금률 '파레토(80/20) 법칙'이 무너지고, 변방의 다수(80%)가 새로운 틈새시장을 개척해 더 큰 가치를 창출한다는 새로운 경제학 이론이 미국에서 정립되었다. 머리보다 꼬리가 힘을 갖게 된 것이다.

하지만 세계 최강의 정보통신IT 및 뉴미디어 강국인 한국에선 아직 많은 사람들이 '롱테일 개념'을 생소하게 여긴다. 심지어는 미디어 및 엔터테인먼트업계에 종사하는 사람들까지도 낯설어 한다. 학문 및 이론적 토대의 부실함에서 오는 것일까, 혹은 지적 게으름에서 기인한 것일까. 아니면 이미 IT 강국이라는 과거의 영화에 매몰되어 세계를 선도하려는 정신의 허약함에서 온 것일까.

미국 언론인이자 〈와이어드〉 편집장인 크리스 앤더슨이 《롱테일 경제학》이라는 책을 펴냈다. 3년여간 발로 뛰면서 현장취재와 더불어 산학협동으로 연구와 분석을 통해 집필한 것이다. 저자가 2004년 10월 〈와이어드〉에 롱테일 관련 기사를 쓴 이후 롱테일에 대해 일부 언급한 책들은 있었지만, 이 책이야말로 '롱테일 이론'의 창시자가 롱테일 전체 현상과 원리에 대해 포괄적으로 다룬 최초의 책이다. 롱테일의 개념과 역사는 물론 원동력과 주역들, 시장과 혁신가, 문화와 현상, 그리고 미래 전망까지 설명해준다. 특히 사례연구에서 많은 것을 배울 수 있다.

책의 바다인 아마존, 음악의 집산지인 아이튠스, 수많은 영화 리뷰 창고인 넷플릭스, 검색과 광고의 제왕인 구글 등 세계 굴지의 온라인 미디어 및 엔터테인먼트기업이 어떻게 오프라인기업을 제치고 최강자로 부상하게 되었는지 그 과정과 스토리는 그야말로 흥미진진하다. 한 상품의 '블랙홀'인 집산지가 되던지, 아니면 수많은 영역의 다각경영전략이 비즈니스 해답이라는 것이다.

또한 가수 버드 몬스터, 코미디그룹 론리 아일랜드 등 무명의 신인이 인터넷을 통해 어떻게 스타 대열에 입성하게 되었는지에 대한 전략과 전술도 꽤나 재미있다. 인터넷 바다를 통해 '틈새시장'을 개척해가는 개미군단이 프로사단을 능가할 수 있다는 설명이다. '집단지성'의 힘이 위력을 발휘하는 대목이기도 하다.

무엇보다도 저자는 롱테일의 원동력을 소프트웨어와 디지털카메라 등 '제작도구의 대중화', 네트워크 접속과 '유통의 대중화', 시장 '참여의 자유화'에서 찾고 있다. 인터넷 민주주의의 실현으로 롱테일이 가능해진 것이다. 프로와 아마추어, 생산자와 소비자, 공급자와 수용자의 경계가 허물어지고 누구에게나 기회가 있는, 경쟁이 중심 키워드가 된 세상이다. 바야흐로 '프로암Pro-Am 시대'가 열린 것이다. 이것은 골프처럼, 프로와 아마추어가 함께 경쟁하는 미디어 및 오락세계를 말한다.

비록 이 책의 주무대는 미국이지만 한국인에겐 낯설지 않다는 느낌을 준다. 어떤 대목은 우리의 미래상인 듯 하지만, 어떤 부분은 우리의 어제 모습과 유사하기도 하다. 네이버, DMB, TV 포털 등 뉴미디어 일부 영역에선 한국이 세계를 선도한다. 하지만 컨텐츠 제작 능력, 소프트웨어 프로그램, 그리고 비즈니스 역량은 아직 뒤처져 있는 것이 현실이다. 아직 갈 길이 멀다. 따라서 인터넷 시대에 비즈니스 원리를 제대로 파악해야 성공한다는 이 책의 외침에 우린 귀를 활짝 열 만하다. 이는 누구에게나 해당되는 말이다.

이 책은 세계화 시대를 대비하는 미디어 및 엔터테인먼트업계는 물론, 한국의 IT업계 전체가 꼭 읽어야 할 필독서다. 나아가 정치인, 경제인, 문화인 등 비즈니스와 경영전략에 관심이 있다면 누구든 일독을 권하고 싶다. 상상력과 창의력으로 책을 해독한다면 그 결실은 무궁무진하다.

감사의 글

이 책은 하나의 기사에서 출발했다. 이후 블로그를 통해 많은 독자들의 도움을 받아 내용을 확장했다. 문자 그대로 이 책이 탄생하기까지 수천 명의 도움과 협력이 있었다. 도움을 준 모든 분들께 이 자리를 빌려 감사드리고 싶다.

첫째, 이 책을 위해 누구보다도 열심히 일해준 아내 앤에게 고마움을 전하고 싶다. 이런 프로젝트는 강력한 파트너 없이는 성공할 수 없다. 앤은 기대 이상으로 큰 도움을 주었으며, 그녀의 지속적인 지원과 이해가 있었기에 이 책은 세상의 빛을 볼 수 있었다. 내가 퇴근할 생각도 하지 않고 스타벅스에서 원고를 쓰고 휴가도 반납한 채 매일밤 집에도 들어가지 않고 일하는 동안, 그녀는 혼자서 아이들을 돌봤다. 그러한 희생은 매우 값진 것이었다. 하지만 그보다 더 중요한 사실은 앤이 언제나 내 얘기에 귀 기울이며 이 책의 첫번째 독자가 되어주었을 뿐만 아니라, 때로는 상담자로 때로는 막역한 친구로 나를 격려하고 충고해주었다는 점이다. 그리고 우리 아이들, 다니엘, 에린, 토비, 이사벨 역시 글쓰는 동안 나를 자주 만나지 못했다. 그들이 그 힘든 시기를 잘 이겨낸 데 대해 고맙게 생각하며, 혹시라도 그 기간 동안 상처를 받았다면 하루빨리 아물기를 바란다.

이 책과 관련해서 조사를 하고 밑그림을 그리는 과정에서, 세상에서 가장 일에 집중하기 좋고 숙고하기 쉬운 두 곳을 이용할 수 있었다. 한 곳은 내 친구이자 이웃이며 〈와이어드〉의 창업자인 루이스 로세토와 제인 메트카프가 2005년 여름 몇 달 동안 빌려준 버클리에 위치한 아름다운 사무실이었다(나는 '상주 학자'라는 이름으로 그곳에 머물렀는데 그것은 나로 하여금 이 책의 주제에 대해 더 고민하고 연구하도록 자극했다). 그리고 또 다른 한 곳은 친구인 피터 슈워츠가 빌려준 에머리빌에 위치한 글로벌 비즈니스 네트워크의 사무실이었다. 그곳은 버클리의 사무실에 버금가는 아름다운 공간이었다. 거기서 나는 원고 교정을 도와준 스티븐 레카르트와 책 후반부를 위한 브레인스토밍과 정리작업을 많이 했다.

〈와이어드〉에서 나와 함께 일하는 에디터 밥 콘과 토머스 괴츠에게도 고마움을 전하고 싶다. 그들은 이 책을 집필하는 데 시간을 보내는 동안 나를 격려해주는 한편 업무에 공백이 생기지 않도록 해주었다. 또한 밥 콘은 내가 처음에 집필했던 롱테일 기사를 편집해주었으며, 내가 여러 가지 쟁점들과 어법에 대해 상세히 정리하고 지속적으로 개선해나갈 수 있도록 도와주었다. 그리고 멜라니 콘웰이 자세하게 체크해준 덕분에 많은 문화적 오류들을 바로잡아 원고의 질을 높일 수 있었다. 또한 잡지 관리를 담당하는 블레이즈 제레거는 내가 자리를 비운 상황에서도 차질없이 업무를 진행해주었다. 연구담당 이사인 조안나 펄스타인은 초기에 도표와 그래프 작업을 많이 도와주었다. 그리고 내게 롱테일에 대한 영감을 불어넣어주고 그것을 한 권의 책으로 엮어낼 수 있도록 해준 뉴하우스 출판사에도 고마움을 전한다.

롱테일 효과를 규명하고 산업 전반과의 관계를 확인하는 중요한 작업에는 학자들의 기여가 컸다. MIT의 슬론 경영대학원의 에릭 브린욜프손과 퍼듀 크란너트 경영대학원의 제프리 휴는 아마존의 롱테일을 측정하는 몇 가지 선행연구를 해주었는데, 이를 통해 롱테일 이론을 구축하는 분석틀을 확인할 수 있었고, 그것이 실제로 산업 전반에 영향을 미칠 것이라는 사실을 확신하게 되었다. 이 분야에 대한 그들의 지속적인 연구는 흥미진진했고, 이 책에 많은 도움이 되었다. 또한 하버드 경영대학원 아니타 엘버스의 넷플릭스와 DVD 분야의 롱테일에 관한 연구에서도 많은 도움을 받았는데, 나는 그녀의 연구성과가 곧 책으로 출판되기를 바라며 그녀와 그 연구를 함께 진행할 수 있기를 바란다.

스탠퍼드 경영대학원의 교수인 하임 멘델슨은 자신의 강의 중 하나에 참여할 수 있게 해주었고, 롱테일을 하나의 연구주제가 될 수 있게 해주었다. 이를 통해 운좋게도 그의 수강생이었던 앤지 셸턴, 나탈리 킴, 살로니 사라이야, 베서니 풀과 함께 일할 수 있게 되었으며, 이들이 야후 뮤직과 이베이의 사례 연구 부분을 저술했다. 또한 우리는 이베이를 조사하면서 테라피크Terapeak의 도움을 받았는데, 이 업체는 이베이에서 물건을 사고 파는 소비자들과 판매자들의 롱테일과 관련된 귀중한 자료를 제공해주었다. 그리고 UC버클리의 경제학자 할 배리언은 아이디어와 충고를 아끼지 않음으로써 문제를 새로운 각도에서 바라볼 수 있게 해주는 한편, 더 큰 목표를 세울 수 있도록 도와주었다.

롱테일의 초기 근거자료이자 앞으로도 최고의 사례로 자리할 것은 리얼네트웍스의 랩소디이다. 이 회사의 롭 글레이저와 매트 그레이브스는 나를 끊임없이 도와주고 격려해주었다. 나는 그들의 도움을 영원히 잊지 못할 것이다. 넷플릭스의 CEO 리드 헤이스팅스는 롱테일 연구 초기부터 나를 지지하며 자료를 제공해주었을 뿐만 아니라, 롱테일 이론이 체계를 갖춘 의미있는 이론으로 인정받을 수 있도록 충고를 아끼지 않았다. 야후의 데이브 골드버그는 음악산업에 대한 날카로운 통찰력으로 나를 도와주었고, DVD스테이션의 빌 피셔는 급변하는 DVD 경제환경을 진단할 자료와 안목을 갖추도록 도와주었다. 그리고 롱테일 연구를 시작하도록 이끌어준 이캐스트의 로비 반-아디베에게도 고마움을 전한다.

우마이르 하크는 이 책의 내용에 적합한 어휘와 아이디어를 제공해주었는데, 특히 하우스뮤직 분야를 조사함으로써 책의 탄생에 엄청난 기여를 했다. 아마존에 대한 조사를 도운 글렌 플라이시맨과 내가 롱테일의 관점에서 생각하도록 해준 GBN의 앤드류 블로, 변화하는 엔터테인먼트 경제에 대해 장문의 이메일을 보내준 롭 라이드, 그리고 다수의 틈새상품들을 모은 힘이 소수의 잘나가는 상품들의 힘을 능가한다는 사실을 일찍부터 간파하고 롱테일 최초 기사에 영향을 준 케빈 로스 등도 이 책이 세상에 나오는 데 적지않은 영향을 미쳤다.

나의 대리인 존 브록맨은 내 의사를 정확하게 대변해주었고 적절한 충고를 아끼지 않았을 뿐만 아니라, 자신이 알고 지내던 학자들과 과학자들을 내게 소개해주었다. 그가 마련한 저녁식사와 회의는 내 일생에서 매우 소중한 자리였다. 하이페리온의 내 전담 에디터인 빌 슈발베는 편집 전반에 엄청난 집중력을 보였다. 이 책의 구성은 대부분 그의 의견을 따른 것이며, 그가 마지막 순간까지 열정적이고 친절하게 이끌어주었기에 완성도 높은 책이 나올 수 있었다.

부모님께도 특별한 고마움을 전하고 싶다. 아버지 짐 앤더슨은 국제적 시각과 지적 성실함이 얼마나 중요한지를 보여주셨고, 어머니 카를타 앤더슨은 수사적 엄격함과 무한한 호기심을 갖도록 해주셨다.

도서산업에 대한 연구는 가장 힘든 분야였는데, 이와 관련해 가장 이상적인 자료인 아마존의 판매자료를 얻을 수 없어서 다른 업체의 자료를 분석함으로써 그것을 추적하는 방식을 취했다. 그 작업을 도와준 모리스 로젠탈과 팀 오라일리에게도 고마움을 전한다. 마지막으로《검색으로 세상을 바꾼 구글 스토리 *The Search*》의 저자 존 바텔은 책 집필을 인터넷에 접목시키는 사례를 보여주었는데, 이를 통해 나는 블로그 더롱테일닷컴을 만들어 운영하도록 영감을 받았다. 이 사이트는 홈페이지를 통해 롱테일을 만나고 싶어하는 수많은 독자들에게 좋은 아이디어와 충고, 자료와 지혜를 제공하는 원천이 되었다. 마지막으로 이 모든 것이 가능하도록 해준 독자들에게 진심으로 감사드린다.

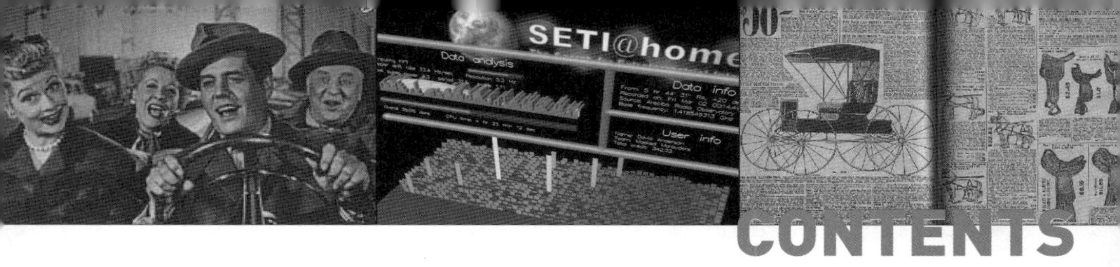

CONTENTS

3. 롱테일의 역사

4. 롱테일의 3가지 동인

5. 롱테일 시대의 새로운 생산자들

8. 롱테일 경제학

9. 머리가 짧아진다

10. 무한선택의 시대가 열리다

11. 틈새문화가 주목받는 세상

12. 무한히 넓어진 스크린의 세계

13. 롱테일로 성공한 기업들

80/20법칙으로 설명되지 않는 새로운 현상, 롱테일

히트상품들은 더 이상 예전에 보여주었던 경제적 힘을 발휘하지 못한다.

인기상품 리스트를 만드는 것은 거의 국가적인 강박관념 수준이다. 우리의 문화는 하나의 거대한 인기상품 경연장과도 같다. 우리는 인기상품들을 만들고 선택하며 그 상품들에 대해 잡담을 나누고 그들의 성장과 몰락에 동참하는 식으로 그것들에 열광한다. 매주 인기에 따라 순위가 매겨지고, 매주 주말밤이 되면 마치 다윈의 적자생존 법칙을 따르는 것처럼 가장 인기있는 TV쇼를 놓고 한바탕 경쟁이 벌어진다. 그리고 여기서 살아남은 프로그램만이 다음주에도 다시 얼굴을 내밀 수 있다. 엔터테인먼트 부서의 간부들이 차기 유망주를 찾아내기 위해 비지땀을 흘리고 있는 그 순간에도 소수의 히트송들만이 여러 라디오 채널을 번갈아가며 흘러나온다.

이것은 블록버스터가 만든 세계다. 대중매체와 엔터테인먼트산업은 지난 반세기에 걸쳐 박스오피스(관객수 통계)와 골드레코드(음반회사가 판매량이 높은 음반에게 주는 상), 그리고 두 자리 수의 TV 시청률을 배경으로 성장했다. 히트상품들을 통해 그 시기의 문화를 알 수 있다는 사실은 더 이상 놀라운 일이 아니다. 우리는 유명인사들과 대량판매되는 상품들을 통해 시대를 규정하는데, 그런 인물들과 상품들은 우리의 경험과 밀접한 관련이 있다. 할리우드가 80년 전에 시작한 스타만들기 시스템은 현재 구두

지난 반세기 동안 대중매체와 엔터테인먼트산업은 박스오피스와 골드레코드 등 히트상품들을 만들어왔다. 1970년대와 1980년대에는 이글스와 마이클 잭슨의 앨범 같은 시대를 통틀어 전 세계에서 가장 많이 팔린 앨범들이 나왔지만, 지난 5년 동안에는 상위 50위에 드는 앨범이 단 한 장도 나오지 않았다.

판매점에서부터 음식점에 이르기까지 모든 상거래에 영향을 미치고 있다. 대중매체는 인기있는 상품을 만들어내려고 혈안이 되어 있다. 한 마디로 히트상품이 모든 것을 지배하는 세상이다.

하지만 좀더 자세히 들여다보면, 제2차 세계대전이 끝난 뒤에 라디오와 TV가 중심이 된 브로드캐스트 시대와 함께 등장한 이런 구도가 가장자리부터 깨지고 있음을 알 수 있다. 히트상품들이 지배력을 잃어가고 있다. 1등 상품의 위치는 변함이 없지만 판매량은 예전만 못하다.

시대를 통틀어 볼 때 이글스와 마이클 잭슨의 앨범 같은 상위 50개 베스트셀러 앨범들 가운데 대부분은 1970년대와 1980년대에 나왔고, 최근

5년 동안에는 단 한 장도 없었다. 할리우드 박스오피스의 총수입은 인구의 증가에도 불구하고 영화관 입장객 수가 감소함에 따라 2005년에 6퍼센트 이상 떨어졌다.[1]

매년 전국 네트워크 TV 방송채널은 수백 개의 틈새 케이블 채널들에게 점점 더 시청자들을 빼앗기고 있다. 광고주들이 타깃으로 삼는 18세에서 34세 사이의 남성들은 TV를 멀리하기 시작했으며 그 대신 인터넷과 비디오게임에 점점 더 많은 시간을 투자하게 되었다. 높은 인기를 누리던 TV 쇼의 시청률은 수십 년 동안 곤두박질치고 있으며, 현재 수위를 달리는 TV 쇼의 시청률조차도 1970년 기준으로 보면 톱 10에도 들지 못한다.[2]

즉 우리들은 여전히 히트상품들에 사로잡혀 있지만 실제로 그것들은 더 이상 예전에 보여주었던 경제적 힘을 발휘하지 못한다. 그렇다면 변심한 고객들은 어디로 향하고 있는 걸까? 이제 그들이 향하는 곳은 단 하나의 상품이나 대상이 아니다. 그들은 셀 수 없이 많은 틈새시장을 향해 흩어지고 있다. 그 중에서도 특히 무서운 성장세를 보이고 있는 웹은 각기 다른 목적지를 향해 가는 수많은 배들이 떠 있는 거대한 바다 같은 곳인데, 각각의 목적지들은 모두 구태의연한 매체와 마케팅을 거부한다는 공통점이 있다.

아이튠스, 라디오 스타를 죽이다

내가 20대를 보냈던 1970년대와 1980년대는 대중문화의 절정기였다. 당시 10대들이 볼 수 있었던 TV 채널은 불과 6개였고, TV쇼 역시 몇 개 되지 않았다. 소도시에는 3~4개의 라디오방송국이 있긴 했지만 대개 이미 사람들에게 알려진 곡들만을 반복해서 들려주곤 했다. 단지 부유한 집안에서 자란 소수의 10대들만이 그 틀에서 벗어나 새로운 음반을 접할 수 있었다.

당시 누구나 극장에서 동일한 여름특선 대작을 봤고 똑같은 신문과 방송을 통해 뉴스를 접했다. 그런 주류 매체를 제외하면 정보를 얻을 수 있는 곳이라고는 도서관과 만화가게가 전부였다. 기억을 떠올려보면 대중문화 외에 내가 접했던 유일한 문화는 책이었지만 그마저도 기대하던 만큼의 정보를 제공해주지는 못했다.

그럼 이쯤에서 인터넷과 함께 성장한 17살짜리 벤의 10대 삶과 나의 10대 시절을 한번 비교해보자. 벤은 상류계층이 거주하는 노스 버클리 힐스의 부유한 집안의 외동아들이다. 침실엔 매킨토시가 있고, 최상급 아이포드iPod도 갖고 있다. 친구들 역시 동일한 제품들을 갖고 있다. 벤과 또래 친구들에게 광대역 네트워크, 휴대전화, MP3 플레이어, 티보TiVo, 온라인 쇼핑없는 세상은 상상조차 할 수 없다.

이런 기기들은 주류에서 언더그라운드의 말단에 이르기까지 모든 종류의 문화와 컨텐츠에 무제한적으로 여과없이 접근할 수 있게 해준다. 벤은 전통적인 미디어와 엔터테인먼트산업의 지배를 거의 받지 않는 세계에서 성장하고 있다. 이것은 내가 자라온 세상과는 너무도 다른 세상이다. 만일 내 주장을 인정하지 못하겠다면 벤의 삶을 한번 상상해보라. 그의 삶을 이끌어가는 것은 바로 첨단기술이다.

벤의 관점에서 볼 때 문화는 상위문화와 하위문화로 명확하게 구분되지 않고 서로 연결되어 있다. 또 상업적으로 이용되는 전문가의 작품과 아마추어의 작품이 별 다른 차이없이 벤의 관심을 끌기 위해 동일한 차원에서 경쟁하고 있다. 그는 주류 히트상품들과 언더그라운드 틈새상품들을 구분하지 않고, 무한정 쏟아져나오는 할리우드 영화와 비디오게임의 캐릭

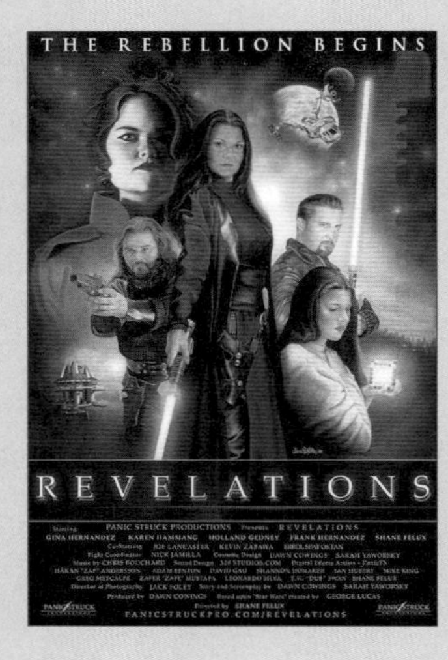

인터넷과 함께 성장한 요즘 10대들은 아이포드, MP3 플레이어, 휴대전화, 티보 등을 통해 자신이 원하는 노래와 영상을 얼마든지 다운로드받아서 보거나 들을 수 있다. 이들은 이를 통해 스타워즈 팬이 제작한 헌정영화인 〈스타워즈 묵시록〉같은 작품도 얼마든지 볼 수 있다.

터를 조작해 만든 비디오목록에서 자기 마음에 드는 것을 선택할 뿐이다.

벤은 보통 1주일에 2시간쯤 TV 정규방송을 보고, 대부분은 TV프로그램을 저장할 수 있는 디지털 비디오 녹화기인 티보를 통해 정규방송시간이 아닌 때에 〈웨스트 윙 *West Wing*〉을 보거나 TV방영이 취소된 〈파이어플라이 *Firefly*〉 연재물을 본다. 또 벤은 비트토렌트^{BitTorrent}(P2P$^{peer-to-peer}$ 많은 개인간의 파일공유기술)를 통해 일본TV에서 방영되었던 일본 애니메이션을 다운받아 보기도 한다. 물론 그 애니메이션에는 일반 팬들이 삽입한 영어자막이 들어가 있다.

영화 분야에서 SF 영화의 팬이라는 점에서 벤은 주류에 속한다고 볼 수 있다. 그는 스타워즈와 매트릭스 시리즈에 흠뻑 빠져 있다. 하지만 그는 아마추어 머시니마^{machinima}(machine, animation, cinema의 합성어로 3D 게임엔진을 활용해 만든 영화)와, 스타워즈 팬이 제작한 헌정영화로 조지 루카스의 〈스타워즈 *Star Wars*〉에 결코 뒤지지 않는 특수효과를 갖춘 〈스타워즈 묵시록 *Star Wars Revelations*〉 같은 독립프로덕션의 작품들도 다운받는다.

벤이 아이포드에 저장한 음악 중 몇 곡은 아이튠스^{iTunes}에서 다운받은 것이지만 대부분은 친구들한테 받은 것이다. 또래모임에서 누군가 CD를 구입한 사람은 모임의 다른 친구들을 위해 복사본을 만든다. 벤은 비디오게임의 사운드트랙으로 사용되곤 하는 레드 제플린과 핑크 플로이드의 클래식록을 좋아한다. 그가 듣는 유일한 라디오 프로그램은 부모님이 차 안에서 듣는 전미 공공라디오방송국의 교육 네트워크^{NPR : National Public Radio} 방송뿐이다.

벤은 〈스타워즈〉 소설을 비롯해 온라인만화에서 볼 수 있는 일본만화에 이르기까지 가리지 않고 읽는다. 그리고 또래친구들처럼 그도 일본어로 된 새로운 문화를 이해하기 위해 학교에서 일본어를 공부하고 있다. 내 학창시절 또래아이들은 일본이 경제대국이라는 사실과 일본어를 배워두면 직장을 구하기가 쉽다는 이유로 일본어를 공부했다. 하지만 요즘 아이들은 좋아하는 일본 애니메이션에 영어자막을 달거나 주류 매체에서 번역하는 작품 이외에 자신이 원하는 일본만화를 섭렵하기 위해 일본어를 공부한다.

벤은 여가시간에는 대부분 인터넷에 접속해서 웹서핑을 하거나 마이크로소프트에서 출시한 엑스박스^{Xbox} 전용 게임 헤일로^{Halo}의 사용자 포럼과 〈스타워즈〉 토론방을 찾는다. 그는 일반적인 뉴스에는 관심이 없지만 최신기술에 관한 소식이나 슬래시도트^{Slashdot}와 파크^{Fark} 같은 반문화와 관련된 뉴스사이트에는 관심이 많다. 그는 친한 친구들과 하루종일 계속해서 인스턴트 메시지를 주고받는다. 벤은 휴대전화로 문자메시지를 자주 보내진 않지만 그의 친구들은 그 기능을 많이 활용한다(문자메시지는 주로 밖에서 활동하는 사람들이, 인스턴트 메시지는 방에서 대부분의 시간을 보내는 사람들이 선호하는 대화채널이다). 그는 주로 온라인에서 친구들과 비디오 게임을 하는데, 헤일로2를 사용자가 레벨을 자유롭게 조절할 수 있다는 측면에서 훌륭하다고 생각한다.

만약 내가 지금 10대라면 벤이 살아가는 모습과 별반 다르지 않을 듯하다. 벤과 나의 청소년기에서 가장 큰 차이는 단지 선택의 범위가 다르다는 점이다. 내가 오직 소수의 방송채널만을 볼 수 있었던 데 비해 벤은 인터넷을 활용할 수 있다. 나는 티보나 케이블방송 채널을 활용할 수 없었지만 벤은 그것들은 물론이고 비트토렌트까지 활용할 수 있다. 나는 일본만화의 존재조차 몰랐지만 벤은 최신 일본만화까지 섭렵하고 있다. 만일 내가 월드오브워크래프트 온라인World of Warcraft online(게임 소프트웨어 개발업체 블리자드 엔터테인먼트Blizzard Entertainment의 멀티플레이어 온라인 롤플레잉 게임)으로 친구들과 클랜clan(인터넷에서 똑같은 인터넷 게임을 즐기는 사람들이 모여 만든 모임)을 만들어 활동할 수 있었다 해도 당시 10대를 타깃으로 방송되었던 TV쇼 길리건스 아일랜드Gilligan's Island의 재방송이나 보고 있었을까? 아마 그러지는 않았을 것이다.

1970년대에는 TV쇼들이 상당히 인기가 있었는데, 이는 그 TV쇼들이 질적으로 뛰어났기 때문이 아니라 시청자들의 이목을 사로잡을 만한 다른 프로그램들이 별로 없었기 때문이다. 이처럼 공통의 문화가 번성했던 것은 할리우드의 재능이 뛰어나서라기보다는 대중매체의 유통이 군중을 한 곳으로 몰아가는 능력이 뛰어났기 때문이다.

방송의 위대한 점은 수많은 사람들을 하나의 쇼에 집중하게 하는 데 있어서 타의추종을 불허한다는 것이다. 하지만 아무리 그래도 한 사람에게 수많은 쇼들을 동시에 보여줄 수는 없다. 그런데 이것은 바로 인터넷이 가장 잘하는 부분이다. 방송이 주도하던 시대에 경제적 효과를 극대화하려면 가능한 한 많은 시청자들을 사로잡을 수 있는 인기있는 쇼를 제작해야만 했다. 하지만 광대역 시대에는 양상이 완전히 바뀌었다. 수많은 사람들에게 동시에 동일한 프로그램을 방송하는 것은 '지점 대 지점 간 통신point-to-point communication(특정 지점에 위치한 두 중계국 간의 전파 링크에 의한 통신)'에 최적화된 광대역 네트워크의 기준에서 보면 필요 이상으로 돈이 많이 드는 매우 소모적인 일이다.

지금도 대형 문화상품에 대한 수요는 있지만 사람들은 더 이상 그것에만 목매지 않는다. 현재 히트상품들은 수많은 틈새상품들과 경쟁하고 있으며, 여러 상품들을 비교해보고 그 가운데 자신이 원하는 한 가지를 고르는 고객들이 점점더 늘어나고 있다. 하나로 모두를 만족시키던 시대는 지나갔다. 이제 히트상품이 존재하던 자리는 무언가 새로운, 그리고 다양한 것들이 존재하는 시장이 대체하게 되었다. 이 책은 바로 그러한 시장에 관해 다루고 있다.

주류문화가 수억 가지의 다른 문화적 파편으로 나눠진다는 것은 전통적인 미디어와 엔터테인먼트를 완전히 전복시킬 수 있는 중요한 사실이다. 히트상품들을 창조하고 골라내며 판매를 촉진시키기 위해 수십년간 노력해왔지만, 이제 히트상품만으로는 충분하지 않다. 시청자들은 애매하고 불분명한 다른 프로그램으로 시선을 돌렸고, 이제 더 이상 비히트상품이라는 개념은 적절하지 않게 되었다. 이런 비히트상품들은 대부분 애초부터 세계시장을 석권하겠다는 목표가 없었기 때문에 버림받은 상품들이라고 할 수는 없다. 이러한 상품은 히트상품 이외의 모든 것이라고 보는 것이 적절하다.

이것은 절대 간과할 수 없는 사실이다. 결국 우리는 모든 것 가운데 다수를 차지하는 것들에 대한 이야기를 하고 있는 것이다. 대부분의 영화는 히트작이 아니며, 대부분의 음반 역시 빌보드차트 100위권에 들지 못한다. 또한 대부분의 서적들은 베스트셀러에 끼지 못하고, 대부분의 비디오 프로그램들은 닐슨 리서치Nielsen Research(소매점과 소비자를 전문적으로 조사하는 세계적인 기관)의 집계에 포함되지도 않는다. 하지만 그들 가운데 상당수는 전세계 수많은 사람들에게 사랑받고 있다. 그럼에도 불구하고 그 상품들이 집계에 포함되지 않는 것은 단지 히트상품에 들지 못했기 때문이다.

그러나 이제 그것들은 기존에 고분고분 착하기만 하던 한 덩어리로서의 매스마켓이 자신의 개성을 내세우며 작은 파편들로 흩어져버린 바로 그곳에 자리하고 있다. 즉 중요하게 여겨지던 소수의 히트상품과 그렇지 않은 나머지 대다수로 구성되던 단순한 그림은, 이제 수많은 소수시장과 그 소수시장 내의 작은 스타들로 구성된 복잡한 구성의 모자이크가 되어가고 있다. 매스마켓이 점점 다양한 틈새시장의 집합으로 변해가고 있는 것이다.

수많은 틈새상품들은 항상 존재해왔지만 그것을 구매하기까지 소요되는 비용(소비자가 틈새상품을 찾는 데 드는 비용과 틈새상품이 소비자에게 도달하는 데 드는 비용)은 점점 줄어들고 있다. 틈새상품들은 어느 순간 갑자기 주목해야 할 문화적·경제적 힘이 되어버렸다.

틈새시장은 히트상품이 주도하던 전통적인 시장을 대체하는 게 아니라 처음으로 그 무대를 공유하게 된 것이다. 지난 100년 동안 우리는 진열대, 영화관, 방송채널에 가장 적합한 베스트셀러들을 골라내려고 애썼다. 하지만 이제 네트워크로 연결된 고객들이 주도하는 디지털화된 세상에서 인터넷이 산업 전반에 영향을 미침에 따라 히트상품 중심의 경제구도는 급격하게 바뀌고 있다.

생산자에서 소비자까지 도달하는 비용이 낮아지는 것을 수면이 낮아지거나 썰물이 되는 것이라 가정해보자. 그러면 그런 현상이 진행될수록 수면 아래에 있던 새로운 땅을 만나게 된다. 새로운 땅에 있던 틈새상품들은 이전에는 비경제적인 상품으로 낙인찍혀 사람들의 시선을 사로잡지 못했다. 하지만 이런 수많은 상품들은 가시적으로 드러나지 않아 찾아내기 어려웠을 뿐이지 여전히 그 자리에 존재하고 있었다. 지역영화관에서 상영되지 않은 영화나 지역방송국에서 방송되지 않은 음악, 그리고 월마트 Wal-Mart에 진열되지 않은 스포츠용품들이 바로 이런 상품들이다. 이제 우리는 넷플릭스Netflix, 아이튠스, 아마존Amazon, 혹은 구글Google에서 만날 수 있는 온라인 상점을 통해 그런 상품들을 구매할 수 있다. 보이지 않던 시장이 가시적으로 드러난 것이다.

바야흐로 틈새상품들이 상업적인 세계와 비상업적인 세계가 교차하는 신규산업 분야에서 새롭게 창조되고 있다. 이것은 블로거들, 동영상 제작자들, 그리고 개러지밴드garage band(차고에서 연주하는 무명밴드)들의 세상이다. 디지털화된 유통구조가 이뤄낸 경제구도 덕분에 이 모든 틈새상품들은 드디어 고객을 만날 수 있게 된 것이다.

80/20을 넘어서

이 책은 하나의 퀴즈에서 출발했다. 내가 〈와이어드 *Wired*〉의 에디터로서 하는 일 가운데 하나는 과학기술 트렌드에 관해 강연하는 것이다. 나는

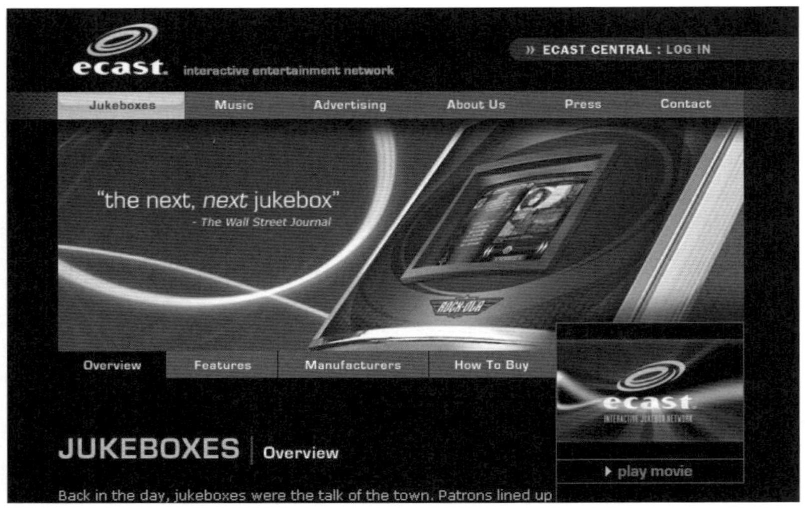

인터넷을 통해 저장된 수천 곡의 음악 중에서 듣고 싶은 곡을 선택할 수 있는 디지털 주크박스 업체 이캐스트에서 보유한 앨범 중 분기당 단 1곡이라도 팔린 경우는 무려 98퍼센트에 달했다.

과학 분야에서 사회생활을 시작했고, 〈이코노미스트 *Economist*〉에서 일하면서 경제학을 배웠다. 그런 만큼 먼저 믿을 만한 자료를 통해 과학기술이나 경제학 관련 트렌드를 찾아보았지만, 내 의문을 풀어줄 만큼의 자료를 접할 수 없었다. 21세기 경제학의 비밀은 이베이^{eBay}나 월마트를 비롯한 우리 주변에 있는 기업들의 서버에 저장되어 있다. 그런 기업들의 관리자들은 서버에 저장된 자료들을 날마다 검색하면서 중요한 것과 쓸모없는 것을 구분한다. 이런 식으로 그들은 트렌드를 파악하고 그에 대한 준비를 한다.

2004년 1월, 디지털 주크박스 업체인 이캐스트^{Ecast}의 CEO 로비 반-아디베$^{Robbie Vann-Adibé}$의 사무실에서 내가 하고 있었던 작업이 바로 이처럼 트렌드를 파악하는 것이었다.[3] 디지털 주크박스의 생김새는 술집에서 흔히 볼 수 있는 반짝이는 전등과 스피커를 갖춘 일반적인 주크박스와 같지만, 인터넷을 통해 광대역으로 연결되어 있어서 고객들은 디지털 주크박스를 통해 특정한 하드디스크에 저장된 수천 곡의 음악 중에서 자신이 듣고 싶은 곡을 선택할 수 있다.

로비 반-아디베는 내게 주크박스에서 선택할 수 있는 1만 종의 앨범 중에서 분기당 단 1곡이라도 팔린 앨범이 몇 퍼센트나 될지 맞춰보라고 했다. 그가 일반적인 경우와는 다른 결과를 보여주는 질문을 내게 던지고 있다는 사실을 나는 알아챘다. 일반적인 경우라면 전체 상품 가운데 20퍼센트가 80퍼센트의 매출을 올린다는 80/20법칙에 의해 정답은 20퍼센트일 것이다. 하지만 로비 반-아디베는 디지털 컨텐츠 사업을 하고 있었기 때문에 일반적인 경우와는 완전히 다를 것이라고 예상했다. 그래서 1만 종의 앨범 가운데 분기당 1곡 이상 팔린 것은 50퍼센트일 것이라고 답했다.

이것은 정말이지 터무니없이 높은 수치다. 보통 오프라인 서점의 경우 매출 상위 1만 종 가운데 절반이 모두 분기에 1권씩 판매되지는 않는다. 월마트에서도 매출 상위 1만 종의 CD 가운데 절반이 모두 분기에 1장씩 판매되지는 않는다. 심지어 월마트는 그 CD 가운데 절반 정도는 매장에 비치해두지도 않는다. 엄청나게 많은 종류의 상품들이 매우 소량씩 팔리는 시장을 생각하기란 참으로 어려운 일이다. 그러나 어쨌든 나는 디지털이 창조해낸 새로운 시장은 기존의 오프라인 시장과는 다르고, 엄청난 판매를 올리고 있을 것이라고 예상했다.

그래서 20퍼센트보다 훨씬 많이 잡아 50퍼센트라고 대답한 것이다. 하지만 그의 대답은 애써 큰 배포를 보인 나를 경악하게 만들었다. 땡! 98퍼센트! 이 놀라운 수치가 바로 정답이었다. 로비 반-아디베는 아주 자랑스럽다는 표정을 지으며 "정말 놀랍죠? 지금까지 이것을 맞힌 사람은 단 한 명도 없었답니다"라고 말했다. 이어지는 그의 이야기는 더욱 흥미진진했다. 그의 회사에서 대부분의 음반판매점의 상품 목록을 넘어설 정도까지 틈새상품들과 언더그라운드상품들까지 취급하게 되면서 더 많은 앨범을 추가로 확보했는데도 상품들이 계속 팔려나갔다는 것이다. 이런 현상을 지켜보면서 그 역시 깜짝 놀랐다고 한다. 더 많은 상품들을 추가하면 할수록 더 많은 상품들이 팔려나갔기 때문이다. 히트곡들을 제외한 나머지 음악들에 대한 수요는 마치 끝없이 이어질 것처럼 보였다. 각각의 노래들은 개별적으로는 많은 판매를 기록하지는 못했지만 그것들을 전부 모아보니 상당히 의미있는 숫자가 되었던 것이다. 그리고 이것들은 저장과 배송에 거의 비용이 발생하지 않는 데이터베이스의 비트이기 때문에 1년에 1번 혹은 2번 팔리는 것 모두를 상품에 추가할 수 있었다.

로비 반-아디베가 발견한 것은 틈새음악들을 모두 모은 시장은 엄청나게 크고 거의 무한하다는 사실이었다. 그는 이것을 '98퍼센트 법칙'이라 이름붙였다. 그는 나중에 내게 "포장비가 거의 들지 않고 모든 컨텐츠에 즉시 접근할 수 있는 세상에서는 고객들은 항상 모든 것을 비교해보고 선택하죠. 때문에 컨텐츠 생산자들은 기존의 사고를 혁신해야만 합니다"라고 말했다.

나는 이 직관에 반하는 통계수치가 디지털 시대의 새로운 엔터테인먼트 경제를 너무도 명확하게 보여주고 있다는 사실을 깨달았다. 공급이 무제한으로 이루어지는 상황에서는 히트상품들과 틈새상품들의 역할에 대한 우리의 가정은 모두 틀리게 된다. 매장에서는 소비자에게 보여줄 공간이 별로 없으면 히트상품 위주로 진열하게 된다. 즉 매대 공간이 부족하거나 방송채널이 몇 개로 한정되어 있다면 가장 잘 팔릴 만한 것들을 내보낸다. 만약 예측한 대로 잘 들어맞는다면 사람들은 그 상품을 구매할 것이다.

하지만 진열할 공간이 무한하다면 어떻게 될까? 이때 히트상품만을 제공하는 것은 바보같은 짓이다. 히트상품보다 많은 비히트상품이 존재하므로 양쪽을 함께 제공할 수 있다. 따라서 히트상품들보다는 그동안 주목받지 못했던 상품들이 진열될 것이다. 만일 지속적인 반응을 얻고 있는 틈새상품들을 비롯해 완전 실패작에 이르기까지 주목받지 못했던 상품들을 히트상품들을 노출시킨 것만큼 시장에 노출시킨다면 어떤 일이 벌어질까? 분명히 세계에서 손꼽을 정도로 큰 시장이 순식간에 몇 군데 생겨날 것이다.

로비 반-아디베와 만난 이후 나는 아마존에서 아이튠스에 이르기까지 떠오르는 디지털 엔터테인먼트 산업의 리더들을 만나 조사하는 리서치 프로젝트에 착수했다. 그런데 막상 조사를 하고 보니 조사한 결과가 모두 같았다. 히트상품들이 여전히 위력을 발휘하고 있긴 했지만 틈새상품들이 새롭게 큰 시장으로 떠오르고 있었다. 나를 놀라게 했던 로비 반-아디베의 98퍼센트 법칙은 보편성을 지닌 것으로 드러났다. 애플^{Apple}은 아이튠스가 서비스하는 100만 곡들을 적어도 1번씩은 판매했다고 밝혔다(현재 아이튠스의 보유 음악수는 당시의 2배이다). 넷플릭스는 지난 분기에 자사의 25,000종(현재는 55,000종)의 DVD 가운데 95퍼센트를 적어도 1번은 빌려주었고, 아마존의 경우 도서판매 조사결과 분기에 상위 10만 종의 도서 가운데 98퍼센트를 적어도 한 번은 판매한 것으로 나타났다. 그리고 이런 양상은 다른 기업에서도 동일하게 나타났다.

각 기업들은 넷플릭스에서 선풍적인 인기를 끌고 있는 영국 TV 시리즈 DVD에서부터 아이튠스에서 폭발적인 반응을 얻고 있는 노래에 이르기까지, 예전에는 매출에 별다른 기여를 하지 못해 고려조차 되지 않던 영역에 수요가 몰리는 것에 대해 놀라워했다. 나는 희소성의 경제학^{economics}

of scarcity(전통적인 경제학은 기본적으로 자원의 희소성을 가정한다. 인간의 욕구는 무한한 반면 생산자원은 유한해 어느 사회나 원하는 모든 것을 동시에 얻을 수는 없기 때문에 '선택과 집중'이 불가피하다는 것이다)으로 설명되지 않는 수요의 진정한 양상을 발견했다는 사실을 깨달았다.

이런 양상은 정말이지 불가사의한 것이다. 당신이 만들어내는 것이 무엇이든 간에 사줄 사람이 있을 거라고 여기는 것은 일견 이상한 생각처럼 보인다. 보통 우리는 분기당 모든 상품들을 하나씩 팔겠다는 생각을 하지 않기 때문이다. 전통적인 소매점은 많이 팔 수 있는 상품에만 집중한다. 또 전통적인 소매점에서는 분기당 1장만 팔리는 CD도 분기당 1,000장 팔리는 CD와 동일한 자리를 차지한다. 그리고 상품이 그렇게 매대를 차지하기 위해서는 매월 임대료, 간접비, 직원의 임금 등의 비용이 들어간다. 그렇기 때문에 오프라인 매장에서는 히트상품을 제외한 나머지 상품들을 모두 매대에 진열하는 것은 공간을 낭비하는 것처럼 보인다.

하지만 오프라인 매대와 같은 공간에 비용을 부담할 필요가 없어지면 지금까지 눈여겨보지 않았던 소액 매출을 올리는 판매자들에게 눈을 돌리게 된다. 그리고 이를 통해 소액 매출을 올리는 판매자들은 시장에서 자신들의 가치를 드러낸다. 이런 사실을 깨닫게 되면서 아마존과 넷플릭스를 비롯해서 이 책에서 언급할 모든 기업들을 주의깊게 살펴보게 되었다. 그들은 모두 전통적인 소매경제가 발목을 잡힌 바로 그 지점에서 온라인 소매경제가 탄력을 받는다는 사실을 알고 있었다. 히트상품을 제외한 나머지 상품들은 여전히 조금씩 판매되고 있었지만 그들을 모두 합치면 엄청난 사업이 되었다.

2004년 전반기에 나는 여러 강연을 통해 롱테일 이론을 좀더 발전시키는 방식으로 연구를 단계적으로 구체화시켜나갔다. 최초의 강연제목은

'98퍼센트 법칙'이었다. 이 제목은 나중에 '새로운 엔터테인먼트 경제에 맞는 새로운 법칙'으로 바뀌었다.

그 시점에 나는 온라인 음악판매업체 랩소디^{Rhapsody} 덕분에 믿을 만한 자료를 확보할 수 있었다. 랩소디는 고객들이 한 달 동안 자사의 음악을 구매한 자료를 제공해주었는데, 그것을 그래프로 정리하면서 그 곡선이 이전에 봤던 것들과는 다르다는 사실을 깨달았다.

나는 인기에 따라 순위가 매겨진 다른 수요곡선을 눈여겨보기 시작했다. 소수의 히트곡들은 그 곡선의 정점에서 엄청나게 팔려나가다가 그보다 인기가 덜한 곡들과 함께 판매량이 급감했다. 하지만 흥미로운 점은 1번이라도 팔리지 않은 경우는 없었다는 사실이다. 10만 번째 곡을 찾아 확인해보니 매달 온라인으로 수천 번이나 다운로드되고 있었다. 그리고 그러한 추세는 20만 번째, 30만 번째, 40만 번째 곡에서도 동일하게 나타났다. 오프라인 상점이라면 이렇게 많은 음악들을 모두 다 진열할 수는 없지만, 온라인에서는 그보다 더 낮은 순위에서도 여전히 구매가 이루어지고 있었다. 거의 마지막 순위에서도 매월 4~5회는 다운로드가 되고 있었고, 수요곡선은 여전히 0이 아니었다.

통계학에서는 그와 같은 수요곡선들은 곡선의 꼬리부분이 머리부분보다 상대적으로 굉장히 길기 때문에 '꼬리를 길게 늘어뜨린 분포도^{long-tailed distributions}'라 한다. 나는 바로 그 긴 꼬리에 주목했고, 그것에 '롱테일^{Long Tail}'이라는 이름을 붙였다. 하지만 그때까지만 해도 롱테일은 아직 내 강연이나 기사의 제목으로 사용될 정도는 아니었다. 그런데 넷플릭스의 CEO 리드 헤이스팅스^{Reed Hastings}는 내가 새롭게 창안한 롱테일 이론을 사장시키지 말라며 자신감을 심어주었다. 2004년 여름, 롱테일은 내 강연 주제는 아니었지만, 〈와이어드〉에 기고할 같은 제목의 기사를 거의 완성한 상태였다.

그리고 롱테일 기사가 2004년 10월 〈와이어드〉의 지면을 장식한 이후 그것은 〈와이어드〉가 창간된 이래 가장 많이 인용된 기사가 되었다. 기사에서 언급한 3가지 주요한 발견들, 첫째 판매되는 상품들로 구성된 긴 꼬리는 우리가 생각하는 것보다 훨씬 더 길고, 둘째 그것은 현재 경제적으로 그 영향력이 점점 커지고 있으며, 셋째 모든 틈새상품들이 모이면 중요한 시장을 형성할 수 있다는 점들은 이전에 보지 못한 분명하고 참신한 데이터를 통해 설명되었기 때문에 많은 사람들로부터 엄청난 지지를 받았다.

꼬리는 어디에나 존재한다

내가 롱테일 기사를 썼을 때 산업 전반이 내가 제시한 법칙에 따라 반응하기 시작했다는 사실 또한 고무적이었다. 내 기사는 엔터테인먼트와 미디어산업에 나타나고 있는 새로운 경제흐름을 분석한 것이었다. 그 기사에서 나는 단지 중고물품을 판매하는 이베이와 소규모 광고업자들이 활동하고 있는 구글과 같은 기업들이 롱테일 비즈니스를 하고 있다는 사실을 언급하면서 그 내용을 약간 확장했을 뿐이었다. 하지만 독자들은 거기서 한 발 더 나아가 롱테일이 정치에서 홍보에 이르기까지, 또한 낱장의 악보에서 대학의 스포츠에 이르기까지 어디에나 존재한다고 여겼다.

사람들은 효율적인 새로운 유통수단, 제조기법, 마케팅기법이 기존의 정의를 바꾸고 있다는 사실을 직관적으로 알아챘다. 이런 요소들이 이전까지 이익을 창출하지 못했던 고객들, 상품들, 시장들을 이익을 창출할 수 있게 바꾸고 있다. 비록 이런 현상이 아직은 엔터테인먼트와 미디어산업에서 두드러지게 나타나고 있지만, 이베이를 통해 알 수 있듯이 자동차에서 항공기에 이르기까지 광범위하게 영향을 미칠 것은 자명한 일이었다.

좀더 넓은 의미에서 볼 때 롱테일 법칙이 '풍요의 경제economics of abundance'와 관련있다는 사실은 분명하다. 롱테일 법칙을 통해 수요자와 공급자 사이에 자리한 장애물들이 사라지면서 사람들은 자신들이 원하는 것이라면 어떤 상품이라도 접할 수 있는 세상과 만나게 되었다.

사람들은 종종 내게 혹시라도 롱테일 법칙이 적용되지 않는 상품이 있다면 어떤 것일지 묻곤 한다. 이런 질문을 받을 때마다 그런 상품은 다양성이 없고 고객도 다양성을 원하지 않는 아무런 특색이 없는 상품일 거라고 대답해왔다. 예를 들면 상점에서 밀가루를 팔 때 단순하게 '밀가루'라는 한 가지 라벨을 붙여서 판매한다고 생각하고 있었다. 그런데 막상 동네에 있는 식품점에 갔을 때, 내 생각이 얼마나 잘못되었는지 깨닫게 되었다. 식품점에서는 순수한 밀가루부터 다양한 곡류를 함유한 신제품까지 20종 이상의 밀가루를 진열해놓고 있었다. 놀랍게도 우리 주변에서 흔히 볼 수 있는 식품점에서조차 이미 밀가루의 롱테일이 형성되어 있었다.

실생활이 점점 더 풍요로워짐에 따라 우리는 보다 더 싼 가격에 규격화된 상품을 사려고 쫓아다니다가 이제는 수많은 제품들을 놓고 저울질하는 쇼핑전문가가 되어버렸다. 이제 우리는 고객으로서 '매스클루시비티massclusivity(mass와 exclusivity의 합성어로 소수만을 대상으로 맞춤생산 방식에 의해 제공되는 고급품 또는 고급 서비스를 의미함)', 소수의 열광적인 지지를 얻고 있는 '소수겨냥방송slivercasting(일반대중 청취자를 대상으로 하는 전통적인 대중방송broadcasting에 대응하는 용어로, 소수의 마니아 청취자를 대상으로 하는 새로운 온라인 방송 서비스. 온라인상에서 개인컴퓨터, 아이포드, PSP 등의 매체로 쉽게 다운로드받을 수 있는 이러한 소수겨냥방송은 채널, 언어, 내용의 다양

함을 기존 방송이 따라올 수 없는 수준임)', '대량맞춤mass customization(대량생산
mass production과 맞춤화customization의 합성어)'처럼 상반되는 의미가 결합된
새로운 행동들을 보이고 있다. 그리고 그 모든 행동은 바로 롱테일을 지향
하고 있다.

21세기 경제학의 키워드, 롱테일

이 책은 부분적으로는 스탠퍼드, MIT, 하버드 경영대학원 학생들과 교수
들의 도움과 참여로 이루어진 경제 연구 프로젝트라 할 수 있다. 또한 100
회 이상의 강연과 브레인스토밍, 그리고 롱테일이 자사를 변화시킬 것이
라 생각하는 기업들과 업계를 방문한 결과물이기도 하다. 또한 이 책이 나
오기까지 내부자료까지 보여주며 정보를 제공한 수십 개 기업과 경영자들
의 도움이 컸는데, 그들로 인해 나는 롱테일 법칙이라는 온라인 시대를 좌
우할 미시경제학 이론을 제시할 수 있었다.

　바로 지금 이 순간 매혹적인 사실은 롱테일로 대변될 21세기의 경제학
이 구글, 아마존, 넷플릭스, 아이튠스의 데이터베이스에서 이미 개괄적인
형태로나마 그 단초를 보이고 있다는 점이다. 사용자user들의 경험을 정리
한 엄청난 양의 자료들 속에는 고객들이 무한선택의 시장에서 어떻게 행
동할 것인지에 대한 실마리가 들어 있다. 그것은 얼마 전까지만 해도 그다
지 의미가 없었지만, 이제는 시장과 판매흐름을 이해하는 근본적인 자료
가 되었다.

　놀라운 것은 누구도 이런 자료들을 찾아보려고 하지 않았기 때문에 이
런 자료에 대해 알고 있는 경제학자가 거의 없다는 점이다. 나와 함께 일했

2004년 10월 〈와이어드〉에 롱테일 관련 기사가 실린 이후 크리스 앤더슨은 더롱테일닷컴이라는 블로그를 만들어 수많은 독자들과 함께 기사의 내용을 확장해나갔다. 이것은 소프트웨어 개발자들이 실시하는 베타테스트와 같은 역할을 했다.

던 대부분의 학자들은 경영대학원에 몸담고 있었으며 경제학자는 거의 없었다. UC버클리의 경제학자 할 배리언Hal Varian은 구글의 경영에 일정 부분 관여했고, 옥션 이론을 연구하는 경제학자들은 이베이에 놀랄 만큼 애착을 갖고 있었다는 몇 가지 예외가 있긴 했지만 그런 이들을 찾아보기는 힘들었다. 이 책에 소개된 데이터는 전에 소개된 적이 없는 경우가 많다.

미지의 영역을 다루게 된 나는 각 분야의 전문가들에게 도움을 청했다. 실험삼아 나는 더롱테일닷컴thelongtail.com이라는 내 블로그를 통해 공개적으로 난해한 개념의 이슈들과 씨름했다. 예를 들어 80/20법칙이 바뀌고 있다는 사실을 설익은 글을 통해 알리면, 수십 명의 명석한 독자들이 코멘트를 달아주거나 이메일을 보내주었으며, 자신들의 블로그를 통해 롱테일 법칙을 발전시킬 방법을 제안하기도 했다. 어쨌든 이 불안정한 공식적인 브레인스토밍에는 어림잡아 하루 평균 5,000명 이상의 독자들이 참여했다.

소프트웨어 분야에서는 개발자들이 베타버전들을 자신의 프로그램에 가장 열의를 보이는 사용자들에게 배포한다. 그러면 사용자들은 그 프로그램을 먼저 사용해보는 특권을 누리면서 그것을 자기 PC에서 자기만의 방식으로 테스트하며 개발자가 놓친 에러들을 찾아낸다. 이런 베타테스트는 안정적인 소프트웨어를 만드는 데 꼭 필요한 과정이다. 이런 장점을 받아들여 나는 공식적으로 내 이론을 테스트하는 과정을 통해 롱테일 이론이 더 안정화되거나 적어도 지금보다 더 견실한 책이 되는 데 보탬이 되었다고 생각한다.

또한 공식적으로 내 생각을 베타테스트하는 것과 공식적으로 책을 출판하는 것 사이의 차이점에 대해서도 언급하고 싶다. 많은 사람들이 책을 출판하라고 했지만, 우선 나는 내 연구가 발전하고 있는 상황을 공식적으로 알리는 도구로 블로그를 사용하기로 결정했다. 온라인에 초안을 쓰고 나서 때로 독자들이 텍스트를 선택적으로 편집할 수 있게까지 했다. 하지만 이 책을 실제로 집필할 때는 오프라인에서 작성했다.

마지막으로 롱테일 법칙이 태어나는 데 부모 역할을 한 사람이 있다. 비록 내가 '롱테일'이라는 용어를 만들어내긴 했지만, 상대적으로 매출이 떨어지는 상품들을 모아 온라인으로 판매하는 효율적인 경제이론을 새롭게 만들어냈다고는 할 수 없다. 그것은 이미 1994년경에 아마존의 제프 베조스Jeff Bezos가 제시한 개념이기 때문이다. 내가 알아낸 대부분의 사실은 제프 베조스를 비롯해 여러 해 동안 롱테일 이론을 사업에 실천해온 넷플릭스와 랩소디, 그리고 그 외 여러 기업들과의 회의를 통해 나온 것이다.

롱테일은 바로 그런 기업가들의 기업가정신에서 탄생한 것이다. 내가 한 작업이라고는 그 결과들을 하나의 틀로 종합하는 것뿐이었다. 물론 이 것은 경제학이 추구하는 것으로 실제로 일어나는 현상을 보여주는 적절하 면서도 쉽게 이해할 수 있는 틀을 만들어내는 것이다. 그 틀이 수면 위로 떠오르는 것만으로도 상당한 진보라 할 수 있지만, 먼저 그 현상을 발견하 고 실행에 옮긴 모든 사람들의 창조적 발명과 비교하면 아무것도 아니다.

1 롱테일이란 무엇인가

디지털 혁명이 매스마켓을 수백만 개의 틈새시장으로 세분화한다.

1988년 영국의 산악인 조 심슨Joe Simson은《난, 꼭 살아 돌아간다 *Touching the Void*》라는 책을 썼다. 거기에는 페루의 안데스산맥에서 죽음 직전까지 가는 처절한 상황에 처했던 그의 경험이 담겨 있었다. 독자들의 평가가 좋긴 했지만 책 판매에 그다지 큰 영향력을 발휘하지 못했고, 책은 곧 잊혀졌다. 그런데 10년이라는 시간이 흐른 뒤 이상한 일이 벌어졌다. 존 크라카우어Jon Krakauer의 비극적인 산악등반기《희박한 공기 속으로 *Into Thin Air*》가 출판가에 센세이션을 불러일으키면서《난, 꼭 살아 돌아간다》가 다시 판매되기 시작한 것이다.

서점들은《희박한 공기 속으로》옆에《난, 꼭 살아 돌아간다》를 진열하기 시작했고 매출은 점점 더 올라갔다. 2004년 초에 미국의 독립영화전문 케이블채널인 IFC필름은《난, 꼭 살아 돌아간다》로 다큐멘터리드라마를 제작발표해서 호평을 받았다. 곧이어 미국의 하퍼콜린스 출판사에서 출간된 개정판은〈뉴욕타임스 *New York Times*〉베스트셀러에 14주 동안이나 오를 정도로 인기를 얻었다. 2004년 중반까지《난, 꼭 살아 돌아간다》는《희박한 공기 속으로》보다 2배는 더 많은 판매를 기록했다.

도대체 이 책에 무슨 일이 일어난 것일까? 온라인에서 입소문이 퍼진 것이다.《희박한 공기 속으로》가 처음 나왔을 때 몇몇 독자들은 자신들이

조 심슨의《난, 꼭 살아 돌아간다》는 10년이라는 시간이 흐른 뒤 존 크라카우어의《희박한 공기 속으로》가 출간된 이후 베스트셀러가 되면서 새롭게 조명을 받았다. 이것은 무한대의 매대, 실시간 판매추세, 대중의 의견에 관한 정보를 제공하는 온라인이 있었기에 가능했던 일이다.

열정적으로 칭찬했지만 그다지 알려지지 않았던《난, 꼭 살아 돌아간다》와의 유사점을 지적하는 서평을 아마존닷컴에 올렸다. 그 글들을 읽은 다른 독자들이《난, 꼭 살아 돌아간다》를 검색한 후 그 책을 장바구니에 담았다. 얼마 지나지 않아 아마존닷컴의 소프트웨어는《희박한 공기 속으로》를 구매하면《난, 꼭 살아 돌아간다》도 구매한다는 독자들의 구매성향을 확인했고, 2종을 함께 묶어 판매하기 시작했다. 곧 많은 사람들이 2종 세트를 구매하기 시작했고, 열광적인 서평들은 더 많이 올라왔다. 책이 팔리면 팔릴수록 추천의 글과 긍정적인 피드백이 이어졌다.

특히 존 크라카우어의 책이 베스트셀러에 올랐을 때 조 심슨의 책은 거의 절판된 상태에 있었다는 사실은 주목할 만한 대목이다. 존 크라카우어의 독자들은 10년 전에는 조 심슨의 책을 전혀 알지 못했었다. 혹 그들이 그 책을 알고 있었다 해도 찾을 수 없었을 것이다. 그런데 온라인서점들이 그런 시스템을 바꿔버렸다. 무한대의 매대와 실시간 판매추세, 그리

고 대중의 의견에 관한 정보를 함께 제공함으로써 《난, 꼭 살아 돌아간다》
가 불러일으킨 것 같은 현상을 창조해낸 것이다. 그 결과 주목받지 못하던
책이 엄청난 판매를 기록하게 되었다.

이것은 온라인 서점을 뛰어넘어 미디어와 엔터테인먼트산업 전반을
이끌어나갈 완전히 새로운 경제모델의 사례로서 이제 막 그 힘을 드러내
고 있다. 넷플릭스의 DVD에서 아이튠스와 랩소디의 음악에 이르기까지
무제한적인 선택을 할 수 있게 됨으로써 고객들은 자신들이 원하는 것과
그것을 어떻게 얻을 수 있는지 알게 되었다. 사람들은 예전에 대형 비디오
매장인 블록버스터 비디오Blockbuster Video, 혹은 대형 음반매장인 타워 레
코드Tower Records에서 찾을 수 있던 것보다 훨씬 더 많은 비디오/음반 목록
에서 자신이 원하는 것을 찾을 수 있게 되었다. 자료를 검색하면 할수록 사
람들은 자신들이 좋아하는 것을 더 많이 발견하게 된다. 또한 판매업자들
이 인도하는 길을 벗어날수록 자신들이 좋아하는 상품들이 주류에 속해
있지 않다는 사실을 알게 된다. 이전에는 마케팅과 히트상품 중심의 문화,
그리고 단순히 선택의 여지가 없다는 생각에 특정 상품들만을 찾게 되었
던 것일 뿐이다.

이런 서비스를 하는 기업들의 판매 데이터와 트렌드는, 이제 막 그 모
습을 드러내기 시작한 디지털 엔터테인먼트 경제가 오늘날의 매스마켓과
는 완전히 다르다는 사실을 보여준다. 20세기 엔터테인먼트산업이 히트
상품 중심으로 이루어졌다면, 21세기에는 틈새상품도 히트상품과 동일한
중요도를 갖게 되었다.

너무나 오랫동안 우리는 대중의 공통 관심사 법칙에 입각해 만들어진
아무 생각없이 볼 수 있는 여름용 블록버스터 영화와 대량생산된 팝 음악
을 고통스럽게 받아들여야만 했다. 왜 그랬을까? 바로 경제성 때문이다.

즉 대중의 기호에 대한 많은 가정들은 사실 수요공급의 불완전한 조화가 빚어낸 결과물일 뿐이고, 비효율적인 유통에 대한 시장의 반응이었다.

문제가 되는 것은 우리가 물리적 세계에서 살아가고 있으며, 최근까지 대부분의 엔터테인먼트 미디어 역시 물리적인 세계에 영향을 미치고 있다는 사실이다. 물리적 세계는 우리의 엔터테인먼트에 대해 극적인 제한을 가한다.

장소라는 이름의 폭군이 지배력을 상실하다

전통적인 소매의 본질적인 제약은 지역소비자를 기반으로 해야 한다는 점이다. 예를 들면 영화관은 보통 2주에 관객을 1,500명 이상 동원할 수 없는 영화는 상영하지 않는다. 이것은 스크린 임대료 때문이다. 음반판매점은 보통 연간 1종의 CD를 적어도 4장은 팔 수 있어야만 그 CD를 진열할 수 있다. 이 역시 매대의 임대료 때문이다. 그밖에 DVD대여점이나 비디오게임판매점, 서점, 신문판매점도 마찬가지다.

각 소매점들은 매장을 유지하는 데 필요한 충분한 수요를 확보할 수 있는 컨텐츠만을 진열한다. 하지만 그런 매장들은 매장이 위치한 지역의 한정된 사람들만을 대상으로 한다. 영화관이라면 보통 반경 16킬로미터 이내에 위치한 사람들을 대상으로 한다. 음반판매점과 서점은 그보다 더 범위가 좁으며, 심지어 비디오대여점은 반경 2킬로미터 내에 위치한 사람들만을 대상으로 한다. 전국적으로 50만이 넘는 잠재적 수요가 있는 위대한 다큐멘터리영화라 해도 지역 비디오가게에서는 그것을 보유하고 판매할 수 없다. 중요한 것은 그 소매점이 위치한 그 지역에서 얼마만큼의 잠재적 수요가 있느냐 하는 것이기 때문이다.

지역소매점에서는 판매되지 않지만 전국적으로 엄청난 규모의 열정적인 고객들을 끌어들일 수 있는 뛰어난 엔터테인먼트 상품은 매우 많다. 예를 들어 2004년 아카데미 시상식에서 최고의 애니메이션으로 비판과 갈채를 한몸에 받았던 영화 〈벨빌의 삼총사 *The Triplets of Belleville*〉는 전국적으로 단지 6개의 영화관에서만 개봉되었다. 좀더 두드러진 사례로는 미국에서 인도영화가 직면한 어려운 상황을 들 수 있다. 매년 인도영화산업은 800편 이상의 영화를 제작한다. 또한 미국에는 인도인들이 170만 명 정도 거주하고 있다. 하지만 가장 높은 순위를 기록한 인도영화 〈라간 : 옛날 옛적 인도에서는 *Lagaan : Once Upon a Time in India*〉은 미국에서 단 2개 영화관에서만 개봉되었을 뿐이다. 더욱이 이 작품은 그해 미국에서 유통될 수 있는 기회를 얻은 극소수의 인도영화 중 하나였다. 이러한 지리적 장소로 인한 한계는 합치면 많을지 모르지만 개별지역으로 볼 때 수요가 적은 것은 수요가 전혀 없는 것과 마찬가지 상황을 나타낸다.

물리적 세계의 또다른 억압적인 요소는 물리적인 상황 자체이다. 라디오 주파수는 기지국들을 통해서만 송출되고 동축케이블이 연결되어야 TV채널을 볼 수 있다. 또한 방송은 온종일 방송한다 해도 그 시간은 24시간에 불과하다. 방송기술이 가진 제약으로 인해 방송사는 제한된 자원을 낭비하고 있다. 결과적으로 하나의 지리적 영역에서 대규모 소비자를 모아야만 하는데, 이것이 수많은 컨텐츠 중 극히 일부만을 방송할 수밖에 없는 높은 장애물로 작용한다.

지난 세기 동안 엔터테인먼트는 이러한 억압적인 요소에 대응해 쉬운 해결책을 제공했는데, 그것은 바로 히트상품들을 발매하는 데 초점을 맞추는 것이었다. 결국 히트상품들은 영화관을 가득 채우고 매대에서 날개

돈친 듯 팔려나갔으며 시청자들의 선택권을 빼앗아버렸다. 사회학자들은 히트상품들이 인간의 정신과 긴밀하게 연결되어 있다고 말할지도 모른다. 하지만 이것은 유사성과 입소문의 영향일뿐이다. 그리고 히트상품들이 날개돋친 듯 팔려나가면 그들의 입지가 더욱 견고해진다. 인기곡들, 가슴 뛰게 하는 영화들, 사고하게 하는 책들은 수많은 고객들을 매료시킨다.

하지만 우리들 대부분은 히트상품 그 이상의 것을 원한다. 모든 사람들의 기호는 어떤 지점에서 주류에서 벗어난다. 선택의 여지가 더 많이 주어질수록 우리는 다양한 상품들에 더 많이 끌리게 된다. 그런데 불행하게도 최근 10년 동안 이런 대체상품들은 히트상품만을 원하는 산업의 마케팅으로 인해 부수적인 것으로 치부되었다.

앞으로 이 책에서 더 자세히 살펴보겠지만 히트상품 중심의 경제는 사람들이 필요로 하는 모든 것을 제공해줄 만한 공간이 없었던 시대의 유물일 뿐이다. 다시 말해 지금까지 생산된 CD, DVD, 비디오게임을 진열할 공간이 충분하지 않았고, 제작된 영화를 모두 상영할 만한 영화관이 충분하지 않았으며, 모든 TV프로그램을 방송할 만큼 충분한 채널을 확보할 수도 없었고, 세상에 나온 모든 음악들을 연주할 라디오 주파수가 충분하지 않았다는 말이다.

이것은 희소성scarcity의 세계이다. 현재 온라인으로 상품을 전시하고 판매하는 우리는 풍요 abundance의 시대를 열어가고 있다. 그리고 그 차이는 너무나도 크다.

풍요의 세계를 좀더 잘 살펴보기 위해, 온라인 음악판매업체인 랩소디의 경우를 살펴보자. 리얼네트웍스RealNetworks의 소유인 미국의 회원제 음악 사이트 랩소디는 최근에 150만 곡 이상을 서비스하고 있다.

랩소디의 월간통계를 그래프로 그려보면 여느 음반판매점의 통계와 굉장히 유사한 수요곡선을 그리고 있는 것을 볼 수 있다. 즉 히트곡들에 대한 수요가 엄청난 반면 비인기곡들은 길게 꼬리를 형성한다. 다음 그래프는 2005년 12월에 고객들이 랩소디를 통해 다운로드받은 상위 2만 5,000곡의 통계를 나타낸 것이다.

우선 왼쪽에 자리한 극소수의 음악들이 있는 영역에서 다운로드 횟수가 급격히 올라가고 있음을 볼 수 있다. 이 영역의 음악들은 모두 히트곡이

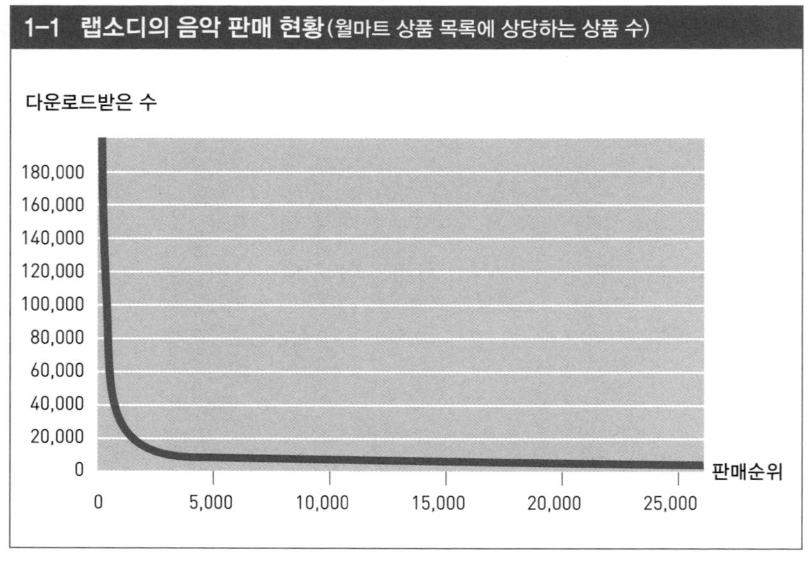

기 때문에 그리 놀랄 일도 아니다. 만일 당신이 음반판매점을 경영하고 제한적인 매대를 갖고 있다면 최대판매량을 보이는 제품에서 그리 멀지 않은 수준의 상품까지로 판매를 제한하는 것은 당연한 일이다.

그래서 미국 최대의 음반소매점 월마트는 수백만 장의 음반을 보유하고 있음에도 매출 상위를 기록하는 품목들로 제한해서 음반을 진열하는데 그 양은 약 4,500장 정도이다. 이것은 랩소디의 매출 상위 2만 5,000곡에 해당하는 양이다.[1] 월마트에서는 매출 상위 200장의 음반이 매출의 90퍼센트 이상을 차지한다.

이처럼 히트상품에 집중하는 것은 당연하다. 히트상품이 시장의 대부분을 차지하기 때문이다. 상위 5,000곡이나 10,000곡 외에 나머지 곡들은 전혀 매출을 올리지 못하는 것처럼 보인다. 이렇게 매출을 올리지 못하는 곡들에는 전혀 신경쓸 필요가 없어 보였다.

이러한 시각은 우리가 지난 세기 동안 시장을 바라봤던 방식이다. 모든 소매점에는 그들만의 경제적 마지노선이 있어서 잘 나가지 않는 물품들은 어느 선에서 배제해버리고, 어느 정도 매출에 기여하는 상품들은 계속 진열한다. 히트상품 중심의 문화에서는 사람들이 판매곡선의 왼쪽 부분을 차지하는 상품에 과도하게 집착하고 어떤 상품이 히트상품이 될 것인지를 알아맞추기 위해 노력했다.

그러나 이런 상황을 변화시키기 위해서는 무언가 다른 방식이 필요하다. 지난 1세기 동안 이 판매곡선의 왼쪽 부분에 집착했다면, 이제는 오른쪽 부분으로 시선을 돌려보자. 이런 식의 방향전환이 당혹스러울 수도 있다. 언뜻 보기에 오른쪽 부분에서는 전혀 수익이 나지 않는 것처럼 보이기 때문이다. 하지만 그렇지 않다. 자세히 들여다보면 다음과 같은 2가지 사실을 발견할 수 있다.

첫째, 오른쪽으로 이어지는 곡선의 매출은 0이 아니다. 단지 히트상품
들이 가파른 상승곡선을 그렸기 때문에 오른쪽 부분은 수익이 없는 것처
럼 보였을 뿐이다. 틈새상품에 대해 보다 정확한 시각을 갖기 위해 과거에
베스트셀러를 기록했던 상품들을 살펴보자. 다음 그래프는 판매순위 2만
5,000번째 곡부터 10만 번째 곡에 이르기까지의 판매추이를 기록한 것이
다. 이 그래프에서 볼 수 있듯이 오른쪽 부분에서도 여전히 의미있는 수준
의 판매가 일어나고 있다. 오른쪽 부분은 그다지 수요가 없을 것이라고 생
각하지만, 이 부분을 차지하는 노래들은 여전히 매달 평균 250번씩 다운
로드되고 있다. 각각의 노래들이 매출에서 차지하는 비중은 작지만 이런
비히트곡들의 매출을 합치게 되면 전체 매출에서 상당한 비중을 차지하게
된다. 그래프에서 판매곡선이 길게 꼬리처럼 내려가 밑바닥까지 닿을 정
도로 뻗어나가는 영역의 노래들은 매달 약 2,200만 번이나 다운로드되고
있으며, 랩소디 전체 매출의 4분의 1을 차지한다.

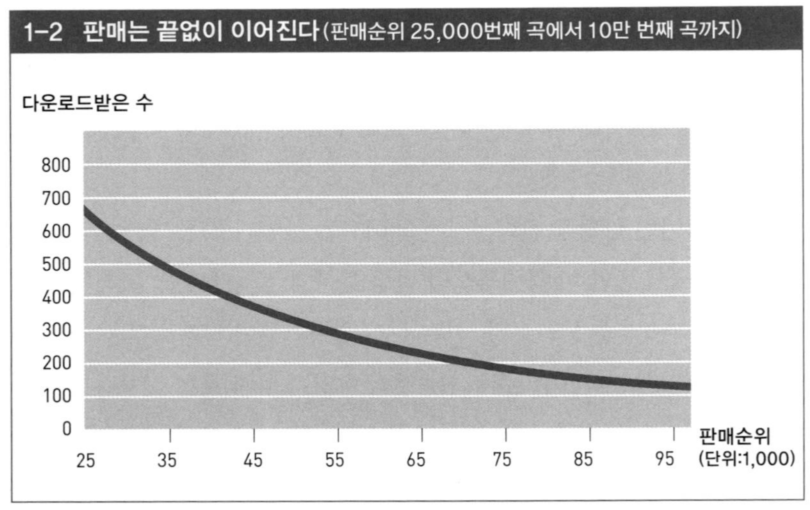

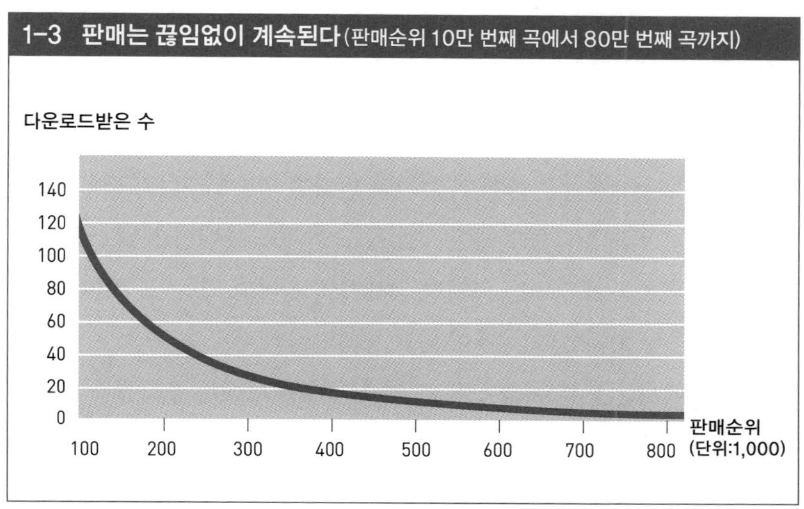

이 판매곡선은 여기서 멈추지 않는다. 좀더 확대해서 살펴보자. 이번에는 꼬리의 끝부분에 훨씬 더 가까운 부분이다. 이 영역을 차지하는 것은 판매순위 10만 번째에서 80만 번째까지의 노래로 음반전문판매점에서도 찾기 힘든 것들이다.

그래프에서 보듯 꼬리의 끝부분에 가까운 곳에서도 수요는 여전히 살아 있다. 이 판매곡선을 그리는 영역의 곡들은 여전히 매달 1,600만 번이나 다운로드되고 있으며, 랩소디 전체 매출의 15퍼센트를 넘어선다. 개별적으로는 비록 대중적인 인기를 얻고 있지는 못하지만 그 노래들의 매출을 합하면 상당한 수익을 낼 수 있다. 랩소디에서 현재 서비스하는 곡은 약 150만 곡이지만 1년 내에 보유상품의 수는 200만 곡 이상으로 늘어날 것이다. 그로부터 다시 1년 뒤에는 400만 곡을 서비스할 것으로 보인다.

여기서 우리가 주목해야 할 것은 꼬리부분에 위치한 곡들도 판매가 된다는 사실이다. 월마트와 같은 오프라인 매장에서는 6만 장 이상의 앨범을 진열하기 어렵다. 그러나 랩소디 같은 온라인소매점의 경우, 시장은 끝없이 열려 있다. 랩소디의 판매 상위 6만 번째까지의 노래들은 적어도 매달 한 번은 다운로드된다. 그런데 판매 상위 10만 번째까지의 노래들과 20만 번째까지의 노래들은 물론이고 90만 번째까지의 노래들, 그리고 그보다 더 낮은 순위의 노래들도 같은 양상을 보인다. 랩소디가 서비스 곡목을 늘리게 되면 비록 소수이긴 하지만 전세계에 흩어져 있는 고객들이 매달 그 노래들을 찾을 것이다. 이것이 바로 롱테일이다.

롱테일에서는 모든 것을 찾을 수 있다. 상품목록에는 중장년층 팬들을 사로잡았던 곡들은 물론이고 새롭게 재발견된 곡들도 있다. 라이브곡과 비사이드^{B-side}(정규앨범에서 빠졌던 곡들), 리믹스도 포함되어 있다. 거기에는 수많은 곡들이 장르를 불문하고 틈새상품으로 자리하고 있다. 타워 레코드 같은 대규모의 음반판매점 전체가 1980년대에 긴 머리를 휘날리며 소녀들을 울린 헤어 밴드^{hair band}나 앰비언트 덥^{ambient dub} 같은 재취입한 곡들로 가득 채워져 있다고 한번 상상해보라. 또한 수입품 코너에 진열된 고가의 외국밴드들의 노래와 무명밴드들이 그들보다 더 무명의 음반제작사를 통해 출시한 노래들도 있다. 이들 가운데 상당수는 타워 레코드에 입점하지 못한 것들이다.

물론 롱테일에는 인기없는 상품들도 많이 포함되어 있다. 히트음반에도 역시 인기없는 곡이 상당수 들어가 있다. CD를 구입하면 CD 안에 들어 있는 듣기 싫은 노래들은 건너뛰며 들어야 한다. 하지만 온라인상에서는 그런 노래들을 아주 쉽게 피해갈 수 있다. 뿐만 아니라 앨범에서 자신이 가장 좋아하는 노래만을 손쉽게 다운로드받을 수도 있다. 앨범 가격이 15달러라고 하면 거기에 포함된 듣기 싫은 곡 하나는 앨범 가격의 12분의 1을 차지한다. CD와 달리 온라인에서는 그런 노래들이 고객들에게 불편을 주지 않고 오로지 서버에 보관되어 있으며, 개별 노래를 평가해 취사선택할 수 있다.

롱테일에서 가장 놀라운 것은 바로 얇은 층으로 끝없이 이어지는 규모다. 만일 당신이 비히트상품들을 구매한다면 사실상 히트상품들과 맞서는 새로운 시장을 구축하는 셈이다. 서적의 경우를 생각해보자. 미국의 유명한 서점 그룹 보더스Borders는 보통 10만 종의 책을 진열한다. 하지만 아마존은 상위 10만 종의 책을 제외하면 그밖의 다른 상품들이 매출의 약 4분의 1을 기록했다. 이것이 내포하는 바는 무엇일까? 만일 아마존의 통계가

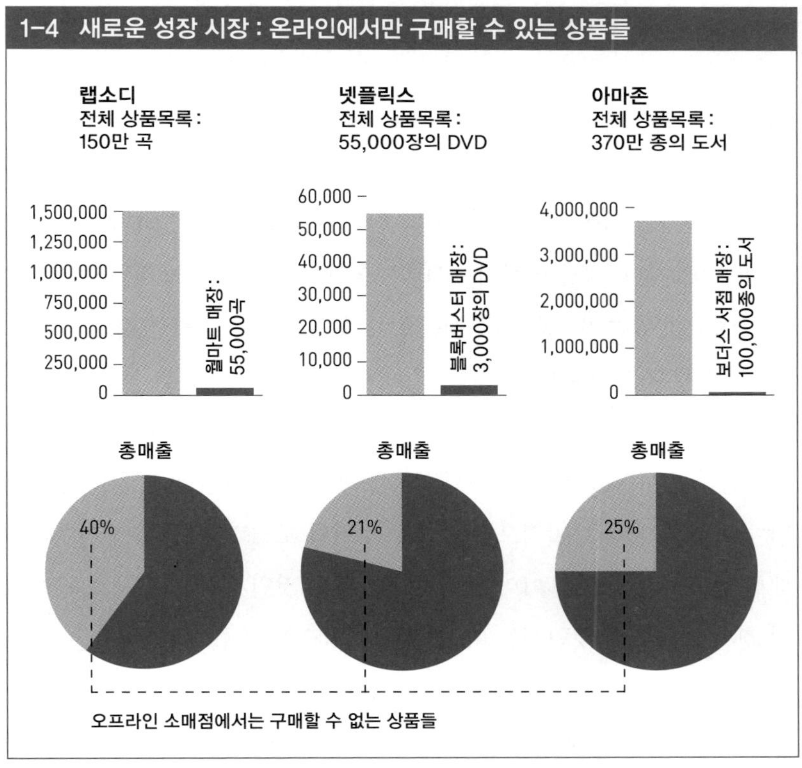

어떤 가이드를 제시한다면, 오프라인 서점에서 팔리지 않는 도서시장은 현존하는 도서시장에서 이미 3분의 1을 차지하고 있는 셈이다. 게다가 그 규모는 급속히 커지고 있다. 만약 이런 추세가 지속된다면 오프라인 서점에서 팔리지 않는 책이 차지하는 도서시장은, 우리가 히트상품 중심의 경제흐름을 극복할 경우 전체 규모의 절반에 이를 수도 있다.[2] 벤처자본가이자 음악산업 컨설턴트로 활동했던 케빈 로스Kevin Laws는 "작은 판매 수익을 모으면 가장 큰 수익이 생긴다"라고 말하기도 했다. 우리가 주목하는 롱테일에서도 동일한 구도가 성립한다.

성공적으로 인터넷 비즈니스를 하고 있는 기업들은 다양한 방식으로 롱테일을 활용하고 있다. 예를 들면 구글은 거대기업이 아니라 소규모 기업들의 광고를 유치해서 돈을 번다. 이것은 광고의 롱테일을 보여주는 사례이다. 이베이에도 긴 꼬리가 있는데, 대개 수집용 차에서부터 장식용 골프채에 이르기까지 틈새상품들로 구성되어 있다. 이런 기업들은 지역과 규모의 한계를 극복하기 위해 이미 존재하는 시장을 확장하기도 하지만 완전히 새로운 시장을 발굴하는 데 더 큰 힘을 쏟는다. 오프라인 소매점의 영향권 밖에 있는 새로운 시장들은 그 규모가 예상보다 훨씬 더 큰 것으로 드러나고 있기 때문이다.

이런 기업들은 상품들을 점점 더 많이 공급한다 해도 수요가 공급을 따라잡는다는 사실을 깨달았다. 선택할 수 있는 상품의 수가 엄청나게 늘어남에 따라 수요가 폭발적으로 증가할 것처럼 보였다. 그런 틈새상품들에 대한 잠재적인 수요가 이미 존재하고 있었던 것인지 아니면 새로운 수요의 창출로 이뤄진 것인지는 아직 모른다. 하지만 넷플릭스, 아마존, 랩소디 같은 기업들에서 이미 실제로 그런 일이 벌어지고 있다. 이런 기업들은 오프라인 경쟁업체에는 없는 상품들을 판매한 수익이 총수익의 4분의 1에서 거의 절반까지 이르렀으며, 그 비율은 매년 증가하고 있다. 즉 그들의 사업에서 가장 빠른 매출 성장을 보이고 있는 부분은 전통적인 오프라인 소매점에서는 전혀 판매되지 않는 상품들을 판매하는 것이다.

그래서 무한한 전시공간을 활용한 기업들은 매출에 대한 새로운 산출 방법을 터득하게 되었다. 즉 각각의 매출로 따지면 아주 작은 수치지만, 그런 상품의 수가 매우 많다면 그것들이 모인 꼬리 전체의 엄청난 매출액 은 단 하나의 초대형 베스트셀러와 맞먹는다는 점이다. 그러한 상품의 수 는 계속해서 증가하고 있다.

이런 수백만에 달하는 비주류 상품들을 판매하는 것은 비용 대비 효율

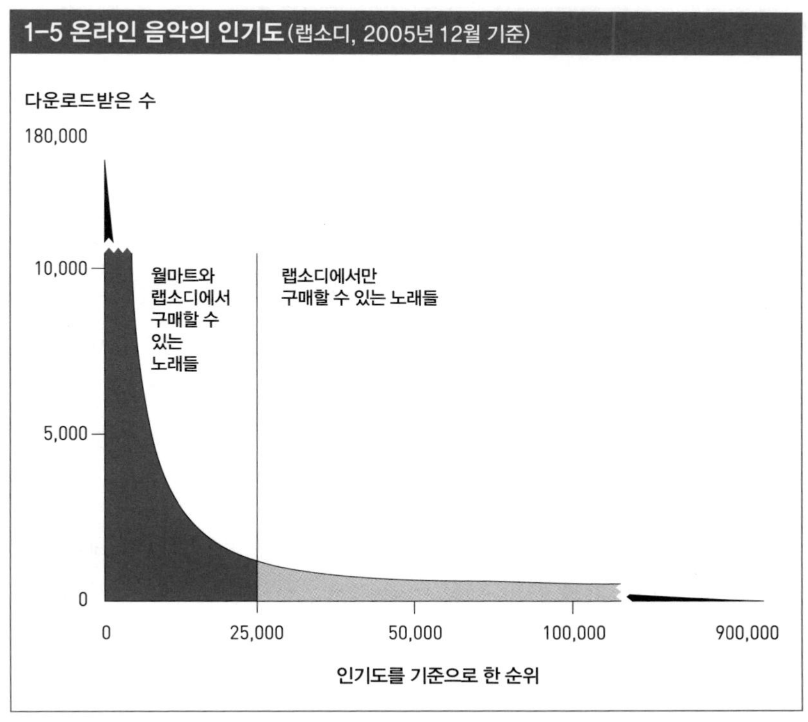

이 높은 사업이다. 아이튠스와 같은 디지털 서비스업체의 경우 제작비가 없고 유통비도 거의 들지 않는다. 진열공간에 비용을 들이지 않고 틈새상품을 판매하면 히트상품 하나를 판매한 것과 동일하거나 그보다 더 많은 이윤을 남길 수 있다. 사상 최초로 히트상품과 틈새상품이 동등한 위치에 놓이게 되었다. 수요만 존재한다면 히트상품이든 비히트상품이든 동일한 가치를 지닌다. '인기'는 한순간에 수익성과 관련된 독점적 권한을 잃어버리고 말았다. 문화와 상거래를 주도하는 새로운 구도는 1-5 그래프와 같다.

수면 아래 숨어있던 절대다수의 힘

예전까지의 제한된 선택과 오늘날의 풍요로운 선택 사이의 차이를 가장 적나라하게 보여주는 예를 한번 살펴보자. 문화를 넓은 바다라고 하면 예전에는 수면 위로 드러나는 것은 히트상품들로 이루어진 섬들뿐이었다. 그래서 우리는 수면 위로 떠오른 히트음반들로 이루어진 음악의 섬, 블록버스터들로 이루어진 영화의 섬, 대중적인 TV쇼들로 이루어진 섬밖에 볼 수 없었다.

수면을 유통채널을 만족시킬 수 있는 수준의 판매량과 해당 카테고리를 유지할 수 있는 경제적 기준점이라고 생각하면, 섬들은 대부분 주요 소매점의 매대공간이라는 유통채널의 제한적인 공간을 제공하기 때문에 충분한 수준의 이익을 올릴 수 있는 경제적 기준점 이상의 판매가 발생하는 인기상품들로 구성된다. 문화의 바다를 자세히 살펴보면 두드러지게 드러나는 것은 수면 위로 솟아오른 인기있는 섬들이다. 하지만 그 섬들은 바다

밑에 자리한 거대한 산맥의 끄트머리일 뿐이다. 유통비용이 떨어지면 이것은 바다의 수면이 낮아지는 것과 같다. 그러면 이전에는 드러나지 않았던 것들이 갑자기 수면 위로 부상하게 된다. 지금까지 물 속에 있던 영역은 지금 물 위에 나와 있는 작은 영역보다 훨씬 더 크다. 우리가 지금 보고 있는 롱테일 법칙은 이전에는 수면 위로 꼭대기만 드러나 있던 거대한 산맥의 전체를 보여주는 것이다.

오늘날 시장에 출시된 음반들 가운데 99퍼센트 이상은 월마트에서 구할 수 없는 것들이다. 상업적으로 출시된 20만 개 이상의 영화와 TV쇼, 다큐멘터리, 비디오 영상물들 가운데 보통 블록버스터에 해당하는 것은 단 3,000개밖에 없다. 이런 상황은 아무리 상품 구비에 탁월한 소매점이라 해도, 또한 도서에서 주방용품에 이르기까지 모든 상품을 막론하고 동일하다. 그런 엄청난 다수의 상품들은 우리 주변의 오프라인 상점에서는 결코 구할 수 없다. 전통적인 히트상품 중심의 소매경제는 부득이하게 선택을 제한하기 때문이다.

당신이 수요와 공급을 이어주는 비용을 극적으로 낮출 수 있다면, 단순히 그 비용을 낮추는 것만이 아니라 시장의 근간까지도 바꿀 수 있다. 이것은 양적 변화뿐 아니라 질적 변화를 수반한다. 틈새상품들을 쉽게 구매할 수 있는 여건을 조성하면 비상업적인 컨텐츠에 대한 잠재적 수요를 촉발시킬 수 있다. 수요자들이 틈새상품들로 옮겨가면 그런 상품들을 제공하는 업체들은 더욱 발전할 것이다. 또한 그러한 긍정적인 연쇄반응은 앞으로 수십 년 동안 문화와 산업 전반에 변혁을 불러올 것이다.

2 히트상품의 흥망성쇠

지금까지 시장을 지배하던 80/20법칙이 무너지고 있다.

산업혁명 이전에 대부분의 문화는 지역을 중심으로 형성되어 있었다. 경제는 농업 위주였고 인구는 전국토에 걸쳐 넓게 분포하고 있었으며 지역적으로 멀리 떨어져 살았기 때문에 각기 이질적인 문화를 형성했다. 문화는 지방사투리에서부터 포크뮤직에 이르기까지 모든 것을 창조하면서 저마다의 특색을 띠었다. 빠른 운송수단도 없었고 커뮤니케이션 도구도 부족했기 때문에 문화의 융화나 아이디어와 트렌드의 전파는 제대로 이뤄지지 않았다. 이것은 초기 틈새문화 시대로, 이때는 기호가 아니라 지역에 의해 틈새문화가 결정되었다.

당시에는 문화를 전달하는 수단이 극도로 제한되어 있었기 때문에 각 지방 사람들이 발전시킨 문화는 마을마다 다양하게 나타났다. 연극배우의 순회공연과 학자들이 가진 몇 권의 책을 제외하고는 대부분 문화의 전파 속도는 사람들의 이동속도가 한계였다. 서부 유럽에서 교회를 중심으로 문화가 통합될 수 있었던 것은, 교회가 문화를 전파하는 가장 좋은 토대였으며, 구텐베르크의 활판인쇄술 덕분에 대량생산된 성경을 보유하고 있었기 때문이었다.

하지만 19세기 초 근대산업시대가 열리고 철도가 놓이게 되면서 거대한 도시화의 물결이 형성되었고, 유럽에는 거대도시들이 등장하기 시작했다. 이런 상거래와 운송의 새로운 중심지들은 이전에는 결코 접촉하지 않았던 사람들을 서로 뒤섞어놓았으며 새롭고 강력한 문화엔진을 창조해 냈다. 이러한 것들에 날개를 달아주기 위해 필요한 것이 바로 매스미디어였다.

19세기 중반부터 후반까지 매스미디어의 기능을 담당하는 몇 가지 기술이 등장했다. 우선 상업적인 인쇄기술이 향상되어 주류로 등장했다. 이어서 새로운 습판wet plate(사진 감광판의 하나) 기술이 개발되어 사진촬영이 대중화되었으며, 1877년에는 에디슨이 축음기를 발명해냈다. 이런 기술들은 사상 최초로 거대한 대중문화의 부상을 이끌었는데, 사진이 들어간 신문과 잡지, 소설, 인쇄된 낱장 악보, 정치선전물, 우편엽서, 축하장, 아동용 도서, 상업적인 카탈로그 등의 매체를 통해서였다.

또한 뉴스와 신문은 유행의 중심지인 뉴욕, 런던, 파리의 최신 유행어를 널리 퍼뜨렸다. 20세기가 시작되면서 에디슨은 또다른 매스마켓이 될 수 있는 동영상을 발명해냈다. 이 새로운 기록매체를 통해 은막의 스타들은 여러 도시에서 예전보다 더 많은 관람객들을 동시에 만날 수 있었다.

우리는 사회적인 존재이기에 다른 사람들의 생활방식에서 많은 영향을 받는다. 이런 점에서 영화는 다른 사람들의 생활방식을 보여줄 뿐만 아니라 저항하기 힘든 마력을 지닌 매체였다. 그리고 그것은 스타 시대의 서막을 열었다.

이런 유력한 문화전달자들은 시대와 공간을 넘나들면서 사람들을 이어주고 사회를 통합하는 기능을 담당했다. 역사상 처음으로 이웃사람이 당신이 오늘 아침에 읽은 것과 동일한 뉴스를 읽고, 당신이 듣거나 본 것과 동일한 음악과 영화에 대한 지식을 얻게 되었다. 이것은 더 나아가 전세계 모든 사람들이 동일한 지식과 정보를 공유하게 되었다는 것을 의미한다.

이런 강력한 대중문화 기술들에 대해 모두가 긍정적으로 받아들인 것은 아니었다. 1936년에 마르크스주의 철학자 발터 벤야민Walter Benjamin은 기계적 재생산시대에 예술의 초월적 특성인 '아우라aura'가 상실될 것을 우려했다. 그는 녹음되거나 녹화된 사진과 영화의 사례들을 강조하면서 "예술의 기계적인 재생산은 예술에 대한 대중의 태도를 바꿔버린다. 피카소 그림에 반응하는 태도는 채플린 영화에 대한 진보적 반응으로 옷을 갈아입었다. 전통적인 것들은 무비판적으로 향유되고 있고 진정 새로운 것들은 거부감으로 비판받고 있다"라고 염려했다.[1]

그러나 그는 아직 아무것도 보지 못한 상태였다. 곧이어 라디오와 TV 같은 방송매체들이 등장하면서 게임의 양상은 완전히 바뀌어버렸다. 그로부터 약 50년 뒤 인터넷이 등장했을 때 그랬던 것처럼 라디오와 TV는 사방에 전파되면서 전자기적 파장의 위력을 보여주며 사람들을 사로잡았다. 단 한 번의 방송으로 수십 킬로미터 이내의 모든 사람들에게 전파되는 능력은 비용에 비해 너무나 경제적이었기 때문에 미국의 방송회사인 RCA조차 1920년대 초에 라디오 세트 제조업에 뛰어들어 자사 프로그램을 청취할 수 있는 수신기를 채택하는 것을 장려했고, 결과적으로 수신기의 채택을 가속화했다.

하지만 지역방송국들은 여전히 해당 지역의 시청자들에게만 방송을 송출했는데, 이 때문에 전국을 대상으로 광고하려는 광고주들에게는 외면당할 수밖에 없었다. 전국을 대상으로 방송을 하는 데는 또다른 기술이 필요했다. 1922년에 AT&T의 계열사들은 장거리전화 네트워크를 이용해서 음성과 음악을 전달하는 기술을 개발했다. 뉴욕에 자리한 WEAF 방송국은 오랜 기술 테스트를 거친 뒤에 프로그램 스케줄을 조정해서 상업적인 선전이나 광고를 삽입한 몇 개의 방송 프로그램을 최초로 제작했다. 그 프

라디오의 황금기 이후 TV의 시대가 오면서 〈나는 루시를 사랑해〉 같은 프로그램은 무려 74퍼센트라는 시청률을 기록하기도 했다. 이와 같은 TV의 황금기에는 회사에 출근한 사람들은 정수기 앞에 모여 음료를 마시면서 자신들이 공유하고 있는 문화적 사건들에 대해 이야기를 나누었다.

로그램들은 장거리 전화선로를 따라 뉴욕을 벗어난 지역의 여러 방송국들에까지 공급되었다. 이것은 즉각적으로 성공을 거두었고 쌍방향 교류가 가능한 다른 방송국들과도 연계하게 되었으며 지역을 벗어나지 못하던 스포츠나 정치 이벤트를 전국 단위로 확대시키는 계기가 되었다. 그리고 이것은 '체인' 혹은 '네트워크' 방송의 시작을 가져왔다. 이것은 또한 시간을 알리는 3가지 음정의 NBC 차임벨에 시간을 맞추는 문화가 전국적으로 확산되는 계기가 되었다. NBC의 3가지 음정의 차임벨은 원래 뉴스와 엔터테인먼트 프로그램의 전환을 위해 네트워크 기술자에게 신호를 보내는 시스템이었다.

1935년부터 1950년대까지 라디오의 황금기가 열리면서 에드워드 R. 머로Edward R. Murrow에서 빙 크로스비Bing Crosby에 이르기까지 전국적인 스타들이 탄생했다. 그 이후 TV가 등장해 궁극적으로 규격화된 문화의 탄생을 가져왔다. 1954년까지 TV를 시청하는 가구의 74퍼센트가 매주 일요일 밤이면 인기 코미디드라마 〈나는 루시를 사랑해 *I Love Lucy*〉를 시청하는 경이적인 시청률을 기록했다.

TV의 황금기에는 모두가 공유하고 있는 문화적 사건들에 대해 사람들이 회사에 출근해 음료를 마시기 위해 정수기 앞에 모여 이런저런 이야기를 나누는 '정수기 문화'가 절정에 이르렀다. 1950년대와 1960년대에는 사무실의 거의 모든 직원들이 전날 밤에 같은 프로그램을 시청했다는 사실은 의심의 여지가 없었다. 모든 가정에서는 대부분 월터 크론카이트 Walter Cronkite가 저녁뉴스를 읽어주는 것을 시청하고 나서, 밤에는 인기 코미디드라마 〈비벌리 힐빌리스 *Beverly Hillbillies*〉, TV 서부극 시리즈 〈건스모크 *Gunsmoke*〉, 인기 TV프로그램 〈앤디 그리피스 쇼 *The Andy Griffith Show*〉 같은 인기 드라마와 쇼에 채널을 고정시켰다.

1980년대와 1990년대를 지나 21세기에도 계속적으로 TV는 미국을 하나로 묶어 단일화하는 역할을 하고 있다. 슈퍼볼의 하프타임이 되면 하수도 사용량이 높아진다던가, 〈아메리칸 아이돌 *American Idol*〉의 첫번째 시즌 때 시청자가 참여하는 전화투표의 원활한 진행을 위해 전화선 네트워크의 최대용량을 측정하는 기기가 설치되었다던가 하는 것이 미국 전체를 하나로 단일화하는 TV의 힘을 보여주는 극명한 예이다. 기업들이 주요 시간대에 광고를 하기 위해 점점 더 많은 비용을 투자함으로써 기업들이 치르는 광고비는 매년 기록을 갱신하고 있다. 기업들은 왜 그렇게 해야만 했을까? 한 마디로 TV는 주류를 규정하기 때문이다. 주요 시간대가 아니더라도 광고를 할 수는 있지만 주요 시간대에 광고를 해야만 상대적으로 더 중요하다는 이미지를 부각시킬 수 있다.

하지만 방송 네트워크가 상업적 성공을 거둔 1990년대가 저물어가면서 문화적 지반이 바뀌고 있었다. 첫번째 변화는 젊은이들의 저항의식이 표출되는 음악에서 나타났다.

비록 처음엔 축음기 연주용으로 많은 음악이 만들어지긴 했지만 팝 아이돌을 창조한 것은 다름아닌 라디오였다. 1940년대와 1950년대에 라디오 프로그램 〈유어 히트 퍼레이드 *Your Hit Parade*〉는 토요일 밤마다 고정적으로 방송되었는데, '미국 대중음악의 기호를 보여주는 정확하고 믿을 만한 순위'라는 선전문구가 붙었다. 그 이후 로큰롤과 R&B가 등장해 젊은이들을 흥분시켰으며, 개성이 뚜렷한 연주자들과 유명한 라디오 DJ도 등장했다. 1950년대에는 역사상 가장 유명한 DJ로 손꼽히는 앨런 프리드 Alan Freed 와 머레이 '더 케이' 카우프만 Murray 'the K' Kaufman 으로 인해 라디오는 세상에서 가장 강력한 히트곡 제조기가 되었다.

라디오는 〈아메리칸 톱 40 *American Top 40*〉이라는 타이틀로 자체 집계한 히트곡 순위를 발표했으며, 1970년에는 유명한 DJ 케이시 케이즘 Casey Kasem 이 위클리 라디오 쇼를 시작하면서 최고의 절정기를 누렸다. 〈아메리칸 톱 40〉은 빌보드차트 100위까지의 싱글 중에서 40위까지의 노래를 순위별로 들려주는 3시간짜리 프로그램으로 출발했다. 1980년대 초반에 이 쇼는 4시간으로 늘어났고 매주 일요일에 미국 전역의 500개 이상의 방송사를 통해 방송되었다. 1970년대와 1980년대에 성장한 세대에게 이 프로그램은 팝문화의 전도자 같은 존재였다. 그들 가운데 수백만 명은 이 프로그램을 통해 매주 어떤 밴드들이 뜨고 어떤 노래가 음반 판매점의 매대에서 사라지는지 확인했다.

히트상품 퍼레이드 시대의 막이 내리다

21세기가 시작되면서 음악산업은 더 큰 힘을 지니게 되었다. 잘 알려진 바와 같이 브리트니 스피어스에서부터 백스트리트 보이스에 이르는 10대 팝 음악의 상업적인 성공은 음악산업이 미국의 청년문화를 살아 움직이게 한다는 사실을 여실히 보여주었다. 유명 음반사들은 블록버스터들을 완벽하게 제작해냈고, 현재 그런 기업들의 마케팅 담당부서들은 과학적으로 정밀하게 수요를 예측하고 창출할 수 있을 정도에 이르렀다.

2000년 3월 21일, 자이브 레코드Jive Records는 2006년 현재까지도 엄청난 인기를 얻고 있는 보이밴드boy band 엔싱크*NSYNC의 두 번째 앨범 〈노 스트링스 어태치트 *No Strings Attached*〉를 출시한다고 발표했다. 엔싱크는 자이브 레코드보다 더 큰 규모의 음반사인 BMG에서 활동했지만, 마케팅 구루guru들의 충고에 따라 좀더 신세대다운 이미지를 획득하기 위해 도시적 이미지를 중심으로 하는 자이브 레코드로 옮겼다.

이 전략은 제대로 먹혀들어갔고 앨범은 출시된 지 1주 만에 240만 장이나 팔려나가면서 단기간에 가장 많이 판매된 앨범이 되었다. 또한 이 앨범은 8주 동안 음반 차트의 정상을 지켰으며 그해 연말까지 1,100만 장이나 팔렸다.

음악산업은 상업적인 암호를 해독해냈다. 그들은 히트상품이 되기 위한 어려운 방정식을 발견했는데 되돌아보면 그것은 너무도 명백한 것이었다. 그것은 한 마디로 한창 때의 젊은 남성들을 젊은 여성들에게 파는 것이었다. 즉 엘비스 프레슬리에게 적용했던 규칙을 계속 되풀이하는 것이다. 이것은 외모와 각본에 따라 만들어진 개성이 전부였다. 〈노 스트링스 어태치트〉를 만들기 위해 전문가 52명이 함께 작업한 것처럼 소규모 전문가 집

2000년 3월에 자이브 레코드에서 발매한 엔싱크의 두 번째 앨범 〈노 스트링스 어태치트〉는 출시 1주 만에 240만 장이나 팔려나가며 단기간에 가장 많이 판매된 앨범이 되었다. 하지만 그해의 전체적인 앨범 판매량은 저조했다.

단에게 외주작업되는 음악 자체는 거의 중요하지 않았다.

이것만으로도 유명 음반회사들이 확신을 가지기에 충분했다. 팬들은 음반판매점에 떼지어 몰려다녔다. 1990년에서 2000년 사이에 앨범 판매는 2배로 증가했는데, 이것은 음악산업이 태동한 이래 가장 빠른 성장률이었다. 엔터테인먼트 분야에서 음악산업보다 앞서 나가는 것은 할리우드 영화산업밖에는 없었다.

하지만 엔싱크가 엄청난 대박을 맞아 축제 분위기에 젖어 있었을 때조차 음악산업의 지반은 수면 아래에서 움직이고 있었다. 나스닥은 엔싱크의 두 번째 앨범 출시 전 주에 폭락했고 닷컴의 거품이 꺼지면서 그해 나머지 기간 내내 끊임없이 곤두박질쳤다. 그해에 출시된 다른 앨범들 중 기록을 세운 것은 하나도 없었고, 지난 20년 동안 세 번째로 음반산업 전체 매출이 감소한 해로 기록되었다.

그 다음 몇 년간 경제가 전반적으로 회복되긴 했지만 음악산업은 불황에 빠져 고전을 면치 못하고 있었다. 2000년은 근본적으로 뭔가가 바뀐 해였다. 2001년에는 매출이 2.5퍼센트 떨어졌고, 2002년에는 6.8퍼센트 떨어졌다. 그리고도 계속 떨어지고 있었다. 매출이 7퍼센트 떨어진 2005년 말까지 미국의 음악산업 매출은 정점에 있을 때와 비교해서 4분의 1을 겨우 넘기는 수준까지 감소했다. 매출 상위 100위를 차지한 앨범 가운데 20장은 1996년부터 2000년까지 5년 동안 출시된 것이었다. 그 다음 5년 동안에 출시된 앨범으로 100위 안에 든 것은 92위를 기록한 아웃캐스트 OutKast의 〈스피커박스/더 러브 빌로 *Speakerboxxx/The Love Below*〉와 95위를 기록한 노라 존스 Norah Jones의 〈컴 어웨이 위드 미 *Come Away with Me*〉밖에 없었다.

엔싱크의 앨범이 출시되고 나서 첫주에 나온 기록은 결코 깨어지지 않을 듯 보인다. 이 보이밴드가 저스틴 팀버레이크 Justin Timberlake라는 걸출한 스타를 배출하지도 않았고, 20세기의 정교한 마케팅 머신에 의해 탄생한 히트곡 거품의 마지막 정점을 장식한 것으로 역사에 남는다면 어떨지 상상해보라.

2-1 그래프는 1958년 이후에 출시된 히트앨범들을 정리한 그래프이다. 50만 장 이상 판매된 골드앨범, 100만 장에서 200만 장까지 판매된 플래티넘앨범, 200만 장에서 1,000만 장까지 판매된 멀티플래티넘앨범, 그리고 1,000만 장 이상 판매된 다이아몬드앨범으로 구성되어 있다.

앞서 언급했듯 2001년부터 2005년 사이에 음악산업의 총 매출은 4분의 1까지 떨어졌다. 그리고 히트앨범의 수는 거의 절반까지 떨어졌다. 2000년에 브리트니 스피어스와 에미넴 Eminem의 메가히트곡들을 포함해서 매출 상위 5위까지의 앨범들은 모두 합해 3,800만 장이나 팔려나갔다.

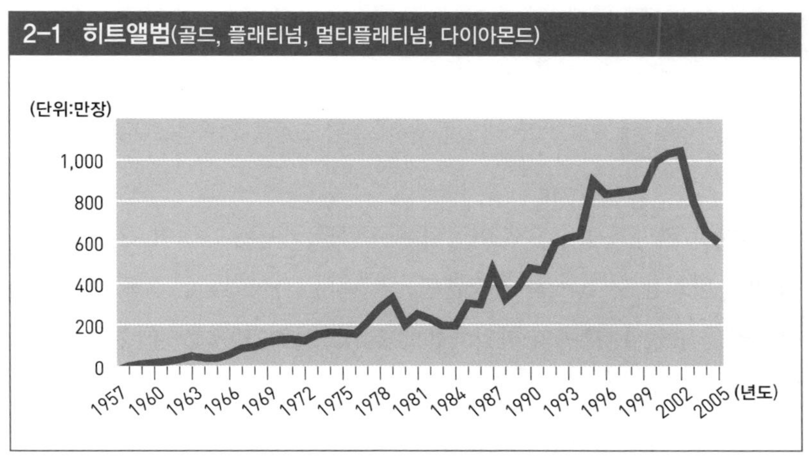

하지만 2005년에 매출 상위 5위까지의 앨범들은 그 절반인 1,970만 장밖에 판매되지 않았다. 이처럼 음악산업이 어려움에 처해 있는 가운데 히트상품 제조분야는 더 큰 타격을 받고 있다. 고객들은 비주류 쪽으로 움직이고 있고 매우 다양한 하위 장르를 지향하게끔 되었다. 적어도 음악에 있어서 이런 현상은 블록버스터 시대의 종말처럼 보인다.

누가 히트앨범을 죽였나

음악산업 최고의 고객인 10대와 20대 팬들이 도대체 어떤 영향을 받았기에 음반판매점을 떠나게 된 것일까? 음반업계에서는 그 원인을 단지 '불법복제'에서만 찾고 있다. 즉 냅스터[Napster]를 비롯한 온라인 파일공유 프로그램의 영향과 CD를 구워 파는 행위로 인해 어떤 노래든 항상 공짜로 얻을 수 있는 지하경제가 만들어졌고 그 때문에 고객들이 음반판매점을 떠났다고 생각했다. 그래서 음반업계에서는 헤아릴 수 없을 정도로 많은 소송을 제기하고 있지만, 그럼에도 매일 약 1,000만 명의 사용자들이 음악 파일을 공유할 정도로 P2P 파일공유 네트워크들은 지속적으로 성장하고 있다.

실제로 과학기술이 고객 이탈의 배후이긴 하지만 그것이 팬들이 계산대 앞을 비켜갈 수 있게 해준 것뿐만은 아니다. 과학기술은 전례없이 많은 선택권을 주었다. 보통의 파일공유 네트워크는 어떤 음반 판매점보다 더 많은 음악을 보유하고 있다. 그런 선택권을 부여받자 음악팬들은 그것을 바로 손아귀에 움켜쥐었다. 오늘날 음악 청취자들은 CD를 그다지 많이 구매하지 않을 뿐더러 히트앨범의 출시일에 맞춰 음반판매점에 떼지어 몰려 가지도 않는다. 어떤 보이밴드의 음반을 선택하거나 다른 새로운 음반을 고를 선택권을 갖게 되자 더 많은 사람들이 자신들의 기호에 맞는 음반을 찾게 되었고, 그들은 자신들이 고른 것에 더 큰 만족감을 느끼게 되었다.

P2P 파일공유는 워낙 규모가 방대해져서 이제는 파일공유 행동을 관찰하고 학습하는 작은 산업까지 생겨났다. 그 중에서도 최고의 분석 네트워크로서 P2P 네트워크의 파일 교환 현황을 파악해 음반사에 제공하는 '빅샴페인BigChampagne'은 주요 P2P 서비스업체들에 공유된 모든 파일들을 추적한다. 빅샴페인이 분석한 자료를 통해 알 수 있는 것은 문화가 히트상품에서 틈새상품으로 이동하고 있다는 사실이다.

오늘날 음악팬들은 800만 곡 이상의 독특한 음악들을 거래하고 있는데, 그 음악들은 거의 전부 다 빌보드 인기순위 100위 차트에서는 찾아보기 힘든 곡들이다. 그곳에는 어떤 아티스트가 연주한 곡과 다른 아티스트가 연주한 곡을 함께 섞은 '매시업mashup'과 같은 주류문화에서 이탈한 곡들이 많다. 한때 닌텐도 비디오게임기에 장착되었던 8비트 칩으로 작곡된 음악도 있고, 라이브 공연은 하지만 라디오에는 출연하지 않는 수많은 인디록도 있다. 주목할 점은 여기서 보이밴드들은 그다지 인기가 없다는 사실이다.

P2P 파일공유 네트워크의 성장은 음악문화에서 발생한 구조적인 변화만을 의미하지는 않는다. 2001년에 애플은 세로 4인치, 가로 2.5인치, 그리고 두께가 1인치도 안 되는 흰색 MP3 플레이어 '아이포드'를 출시했다. 아이포드는 음반시장에 출시된 최초의 MP3 플레이어는 아니었지만, 너무도 단순하고 우아한 디자인과 애플의 매우 효과적인 마케팅 전략으로 인해 최초로 반드시 갖고 다녀야 할 휴대용 디지털 음악기기가 되었다. 사람들은 곧바로 사용하고 있던 워크맨과 CD 플레이어를 버렸고 아이포드의 흰색 이어폰이 곳곳에서 모습을 드러냈다. 이렇게 아이포드는 사람들에게 하나의 아이콘이 되었다.

아이포드가 음악산업에 파괴적인 영향을 미친 이유는 저장공간이 60기가바이트나 되었기 때문이다. 사용자들은 거기에 소장하고 있던 음악을 최대 1만 곡까지 담을 수 있었는데 이는 작은 음반판매점의 상품목록과 맞먹는 수치였다. 이후 몇 년에 걸쳐 아이포드는 길을 걷거나 일할 때 혹은 이동할 때 수백만 명의 개인음악실로 자리잡았다.

하지만 돈을 지불하고 구입한 음악으로 아이포드를 채우려면 수천 달러가 들어가게 된다. 그에 비해 파일공유를 통해 음악을 구하는 데 드는 비용은 무료다. 인터넷에서 PC로 디지털 음악을 무료로 다운로드받을 수 있게 됨에 따라 아이포드를 가득 채우려는 강한 욕망이 생겨났다. 애플은 광고를 통해 리핑ripping(음악 CD에서 mp3 파일을 추출하는 것) CD를 굽고 공유하는 일들을 독려했다. P2P 네트워크는 수백만 명의 사용자들이 음악을 공유하게 되면서 폭발적으로 성장했다. 그 결과 불법복제가 만연하게 되었지만 사용자들은 매우 다양하고 무한한 선택권을 갖게 되었다. 음반 판매점에서 수백 번을 뒤져야 겨우 할 수 있는 일을 노트북으로 간단하게 할 수 있게 된 것이다.

물론 음악을 얻는 이런 혁명적인 방법들은 새로운 음악을 찾아내는 데는 맞지 않다. 친구 사이에 CD를 구워주고 파일을 공유하는 것은 가장 강력한 종류의 '바이러스 마케팅(바이러스처럼 퍼지는 입소문 마케팅)'이지만, 음악목록을 공유하는 것은 여전히 산업적인 차원에서 이루어지고 있었다. 판도라Pandora를 비롯해 수백 개의 인터넷 라디오 방송국과 같은 추천 서비스도 있는데, 그런 업체들은 팬들에게 뛰어난 언더그라운드 가수들을 소개해주기도 하고 개인의 기호에 맞는 곡들을 서비스하고 있다.

만약 아주 좁은 틈새장르인 400가지 종류의 상위 40위 리스트가 있다면 어떻게 될까? 혹은 4만 가지, 40만 가지 종류의 상위 40위 리스트가 있다면 어떻게 될까? 일순간 히트곡의 개념이 마이크로히트곡micro-hit이 되어버리는 상황이 될 것이다. 유일한 스타는 작은 영역의 스타들로 대체되고, 매스마켓의 극소수 엘리트들은 틈새시장의 수없이 많은 중간 정도의 엘리트들로 대체될 것이다. 그리고 히트상품의 숫자는 크게 늘어나겠지만, 그 각각은 비록 수는 더 적지만 보다 열정적인 소비자를 갖게 된다.

이것은 결코 꿈이 아니라 현재 음악산업에서 벌어지고 있는 실제 상황이다. 랩소디 같은 뛰어난 온라인 음악 서비스업체는 적어도 400가지 장르와 그 밑으로 다양한 하위 장르의 음악을 서비스하고 있다. 또한 새롭게 분리된 장르들 가운데는 '일렉트로니카/댄스electronica/dance>비트&브레이크beats&breaks>컷&페이스트cut&paste'와 같은 매우 특별한 범주도 있으며, 장르별로 상위 10위가 있다. 이것은 4,000곡의 미니 히트곡들을 탄생시켰고, 그 장르의 팬들에게는 DJ 케이시 케이즘의 전국 음악순위보다 랩소디의 장르별 순위가 훨씬 더 중요한 의미를 지니게 되었다. 이렇게 되면 고객들이 자신의 청취 패턴과 기호, 그리고 개인적인 취향에 따라 역동적으로 선정한 무한한 수의 상위 10위 리스트가 만들어지게 된다.

브로드캐스트 블루스

음악산업의 문제점들은 비단 음반판매에만 한정되지 않는다. 유명 음반회사들의 마케팅 수단으로 오랫동안 지지를 받아온 록Rock 라디오 방송국은 어려움을 겪고 있다. 1993년에 미국인들은 1주일에 평균 23시간 15분 라디오를 들었지만, 2004년 봄에는 19시간 45분으로 떨어졌다. 또한 라디오를 듣는 청취자 수는 27년 만에 최저 수준으로 떨어졌다. 이로 인해 가장 큰 고통을 받는 것은 록음악 프로그램이다. 2005년에는 평균적으로 매주 미국의 록 라디오 방송국 하나가 폐업했다. 그렇게 폐업한 방송국들은 청취자와의 전화 대화와 잡담만으로 구성되는 토크talk 라디오나 라틴계 청취자들을 대상으로 하는 라디오로 성격을 바꾸었는데, 이런 방송국들은 록과 팝보다는 더 사람들을 끌어들이고 있으며 최신음악을 틀어주는 것만큼이나 인기가 있다. DJ 케이시 케이즘이 은퇴해서 편안하게 쉬고 있는 탓일까? 〈아메리칸 톱 40〉은 예전의 인기를 누리지 못하고 있다.

전문가들이 라디오의 몰락 원인에 대해 논쟁을 벌이고 있기는 하지만, 여기서 주요 원인들을 몇 가지 짚어보기로 하자.

- **아이포드의 등장** : 개인에게 가장 적합한 최고의 라디오가 있는 사람에게 굳이 FM라디오가 필요할까?

- **휴대전화의 문자메시지 기능** : 교통지옥에 시달리던 통근자들은 1980년대에는 라디오를 통해 심리적 안정을 얻었다. 요즘도 우리는 여전히 교통지옥에 시달리고 있지만 이제는 라디오에서 안정을 얻는 대신 휴대전화로 문자메시지를 주고받는다.

- **1996년 통신업법 제정** : 새로 제정된 통신업법은 수천 개의 FM방송을 추가로 허가하여 경쟁을 심화시키는 동시에 기존 사업자의 수익을 악화시켰다. 또한 이 법률로 인해 각 시장의 소유권 제한이 완화되었다.

- **클리어 채널**^{Clear Channel}**의 거대화** : 라디오에 재난을 가져왔다고 비난받은 이 거대 미디어기업은 라디오산업의 잔인한 경제구도를 극명하게 보여준다. 통신업법이 1990년대 후반에 지역 라디오사업을 뿌리까지 잘라버렸을 때, 클리어 채널은 상처투성이가 된 방송국들을 집어삼킬 수 있었다. 이 회사는 현재 1,200개 이상의 라디오 방송국을 소유하고 있으며, 미국 전역의 라디오 방송국 가운데 10개 중 하나는 클리어 채널의 계열사이다. 클리어 채널은 중앙집중화된 프로그램과 컴퓨터 중심의 지역방송국 프로그램을 운영함으로써 라디오 방송 비용을 대폭 절감할 계획을 세웠지만, 결과적으로 라디오 방송을 획일적이고 재미없게 만들어버렸다.

- **미국 연방통신위원회**^{FCC}**의 음란성 단속** : 미국 연방통신위원회에게는 방송 내용을 단속할 권한이 있다. 하지만 지난 5년 동안은 그 권한을 강도 높게 행사하지 않았다. 미국 연방통신위원회의 주 타깃은 라디오를 통해 음란한 방송을 했다는 이유로 논란이 된 DJ 하워드 스턴이었다. 전례없는 벌금을 부과받은 하워드 스턴은 결국 방송을 중단했다. 2005년이 끝나갈 무렵, 그는 인공위성을 활용한 시리우스

미국 연방통신위원회가 음란한 방송을 했다는 이유로 DJ 하워드 스턴에게 전례없는 벌금을 부과한 뒤 방송인들은 방송에서 자신이 말하거나 행동하는 것으로 인해 벌금을 물거나 일자리를 잃지는 않을지 걱정하게 되었고, 그 결과 라디오 방송은 획일적으로 변해갔다.

라디오[Sirius Radio]를 개국했으며 2006년 1월에는 애청자들의 의견을 청취하는 자리를 마련했다. 오늘날 방송인들은 자신들이 방송에서 말하고 연출하는 것 때문에 벌금을 물거나 일자리를 잃게 될까봐 예전보다 더 두려워하게 되었다. 그 결과 라디오 방송은 더욱 획일적으로 변해갔다.

록 라디오의 몰락으로 톱 40 시대는 막을 내리고 있다. 하지만 음악 자체가 사람들의 애정을 잃은 것은 아니다. 아마도 그 반대일 것이다. 아티스트나 팬에게 이보다 더 좋은 시기는 없다. 새로운 음악을 발견하는 데 필요한 결정적 수단을 제공한 것은 바로 인터넷이다. 지금까지 음악을 마케팅하고 판매하며 유통시켜온 전통적 모델은 이제 설 자리를 잃었다. 라디오의 히트곡 제조기의 후광으로 엄청나게 성장한 주요 음반제작사들과 소매유통사는 거대한 플래티넘 히트곡들에 의지하는 비즈니스모델을 구축했지만, 이제는 그 모델도 충분한 수익을 안겨주지 못하고 있다. 우리는 지금 한 시대의 종말을 지켜보고 있다.

아이포드의 흰색 이어폰을 귀에 꽂은 사람들은 무료 라디오 방송을 듣고 있다. 문화는 수요곡선의 그래프 왼쪽 꼭대기까지 따라 올라가는 히트상품 중심에서 주류 방송과는 훨씬 떨어진 곳에서 자신의 스타일을 발견하고 찾아나가는, 상대적으로 덜 유명하고 과거에 있었던 것까지 포함하는 틈새상품 중심으로 바뀌고 있다.

미디어업계의 거물이자 뉴스 코퍼레이션News Corp.의 회장 루퍼트 머독Rupert Murdoch은 2005년 한 강연에서 "이제 젊은 사람들은 자신들에게 무엇이 중요한지 말해줄 위대한 사람에게 의지하려 하지 않는다. 그들은 미디어에 통제받는 대신 자신들의 미디어를 통제하고 싶어한다"라고 말했다. 그는 미디어업계에서 오늘날이 엘리트와 아마추어가 경쟁하고 있는 시기라는 중요한 사실을 최초로 파악한 사람 중 하나일 것이다.

음악산업에서 벌어지고 있는 현상은 다른 매스미디어 및 엔터테인먼트 분야에서도 동일하게 일어나고 있다. 2005년 통계를 통해 다음과 같은 사항들을 확인할 수 있었다.

- 할리우드 박스오피스의 매출은 7퍼센트 떨어졌는데 2001년부터 출품작 수가 계속 감소하고 있으며 그 추세도 점점 가속화되고 있다.
- 신문독자수는 1987년에 정점에 이른 이후 지금까지 3퍼센트나 떨어졌는데 이런 수치는 1960년대 이후 처음이다.
- 잡지판매점 사업은 통계를 내기 시작한 지 30년이 넘은 지금 최저점을 기록하고 있다.
- CBS, NBC, 그리고 ABC와 같은 네트워크 TV 가입률은 시청자들이 케이블채널로 분산되면서 지속적으로 떨어지고 있다. 1985년 이후

전체 TV 시청자들 가운데 네트워크 TV를 시청하는 사람들의 비율은 4분의 3에서 절반 이하로 뚝 떨어졌다.

정수기 문화는 그 힘을 잃고 있다. 오늘날 최고의 시청률을 기록하고 있는 TV쇼나 〈CSI〉(2000년 CBS 방송에서 시작한 TV 시리즈로 범죄현장 수사요원들의 이야기를 치밀한 고증과 현란한 그래픽으로 재현해 큰 인기를 얻고 있음)조차 TV를 보유한 가구의 15퍼센트만을 시청자로 확보하고 있을 뿐이다. 이런 수치는 1970년대를 기준으로 하면 상위 10위권 내에도 끼지 못하는 수치이다.

사실 높은 시청률을 기록하고 있는 TV쇼들은 1970년대 후반과 1980년대 초반부터 시작된 것들이다. 단 한 가지 예외적인 경우는 10년쯤 전에 있었던 1994년 동계올림픽뿐이었다. 현재는 수백 개의 케이블 방송국들이 네트워크를 형성해 전체 시청자들을 지배하고 있다. 이제 예전처럼 하나의 네트워크 TV와 같은 특정 업체가 위압적으로 지배하던 시대는 갔다.

심지어 반드시 봐야 할 TV프로그램조차 더 이상 존재하지 않는다. 2005년 월드시리즈는 역대 월드시리즈 가운데서 가장 낮은 TV 시청률을 기록했는데 그 수치는 전년도보다 30퍼센트나 떨어진 것이었다. 또한 2005년 NBA 결승전 시청률은 기록적으로 낮은 수치를 보였는데 전년도에 비해 거의 4분의 1이나 떨어졌다. 뿐만이 아니다. 2006년 그래미 시상식 시청률은 전년에 비해 10퍼센트나 떨어졌다. 2006년 동계올림픽은 지난 20년을 통틀어 최저 시청률을 기록했는데, 2002년 솔트레이크시티 동계올림픽의 시청률에서 37퍼센트나 떨어진 수치였다. 그리고 아카데미 시상식은 1987년 이래 최저의 시청률을 보였다.

〈엘에이 타임스 *LA Times*〉의 비평가인 패트릭 골드스타인Patrick

Goldstein은 이런 현상에 대해 "우리는 지금 틈새상품들로 넘쳐나는 세상에 살고 있다. 블록버스터 영화와 인기있는 TV쇼, 엄청난 판매를 기록하고 있는 CD가 여전히 존재하지만, 공동의 대중문화 정신을 사로잡을 만한 상품은 거의 없다. 이와 같은 움직임은 케이블 쇼를 시청하거나 일정한 방문객을 대상으로 운영되는 블로그를 읽는 식으로 여러 곳에서 나타나고 있다"라고 말했다.

티보를 비롯한 기타 디지털영상저장장치DVR : Digital Video Recorder들이 만들어짐에 따라 시간이라는 요소의 제약이 사라졌고, 정수기 문화의 소멸이 가속화되고 있다. 오늘날에도 사람들은 동일한 쇼를 보지만, 그들은 굳이 같은 날 밤이나 같은 시간에 그 쇼를 시청하지는 않는다. 또한 아직 보지 않은 쇼에 대한 기대와 놀라움을 없앨지도 모를 다른 사람의 설명을 듣고 싶어할 사람은 아무도 없다.

히트 중심의 경제논리는 히트 중심 문화의 소산일 뿐이다

블록버스터 히트상품의 시대는 정점에 이르러 하향곡선을 그리기 시작했지만 히트상품에 대한 미디어의 기대는 아직 수그러들지 않았다. 기존의 미디어와 엔터테인먼트산업은 여전히 블록버스터들을 찾아내고 투자하고 만들어내는 일에 집중하고 있다.

영화, TV쇼, 음반과 같은 엔터테인먼트 상품들을 제작하고 마케팅하며 유통시키는 데는 많은 돈이 들어간다. 예를 들면 요즘 할리우드 프로덕션의 평균 제작비는 6,000만 달러 정도이고, 마케팅에는 적어도 그 정도 이상의 추가비용이 필요하다. 그리고 이 정도의 비용이 들어가도 만들어진 영화가 관객들의 심금을 울릴 것이라고 예측하기도 어렵다. 때문에 신뢰할 만한 배우들과 감독들은 높은 대우를 받는다. 그런 배우들과 감독들은 지독히도 예측 불가능한 영화사업에 약간의 예측가능성을 더한다. 하지만 아무리 스타라 해도 실패할 수 있기 때문에, 영화제작사들과 음반회사들, 그리고 네트워크 방송사들은 위험을 분산시키기 위해 포트폴리오 접근법을 사용한다. 그들은 벤처자본가들처럼 여러 개의 프로젝트에 돈을 분산투자하는데, 개별 프로젝트가 히트상품이 될 수 있는 경쟁에 참여할 수 있도록 충분한 돈을 투자한다. 그들은 보통 프로젝트의 대부분이 잘못될 것이라고 생각하며 그 중에서 소수는 완전히 실패할 것이라고 여긴다. 이것은 극소수의 히트상품이 나머지의 실패를 전부 보상할 수 있는 수준이어야 한다는 것을 의미한다.

이런 점에서 이 사업들은 결국 히트상품들을 필요로 한다. 우리는 단순히 그럭저럭 이윤이 남는 상품들이 아니라 엄청난 슈퍼 히트상품에 대해 말하고 있다. 높은 생산비와 성공에 대한 불확실성으로 인해, 투자자들은 투자에 성공한다 해도 적당히 이익을 남기기보다는 엄청난 수익을 올리도록 압력을 받는다. 그렇다면 히트상품을 제외한 나머지는 어떻게 될까? 그것들은 그냥 잊혀질 것이다. 엄청난 찬사를 받았거나 수백만에 달하는 사람들이 보거나 듣거나 한 작품이라는 사실은 전혀 문제가 되지 않는다. 어떤 상품이든 투자한 금액을 몇 배로 돌려주지 않는다면 투자자들은 포트폴리오의 나머지를 지원하는 일을 하지 않을 것이다.

하나의 히트상품을 만드는 것은 좋은 영화를 만드는 것과는 다르다. 수천만 명의 유료관객들을 동원하려면 해야 할 것들과 하지 말아야 할 것들이 있다. 당신은 슈퍼스타가 프로젝트에 참여할 수 있도록 가능한 한 최고의 대우를 해야 한다. 또한 영화를 너무 빈틈없이 만들려고 해서도 안 되고, 해피엔딩이어야 하며, 주인공을 죽게 해서는 안 된다. 만일 액션영화라면 특수효과가 많을수록 좋다. 그리고 다른 조건이 동일하다면 액션영화를 제작하는 게 좋다. 물론 이런 규칙을 깨고도 히트작을 만들 가능성은 있다. 하지만 굳이 이런 규칙을 따르지 않을 이유가 있을까? 어쨌든 투자자들은 엄청난 돈을 투자하고 있으니 말이다.

이런 히트상품 중심의 마인드는 할리우드 회의실에서 흘러나와 우리 문화 속으로 스며들었다. 우리는 히트상품에 몰리는 수요를 따라 움직이며, 엔터테인먼트사업을 하면서 경영위험을 부담하는 자금인 위험자본 관리법을 습득한다. 이것은 우리가 스포츠 경기에서 예상 득점을 맞추거나 승자와 패자를 가려내는 식으로 프로 스포츠에 투자할 때 리스크를 줄이기 위해 주간 박스오피스의 결과를 참고하는 이유와 같다.

스타 파워에 병적으로 집착하는 우리는 A급 배우의 출연료 급등을 부추기고, 그들의 작품에 대한 관심 수준을 훨씬 능가하는 수준으로 그들의 터무니없는 삶을 대중적으로 따라하려고 한다. 스타 운동선수에서 추앙받는 CEO에 이르기까지 우리는 승자에게 과도하게 관심을 쏟는다. 히트상품으로 색칠한 렌즈를 통해 세상을 바라보도록 훈련받아왔기 때문이다.

히트상품이 되지 않으면 그것은 실패한 것이다. 그런 상품은 경제적 시험에 떨어진 것으로 애초에 만들어지지 말았어야 한다. 히트상품 중심의 사고를 기반으로 역사는 블록버스터에 의해 쓰여졌고, 품질에 대한 평가는 박스오피스 매출을 통해 이루어졌다. 또한 이것은 할리우드에만 적용되는 게 아니다. 이것은 우리가 매대에 공간을 할당하고, TV방송을 통해 광고나 선전을 하고, 라디오 방송예정 녹음리스트를 만드는 방법이다. 이것은 가장 가치있는 것, 즉 가장 인기있는 것에 가장 소중한 자원을 투자하는 것이다.

결국 히트상품 중심의 문화에 대한 우리의 반응은 히트상품 중심의 문화를 강화하게 된다. 진열공간을 기반으로 한 세계는 '제로섬게임'이다. 하나의 상품이 매대를 차지하려면 원래 그곳에 있던 다른 상품을 밀어내야 한다. 엔터테인먼트산업에 종사하는 사람들은 선택해야 하는 상황에 직면하면 가장 인기있는 상품들을 선택한 뒤에 그것을 특별한 자리에 앉힌다. 그런 빅 히트상품들에 대한 상업적인 부담 때문에 우리는 그런 상품들과 나머지 상품들을 더욱 차별한다. 경제적인 관점에서 볼 때 이것은 '만일 단 몇 명만 부자가 될 수 있다면 그들을 갑부가 되게 하라'는 속담과 같다. 그 결과 수요곡선의 깎아지른 듯한 경사면은 더 가파른 경사면을 이루게 된다.

하지만 이제 그런 양상이 바뀌고 있다. 예전에 우리는 개개인의 개성에 따라 서로 다른 문화적 성향을 가진 사람들이 모여 똑같은 문화에 대해 이야기하는 직장내 정수기 문화 시대를 살았다. 그러나 이제 미리 짜인 대중매체의 스케줄이 아닌 각자의 기호와 관심에 따라 점점 우리 고유의 집단과 문화를 형성하게 되었다. 이전의 직장내 정수기에 비해 요즘 우리의 정수기들은 점점 가상의 형태를 띤다. 그곳에는 많은 다양한 사람들이 모이는데 그들은 그곳을 스스로 선택한 사람들이다. 우리는 히트상품을 중심으로 한 매스마켓에서, 지리적으로 규정된 것이 아니라 관심사에 따라 규정된 틈새시장으로 되돌아가고 있다.

3 롱테일의 역사

통신판매 카탈로그에서 궁극의 카탈로그 인터넷까지.

롱테일이 인터넷 효과로 인해 최근에 크게 부각되었지만 사실 그 출발은 아마존과 이베이는 물론이고 웹보다도 앞선다. 이것은 1세기 이상 거슬러 올라가는 비즈니스 혁신들의 완결판이며, 상품을 만들고 발굴하며 유통시키고 판매하는 방식이 발전했다는 사실을 의미한다. 예를 들어 아마존을 통해 구매할 때 인터넷과 직접적인 연관이 없는 요소들이 어떤 것들인지 한번 생각해보자. 페덱스, ISBN 번호, 신용카드, 합리적인 데이터베이스, 그리고 바코드가 있다.

이런 혁신들이 일어나고 진화하는 데는 수십 년이 걸렸다. 인터넷은 사업을 강화하고 확장하는 방법을 발전시켰다. 즉 웹은 수십 년간 역동적으로 변화를 모색해오던 공급 혁명의 구성요소들을 통합했을 뿐이다.

롱테일과 제한이 없는 진열공간의 진정한 뿌리는 19세기 후반에 나타난 최초의 대규모 중앙집중식 도매상으로 거슬러 올라간다. 시카고에서 시작된 이것은 미국 중서부 철도역 근처의 산업용지에 세워진 동굴 모양의 건물들이었다. 대량생산으로 물품을 구매할 수 있게 됨에 따라 거대한 철제 지붕의 나무 탑에서 다양한 물품의 선택과 접근가능성의 시대가 시작되었다. 기차는 이 새로운 다양성을 국가 경제와 문화를 형성하고 있던 철로 네트워크를 따라 운반했다.

이런 상황이 의미하는 바를 깨닫고 미국에서 가장 먼저 고객을 확보한 사람은 미네소타주 노스 레드우드의 역무원 리처드 시어스Richard Sears였다. 1886년에 회중시계 한 상자가 시카고 보석상에서 노스 레드우드의 한 상인에게 잘못 배달되었다. 이 사실을 안 리처드 시어스는 자비를 들여 그것을 구매했고, 약간의 이윤을 붙여 그 시계들을 철도회사 직원들에게 자신이 산 가격보다 비싸게 팔았다. 이후 그는 더 많은 시계를 구입해 시계 판매점을 차렸다.

1887년 리처드 시어스는 사업장을 시카고로 옮겼고 〈시카고 데일리 뉴스 *Chicago Daily News*〉에 시계수리공을 구한다는 광고를 실었다. 그는 고장난 시계는 분해해서 고치면 좋고 설사 고치지 못하더라도 손해볼 게 없다고 생각했다. 광고를 보고 알바 C. 로벅Alvah C. Roebuck이 찾아왔고 6년 뒤에 두 사람은 파트너가 되어 시어스 로벅Sears, Roebuck and Co.을 창업했다. 이 회사는 동네상점과 중간상인에게 바가지를 쓰고 있던 농부들에게 우편으로 시계를 판매하기 위해 카탈로그를 활용했다.

시어스 로벅이 내건 약속은 아주 단순했다. "구매하시면 철도와 우편으로 발송해드립니다. 현재 농촌에 무료배달과 소포발송까지 하고 있습니다. 그동안 시계를 고가로 판매하는 시골상점 때문에 시계를 구입하기 힘드셨다면 이제 시어스 로벅을 선택하세요."

시계로 시작한 시어스 로벅은 얼마 지나지 않아 시골의 각 가정과 사업장이 필요로 하는 모든 것을 취급하게 되었다. 시어스 로벅은 리처드 시어스가 직접 쓴 편지의 사본을 카탈로그에 동봉해 농부들에게 발송했다. 그 결과 우편취급소의 공간만으로는 폭주하는 농부들의 주문서를 감당할 수 없어서 시카고의 대형 빌딩들까지 임시로 임대해야 하는 상황이 벌어졌다. 결국 두 사람은 시카고의 웨스트사이드에 약 5만평에 달하는 500만 달러짜리 우편주문창고와 사무용 빌딩을 세웠다. 1906년에 개장한 이 빌딩은 대지와 건평이 8만 4,000평을 넘어섰으며, 우편주문창고는 세계에서 가장 큰 사업장이 되었다.

리처드 시어스와 알바 C. 로벅의 창고들과 효율적인 작업공정들은 혁명을 가져왔다. 당신이 100여 년 전에 광활한 캔자스주의 대초원의 오지에 살고 있던 농부라고 가정해보자. 가장 가까운 상점에 가는데만 몇 시간 동안 차를 몰아야 한다. 더구나 그 상점의 상품가격과 기름값은 결코 저렴하지 않다. 그런데 어느 날부터 매주 한 번씩 우편으로 1897년판 시어스 로벅의 카탈로그를 받아보게 된 것이다. 786페이지짜리 카탈로그에는 이 세상의 모든 것이 다 담겨 있었고, 게다가 가격은 믿을 수 없을 정도로 저렴했다.

시어스 로벅의 1897년판 카탈로그는 지금 봐도 놀랄 정도다. 지금의 아마존도 그렇게 다양한 상품들을 취급하기란 불가능할 것이다. 전화번호부 크기의 카탈로그에는 20만 종의 상품들이 담겨 있다. 모든 상품들은 아주 작은 형태의 그림으로 표현되어 있고, 그 중 6,000개의 상품들은 석판인쇄 그림으로 그려져 있다.

카탈로그의 처음 10페이지까지를 한번 살펴보자. 67종의 차, 38종의 커피, 29종의 코코아, 수백 가지 종류의 향신료와 추출물, 그리고 동일한 수의 과일 통조림들과 말린 과일들, 작은 슈퍼마켓에서 파는 음식물들까지 실려 있다. 11페이지에는 60종이 넘는 비누가 소개되고, 나머지 770페이지에는 약품, 68센트짜리 리볼버를 비롯한 총기류와 의류, 그리고 4륜 경마차와 2달러짜리 바이올린에 이르기까지 없는 것이 없다.

이것은 시골농장에서 살아가는 사람들의 마음을 흔들어놓기에 충분했다. 시어스 로벅의 카탈로그에서 선택할 수 있는 상품들은 일반상점의 상

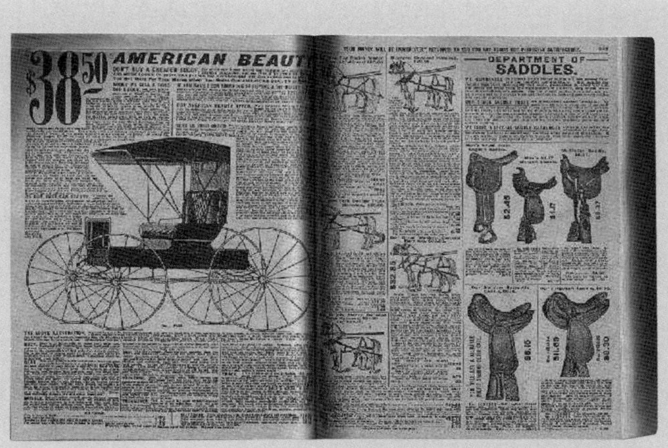

시어스 로벅은 시골의 각 가정과 사업장에서 필요로 하는 모든 물건을 취급했는데, 판매에 카탈로그를 이용했다. 100년도 전인 1897년의 시어스 로벅 카탈로그는 무려 786페이지에 달했고, 거기에는 약 20만 종의 상품이 실려 있었다. 또한 시어스 로벅은 바이러스 마케팅의 일환으로 미래의 고객들에게 편지를 발송하기도 했다.

품목록보다 무려 1,000배나 많았다. 게다가 카탈로그에 수록된 상품은 종종 절반 혹은 그 이상으로 할인된 가격에 판매되기도 했다.

시어스 로벅은 바이러스 마케팅의 최초 사례 중 하나로 잠재고객들을 대상으로 편지를 발송했다. 1905년에 시어스 로벅은 아이오와주에 거주하는 우량고객들에게 친구와 이웃 중 카탈로그를 보내주고 싶은 사람 24명을 추천해 줄 수 있는지 물어보는 편지를 보냈다. 편지를 받은 우량고객들이 시어스 로벅에게 24명의 추천자 명단을 알려주면, 새로 카탈로그를 받은 사람들이 주문을 할 경우 그들을 소개해준 우량고객들은 그 대가로 스토브나 자전거, 혹은 재봉틀을 선물로 받았다.

또한 시어스 로벅이 대량공급의 기적을 이루는데 활용했던 공급망관리 기법은 오늘날에도 그리 낯선 것이 아니다. 이를테면 판매자 창고에 보유하고 있는 상품과 공급자들이 필요시에 직접 배송할 수 있도록 공장에 보유하고 상품을 연계한 가상창고의 결합이 그것이다. 이 가상창고를 통해서 시어스 로벅은 주문자생산방식의 4륜경마차 제작업체의 대리인 업무도 맡을 수 있었다.

물품창고에서도 여러 가지 혁신이 이루어졌다. 수송의 비효율성을 염려한 시어스 로벅의 관리자들은 주문서가 도착하면 특정한 시각에 수송이 이루어지도록 시스템을 정비했다. 물품들은 지정된 시점에 상품 집결지의 해당 저장소에 위치해 있어야 했다. 고객과의 배송 약속을 지키기 위해 창고에서 포장실까지 상품을 운반할 때 컨베이어벨트와 자동활송장치라는 복잡한 시스템까지 운영했다.

이렇게 공정마다 걸리는 시간을 정해놓고 스케줄에 따라 움직이는 타임스케줄 시스템은 우편주문에 매우 효과적이었고, 시어스 로벅의 물품창고는 과거보다 업무효율을 10배나 향상시킬 수 있었다. 이 시스템은 곧 비즈니스업계의 불가사의로 알려지게 되었다. 포드자동차의 창업주인 헨리 포드 Henry Ford 까지도 시어스 로벅의 효율적인 타임스케줄 시스템을 배우기 위해 시카고에 위치한 공장을 방문했을 정도였다.

아이러니하게도 포드자동차로 인해 시어스 로벅은 대형 슈퍼마켓인 슈퍼스토어로 사업 영역을 확장하게 된다. 자동차의 가격이 저렴해지고 보다 현대적인 도로가 건설되면서 시어스 로벅의 시골고객들이 더이상 카탈로그로 쇼핑을 하지 않게 되었기 때문이다. 그 사이에 미국에서는 도시화가 시작되어 시어스 로벅의 시골고객들은 시골의 농장을 버리고 도시의 공장으로 떠났다. 1900년에 시골인구는 도시인구보다 많았지만 1920년에는 상황이 역전되었다.

도시의 고객들은 카탈로그보다는 상점에서 직접 쇼핑하는 것을 더 좋아했다. 1925년 시어스 로벅은 시카고의 우편주문창고에 상점을 열었다. 이 실험은 즉시 성공을 거두었다. 그해가 가기 전에 시어스 로벅은 7개의 소매점을 더 오픈했는데, 그 가운데 4개는 우편주문창고에 연 것이었다. 1927년이 끝날 무렵 시어스 로벅의 상점은 27개에 이르렀다. 엄청난 물량과 저렴한 가격은 많은 사람들을 사로잡았고 우편주문을 통해 자체개발한 공급망의 효과에 힘입어 시어스 로벅은 소매점에서도 역시 유래 없는 상품 구색을 갖추게 되었다. 그리고 이것은 월마트의 모델이 되었다.

이런 상황에서 미국인들은 선택에 열광하게 되었다. 슈퍼스토어는 엄청난 물량의 상품들을 저렴한 가격에 제공했다. 또한 이들은 규모의 경제를, 즉 규모가 큰 상점이 쇼핑하는 데 더 효과적이라는 개념을 종교처럼 설파했다. 이 개념만이 전통적인 상점과 슈퍼스토어의 가격차이를 설명해주었기 때문이다. 그 결과 과연 어떤 일이 벌어졌을까?

없는 것이 없는 슈퍼마켓의 등장

식품사업은 시어스 로벅의 차기 개척분야였다. 최초의 슈퍼마켓은 엄청난 불황에 시달리던 1930년 8월 4일 뉴욕의 퀸즈에 문을 연 킹 쿨른King Kullen 상점이었다. 불필요한 서비스를 제공하지 않는 현재의 창고형 아울렛에 비견할 수 있는 이 상점은 당시 1,000가지 이상의 상품들을 판매했다. 그리고 식품소매업의 신기원을 이룬 촉매제 역할을 했다. 시어스 로벅처럼 킹 쿨른은 다양한 상품을 저렴한 가격에 원스톱쇼핑할 수 있도록 했고, 그에 더해 고객이 선반에서 직접 물건을 선택할 수 있는 기회를 제공하는 셀프서비스 시스템을 갖추었다.

셀프서비스가 이루어지고 품목이 매우 다양해지면서 매일 먹을 음식을 식료품 상인에게 구매하던 때와는 달리 고객들이 매주 구입한 청과물을 운반하고 보관해야 할 필요가 제기되었다. 이 때문에 1937년에 최초로 도입된 쇼핑카트를 비롯해 자동차, 무료주차장, 그리고 가정과 상점에 설치된 냉장고가 킹 쿨른이 성공하는 데 큰 역할을 했다.

전세계 60여 개국의 식료품업체가 회원으로 등록된 비영리단체 푸드 마케팅 인스티튜트Food Marketing Institute는 슈퍼마켓의 공식적인 역사를 언급하면서 그 효과를 다음과 같이 정리했다.

킹 쿨른 슈퍼마켓은 중산층을 창출하는 데 기여했다. 슈퍼마켓이 상품의 가격을 저렴하게 책정함으로써 사람들은 자동차, 집, 교육, 그리고 기타 필수품과 생활설비를 사는 데 들였던 상당한 액수의 돈을 절약할 수 있게 되었다. 1950년대와 1960년대에 급격히 늘어난 슈퍼마켓들은 미국 중산층을 창출하는 중추적 역할을 감당했다. 슈퍼마켓 탄생 25주년을 기념하는 자리에서 케네디 대통령은 다양한 제품들을 저가에 판매하는 슈퍼마켓의 마케팅기법은 삶의 기준이 되었으며 경제성장에 크게 기여했다고 말했다.

냉전이 한창이던 1958년부터 1988년 사이에 약 5만 명의 구소련인들이 미국을 여행했는데, 그들 대부분은 미국의 슈퍼마켓에 반드시 들르곤 했다. 슈퍼마켓은 자유시장경제가 풍성하면서도 저렴한 식품을 어떤 식으로 제공하는지를 극명하게 보여주었는데, 이것은 공산주의는 할 수 없는 일을 자본주의가 할 수 있다는 사실을 은유적으로 드러내는 역할을 했다. 전 러시아 대통령 보리스 옐친은 자서전에서 1989년에 휴스턴에 위치한 슈퍼마켓을 방문했을 때의 경험을 다음과 같이 적었다. "수백 수천 가지의 캔 제품과 온갖 종류의 상품들이 선반 위에 빼곡히 채워져 있는 것을 보았을 때, 나는 소련 국민들에 대한 절망감으로 마음이 매우 아팠다. 우리처럼 부강한 나라가 될 수 있는 잠재적 힘을 가진 나라가 지독한 가난에 시달리고 있으니 말이다. 생각할수록 고통스러운 일이었다."

1920년대 미국의 동네식품점은 약 700가지 상품을 취급했는데 대부분 포장되지 않은 상태였다. 고객들은 육류, 농산물, 빵, 유제품, 그리고 기타 상품들을 구매하기 위해 각각 다른 상점에 들러야 했다. 그런데 슈퍼마켓은 이 모든 제품들을 한데 모아놓았다. 게다가 슈퍼마켓에서만 파는 제품의 수는 점점 많아져서 1960년에 6,000개, 1980년에 1만 4,000개, 그리고 현재는 3만 개에 이른다.

수신자부담전화에 열광한 소비자들

슈퍼마켓 다음으로 엄청난 다양성의 혁신이 일어난 곳은 무료 장거리전화 800을 도입한 가정집이었다. 처음에 그들은 소박한 기대를 갖고 시작했다. 1967년에 AT&T는 광역전화서비스인 WATS Wide Area Telephone Service를 출범시켰다. 자동 수신자부담전화로 알려진 이 서비스는 전화국 교환원의 절대부족으로 사람들이 통화에 어려움을 겪을 것이라는 사실을 예측하고 만들어진 것이었다. 그때는 점점 더 많은 사람들이 수신자부담전화를 이용하게 되면서 교환원들의 일손이 점차 딸리기 시작할 무렵이었다. 당시 AT&T는 새로운 서비스가 노동력 부족을 메워줄 수는 있지만 그다지 커다란 기여를 하지는 못할 것이라고 생각했다. 하지만 그로부터 25년이 지난 1992년에 AT&T의 장거리전화 가운데 40퍼센트는 수신자부담전화가 차지하게 되었다.

수신자부담전화는 카탈로그 쇼핑과 동일한 혁신을 이뤄냈다. 현대 자동차시대는 도심의 인구를 근교로 이동시켰는데, 그런 곳에서는 근처에 쇼핑센터가 없는 경우가 많았다. 반면 점점 더 풍요로운 물질문명을 즐기려는 도심 근교의 사람들은 소비할 준비가 되어 있었다. 1970년대 중반 무렵 그들은 자신들의 욕망을 충족시키기 위해 신용카드를 발급받은 상태였다. 이런 상황에서 무료전화 800번은 홈쇼핑 붐에 필수적인 촉매역할을 담당했다.

모든 제품들을 갖춘 대규모 중앙집중형 공장을 운영한 시어스 로벅과는 대조적으로, 카탈로그를 활용하는 이 후발주자는 틈새시장에 좀더 타깃을 맞추었다. 컬러프린트 기술이 개발되어 틈새상품 판매자들은 수백 수천 권은 물론이고 심지어 수백만 권의 카탈로그를 잡지 수준으로 멋지게 제작할 수 있게 되었고, 이렇게 제작된 카탈로그를 타깃 고객들의 주소지로 발송했다. 이때 응답률이 불과 1퍼센트에 못 미친다 해도 그것은 이윤이 남는 작업이었다.

틈새상품들은 다시 주류 고객들에게 다가갈 방법을 찾게 되었다. 스포츠 제품, 브랜드 의류, 인테리어 디자인, 란제리, 옥외 가구, 취미 분야에서 매달 특별한 코너를 통해 수많은 신제품을 선보였다. 그런 일이 가능하게 된 것은 모두 전화와 신용카드 덕분이었고, 고객들은 1주일이나 2주일 안으로 자신들이 주문한 제품들을 받아볼 수 있게 되었다. 그런데 이런 우편판매방식을 통해 얻은 풍요로움보다 더 인상적인 것이 나타났다. 이후 PC가 등장해 보여준 위력은 우편판매방식과는 비교도 되지 않을 정도로 파괴적인 것이었다.

궁극의 카탈로그, 인터넷

1990년대 초반에 웹을 통해 인터넷 상거래e-commerce가 이루어지기 시작하면서 업체들은 웹에 더 편리한 주문방식, 더 많은 상품을 구비한 카탈로그를 구현하고, 더 낮은 비용으로 더 많은 고객들이 이 카탈로그를 볼 수 있게 했다. 업체들은 인터넷을 이용해 카탈로그를 보낼 수 있게 됨에 따라 더 이상 종이로 프린트해서 우편으로 보낼 필요가 없어졌고, 필요한 사람들은 언제 어디서나 인터넷을 통해 카탈로그를 볼 수 있게 되었다.

당연히 어떤 분야들은 다른 분야들보다 상대적으로 인터넷 카탈로그에서 더 유리할 것 같았다. 그렇다면 구체적으로 어떤 분야가 그럴 것인지가 문제였다. 이것은 제프 베조스가 뉴욕의 헤지펀드 디 이 쇼D. E. Shaw에서 일할 때 스스로에게 자문했던 것이기도 하다. 그가 그런 생각을 했던 1994년은 인터넷이 막 시작된 시점이었는데, 보잘것없어 보였지만 인터넷은 매년 2,300퍼센트까지 성장하고 있었다. 당시 시장분석가였던 제프 베조스는 자신이 몸담고 있던 회사의 사장으로부터 인터넷 비즈니스를 통해 호기를 잡을 수 있을 것인지 알아보라는 주문을 받았다. 그는 10여 년 뒤에 실리콘밸리에서 일어날 일을 다음과 같이 설명했다.

나는 다이렉트 마케터스 어소시에이션Direct Marketers Association에서 원격으로 판매되고 있는 모든 제품들의 목록을 얻어왔다. 가장 잘 팔리는 분야는 의류였고, 고급 식료품이 두 번째였다. 목록의 거의 맨 아래에 서적이 있었는데, 이것은 오로지 북클럽 회원들이 있기 때문에 목록에 추가된 것일 뿐이었다. 그 당시에는 서적을 판매하는 종이 카탈로그는 전혀 없었다.

1990년대 초반 미국에 도서산업 붐이 일었다. 크라운북스Crown Books는 이미 사업을 할인점 형태로 바꾼 상태였다. 또한 음반 판매에 박차를 가하면서 이와 유사한 할인판매를 이어나갔다. 반스앤노블Barnes&Noble과 보더스는 거대한 대형매장을 도입해 크라운북스보다 한 발 앞서나갔다. 매장 내에서 영화관이나 볼링장까지 운영하기도 하는 이 대형서점들은 10만 종이나 되는 도서를 진열했는데, 이것은 일반서점의 5배나 되는 숫자였다. 이처럼 엄청나게 많고 다양한 보유 도서를 통해 대형서점은 독자들에게 풍요의 시대를 선사했다.

책은 종류가 더 늘어나고 있으며 가격은 점점 더 저렴해지고 있다. 그렇다면 이제 사람들이 더 원하는 것이 없을까? 제프 베조스는 스스로에게 다음과 같이 물어보았다.

만일 고객이 1994년에 원시적인 브라우저와 기술로 웹을 이용한다면 그것은 정말 고통스러운 일일 것이다. 아무리 그 당시 최고의 모뎀을 가지고 있다 해도 브라우저는 항상 다운되었고 제대로 작동하지 않았으며 전송 속도는 느렸기 때문이다. 비록 고객이 웹을 활용하는 것을 포함한 모든 분야에서 그 당시로서는 가장 뛰어난 능력을 갖고 있다 해도 말이다.

결국 내가 내린 결론은 이랬다. 사람들이 아무리 웹으로 사고 싶은 물건이 있더라도 그 당시 기술로는 너무 불편하기 때문에 웹이 아닌 다른 방식으로 물건을 사고 있는 것이라고 말이다. 비록 의류가 최고의 상품군이라고 해도 웹에서 의류사업을 하고 싶지는 않았다. 왜냐하면 의류는 카탈로그를 이용하거나 상점에 가면 매우 쉽게 구입할 수 있기 때문이다. 따라서 내가 세운 기준은 오로지 웹으로만 가능한 기능을 통해 획기적으로 고객 경험을 향상시킬 수 있는 사업 분야를 선택해야 된다는 것이었다.

웹 비즈니스를 도서 분야에 활용하면 고객에게 새로운 세계를 경험하게 할 수 있다는 사실은 명백하다. 왜냐하면 종이로는 대규모 도서 카탈로그를 볼 수 없는데, 그것은 실용성이 전혀 없기 때문이다. 매년 10만 종 이상의 신간이 출간되지만 종합할인점 개념의 대형서점도 그 책을 모두 진열할 수는 없다. 가장 큰 대형서점은 17만 5,000종에 이르는 다양한 분야의 제품들을 진열하고 있는데, 그렇게 큰 서점은 단 3곳뿐이다. 그렇다면 결론은 하나다. 아마존닷컴은 고객들이 수많은 책을 쉽게 찾고 구매할 수 있는 최초의 공간이 될 것이라는 점이다.[1]

제프 베조스가 주목한 것은 매우 성숙한 도서산업 내에서의 성공 가능성이었다. 수많은 출판사들이 있었지만 대부분의 유통은 단 두 곳의 도매점을 통해 이루어지고 있었다. 그 두 도매점들은 고객들의 니즈를 충족시키기 위해 전략적으로 전국에 창고를 가지고 있었다.

제프 베조스는 가상공간에 소매점을 만들면 엄청난 성공을 거둘 수 있을 것이라고 제안했다. 그는 17만 5,000종이 많아 보이긴 하지만 가장 큰 대형서점의 제품목록은 전체 도서목록에 비하면 티끌에 지나지 않는다는 사실을 알고 있었다. 그리고 웹상의 도서 소매점은 도서를 검색할 수 있을 뿐만 아니라 서평도 읽을 수 있게 함으로써 고객들이 자신들이 찾고 있는

상대적으로 매출이 떨어지는 상품들을 한데 모아 온라인으로 판매하는 효율적 경제이론은 1994년에 아마존닷컴을 통해 제프 베조스가 제안한 개념이라 할 수 있다. 크리스 앤더슨에 의해 롱테일이라는 용어가 대두되기도 전부터 제프 베조스는 롱테일 이론을 실천해온 것이다.

것을 더 쉽게 구매할 수 있도록 해줄 수 있을 것이었다.

당시에 영어로 출간된 책은 적게 잡아도 150만 종이었는데 대형서점의 제품목록은 그것의 10퍼센트밖에 되지 않았다. 현재까지 온라인상에 올라 있는 출간도서는 560만 종을 상회한다. 또한 제프 베조스는 점점 더 많은 출판사들의 카탈로그들이 학술서적, 일반서적, 자비출판 서적, 그리고 기타 분야에서 온라인상에 노출되고 있다는 사실을 알았다. 아마존이 이 책들 모두를 고객에게 제공하지 않을 하등의 이유가 없었다.

인터넷이 우리에게 보여준 것은 선택을 무제한으로 확장하기 위해 물리적인 장벽들을 제거하는 방법이었다. 오프라인 대형서점은 규모는 매우 컸지만 진열공간과 매장관리자들, 입지조건과 운영시간, 그리고 날씨의 제약을 받을 수밖에 없었다. 물론 대형서점의 규모가 점점 더 커지고 일반서점보다 매장을 더 효과적으로 운영하고 있었기 때문에, 대형서점은 고객들에게 상대적으로 더 많은 선택권을 제공할 수는 있었다. 하지만 이 비즈니스모델은 이미 오래 전에 현실적인 벽에 부닥치고 있었다.

이제 온라인 쇼핑은 카탈로그 쇼핑을 넘어서서 현재 미국 소매 지출의 약 5퍼센트를 차지하고 있다. 온라인 쇼핑은 매년 25퍼센트씩 성장하고 있는데 이런 속도라면 온라인 소매가 결국 전체 소매의 약 15퍼센트를 차지하게 될 것이라던 제프 베조스의 예측은 곧 실현될 것이다. 이 수치는 12조 달러의 미국 경제에서 10분의 1을 상회하는 것이다.

오프라인 거대기업들의 온라인 사이트 역시 하나의 거대한 사업영역이다. 반스앤노블의 온라인 사이트인 비엔닷컴Bn.com은 아마존에 버금가는 선택권을 고객에게 부여하고 있다. 할인카드는 오프라인과 온라인에서 함께 사용할 수 있으며, 반스앤노블의 대형서점이 여러 군데 있는 맨해튼에서는 당일배송 서비스도 받아볼 수 있다. 만일 오프라인 서점에 책이 없으면 점원들은 온라인으로 그 책을 주문해서 고객의 요구를 만족시켜준다. 월마트, 베스트 바이Best Buy, 그리고 수많은 기타 소매점의 온라인 사이트들도 마찬가지다. 온라인 서점의 무제한적인 진열공간을 통해 그들은 고객들에게 더욱 다양한 제품들을 보다 편안하게 제공하며, 이를 통해 고객들의 브랜드 충성도를 견고하게 하는 한편 기존 오프라인 서점 고객이 아닌 새로운 고객들을 끌어들인다.

경제 · 사회 · 문화 전반에 나타나는 롱테일 현상

이베이와 같은 순수한 온라인 전문소매점들부터 전통적 오프라인 소매점을 보완하는 온라인 소매점에 이르기까지 온라인 소매점들이 가진 무제한적인 진열공간, 엄청난 정보, 원하는 것을 손쉽게 찾는 방법이 지닌 위력은 제프 베조스가 생각했던 것 이상으로 곳곳에서 엄청난 흡인력을 발휘하고 있다. 그 결과 이제 롱테일 시장은 우리가 보고 있는 모든 곳에 존재하게끔 되었다.

구글이 광고의 롱테일을 활용하는 것처럼 마이크로소프트는 용량이 크지 않고 저렴한 게임을 장착한 비디오게임으로 롱테일을 활용하고 있다. 마이크로소프트의 고객들은 엑스박스 라이브 네트워크를 통해 게임을 다운로드받을 수 있다. 리눅스^{Linux}와 파이어폭스^{Firefox} 같은 오픈소스 소프트웨어 프로젝트들은 프로그래밍 기술을 활용한 롱테일이다. 한편 인터넷은 포르노라는 가장 긴 꼬리를 통해 그것을 찾는 사람들의 기호와 성향을 만족시키고 있다.

좀 덜 알려진 사례들로는 소형 양조장들의 확산을 통한 '맥주의 롱테일', 주문제작되는 티셔츠와 신발 등의 증가를 통한 '패션의 롱테일' 및 온라인 교육 업체의 성장을 통한 '교육의 롱테일'과 같은 것이 있다.

마지막으로 글로벌 게릴라^{Global Guerrillas} 웹사이트를 운영하고 있는 군사전문가 존 롭^{John Robb}의 다음과 같은 '국가 안전보장의 롱테일'에 대한 분석을 보면 롱테일 이론이 얼마나 넓은 영역에서 적용되고 있는지 알 수 있다.[2]

전통적으로 폭력을 통해 사회지배체제를 바꾸려는 전쟁은 몇 가지 예외적인 경우를 제외하고는 국가에서만 일어났다. 즉 국가는 폭력에 대해 독점적인 권한을 가지고 있었고, 그 결과 폭력은 매우 불균등하게 분배되어 있었다. 그런데 폭력에 대한 국가의 독점은 다음 3가지 트렌드로 인해 내리막길에 있다.

- **전쟁 도구의 대중화 :** 갱과 같은 틈새 생산자들은 세계화가 야기한 혼란 속에서 자리를 잡았다. 그것은 단지 소수의 사람, 몇 개의 박스 절단기,

그리고 비행기 한 대로 구성된다. 이것은 단순한 도구가 널리 퍼져 있는 경제 인프라와 결합한 사례이다.

- **전쟁의 틈새 생산자에 의한 피해 확대** : 국제적인 게릴라 시스템이 붕괴 되면서 값싼 무기를 이용한 지역적인 소규모 공격이 사회경제적 주요 사건으로 변하는 일이 종종 벌어진다.
- **입소문의 가속화** : 새롭게 등장한 조직들은 조직원들을 보다 쉽게 구하 고 훈련시킬 수 있으며, 자기 메시지를 수많은 대중들에게 전달할 수 있 다. 또한 다른 조직과 연합하여 행동할 수 있다.

그 결과 롱테일은 엄청나게 발전했다. 폭력 분야의 새로운 틈새 생산자들 은 번창하게 되었다. 그리고 이런 틈새 공급자들이 생산해내는 결과를 구 매하려는 수요자도 급격히 증가했다. 이슬람문화권과 미국 사이의 분쟁 과 같은 커다란 이념 분쟁은 국가들에 의해 주도되지는 않지만 알 카에다 al Qaeda와 그와 비슷한 조직들 같은 틈새 공급자들을 지나치게 많이 양산 해냈다.

4 롱테일의 3가지 동인

롱테일 현상이 나타나는 이유?

롱테일 이론은 결국 다음과 같이 정리할 수 있다. 우리 문화와 경제는 수요곡선의 머리부분에 위치한 주류상품들이나 주류시장들과 같은 상대적으로 소수인 히트상품들에 초점을 맞추던 상황에서 점점 꼬리부분의 거대한 틈새시장으로 관심을 이동하고 있다는 것이다. 오프라인 진열공간의 제약과 유통의 장애에 구애받지 않는 시대가 열림에 따라 특정한 소수의 고객들을 타깃으로 한 상품들과 서비스들은 주류상품만큼이나 경제적인 매력을 갖게 되었다.

하지만 그것만으로는 충분하지 않다. 수요가 이런 새로운 공급을 따라잡아야 한다. 그렇지 않으면 꼬리는 말라죽고 말 것이다. 꼬리는 다양한 상품들의 형태로 나타날 뿐만 아니라 그것에 이끌리는 사람들 속에서도 찾아볼 수 있다. 롱테일 수요의 진정한 유형은 고객들이 무한한 선택권을 제공받을 때 드러난다. 그것은 총판매액, 총사용빈도, 혹은 선택권이 엄청나게 커져서 경제적·문화적 세력을 형성하게 된 새로운 틈새상품들을 구매한 사람들의 참여로 나타난다. 롱테일은 수많은 틈새상품들로 출발하지만 그 틈새상품들이 자신들을 원하는 사람들과 함께하기 전까지는 의미가 없다.

이런 사실은 다음과 같이 롱테일 시대의 6가지 주제로 표현될 수 있다.

1. 가상공간의 시장에는 히트상품보다 틈새상품이 훨씬 더 많다

그리고 그 비율은 생산자의 도구들이 점점 저렴해지고 보다 대중화
됨으로써 기하급수적으로 증가하고 있다.

2. 틈새상품을 구매하는 데 드는 비용이 현저하게 감소하고 있다

디지털 유통, 강력한 검색기술, 그리고 광대역 네트워크망이 대량
보급됨으로써, 온라인 시장은 소매경제의 구도를 재편하고 있다. 그
러므로 현재 많은 시장에서 매우 다양한 제품들을 제공하는 것이 가
능하다.

3. 필터기능들이 수요를 꼬리에 몰려들게 한다

하지만 다양한 제품들을 단순히 더 많이 제공하는 것만으로는 수요
를 움직이지 못한다. 틈새상품들이 고객들의 특별한 니즈와 호기심
을 만족시켜야만 한다. 추천상품을 노출시키거나 순위를 매기는 것
과 같은 도구와 기법은 이런 목적을 달성하는 데 매우 효과적이다.
많은 시장에서 이런 필터기능들은 수요를 꼬리에 몰려들게 할 수
있다.

4. 꼬리부분의 수요가 증가해 곡선이 점점 더 평평해진다

매우 다양한 상품들이 있고 그것을 정리하기 위한 필터기능들이 있
다면 꼬리부분의 수요가 증가해 곡선은 점점 더 평평해진다. 그곳에
는 예전과 다름없이 히트상품들과 틈새상품들이 존재하지만 히트
상품들은 상대적으로 인기가 별로 없고 틈새상품들은 상대적으로
더 인기가 있다.

5. 틈새상품들의 총합은 히트상품들과 경쟁가능한 시장을 형성한다

틈새상품들은 계속 늘어난다. 수많은 상품들 가운데 전혀 팔리지 않
는 상품이 있다 해도 틈새상품들의 총합은 히트상품들과 경쟁할 만

한 시장을 형성한다.

6. 여러 가지 장애물이 사라진 상태의 수요곡선이 나타난다

유통장애와 정보결핍, 그리고 진열공간의 제한 등으로 인해 왜곡되지 않은 상태의 수요곡선이 드러난다. 이 새로운 수요곡선은 우리가 생각하는 것보다 그다지 히트상품 중심으로 이뤄지지 않으며 고객들의 수만큼 다양하게 나타난다.

결론적으로 말해 '롱테일'은 희소성의 경제학으로는 설명할 수 없는 문화현상이다.

롱테일은 어떻게 나타나는가

앞에서 말한 모든 양상은 하나의 엄청난 경제적 자극이 가해져야 비로소 나타난다. 즉 틈새상품을 구매하는 데 드는 비용을 줄여야만 한다. 그 비용을 떨어뜨릴 수 있는 요소에는 어떤 것들이 있을까? 답은 시장에 따라 달라지지만 일반적으로 다음과 같은 3가지 정도의 강력한 동인으로 설명된다.

첫번째 동인은 생산도구를 대중화하는 것이다. 이것을 설명해주는 가장 좋은 사례는 PC이다. PC는 인쇄기에서부터 영화와 음악 스튜디오에 이르기까지 모든 것을 통합했다. PC의 힘은 불과 몇 년 전까지만 해도 전문가들만이 해왔던 작업을 일반인들도 할 수 있게 해주었다는 점이다. 또한 그런 작업을 하는 '생산자들'의 수를 1,000배나 늘려놓았다. 현재 PC를 통해 단편영화나 앨범을 제작할 수 있는 능력을 갖춘 사람은 수백만에 달

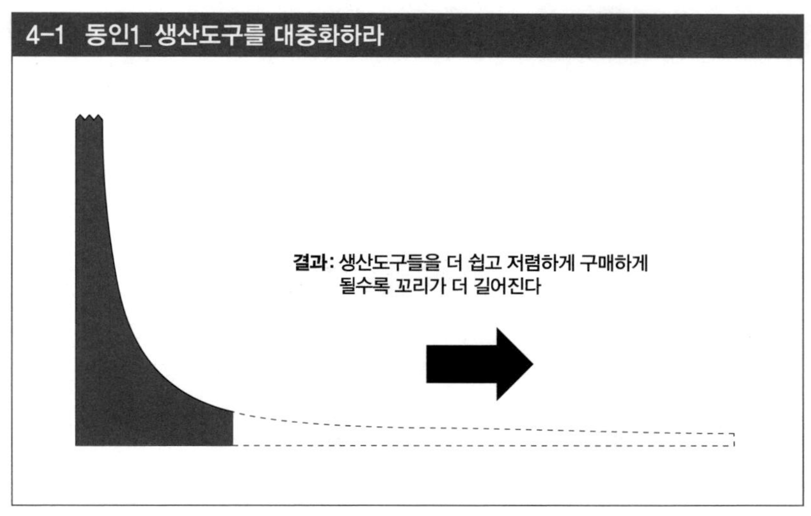

한다. 또한 자신의 생각을 전세계 사람들을 대상으로 출판하고 있는 사람들의 수도 엄청나다. 재능있는 사람을 어디에서나 찾을 수 있는 것은 아니지만, 그래도 꽤 많은 사람들이 재능을 타고난다. 그러므로 충분히 재능있는 사람들에게 창작할 수 있는 도구를 제공하면 보석과도 같은 작품이 더 많이 만들어질 수 있다.

그 결과 현재 이용 가능한 컨텐츠는 이전과는 비교할 수 없을 정도로 빠르게 증가하고 있다. 즉 꼬리가 오른쪽으로 길어지면서 이용할 수 있는 상품들의 수가 끝없이 증가하고 있다. 음악산업의 경우를 살펴보면 2004년에 새롭게 출시된 앨범의 수는 4만 4,000종이었던 데 비해 2005년에는 5만 종으로 36퍼센트 증가했다. 이는 아티스트들이 음악을 더 쉽게 녹음하고 유통시킬 수 있게 된 결과라 할 수 있다. 또한 밴드들은 인맥구축을 기반으로 하는 웹서비스인 마이스페이스^{MySpace}에 30만 곡 이상의 무료 음악을 업로드했는데 이로 인해 꼬리는 더욱 길어졌다.

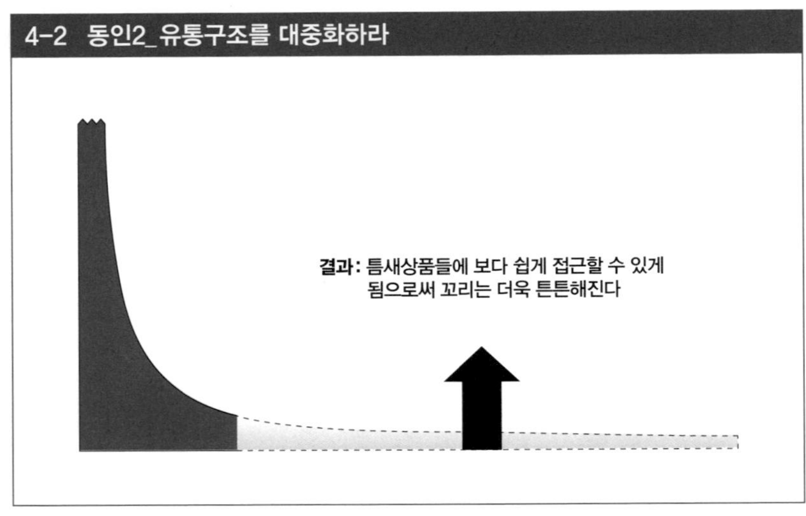

두 번째 동인은 유통비를 줄임으로써 낭비되는 비용을 줄이는 것이다. 누구나 컨텐츠를 만들 수 있다는 사실은 다른 누군가가 그것을 즐길 때 비로소 의미를 갖게 된다. PC가 원하는 사람은 누구나 영화감독이나 출판인으로 나설 수 있게 만들어주었지만, 모든 사람을 유통업자로 만든 것은 바로 인터넷이었다.

이것은 전자상거래의 비트경제학과 실물거래의 원자경제학의 차이를 가장 극적으로 보여준다. 온라인으로 컨텐츠를 유통시키는 데 드는 비용은 트럭, 창고, 진열대를 통한 오프라인 유통비용 대비 1/100 수준이다. 온라인에서는 컨텐츠 상품이 아닌 실물 상품의 경우에도 고객에게 접근하는 비용이 엄청나게 절감된다. 월마트는 수십 년 동안 수십 억 달러를 들여서 세계에서 가장 정교한 공급망을 구축해 전세계 수천만 명의 고객에게 엄청나게 다양한 상품을 저렴한 가격에 공급하고 있다. 그러나 오늘날에는 이베이에 상품 등록을 함으로써 어느 누구나 이 거대한 시장에 접근할 수 있게 되었다.

인터넷은 보다 많은 사람들에게 접근하는 비용을 줄여줌으로써 꼬리부분에 위치한 시장의 유동성을 효과적으로 증가시킨다. 그것은 보다 많은 소비를 이끌어냄으로써 매출액을 효과적으로 끌어올리고 다른 제품의 판매에도 긍정적인 영향을 미친다.

세 번째 동인은 수요와 공급을 이어주는 것으로 고객들에게 새로운 제품들을 소개함으로써 꼬리부분의 수요를 높이는 것이다. 이것은 구글의 '대중의 지혜wisdom-of-crowds'적인 검색, 아이튠스의 입에서 입으로 전달하는 추천음악, 그리고 고객이 리뷰를 쓰도록 문을 열어둠으로써 고객과 직접 만나는 블로그에서 찾아볼 수 있다. 고객들에게 이런 장치를 제공하면 틈새컨텐츠를 찾는 데 들어가는 검색비용은 더 줄어든다.

경제학에서 검색비용은 누군가가 원하는 것을 찾는 데 들어가는 비용을 말한다. 그 비용에는 검색에 들어가는 시간, 논쟁, 방향을 잘못 잡는 것,

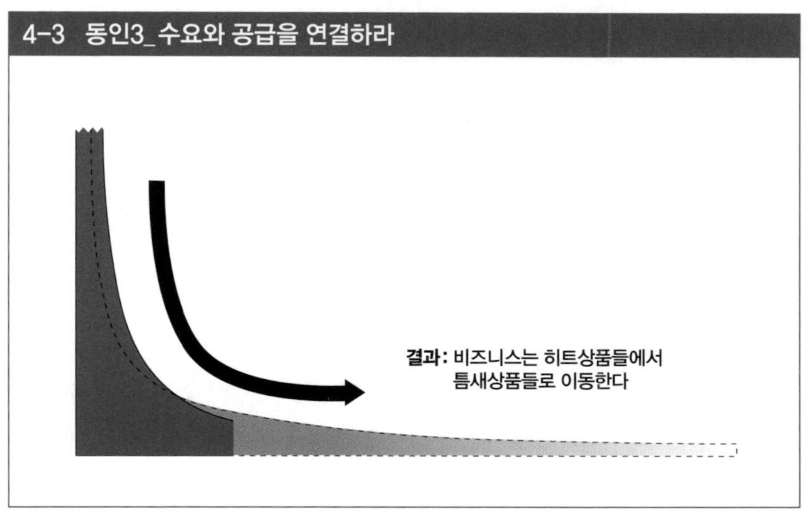

혼란과 같이 돈과는 직접적으로 관련이 없는 것들도 있고, 잘못된 구매를 하거나 상대적으로 더 저렴한 것을 검색할 수 없었기 때문에 어떤 것에 너무 많은 비용을 투자한 경우와 같이 돈과 직접적으로 관련이 있는 것들도 있다. 당신이 원하는 것을 원하는 가격에 더 쉽게 찾게 되면 검색비용은 자연스럽게 떨어진다.

뒤에서 이것에 대해 좀더 자세히 알아보겠지만, 검색비용을 줄이는 데는 종종 다른 고객들이 가장 유용한 안내자가 되어준다. 이는 그들이 나눠주는 정보들이 우리의 궁금증을 가장 잘 풀어주기 때문이다. 넷플릭스와 구글은 수백만 고객들의 생각이나 의견을 살펴보다가 그것들을 관련 검색 결과나 추천내용과 연결시켜주는 식으로 모든 고객의 지혜를 활용한다.

또한 고객들은 자신들이 좋아하는 것과 싫어하는 것에 대해 리뷰나 블로그를 올림으로써 안내자 역할을 한다. 새로운 것을 찾을 때 이런 대중의 정보를 매우 쉽게 이용할 수 있기 때문에 우리는 예전보다 더 빨리 원하는 것을 찾아낼 수 있다. 그것은 우리가 알고 있는 세계를 벗어나 더 넓은 세계를 검색하도록 이끌어주는 경제적 효과를 일으키며, 이를 통해 틈새상품들에 대한 수요는 더욱 탄력을 받는다.

고객들이 서로 정보를 공유할 때 나타나는 또다른 현상은 이미 효력을 상실한 마케팅기법들이 제안하는 것보다 자신들의 기호가 훨씬 더 다양하다는 사실을 깨닫게 되는 것이다. 고객들의 관심사는 매우 다양하고 깊다. 가상세계든 아니든 함께하는 사람들의 격려를 받은 고객들은 미지의 세계를 탐험하고 잘 알려진 길을 훨씬 벗어난 곳으로 모험을 떠난다.

이처럼 고객들을 연결하는 과학기술의 급격한 발전은 수요를 머리부분에서 꼬리부분으로 이동시킨다. 즉 세 번째 동인은 틈새상품에 대한 수요를 급격하게 끌어올리며, 수요곡선의 오른쪽으로 무게중심을 이동시킴으로써 곡선을 더욱 평평하게 한다.

떠오르는 롱테일 시장에서 이 3가지 동인들이 새로운 성공의 기회를 제시하고 있다는 사실에 주목하라. 고객들이 보다 쉽고 저렴하게 구입할 수 있도록 대중화된 생산도구들은 생산자들의 수를 엄청나게 증가시키고 있고, 매우 효율적인 디지털 경제가 새로운 시장을 선도하고 있는 것이다. 결국 전세계에 흩어져 있는 수백만 명의 고객들과, 그들을 가장 편하게 해주는 도구를 가진 사람들을 연결시켜주는 능력이야말로 새로운 추천기법과 마케팅기법을 이끌어냄으로써 본질적으로 새로운 흐름을 이끌어나가게 된다.

지금까지 살펴본 것을 다음과 같이 간단하게 정리할 수 있다.

	동인	비즈니스	사례
1	**생산도구를 대중화하라**	롱테일 도구제작자와 롱테일 생산자	디지털 비디오카메라, 데스크탑 음악과 비디오 편집 소프트웨어, 블로깅 도구
2	**유통구조를 대중화하라**	롱테일 집산자	아마존, 이베이, 아이튠스, 넷플릭스
3	**수요와 공급을 연결하라**	롱테일 필터	구글, 블로그, 랩소디의 추천기능, 베스트셀러 목록

다음 5~7장에서는 이런 신규 비즈니스 분야들에 대해 자세히 살펴보겠다.

5 롱테일 시대의 새로운 생산자들

새로운 생산도구를 손에 쥔 아마추어의 힘을 무시하지 마라.

1987년 2월 23일 밤, 일본에 위치한 카미오칸데^{kamiokande}II 지하 중성미자 관측소는 13초 동안 지속적으로 폭발하는 24개의 중성미자(중성자가 양성자와 전자로 붕괴될 때 생기는 소립자)를 관측했다. 24개는 그다지 많지 않다고 생각할 수도 있지만, 이 관측소에서는 보통 1시간에 2~3개 정도밖에 관측하지 못했기 때문에 20개가 넘는 중성미자를 한꺼번에 관측했다는 것은 상당히 의외의 결과였다. 이렇게 관측소로서는 아주 특별한 상황을 맞이했음에도 계속해서 다른 관찰작업도 병행해야 했기 때문에 그 결과를 정리하는 데 몇 시간이나 기다려야만 했다. 당시엔 관측소의 누구도 이것이 무엇을 의미하는지 알지 못했다.

별이 폭발할 때 발생하는 에너지의 대부분은 중성미자로 방출되는데, 이 원자보다 더 작은 미립자들은 마치 총알이 얇은 화장지를 관통하는 것처럼 별을 통과한다는 사실은 오랜 기간에 걸쳐 천체물리학자들이 이론화한 것이다. 이 이론에 따르면 폭발 초기단계에 미립자들이 빗발치듯 쏟아져나오고, 그 불덩어리가 가시적인 빛의 형태로 바뀌는 데는 몇 시간이 걸린다고 한다. 그래서 과학자들은 별이 우리 가까이에서 초신성(질량이 큰 별이 진화하는 마지막 단계)이 될 때, 우리가 그 폭발을 눈으로 확인하기 3시간쯤 전에 중성미자를 관측할 수 있을 것이라고 예측했다.

중성미자들과 가시광선 사이의 이런 상관관계를 확인하려면 이 둘을 관찰하면서 이들 사이의 시차를 측정해야 한다. 그런데 이 두 요소를 관찰할 때 시각적으로 문제가 되는 부분은 하늘을 정면으로 바라봐야 한다는 점이다. 하지만 이것은 중성미자를 관측하는 데 있어서 그다지 큰 문제는 아니었다. 카미오칸데 관측소는 원구형태를 띠고 있어 중성미자들의 방향과는 관계없이 지구를 통과하는 중성미자들을 관측할 수 있었기 때문이다. 오히려 초신성의 폭발을 가시적으로 관측하려면 정확한 시점에 정확한 지점을 향해 망원경을 설치해야 한다는 것이 더 문제였다. 그렇게 관측 지점을 설정하기에는 하늘이 너무나 넓었다.

이와 같이 별의 폭발을 자주 관측하기 위해 하늘을 오랫동안 관찰하는 전문천문학자들은 그리 많지 않다. 반면 그 일을 하길 원하는 아마추어천문학자들은 너무도 많았다. 요즘 아마추어천문학자들은 길이는 5피트보다 짧고 구경은 12인치이며 인간의 눈보다 더 많은 빛을 모을 수 있는 예민한 반도체 소자인 CCD(전하결합소자) 센서들을 갖춘, 아마추어천문학자 돕슨이 발명한 돕소니언Dobsonian 렌즈를 장착한 컴퓨터 유도식 저가 망원경들을 이용해, 집만큼 큰 망원경으로 천체를 관측하던 1세기 전의 천문학자들보다 천체 사진을 더 잘 촬영할 수 있게 되었다.

1987년에 초신성 1987A를 최초로 관측한 사람은 당시 아마추어 티를 완전히 벗지 못했던 캐나다의 천문학자 이안 셸턴Ian Shelton이었다. 그는 24인치 망원경이 설치된 칠레 안데스산맥의 관측소에서 학회의 천문학자들이 사용하지 않는 시간을 이용해 줄곧 천체를 관측하고 있었다. 바람이 세게 불던 1987년 2월 23일 밤에 그는 대마젤란운을 3시간 동안 관측했다.

지구에서 16만 8,000광년 떨어진 별 하나가 정확히 16만 8,000년 전에 타란툴라 성운의 가장자리에서 폭발했는데, 지구에 있던 이안 셸턴이 보기에 그 폭발은 바로 그가 관측하고 있던 시점에 일어나고 있는 것처럼 보였다. 예전에는 폭발이 이루어진 바로 그 지점에서는 아무것도 관측되지 않았기 때문이다. 이안 셸턴은 육안으로 그 폭발을 보기 위해 바깥으로 나가기 전에 20분 동안 사진기의 감광판을 응시했다. 이것은 1604년에 관측된 케플러 초신성 이후 육안으로 관측된 최초의 초신성이었다.

이안 셸턴과 카미오칸데 관측소 사이에서 고려해야 할 요소는 시간이다. 카미오칸데 관측소는 만국표준시간으로 7시 35분에 중성미자를 관측했다. 그리고 이안 셸턴은 만국표준시간으로 10시경에 초신성의 폭발을 관측했는데, 이것은 중성미자가 관측된 지 3시간이 조금 안 되는 시점이었다. 그렇다면 지금까지는 앞서 언급한 과학자들의 이론이 맞아떨어진다. 하지만 이안 셸턴이 관측하기 전에 초신성은 과연 어떤 모습을 하고 있었을까?

운좋게도 그날 밤 이안 셸턴 외에도 다른 2명의 열정적인 아마추어천문학자들이 더 작고 비전문적인 망원경으로 관측을 하고 있었다. 50만 번 이상 천체를 관측한 뉴질랜드의 베테랑 천문학자 앨버트 존스Albert Jones는 만국표준시간으로 9시 30분에 타란툴라 성운을 샅샅이 훑었지만 특별한 것을 발견하지 못했다. 또다른 아마추어천문학자 로버트 맥노트Robert McNaught는 오스트레일리아에서 만국표준시간으로 10시 30분에 폭발 사진을 촬영했는데, 이는 이안 셸턴이 확인한 초신성 폭발과 중성미자 관측의 시간차를 확실하게 보여주는 것이었다. 그렇다면 초신성이 폭발할 때의 섬광은 9시 30분과 10시 사이의 어느 시점에 지구에 도달했다는 이야기가 된다.

이것은 20세기에 있었던 천문학적 발견 중에서도 단연 손에 꼽을 정도로 위대한 것이었다. 우주가 어떻게 움직이는지를 보여주는 핵심이론은 뉴질랜드와 오스트레일리아의 아마추어천문학자들과 아직 아마추어 티를 채 벗지 못한 칠레의 한 천문학자, 그리고 미국과 일본의 전문가급 물리학자들 덕분에 확실하게 증명되었다. 그들은 이 발견을 과학논문을 통해 전세계에 발표했고 저작권을 공유하게 되었다.

영국의 젊은 싱크탱크 집단인 데모스Demos는 2004년 보고서에서 이것을 전문가들과 아마추어들이 함께 일하는 '프로암Pro-Am' 시대의 개막을 알리는 주요한 순간이었다고 묘사했다. "천문학은 일반적으로 '대규모 과학연구'를 진행하는 연구소에서 이루어져왔다. 하지만 이제는 전문가와 아마추어의 공동작업으로 이루어지고 있다. 예전에는 아마추어들은 독립적으로 작업했고, 전문가들은 연구소에서 편안하게 연구를 진행했다. 하지만 국제적 연구 네트워크로 인해 폭발하는 별과 혜성, 그리고 소행성에 대한 관심을 공유하는 전문가들과 아마추어들은 공동작업을 하게 되었다."

티모시 페리스Timothy Ferris는 현대 아마추어천문학의 역사를 기록한 《어둠 속에서 바라보기 Seeing in the Dark》에서 "천문학이 망원경을 소유한 전문가들만이 활동하던 시절에서 전문가들과 아마추어들이 연계하는 전세계적인 협력체제로 바뀐 시점은 1987년 2월 23일 밤이라 할 수 있다. 천문학은 전문적인 천문학자들과 천체물리학자들의 소규모 집단과 함께 작업하는 거대한 프로암 조직이 주도하는 과학으로 급속히 바뀌고 있다"라고 지적하기도 했다.

이런 천문학의 프로암 조직을 가능하게 한 과학기술들은 돕소니언 광학렌즈, CCD, 그리고 정보공유 메커니즘인 인터넷이다. 이와 같은 도구들은 아마추어천문학자들의 지위와 영향력을 극도로 향상시켜주었다. 지난 20년 동안 아마추어들의 역할이 중요하다는 사실이 부각되면서 천문학은 과학계에서 장비의 대중화가 가장 많이 진행된 곳이 되었다.

　　나사^{NASA}는 종종 아마추어천문학자들에게 지구를 향해 접근할 것으로 예측되는 소행성들을 관측해달라고 요청하기도 한다. 나사의 이런 요청은 소행성 연구 그룹 이메일 리스트를 통해 아마추어천문학자들에게 전달되는데, 이 소행성 연구그룹은 플로리다의 유에스 에어웨이스^{US Airways} 수하물 취급자로 일하면서 밤에는 천체를 관측하는 42세의 아마추어천문학자 리처드 코왈스키^{Richard Kowalski}에 의해 운영되고 있다. 이 그룹에 속한 800여 명의 아마추어천문학자들 가운데는 단지 재미로 천체를 관측하는 사람들도 있고, 자신이 관측하는 소행성에 자기 이름을 붙여 후대에 영원히 기억되길 바라서 관측하는 사람들도 있다. 여기서 주목할 만한 사실은 그들 중 어느 누구도 돈 때문에 아마추어천문학자가 된 사람은 없다는 것이다.

　　천문학은 자발적으로 지원한 사람들의 힘이 필요한 분야다. 즉 소행성이나 별의 진화와 같은 매우 흥미로운 새로운 현상을 관측하려면 적절한 시점에 적절한 장소에서 관측을 해야 하기 때문에 크고 비싼 망원경을 동원하는 것보다는 차라리 많은 사람들이 적절한 시점에 하늘을 쳐다보는 게 더 낫다. 이런 측면에서 아마추어천문학자들은 천문학의 인적자원을 몇 배나 확장시켰다.

　　세티앳홈^{SETI@home : Search for Extraterrestrial Intelligence at home}은 50만 대 이상의 가정용 컴퓨터가 지닌 여분의 연산능력을 활용해 안방에서 우주생명체를 찾는 프로젝트다. 이 프로젝트는 미국 버클리대가 미 행성학회, 파라마운트영화사와 공동으로 외계신호를 찾는 세티앳홈연구소를 설립한 뒤에 전세계 네티즌에게 '세티앳홈 화면보호기'를 나누어주면서 본격적으로 가동되기 시작했다. 이 프로젝트는 우주에서 검색한 모든 가청주파수

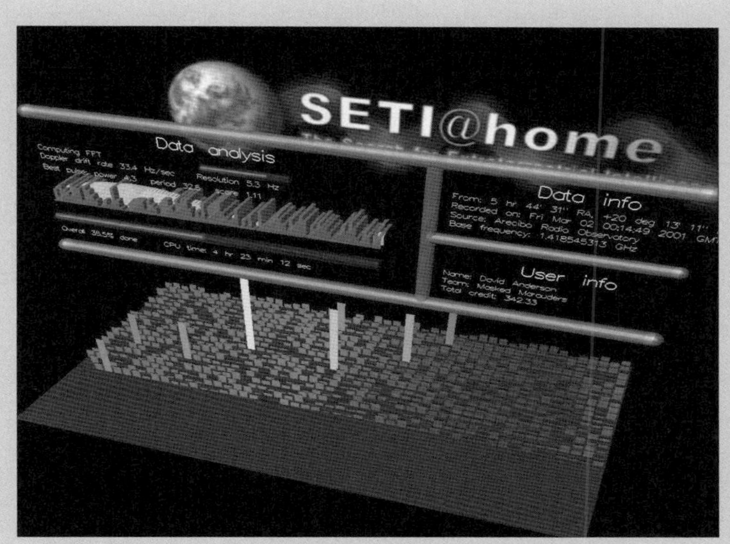

천문학은 자원한 아마추어들의 힘이 아주 유용하게 쓰이는 분야이다. 천문학은 1987년에 초신성 1987A를 관측하는 과정에서 프로암 시대를 열기도 했다. 세티앳홈 역시 이러한 아마추어들의 힘을 활용하는 프로젝트다. 세티앳홈 프로젝트는 50만 대 이상의 가정용 컴퓨터가 지닌 여분의 연산능력을 활용해 안방에서 우주생명체를 찾으려 한다.

인 백색 소음white noise을 특정한 시간대마다 측정한 뒤 전파망원경을 통해 얻은 자료를 프로젝트에 자원한 사람들의 컴퓨터로 보낸다. 그들이 자신의 컴퓨터를 사용하지 않을 때는 세티앳홈 화면보호기가 나타난다. 모니터에 우주의 이미지가 나타나는 동안, 자원자들의 컴퓨터는 외계에서 보냈을지도 모르는 신호를 잡아내기 위해 자동기록장치로 검색한다. 프로젝트 진행자들은 세티앳홈을 통해 방대한 자료를 자원자들의 컴퓨터로 분배함으로써 그렇게 하지 않았다면 불가능했을 엄청난 수의 신호를 조사할 수 있게 되었다.

한편 화성이미지 분석을 공개적으로 다수의 사람들과 함께 진행하는 프로젝트도 있다. 나사는 바이킹Viking 인공위성으로 찍은 수십 년이나 된 화성 사진들을 공개한 뒤, 나사 사이트 방문자들에게 그들이 찾아낼 수 있는 모든 분화구를 확인해달라고 요청했다. 그리고 그 분화구들을 만들어진 지 얼마 안 된 것, 오래 전에 만들어져 퇴화된 것, 혹은 그림자처럼 보이는 것으로 분류해달라고 했다. 몇 달 혹은 몇 년까지도 걸릴 수 있는 이런 작업은 과학자들과 대학원생들에게는 매우 짜증나는 일이었다. 하지만 이 프로젝트는 자원자들을 통해 불과 3개월 만에 20만 개 이상의 분화구를 찾아낼 수 있었다. 프로젝트에 참가한 아마추어집단이 찾은 분화구를 전체적으로 평균을 내어본 결과 전문행성지질학자들이 작업한 것만큼이나 정확했다.

소프트웨어가 어떻게 만들어졌는지 알 수 있도록 프로그래밍 설계지도인 소스코드를 무료로 공개·배포하는 오픈소스 소프트웨어의 경우, '사람들만 충분히 있으면 잘못된 것들을 모두 잡아낼 수 있다'는 격언처럼 오픈소스 소프트웨어에 참여하는 사람들은 시간과 노력을 들여 다양한 오류들을 잡아냄으로써 프로젝트에 기여한다. 천문학도 천체를 관측하는 사람들의 수가 충분하다면 그 중에서 소행성에 자신의 이름을 붙이는 사람이 나올 가능성은 아주 크다.

물론 프로암 조직에는 한계가 있다. 그들은 대개 자료를 수집하기만 할 뿐 새로운 천체물리학 이론을 확립하지는 못한다. 심지어 그들 중에는 수집한 자료를 적절하게 분석할 수 없는 경우도 있다. 그럼에도 불구하고 천문학 현장에서 그들의 위치는 확고하다. 과학사가인 존 랭포드John Lankford는 미국 아마추어천문학자들의 바이블이라고 할 수 있는 천문학 잡지 〈스카이 앤드 텔레스코프 *Sky and Telescope*〉에서 "지금은 전문가들과 아마추어들의 업무 영역을 구분하고 있지만, 앞으로는 두 집단을 따로 취급하기가 점점 더 어려워질 것이다"라고 말하기도 했다.

생산도구의 대중화가 가져온 변화

이번 장에서는 롱테일의 개념보다는 그것이 실제로 이루어진 방식에 대해서 이야기를 풀어나가려 한다. 어떤 면에서 칼 마르크스는 프로암 경제의 최초 예언자라고 할 수 있다. 데모스 보고서는 "1845년부터 1847년 사이에 집필된《독일 이데올로기 *The German Ideology*》에서 칼 마르크스는 강제적으로 이루어지는 임금노동이 저절로 사라지게 될 것이라고 일관되게 주장했다"라고 언급하기도 했다. 그는 물질생산을 통해 모든 사람들이 다른 활동을 할 수 있는 여분의 시간을 확보하게 될 때가 오기를 바랐다. 칼 마르크스는 사람들이 특정한 영역에서만 활동하는 것이 아니라 자신이 일하고 싶은 영역마다 성취할 수 있는 공산주의 사회를 주창했다. 즉 사냥꾼이나 낚시꾼, 혹은 양치기나 비평가는 아니지만, 아침에는 사냥을 하고 오후에는 낚시를 하며 해가 저물 때쯤에는 양떼를 몰고 저녁식사를 한 뒤에는 비평을 하는 것과 같은 방식으로 말이다.

칼 마르크스의 주장을 통해 보면 프로암은 롱테일의 첫번째 동인인 생산도구의 대중화의 산물이라고 할 수 있다.

앞서 살펴본 천문학에서 나타난 것과 동일한 효과가 수많은 영역에서 이루어지고 있다. 40년 전에 전자기타와 차고에서 만들어진 팝음악이 일반인들의 호응을 얻은 것처럼, 소형 창작도구들과 생산도구들이 만들어짐에 따라 음악 스튜디오에 대한 일반인들의 참여가 훨씬 많아졌다. 매킨토시에 무료로 깔려 있는 애플의 음악제작용 소프트웨어인 개라지밴드

GarageBand는 '당신의 다음번 빅 히트송을 녹음하라'는 제안을 하며 사용자를 모으고 실제로 그렇게 할 수 있는 도구를 제공한다. 마찬가지로 윈도우와 매킨토시에서 무료로 사용할 수 있는 디지털 비디오카메라와 소형 영상편집 소프트웨어는 예전에 전문가들만 취급했던 것과 동일한 작업을 가능하게 해주는 가정용 영화제작 장비들이다.

우리는 지금 인류평등주의의 최첨단에 서 있다. 비록 복사기가 '출판물의 힘은 출판물을 소유한 사람에게 있다'는 금언을 처음으로 무력화시켜버리긴 했지만, 아마추어출판인들의 르네상스를 견인한 것은 다름아닌 블로깅이었다. 현재 수백만 명이 어떤 한 가지 주류 미디어가 점유하고 있는 것보다 더 많은 청중들을 대상으로 매일 출판을 하고 있다. 블로깅은 단순하고 저렴한 소프트웨어와 서비스를 통해 모든 사람들이 너무도 쉽게 온라인으로 출판할 수 있도록 출판도구를 대중화했다.

이런 상황은 사용자들이 자신들이 선택한 것을 만들어내고 공유할 수 있도록 한 소형 사진편집출판과 비디오게임, 그리고 주문자생산방식의 도서출판에서도 동일하게 나타난다. 수십 년 전만 해도 우리들은 직접 히트영화를 만들 생각은 꿈도 꾸지 못했다. 거기에는 2가지 이유가 있었다. 하나는 영화제작에 꼭 필요한 장비를 구할 수 없었다는 것이고, 다른 하나는 재능있는 사람을 섭외할 수 없었다는 점이다. 그러나 이제는 가장 효율적으로 영화를 제작한다고 하는 할리우드조차 재능있는 영화제작자를 구하기 힘들다고 푸념하는 것처럼, 재능있는 사람을 섭외할 수 없기 때문에 제대로 된 영화를 만들지 못한다는 한 가지 변명밖에 내세울 수 없게 되었다. 하지만 저렴하고 장소에 상관없이 자유롭게 네트워크에 접속할 수 있는 유비쿼터스 환경의 과학기술이 이런 상황을 개선하고 있다. 예전에는 재능있는 사람들이 영화제작 도구들을 활용해 탁월한 영화를 만들어냈지만,

이제는 기능이 뛰어난 영화제작 도구들이 탁월한 영화를 만들어내는 상황이 되었다. 이처럼 이제 과학기술은 영화제작뿐만 아니라 다른 분야에까지 그 영향을 미치고 있다.

이로 인해 우리는 수동적 고객에서 능동적 생산자로 바뀌고 있다. 아마추어amateur라는 말이 '사랑하다'라는 의미의 라틴어 amare에서 파생된 '애호가lover'를 뜻하는 amator에서 온 것처럼, 우리는 특정한 것에 대한 사랑과 애착 때문에 그것에 몰두한다. 아마추어블로거들이 주류문화에 대한 관심을 공유하고, 소규모 밴드들이 음반사를 통하지 않고 온라인에 직접 자신들의 음악을 올리며, 독자들이 온라인 서평을 통해 영향력을 행사하는 현상 등이 바로 수동적 고객이 능동적 생산자로 변해가고 있는 모습을 극명하게 보여준다. 이것은 마치 생산을 위한 기본적인 전제조건이 '무언가를 하려면 권리를 얻어라'에서 '나를 막을 게 뭐냐?'는 것으로 바뀌고 있는 것 같다.

작가 닥 설스Doc Searls는 이런 상황을 소비자 중심주의에서 참여적인 '생산자 중심주의'로 이동하는 것이라며 다음과 같이 주장했다.

'소비자 경제'는 생산자가 지배하는 시스템으로, 소비자들은 컨텐츠를 현금으로 바꾸는 근본 에너지에 불과하다. 이것은 생산자들이 산업혁명을 이뤄낸 이후 소비자들의 우위에 서서 절대권력을 휘두르는 가운데 나온 부정적인 결과다.

그런데 애플은 소비자들에게 생산자가 될 수 있는 도구를 제공함으로써 시장과 경제 모두를 급격하게 변화시키고 있다.

나는 이런 현상을 비디오게임 소프트웨어로 만들어진 '머시니마'라는 짧은 컴퓨터 애니메이션 영화들에 흠뻑 빠져있는 어린아이들에게서 확인할 수 있었다. 헤일로2나 플레이어가 전지전능한 입장이 되어 게임 속의 캐릭터를 움직이는 시뮬레이션 게임 더 심즈The Sims 같은 3D 게임엔진을 영상 분야에 활용하는 머시니마 감독들은 대본을 쓰고 캐릭터들을 감독하며 대사에 목소리만 입히면 된다. 무대장치, 카메라, 캐릭터, 수송수단과 같은 모든 요소들은 게임 소프트웨어로 구현하면 되기 때문이다. 이것은 엑스박스나 PC에 애니메이션 전문 영화사인 픽사Pixar가 들어가 있는 셈이다.

아이들은 처음엔 머시니마 영화들을 엔터테인먼트 차원에서 시청하고 즐겼다. 그 다음에는 그것들이 어떤 식으로 만들어지는지 알고 싶어했다. 그리고 마지막으로는 자신들도 그런 영화를 만들 수 있는지 물어보았다. 나는 물론 할 수 있다고 대답했다. 물론 머시니마는 할리우드 영화보다는 세련미가 떨어지겠지만 그것은 창의적인 영감으로 보충하면 된다. 자신들과 같은 평범한 사람들이 인상에 남을 만한 창의적인 작품들을 생산하는 것을 두 눈으로 똑똑히 지켜보며 한 세대가 성장하고 있다. 이것은 아주 특별한 일이다.

물론 영화를 보거나 음악을 듣는 능력과, 어떤 재능있는 사람이나 탁월한 조직이 뛰어난 예술작품을 창조해내는 천재적인 능력은 분명 별개다. 하지만 그 이면에 자리한 의미를 알게 되면 당신은 자신도 그런 천재적인 능력을 발휘할 수 있다는 사실을 깨닫게 된다. 또한 생산장비들이 대중화되면 될수록 우리의 창작의욕은 더욱 높아진다. 위대한 작품이 어떻게 만들어지는지를 알게 되면 사람들은 스스로 그런 작업을 하고 싶어한다. 우리들 모두의 내면에는 창작욕구가 잠자고 있기 때문이다.

현재 수백만 명의 평범한 사람들이 아마추어 감독이 될 수 있는 장비와 자신이 닮고 싶어하는 인물상을 갖고 있다. 그들 가운데 몇 명은 분명 재능과 비전까지 갖고 있을 것이다. 촬영장비가 매우 많은 사람들에게 광범위하게 보급되었기 때문에, 재능과 비전을 가진 사람들이 업계 전체에서 차지하는 비중은 비록 적다 해도 결코 무시하지 못할 자원으로 평가받고 있다. 향후 수십 년 내에 업계에서 오랫동안 군림해온 상업성을 추구하는 감독들이 아닌 창의적 영감을 가진 아마추어 감독들이 모인 프로암 집단에서 매우 창의적이고 유력한 작품 몇 편이 나온다 해도 그것은 전혀 놀랄 일이 아니다. 이런 변화는 롱테일이 지금까지 우리에게 영향을 미쳤던 것들과는 비교할 수 없을 정도로 빠르게 그 영향을 확대할 것이라는 사실을 보여준다.

전세계 네티즌이 함께 만드는 백과사전, 위키피디아

2001년 1월, 부유한 옵션 매매 증권업자인 지미 웨일스^{Jimmy Wales}는 완전히 새로운 방식으로 엄청난 자료를 담아내는 온라인 백과사전을 만들 계획을 세웠다.[1] 그 방식은 수백만 명의 아마추어 전문가들, 준전문가들, 그리고 자신이 특정한 사실을 알고 있다고 생각하는 일반인들의 지혜를 모으는 것이었다. 누구나 무료로 이용할 수 있는 이 백과사전은 전문가들과 편집자들이 일정한 대가를 받고 집필하는 방식이 아니라 백과사전 작업에 참여하고 싶어하는 사람이라면 누구나 집필할 수 있도록 했다. 지미 웨일스는 수십 개의 항목과 함께 위키^{Wiki}(하와이어로 '영리하고 빠른'이라는 의미)라는 응용프로그램으로 백과사전 작업을 시작했다. 웹에 접속하는 사람이라면 누구나 위키피디아 사이트에 들어와 그곳에 있는 내용을 편집하거나 첨삭할 수 있도록 했다. 그의 목표는 이집트에 위치한 알렉산드리아의 고대 도서관과 경쟁할 만한 지식창고를 만드는 것이었다. 당연한 일이지만 이런 식으로 백과사전을 만드는 것에 대해 사람들 사이에서는 논쟁이 일어났다.

첫째는 이와 같은 방식으로는 백과사전을 만들 수 없다는 것이었다. 오랜 옛날부터 신뢰할 만한 지식을 수집하는 것은 오로지 학자들의 몫이었다. 그것은 몇 명의 박식한 사람들이 불가능할 것처럼 보였던 지식수집 작업을 시도하면서 시작되었다. 고대 그리스에서는 아리스토텔레스가 혼자서 당대의 모든 지식을 기록하는 작업에 착수했다. 400년 뒤 로마의 귀족인 대★ 플리니우스^{Pliny the Elder}가 당대의 지식을 모아 37권의 책으로 정리했다. 또한 중국의 학자 투위는 9세기에 자신만의 백과사전을 집필했다. 그리고 1700년대에는 디드로, 볼테르, 루소와 몇몇 친구들이 29년에 걸쳐 《백과전서 *Encyclo*》를 집필했다.

이처럼 개인 위주로 이루어지던 작업 방식은 산업혁명 이후에 점점 대단위 팀 작업으로 진화하게 되었다. 18세기 후반에 스코틀랜드 계몽학파 사람들이 과학경영의 산업 원칙과 대량생산 조립공정의 장점을 적용해 이전에는 전혀 본 적 없는 방식으로 백과사전을 만들기 시작했다. 이런 작업을 통해 1788년과 1797년 사이에 출판된 《브리태니커 백과사전 *Encyclo-paedia Britannica*》 개정 3판은 본서 18권에 2권의 추가서로 구성되어 그 전체가 1만 6,000쪽이 넘는 어마어마한 분량의 백과사전이었다. 이 백과사전의 각 항목별 집필을 위해서 많은 전문가들이 뽑혔는데, 그 전문가들은 세부 작업계획을 차트로 치밀하게 계획해놓은 관리자의 지시를 따라야 했다.

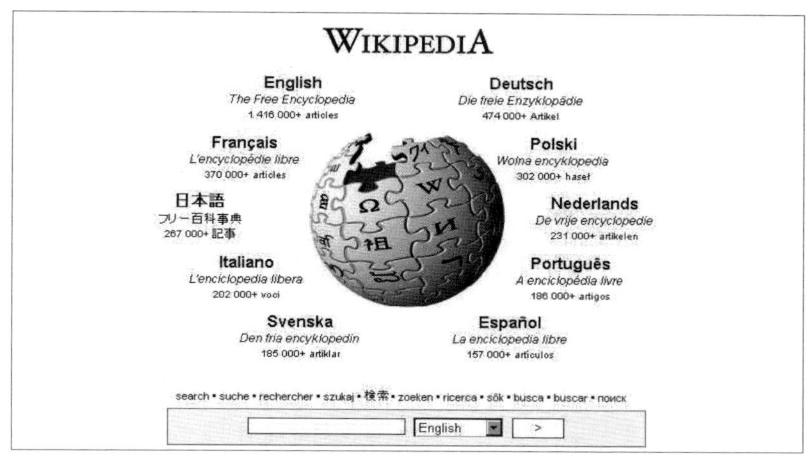

2001년에 지미 웨일스가 아마추어전문가들, 준전문가들, 일반인들의 지혜를 모아 온라인 백과사전을 만들겠다고 했을 때 사람들은 그와 같은 방식으로는 백과사전을 만들 수 없다고 생각했다. 하지만 현재 위키피디아 집필에 참여하는 사람은 수만 명에 달하며, 위키피디아가 제공하는 항목은 무려 350만 개에 달한다.

지미 웨일스는 백과사전을 집필하는 세 번째 모델을 도입했다고 할 수 있다. 그것은 한 명의 비범한 사람이나 여러 사람들 중에서 뽑힌 상당수의 지식인들 대신에 일반인들이 공동으로 집필하는 것이다. 위키피디아 Wikipedia에는 표제어를 채택하는 일을 하면서 보다 나은 내용을 집필하기 위해 끊임없이 노력하는 수많은 자발적인 관리자들을 포함해서, 인정받는 전문가들부터 단순한 흥미를 가진 구경꾼에 이르기까지 수만 명의 사람들이 참여한다. 지미 웨일스의 백과사전 계산법에 따르면 5만 명의 자발적으로 위키피디아 백과사전 집필에 참여한 위키피디언 Wikipedian들은 단 한 명의 대 플리니우스와 맞먹는다.

세계적인 석학 다니엘 핑크 Daniel Pink는 이런 현상에 대해 "위키피디아는 명확하게 신뢰할 수 있는 권위있는 요소들로 백과사전을 채우는 대신,

특정한 사람이나 집단에 집중되는 것을 근본적으로 배제한 채 자발적으로 시스템 내의 조직을 개조 혹은 변경시켜가는 오픈소스로 대표되는 '자기 조직화'를 활용한다. 대부분의 백과사전들은 한 페이지가 인쇄되자마자 바로 시대에 뒤진 내용으로 전락하지만 위키 소프트웨어와 몇 사람의 도움을 받으면 위키피디아는 스스로 결함을 고쳐나가는 살아 움직이는 지식을 보유할 수 있다. 이 독특한 생산모델은 유연하고 신속하며 수정이 가능한 자유로운 결과를 이끌어낸다"라고 말했다.

2001년 당시에는 이런 개념이 터무니없어 보였다. 하지만 2005년에 영리를 추구하지 않는 이 모험적 사업은 전세계에서 가장 큰 백과사전이 되었다. 위키피디아는 2만 명 이상의 기고가들이 만들어내는 100만 개 이상의 영어 항목을 제공한다. 이는 《브리태니커 백과사전》의 8만 개와 '엔카르타Encarta(마이크로소프트의 디지털 백과사전)'의 4,500개에 비하면 한마디로 엄청난 숫자이다. 여기에 폴란드의 안과의사 자멘호프가 창안한 국제보조어 에스페란토와 쿠르드어를 비롯한 75가지 언어로 된 버전의 자료까지 합하면 전체 위키피디아 항목은 무려 350만 개에 달한다.

위키피디아에 기고하려면 인터넷에 접속하기만 하면 된다. 모든 표제어의 위쪽에는 '이 페이지를 편집하세요Edit This Page'라는 버튼이 있어 누구든 활용할 수 있다. 이를 통해 우리는 각각 어떤 분야의 전문가로 활동할 수 있다. 위키피디아의 장점은 표제어로 등록되지 않은 주제가 없을 정도로 정밀하게 구성되어 있다는 점이다. 이것은 《브리태니커 백과사전》과는 매우 대조적이다. 만일 이 위대한 《브리태니커 백과사전》을 펼쳤는데 찾고 있는 주제에 대한 표제어가 없거나 내용이 불충분하다면 당신은 혼자 화를 내거나 편집자에게 자신이 찾는 주제를 표제어로 반영해달라는 편지를 쓰는 것 외에는 할 수 있는 일이 아무것도 없다(게다가 당신이 보낸 편지에는 답도 오지 않을 것이다). 하지만 위키피디아라면 그 내용을 바로잡거나 새로 쓸 수도 있다. 마음에 들지 않는데도 수동적으로 받아들이는 것과 능동적인 참여자가 되는 것은 실로 엄청난 차이가 있다. 오랫동안 충분한 정보를 얻기도 오류를 바로잡기도 어려웠던 기존 백과사전의 수동적인 상황을 극복하기 위해 사람들은 위키피디아에 기대고 있다. 이제 당신은 기존 백과사전의 문제점을 개선하기 위해 무언가를 할 수 있게 된 것이다.

개연성이 중시되는 시대

위키피디아는 표제어들에 권위를 부여하지 않음으로써 많은 성과를 올렸는데, 이것은 표제어들이 반드시 정확한 것은 아니라는 점을 전제했기 때문에 가능했다. 물론 이런 정책은 사람들이 표제어들을 집필할 때도 동일하게 적용된다. 신뢰할 만한 전문가들이 표제어의 결함을 제거하고 내용을 점검하며 책임을 지는《브리태니커 백과사전》과는 달리 위키피디아의 표제어는 단순히 '이 페이지를 편집하세요'라는 버튼 하나의 놀라운 힘으로 공백을 채워나간다.

2005년 후반에 전직 언론인 존 세이겐탈러 시니어John Seigenthaler Sr.는 자신에 대해 엉터리 정보를 제공하고 있는 위키피디아의 표제어를 보고 위키피디아의 진실성에 의문을 제기하는 특집기사를 〈유에스에이 투데이 USA Today〉에 기고했다. 그가 문제를 제기한 표제어는 다음과 같이 시작하고 있었다.

존 세이겐탈러 시니어는 1960년대 초에 로버트 케네디 법무장관의 보좌관이었다. 짧은 기간 동안 그는 케네디 대통령과 그의 동생 로버트 케네디에 대한 암살과 직접 연루된 것으로 보인다. 하지만 입증된 사실은 아무것도 없다.

그런데 사실 그가 1960년대에 로버트 케네디의 보좌관이었다는 점을 제외한 표제어의 나머지 내용은 사실상 거짓이었고 일방적인 비방글에 불과했다. 존 세이겐탈러 시니어는 자신이 직접 할 수도 있었지만 지미 웨일스에게 연락해 그 표제어를 삭제해달라고 요청했다. 하지만 자신이 겪은 일에 대해 언론을 통해 밝히자 과연 위키피디아를 신뢰할 수 있는가에 대한 논쟁이 전국적으로 벌어졌고, 그러한 논쟁은 지금까지도 계속되고 있다.

이런 질문에 대해 한 마디로 위키피디아를 신뢰할 수 있다거나 혹은 없다고 간단하게 답할 수 없다. 위키피디아는 세밀하게 정리된 복잡하고 불확실한 사용자 컨텐츠에서 기원했기 때문이다. 이런 세밀한 컨텐츠는 사람들이 경험해서 알게 된 수준에서 정리된 것으로 거시적인 관점에서 정리된 컨텐츠만큼이나 큰 인기를 끌고 있다. 결국 위키피디아의 컨텐츠는 사실 여부와 관계없이 그 자체로 받아들여야 한다.

구글과 수백만 개에 이르는 블로그들의 지식을 모은 것 같은 위키피디아는 정확성보다 가능성을 중요시하는 '개연성에 근거한 통계probabilistic statistics'라는 상반되는 논리로 움직인다. 하지만 우리의 뇌는 통계와 개연성에 따라 생각하도록 이루어져 있지 않다. 보통 우리는 백과사전 표제어가 맞는지 틀렸는지 알고 싶어하고, 구글 검색을 통해 올바른 결과를 얻었다고 믿고 싶어하며, 자신이 읽는 것을 사실 혹은 진실이라고 믿고 싶어한다.

편집자들과 학자들, 그리고 저널리스트들과 같은 전문가들이 쇼를 진행할 때, 우리는 적어도 누군가가 그 쇼의 진행상황을 주시하고 있다는 사실을 알고 있다. 하지만 이제 우리는 아무도 감독하지 않는 시스템에 점점 더 의지해야 하는 상황에 처했다. 이런 시스템에서 지식은 단지 엄청나게 많은 정보를 처리하는 과정에서 저절로 생겨난 것에 지나지 않는다. 이런 개연성에 근거한 시스템들은 완벽하지 않지만 오랜 시간과 수많은 수정을 통해 통계적으로 최적화될 수 있다. 이 시스템들은 일정한 규모로 시작해서 그 범위를 점점 확대한다. 그 결과 미세한 표제어로 구성된, 확실성과 정확성을 100퍼센트 담보하지는 못하는 약간 모자란 이 녀석은 거시적인 관점에서 이루어지는 효율성과 동등한 가치를 지니게 되었다.

하지만 내용이 잘못되었을 때 어떻게 바로잡을 수 있을까? 이것이 바로 위키피디아의 약점이자, 사람들의 머리를 아프게 만드는 요소이다. 사람들이 아직도 진화론에 대해 논쟁을 벌이는 것도 이와 비슷한 이유 때문이다. 〈뉴욕타임스〉의 비즈니스 칼럼니스트인 제임스 서로위키James Surowiecki는 《대중의 지혜 *The Wisdom of Crowds*》라는 책에서 애덤 스미스의 보이지 않는 손과 다수가 소수보다 왜 더 뛰어난지에 대해 이야기했는데, 죽은 지 200년이나 된 위대한 스코틀랜드인의 주장이 아직도 설득력이 있다는 사실은 매우 놀라운 일이다. 시장경제와 진화는 둘 다 개연성에 근거한 시스템으로서 직관에 반하는 것이다. 소수의 뛰어난 사람들이 이 사실을 간파하고는 증권시장에서 구글에 이르기까지 자신들의 통찰력을 현대 경제의 토대를 세우는 데 활용했다는 것은 우리의 소프트웨어인 정신, 즉 우리가 공동으로 작성하는 지식이 우리의 하드웨어인 신경망보다 더 빠르게 진화한다는 증거이다.

전 〈와이어드〉 편집장 케빈 켈리Kevin Kelly는 개연성에 근거한 시스템은 통제할 수 없다고 주장했다. 그는 민주주의에서부터 새가 무리를 짓는 것에 이르기까지 풍부한 사례를 담은 독창적인 책《통제불능 : 기계, 사회체제, 경제계의 새로운 생태 *Out of Control : The New Biology of Machines, Social Systems and the Economic World*》에서 질서는 혼란스럽게 보이는 곳에서 이루어진다고 말했다. 이런 주장은 자연의 모든 현상은 무질서한 상태가 되려고 한다는 엔트로피 증가의 법칙에 반하는 것처럼 보인다. 하지만 우리는 출간된 지 12년이 넘은 이 책을 통해 앞으로도 수십 년 동안 놀랄 만한 통찰력을 얻게 될 것이다.

위키피디아는 신뢰할 만한가? 한 마디로 답하면 신뢰할 수는 없다. 《브리태니커 백과사전》은 학문적으로 높은 수준에 도달한 소수의 검토자들이 내용을 재검토한다. 위키피디아에 비하면 전체적으로 거의 오류가 없다. 하지만 그렇다고 해도 오류가 전혀 없는 것은 아니다. 과학저널 〈네이처 *Nature*〉의 2005년 연구에 따르면 과학 분야의 42개 표제어에서 위키피디아는 표제어당 평균 4개의 오류가 있었고,《브리태니커 백과사전》은 평균 3개의 오류가 있었다고 한다. 그런데 위키피디아는 오류가 발표되자마자 바로 수정했지만,《브리태니커 백과사전》은 오류를 바로잡기 위해서는 다음 쇄를 찍을 때까지 기다려야만 했다.

무엇보다《브리태니커 백과사전》의 가장 큰 문제는 오류를 범하기 쉽다는 점이 아니라 자료가 미흡하다는 것이다. 몇 가지 분야의 내용은 피상적으로 정리되어 있고, 게다가 그 외의 다른 분야에서는 시대에 뒤진 내용으로 가득차 있다. 그리고 수백만 개의 표제어들이 누락되어 있다. 누락된 표제어들을 모두 채우는 것은《브리태니커 백과사전》의 자체 편집과정으

로는 절대 불가능한 일이다. 하지만 위키피디아는《브리태니커 백과사전》
이 빠뜨린 표제어들은 물론이고 그 외의 다른 많은 표제어들까지 담아낼
수 있을 뿐만 아니라 업데이트도 끊임없이 이루어진다.

개연성에 근거한 시스템의 이점은 바로 수많은 사람들의 지혜를 빌려
올 수 있으며 이를 통해 지식의 깊이와 넓이를 확장할 수 있다는 것이다.
하지만 이런 이점을 얻는 대신 절대적 확실성은 획득할 수 없기 때문에 위
키피디아의 내용이 반드시 100퍼센트 정확한 것은 아니라는 점을 알고 받
아들이는 것이 좋다. 결론적으로 위키피디아는 정보의 최초 소스일 뿐 최
종적인 결과가 되어서는 안 된다. 위키피디아는 정보 탐험을 위한 사이트
이지 정확한 사실을 제공하지는 않기 때문이다.

이런 기준은 블로그에도 동일하게 적용된다. 블로그에 제시되는 정보
가운데 명확하게 신뢰할 수 있는 것은 하나도 없다. 블로그는 롱테일의 성
향을 지니고 있지만 그것이 담고 있는 컨텐츠의 질에 보편성을 부여하는
것은 잘못된 일이다. 단적으로 말하면 블로그의 내용은 바뀌기 쉽고 가지
각색이다. 하지만 특정한 주제를 담고 있는 블로그의 내용을 다 모으면 주
류 미디어만큼이나 정확한 사실을 드러낸다는 점은 분명하다. 만약 당신
이 무언가에 대한 결정을 내리기 위해 블로그를 참고하려 한다면 관련된
블로그 하나보다는 여러 개를 읽는 게 좋다.

구글은 무엇이든 담고 있고 그 범위도 무한한 것처럼 보인다. 구글은
당신이나 나 같은 개인은 할 수 없는 결과를 보여주는데, 그 결과는 우리가
가늠하기 힘들 정도의 엄청난 규모의 수학적 연산을 통해 자연스럽게 나
타난다. 논쟁의 여지가 있기는 하지만 구글은 웹의 대단위 통계처리라는
지능형 검색을 통해 탄생한 최초의 기업이라 할 수 있다. 이것이 바로 구글
이 엄청난 성공을 거두면서 끊임없이 발전하는 이유다.

이런 상황에 대해 야후 웹스토어를 만든 폴 그레엄$^{Paul\ Graham}$은 다음과 같이 말했다.[2]

> 웹에는 원래 특정한 성향이 있는데 구글은 그것을 활용했다. 그렇기 때문에 구글은 그다지 노력하지 않고도 성공을 거두었다. 구글은 인쇄매체처럼 비즈니스모델이 주어지기만을 바라고 있거나 마이크로소프트와 음반 제작사들처럼 고객들을 끌어들이기 위해 끼워팔기와 같은 무리수를 두기보다는 순풍을 타고 항해하고 있다. 구글은 변화가 자신들이 가려는 방향으로 일어나도록 강제하지 않는다. 그들은 어떤 일이 일어날지 알아내려고 노력하며 그런 일이 일어날 때 그곳에 서있도록 준비한다.

웹은 '큰 수의 법칙'의 지배를 받는 궁극적인 아이디어 시장이다. 폴 그레엄이 발견한 웹의 성향은 통계적 역학의 망으로, 구글과 같은 대규모 시스템들이 받아들이는 유일한 논리이다. 아마 언젠가는 우리도 큰 수의 법칙의 지배를 받는 이런 웹의 성향을 받아들이게 될 것이다.

동등한 지위의 사람들이 함께 생산할 때의 힘

논쟁의 여지는 있지만 위키피디아는 세계에서 가장 뛰어난 백과사전이라 할 수 있다. 《브리태니커 백과사전》보다 훨씬 더 방대한 양을 자랑하며, 업데이트도 수시로 이루어지고, 여러 가지 측면에서 더 깊이 있는 지식을 다루고 있기 때문이다. 하지만 각각의 표제어들은 그 수준과 질이 천차만별이다. 깜짝 놀랄 만한 지식과 정보를 갖춘 표제어들도 있지만 별로 깊이 있는 내용없이 자리만 차지하고 있는 표제어들도 있다. 또한 표제어와는 전혀 관련없는 내용으로 된 스팸들도 매우 많다.

위키피디아는 많은 사람들이 참고하는 인기있는 표제어들의 경우에는 특별한 장치를 통해 문화와 예술을 파괴하는 반달리즘vandalism과 이데올로기 투쟁의 여지를 최소화해놓았다. IBM의 연구에 따르면 위키피디아는 이슬람과 같은 주요한 표제어들에 대해서는 오류를 수정할 시간을 4분밖에 주지 않는다고 한다. 이런 일은 전문적으로 백과사전을 검열하는 사람들이나 단체가 아니라 자발적 관리자들인 프로암 집단에서 담당한다. 예상과 달리 이 시스템은 매우 똑똑하게 작동한다. 위키피디아가 성장할수록 신속하게 스스로를 보완해나가는 이러한 특성은 더 많은 표제어들에게로 퍼져나갈 것이다.

여기서 핵심은 위키피디아의 각 표제어가 확률적이라는 것이 아니라 전체 위키디피아가 확률적으로 움직인다는 사실이다. 비록 위키피디아의 모든 표제어가 탁월한 내용을 담고 있지는 않지만, 모든 주제어에 대해 충실하고 정확한 최신 표제어를 얻을 수 있는 확률은 백과사전 중에서 위키피디아가 가장 탁월하다.

다른 식으로 표현하자면《브리태니커 백과사전》의 표제어의 질이 5에서 9까지이고 평균 7을 나타낸다면, 위키피디아의 표제어는 0에서 10까지이고 평균 5를 나타낸다고 할 수 있다. 하지만 위키피디아에는《브리태니커 백과사전》의 10배나 되는 표제어가 있다는 사실을 놓고 볼 때 찾고 있는 주제에 맞는 표제어를 발견할 기회는 위키피디아가 훨씬 높다.

위키피디아가 특별한 이유는 점점 더 증가하고 있는 거대한 감시자 집단이 위키피디아를 위협하는 정보의 부재나 오류 등에 대해 끊임없이 경계하면서, 마치 위협에 즉각적으로 반응하는 면역체계처럼 스스로를 유기적으로 치료하며 시간이 흐를수록 질적으로 향상되기 때문이다. 그리고 생물학적 시스템과 마찬가지로 위키피디아는 위키피디아 생태계의 약탈자들과 병원균들보다 한 발 앞서가기 위해 끊임없이 진화한다.

백과사전을 만드는 전통적인 과정은 전문적인 편집자들과 학술적인 작가들, 그리고 여러 사람들의 평가를 통해 완벽을 지향하는 것이었다. 완벽하지는 않아도 정확성과 명료함을 추구하게 되면 일관되고 신뢰할 만한 결과를 얻게 된다. 하지만 동시에 엄청난 시간 소모와 생산비용을 감수해야 한다. 이것은 대부분의 다른 전문 출판물들과 비슷하다. 사람들은 내용 전개에 맞게 인쇄와 제본이 되어 있고, 맞춤법도 틀리지 않고, 오탈자가 없는 책을 사고 싶어한다. 제품의 질이 일정 정도 이하로 떨어져서는 안 되는 질적 경계선이 사람들에게는 분명히 존재한다.

이에 비해 개연성에 근거한 시스템에는 통계적인 질적 수준만이 존재한다. 그래서 질적으로 매우 뛰어난 것들도 있지만 평범한 것들과 엉망인 것들도 있다. 이게 바로 위키피디아라는 유기적 생물체의 본성이다. 많은 비평가들이 위키피디아의 오류에만 초점을 맞춰 비판하는 것은 이런 본성을 제대로 이해하지 못했기 때문이다. 위키피디아는《브리태니커 백과사전》과는 다른 하나의 생물체이다. 죽어있는 참고도서라기보다는 살아있는 커뮤니티이기 때문이다.

위키피디아의 진정한 경이로움은 수많은 아마추어 사용자들이 참여해서 편집하는 개방형 시스템이 무질서 상태에 빠지지 않고 역사상 가장 포괄적인 백과사전을 스스로 만들어냈다는 점이다. 엔트로피 증가의 법칙과는 반대로 지미 웨일스가 몇 개의 표제어와 그것을 추가할 수 있는 프로그램을 통해 일으킨 불꽃은 카오스 상태에서 하나의 질서를 창조해냈다.

그 결과 공간에 얽매이지 않고 내용을 기고하는 자발적 참여자들을 전혀 구속하지 않는 매우 색다른 백과사전이 탄생했다. 위키피디아는 양자역학과 같은 분야의 교과서식으로 된 기고문에서부터 만화 캐릭터에 대한 전기傳記적 표제어에 이르기까지 세계적인 참고서에 포함된 모든 표제어들을 비롯해 다른 곳에서는 찾아볼 수 없는 수십만 개의 독특한 표제어들까지도 제공한다. 다시 말해 위키피디아는 모든 히트상품들과 엄청난 수의 틈새상품들을 갖고 있다고 할 수 있다.

백과사전의 고전적인 모델은 교양을 가르치기 위해 성직자들이 정리한 목록이었다. 거기에는 권위있는 사람들에게 인정받은 기본적인 작품목록이 포함되어 있었다. 《브리태니커 백과사전》을 처음 만든 성직자들은 표제어들 중 일부에서 자신들이 가치가 없다고 생각하는 내용을 빼버렸다. 바로 그 지점에서 고전적인 백과사전은 종말을 맞이했다. 반면에 위키피디아는 끊임없이 생명을 이어나간다.

어떤 면에서 당신은 위키피디아가 음악사이트인 랩소디와 비슷하다고 생각할 수도 있다. 위키디피아에도 인기순위에 따라 선정된 상위 1,000개의 표제어가 있는데 그것들은 '줄리어스 시저, 제2차 세계대전, 통계학'과 같은 말로 어떤 백과사전에서도 찾아볼 수 있는 것들이다. 따라서 이런 표제어들은 랩소디의 히트곡들과 같다. 이런 히트 표제어들을 통해 위키피디아는 학문적인 내용을 쉽게 전개할 수 있는 깔끔하면서도 권위있는 표제어들을 만들어내는 최고의 전문가들과 경쟁하고 있다. 이런 표제어들에 있어서 사용자가 직접 내용을 작성하는 위키피디아식 백과사전 모델의 주된 이점은 최신 정보를 담아낼 수 있을 뿐만 아니라 내용을 무제한으로 채울 수 있으며 사진이나 그래프 같은 시각적 보조자료들까지 삽입할 수 있다는 점이다. 또한 자료를 보충하기 위해 다른 곳에 링크를 많이 걸 수도 있으며 표제어를 대체하는 개념들과 논쟁들까지도 담아낼 수 있다.

《브리태니커 백과사전》의 1,000번 째 표제어에서 8만 번째 표제어에 이르는 곡선의 중간 부분에는 '제왕절개수술, 오키나와, 회귀분석' 등과 같은 보다 협의의 표제어들이 있다. 바로 이 지점에서 위키피디아는 다른 백과사전들과의 전문성 경쟁에서 앞서나가기 시작한다. 위키피디아의 저장공간이 무제한이라는 것은 위키피디아 표제어들이 좀더 길고 포괄적으로 정리되어 있다는 사실을 의미한다. 《브리태니커 백과사전》에서 한 표제어에 대한 설명은 평균 678개 단어로 구성되어 있지만, 위키피디아는 《브리태니커 백과사전》 전질의 2배가 넘는 분량인 20만 개 이상의 표제어들이 678개보다 더 많은 단어로 구성되어 있다. 또한 위키피디아에서 외부로 건 링크와 업데이트 정보는 더 확장된 연구를 위한 출발점이 될 정도로 주요한 이점으로 작용한다.

사람들이 찾는 빈도에 따라 머리와 꼬리로 나눌 때 위키피디아의 꼬리 부분은 8만 개에서 100만 개까지의 표제어에 해당한다. 이 표제어들은 오로지 위키피디아만에만 있는 것들이다. 줄리어스 시저가 사용했던 암호로 알파벳의 모든 문자를 세 칸 뒤의 문자로 대체하는 '시저 사이퍼', 상업적 이메일 발송에 대해 미국 최초로 국가적 기준을 세우고 연방거래위원회에 그 규정을 강화하라고 요구한 법안인 '캔 스팸', 편집자 근무경력 순위와 베스트셀러 기획 순위와 같은 임의의 단순한 두 변수간에 어떤 관계가 있는지 파악하는 기법인 '스피어만 순위상관계수' 등과 같은 표제어들은 열정적인 전문가들이 집필하여 최고의 수준을 확보한 것에서부터 자기선전을 하거나 못된 장난을 친 최악의 수준에 이르기까지 다양하다. 많은 비평가들은 위키피디아에서 최악의 표제어들에 주목한다. 하지만 위키피디아에서 중요한 것은 표제어들 중에서 꼬리에 해당하는 부분이다. 위키피디아의 꼬리가 중요한 것은 그와 같은 내용들을 다른 어디에서도 찾아볼 수 없기 때문이다. 위키피디아의 표제어는 핵심 과학에서 최신 정치학에 이르기까지 종이나 DVD로 제작되어 제한을 받는 다른 백과사전이 할 수 없는 범위까지 포괄할 수 있다. 간단한 예로《브리태니커 백과사전》에는 바로 이 책의 주제인 롱테일 현상에 대한 표제어가 없지만, 위키피디아에는 1,500단어로 잘 정리되어 있다. 그 가운데 내가 쓴 것은 전혀 없지만 말이다.

위키피디아에 글을 쓰는 사람들은 자신들이 알고 있고 무척이나 좋아하는 주제를 다른 사람들에게 알리고 싶은 마음에 열정적으로 참여한다. 5년이라는 단기간에 위키피디아에 참여하는 사람들의 수는 웹브라우저와 인터넷 접속이라는 단순하면서도 새로운 백과사전 집필도구를 사용하는 능력있는 아마추어들의 참여로 인해 무려 1,000배나 증가했다.

이로써 동일한 지위에 있는 사람들이 함께 생산에 참여하는 시대가 열렸다. 이것은 인터넷이 가능하게 한 '자발적 참여mass volunteerism' 와 아마추어 시대가 이끌어낸 현상이다. 우리는 현재 특정한 영역에 속한 대부분의 생산자들이 아무런 대가도 받지 않는 시대의 출발점에 서 있다. 이들이 특정한 대가를 받는 전문가들과 결정적으로 다른 부분은 돈이 아니라 단지 정보가 비어있는 부분을 보고 그 부족한 부분을 채우려고 한다는 점이다. 예를 들어 위키피디아 집필에 참여하는 사람들처럼 모든 사람들이 생산도구들을 저렴하게 구입해 손쉽게 사용할 수 있게 되면 그들은 즉시 생산자가 될 수 있다.

그렇다면 그들은 왜 그런 일을 할까? 굳이 사업을 하려는 것도 아니고 돈으로 보상받으려는 것도 아니면서, 백과사전 표제어에서부터 천체 관측에 이르기까지 가치있는 일을 하는 이유는 뭘까? 이와 같은 일들은 상업적인 목적으로 시작되지 않았기 때문에 이 질문은 롱테일을 이해하기 위해 아주 핵심적인 것이다. 또한 이 질문은 수요곡선에서 머리부분을 우선시하는 시장에 대한 기존의 생각을 재고해야 하는 또다른 사례를 보여준다는 점에서 중요하다. 새로운 것을 만들어내려는 동기와 의욕은 꼬리부분에 있느냐, 아니면 머리부분에 있느냐에 따라 결과는 다르게 나타난다. 하나의 경제모델이 모든 경우에 들어맞는 것은 아니다. 당신은 롱테일이 머리부분에서 대가를 받고 일하는 전통적인 화폐경제로 시작해서 꼬리부분에서는 대가없이 일하는 비화폐경제로 끝난다고 생각할 수도 있지만 머리와 꼬리 사이에는 화폐경제와 비화폐경제가 뒤섞여 있다.

수요곡선의 머리쪽으로 올라갈수록 상품들은 강력하다. 하지만 비용이 많이 들어가는 매스마켓 유통업체들과의 사업 연계를 통해 수익을 얻어야 한다. 머리부분의 전문가들은 자신들이 하는 일을 무척 좋아할 수도 있지만 동시에 그것은 그들의 직업이기도 하다. 그들은 상품을 생산하고 유통시키는 데 비용이 너무 많이 들 경우에는 창조적인 생산을 하려고 하지 않는다. 하지만 돈을 주면 기꺼이 그런 일을 한다.

꼬리쪽으로 내려갈수록 디지털 기술로 인해 생산도구가 저렴해지면서 생산비와 유통비는 내려간다. 대신 사업 연계는 그만큼 어려워진다. 꼬리부분에 속한 사람들은 자기표현, 재미, 실험 등의 다양한 이유 때문에 생산에 참여한다. 꼬리부분이 경제활동을 이끌어낼 수 있는 이유는 돈만큼이나 동기부여를 가능하게 하는 '명성reputation'이라는 꼬리부분에서만 통용되는 화폐가 있기 때문이다. 꼬리부분에서 생산한 상품이 다른 사람들의 관심을 끄는 정도에 따라 명성을 얻게 되면, 직업, 소유권, 고객, 그리고 그 밖의 모든 종류의 사업화 가능한 제안을 받을 수도 있다.

컬럼비아대학 법학과 교수 팀 우Tim Wu는 이런 현상을 '노출 문화exposure culture'라고 규정지으면서 다음과 같이 블로그를 예로 들어 설명했다.

> 외부공개 문화는 외부로 노출하는 웹의 철학을 보여준다. 웹에 글을 쓰는 사람들은 서로의 글을 링크하거나 자유롭게 인용하고, 다른 사람의 글에 댓글을 단다. 좋아하는 글과 농담을 이메일로 주고받는 것은 과거 직장의 정수기 역할을 하면서 미국 직장문화의 일부분이 되었다. 외부공개 문화에서 가장 큰 범죄는 글을 베끼는 것이 아니라 정당하게 출처를 밝히지 않는 것이다. 이러한 외부공개 문화의 중심에는 전능한 검색엔진이 있다. 만일 당신의 사이트가 구글에서 쉽게 검색이 된다면 소송을 걸기보다는 오히려 기뻐해야 할 일이다.

노출 문화의 수요곡선에 돈이 아닌 다른 동기를 지닌 창조적 생산자들이 자리잡고 있다는 생각을 하게 되면, 이를 그들의 지적 재산에 대한 관심사로 확장하기는 쉽다. 세계적인 만화영화제작사 디즈니Disney와 헤비메탈그룹 메탈리카Metallica는 저작권을 확보하고 확대하기 위해 할 수 있는 모든 조치를 취하고 있다. 그럼에도 저렴한 마케팅비용을 들여 무료로 P2P 공유를 하는 수많은 예술가들과 생산자들이 있다. 음악가들은 P2P 공유를 통해 라이브공연에 참가할 관객을 늘린다고 생각하고, 독립영화제작자들은 P2P 공유를 통해 자신들의 이름과 작품성을 널리 알린다고 생각하며, 학자들은 그들의 논문을 무료로 다운로드받는 사람들이 늘어날수록 자신들의 영향력이 커지고 추종자들이 많아진다고 생각한다.

이런 생각들은 창조적 생산자들의 저작권에 대한 관점을 바꿔버렸다. 외부공개 문화의 수요곡선의 머리부분에서는 음악스튜디오와 주요 음반제작사들, 그리고 출판사들이 자신들의 저작권을 맹렬하게 방어한다. 그리고 중간은 독립음반제작사들과 학술언론들이 자리잡은 영역으로 성격이 분명하지 않다. 훨씬 더 비상업적인 영역인 꼬리의 가장 아랫부분에서는 엄청난 수의 컨텐츠 창조자들이 자신들의 저작권을 보호하는 것을 포기하고 있다. 비영리기구인 크리에이티브 커먼스Creative Commons는 2002년 이후부터 무료 배포, 리믹싱, P2P를 통한 아이디어와 이권과 명성의 공유라는 컨텐츠 제작자들의 위대한 가치를 위해 저작권이 있는 상품들을 융통성 있게 사용하도록 하는 기구의 이름과 동일한 '크리에이티브 커먼스'라는 허가증을 발행했다. 사실 나는 위에 제시한 꼬리에서 일어나는 상황에 동의하기 때문에 내 블로그를 통해 사람들이 서로 자유롭게 의견을 나누도록 열어두었다.

즉 저작권 문제로 고민하는 사람도 있고 그렇지 않은 사람도 있다. 법은 저작권 관계를 명확하게 정리해놓지는 않았지만, 저작권을 포기한다는 명백한 언급이 없을 경우 저작권은 자동으로 부여되고 보호를 받는다. 그 결과 사람들은 아무리 무료 사이트에 올라온 자료라 하더라도 저작권 침해에 대한 두려움 때문에 종종 의심의 눈초리를 보낸다.

어쨌든 인터넷을 통해 새롭게 구축된 교류방식인 '기부 경제gift economy'의 힘은 블로그의 게시물이나 댓글을 통해 서로 집단적인 대화를 하는 블로그스피어blogosphere(블로그계)에서 오픈소스에 이르기까지 모든 영역에서 명백하게 나타나고 있다. 내가 편집하는 잡지 〈와이어드〉가 60만 부나 발행된다는 점에서 나는 곡선의 머리 가까이에 있지만, 내 블로그 독자가 5,000명이라는 점에서는 꼬리에 위치한다. 이 두 지적 자산에 대한 나의 대응방침은 각각 다르다. 조만간 동일한 주체라 하더라도 지적 자산에 따라 다르게 대응하는 이런 현실을 시장과 법규가 보다 정확하게 반영하게 되길 바란다.

누구나 저자가 될 수 있다, 자비출판의 시대

보통 우리는 대부분의 저자들이 베스트셀러를 집필해서 부자가 되고 싶어 한다는 식으로 상업적인 색안경을 끼고 책을 바라본다. 하지만 저자들 대부분은 엄청난 베스트셀러를 쓰려고 하지 않는다. 그리고 실제로 베스트셀러 작가가 되는 경우도 손에 꼽을 정도다. 영어로 출판되는 책만 해도 매년 거의 20만 종에 달한다. 그 중에서 극소수만이 대형서점에 전시되고 나머지는 판매될 기회조차 얻지 못한다.

닐슨 리서치의 도서집계에 따르면 2004년 한해 동안 120만 종 가운데 95만 종의 책은 99권도 팔리지 않았고, 20만 종의 책은 1,000권도 팔리지 않았다. 단지 25,000종의 책만이 5,000권 이상 팔려나갔다. 미국에서 출간되는 책은 한 해 동안 종별로 평균 약 500권이 팔려나간다. 이것은 다시 말하면 미국에서 출간되는 책의 약 98퍼센트는 의도했든 의도하지 않았든 간에 상업적으로 실패한다는 이야기이다.

책에서 매스마켓을 추구하려면 한정된 관심을 얻기보다는 광범위한

화제를 불러일으켜야 하고, 학문적인 스타일보다는 대중적인 스타일을 사용하는 식으로 타협해야 한다. 하지만 대부분의 작가들은 물론이고 상당수의 사람들은 그렇게 하려고 하지 않는다. 대신 대부분의 저자들은 자신의 열정을 따르기로 결정하고 돈을 벌지 못해도 괜찮다고 생각한다. 많은 저자들은 자신의 책을 동종 업계에 종사하는 사람들을 비롯해 비슷한 마인드를 가진 사람들이 읽기 바란다.

하지만 이런 식의 출판은 아무래도 수익과는 거리가 있기 마련이다. 즉 이런 식으로 출판된 책은 수익을 이끌어내기보다는 저자를 알리는 역할을 한다. 많은 비상업적인 책들은 저자들의 학술적 평판을 높이거나, 독자들을 저자들의 상담소로 이끌거나, 저자에게 강연비를 벌어다주거나, 세계적으로 명성을 높이기 위한 마케팅 장치들로 간주된다. 이런 관점에서 볼 때 자비출판은 돈을 버는 방법이 아니라 메시지를 전파하는 방법이다.

이 분야를 살짝 들여다보려면 새로운 종류의 DIY 출판사인 룰루닷컴 Lulu.com에 들어가보라. 룰루닷컴은 채 200달러가 안 되는 돈으로 무선제본된 책이나 양장본 책을 제작할 수 있게 해줄 뿐만 아니라 ISBN까지 부여해주고 온라인 소매점에 등록도 해준다. 이렇게 온라인 소매점에 등록되어 추천의 물결이 이어질 경우 그 책은 수백만 명의 독자들에게 소개되어《해리포터 *Harry Potter*》만큼이나 팔려나갈 잠재적 가능성도 갖게 된다. 룰루닷컴에서 제작되는 책은 수십 권 단위로 인쇄되며 주문자생산방식에 따라 필요할 경우 계속 공급된다. 룰루닷컴은 불과 몇 년 전만 해도 별 볼일 없다고 무시되던 출판모델을 개선한 것이다. 그리고 현재 결과적으로 수천 명의 저자들이 룰루닷컴의 방식을 선택하고 있다.

룰루닷컴에서 출간한 5종의 자비출판 도서를 한번 살펴보자.

DIY 출판사인 룰루닷컴에서는 200달러가 채 안 되는 돈으로 자신의 책을 제작할 수 있다. 여기서는 ISBN도 부여해주고, 온라인 소매점에 등록도 해준다. 그래서 온라인에서 추천의 물결이 이어지면 《해리포터》 같은 베스트셀러가 될 수도 있다. 몇 년 전만 해도 별 볼일 없다고 무시되던 출판모델인 룰루닷컴으로 이제 수천 명의 저자들이 찾아오고 있다.

1. 《바쁜 사람들을 위한 생식 : 하루를 위한 간단하면서도 기계를 사용하지 않는 조리법 *Raw Foods for Busy People: Simple and Machine-Free Recipes for Every Day*》

2. 《허배너스 *The Havanese*》(쿠바 원산의 애완견 품종인 허배너스를 기르는 사람들과 품종개량가, 그리고 애견가들을 위한 최고의 핸드북)

3. 《생물학 연구 – BIO 100을 위한 실험 입문서 *Investigating Biology-A Laboratory Manual for BIO 100*》 12판

4. 《맥시멈 SAT *Maximum SAT*》

5. 《웨딩 플래닝 사업을 시작하는 법 *How to Start a Wedding Planning Business*》

이 책들은 모두 5,000부에서 5만 부까지 판매되었는데 이 정도면 나쁘지 않은 수치이다. 이 책들을 판매한 수익금의 80퍼센트는 곧바로 저자에게 돌아가며 15퍼센트는 출판사의 몫이다. 상황이 이렇다면 자비출판은 무능한 사람들이 마지막으로 선택하는 방식이라고 여기는 것은 너무도 어리석은 생각이다.

아직도 대부분의 저자들은 돈을 벌기 위해 자비출판을 활용하지는 않는다. 또한 자비출판으로 많은 돈을 벌 수 있다고 생각하지도 않는다. 룰루닷컴을 활용하는 수천 명의 고객들 가운데 대다수는 자신들이 집필하고 있는 책을 상업적으로 출판하면 판매가 잘 되지 않을 것이라는 사실을 알고 있기 때문에 자비출판을 택한다. 그렇다고 해서 그들의 책을 읽을 독자가 전혀 없는 것은 아니다. 아주 소수라도 그 책을 읽을 독자는 반드시 있다.

몇 년 전만 해도 이렇게 자비출판을 선택하는 저자들은 대부분 출판 경험이 전혀 없었고, 그들 가운데 상당수는 책을 쓰겠다는 생각을 해본 적조차 없던 사람들이었다. 하지만 이제 출판의 문턱은 매우 낮아져 원하면 누구나 책을 출판할 수 있는 정도가 되었다. 사람들은 자신이 원하기만 하면 책을 집필할 수 있다. 자신의 책이 시장에 나가는 게 가치가 있을지 여부를 출판사가 아니라 자신이 판단하게 되었다는 말이다.

이런 효과는 대규모 서점을 비롯해 도서산업 전반으로 확산되었다. 반스앤노블이 2005년에 판매한 희소도서의 비율은 2004년 판매량보다 20퍼센트가 넘는 수치를 기록했다. 반스앤노블의 CEO인 스티브 리지오^{Steve Riggio}는 많은 종수를 지속적으로 제작할 수 있는 주문형 인쇄방식의 효율성, 소규모 독립 출판사들의 증가, 그리고 자비출판이라는 3가지 동인 때문에 이런 결과가 나왔다고 주장하며 다음과 같이 말했다. "앞으로 몇 년 내에 '출판된 책'의 전통적 개념은 그 의미가 퇴색하게 될 것이다. 책이건,

단편소설이건, 진행 중인 연구이건, 전문기술 분야의 기사이건 간에 사람들은 자신의 작품을 출판하기 위해 가장 먼저 인터넷을 이용하게 될 것으로 보인다. 이렇게 인터넷을 통해 선보인 것들 가운데 좋은 반응을 얻은 작품들은 종이책으로도 출판될 것이다. 처음 출판을 시작하는 사람들에게 인터넷이라는 완전히 새롭고 효과적인 수단이 나타나 급속히 발전하고 있기 때문에 나는 도서산업의 전망에 대해 낙관적으로 바라본다."

생산자들로 구성된 곡선에서 머리부분과 꼬리부분의 큰 차이 가운데 하나는 일상적으로 출근하는 직장의 있느냐 하는 것이다. 전문적인 생산자들과 아마추어들의 차이는 점점 희미해지고 있으며 이제는 사실상 무의미해졌다. 이처럼 우리는 전문적으로 만들어내는 것에 대해서만 대가를 받는 것이 아니라, 아마추어로서 만들고 싶어하는 아이디어를 내는 것에 대해서도 대가를 받는다. 이 2가지는 모두 가치를 지닌다.

2000년에 한국의 '오마이뉴스^{OhmyNews}'가 이끌어낸 '시민 저널리즘'은 롱테일의 또다른 사례라 할 수 있다.[3] 오마이뉴스에서는 약 50명의 전문기자들과 편집자들이, 초등학생부터 교수에 이르기까지 4만 명 이상의 아마추어 시민기자들이 쓴 기사들을 심사하고 편집하며 보완한다. 자발적 참여자인 아마추어 시민기자들이 하루에 송고하는 기사는 약 150개에서 200개 정도인데, 이 기사들은 오마이뉴스 컨텐츠의 3분의 2 이상을 차지한다. 기사를 씀으로써 시민기자들은 약간의 수입을 얻을 수 있다. 만약 메인 화면 머리기사로 채택되면 그 기사를 쓴 시민기자는 2만 원을 지급받는다. 보상이 이렇게 별 것 아닌데도 시민기자들이 이 일을 하는 이유는 무엇일까? 오마이뉴스의 오연호 대표는 "시민기자들은 돈을 벌려는 게 아니라 세계를 바꾸기 위해 기사를 쓰고 있다"라고 말한다.

영화제작자들로부터 블로거들에 이르기까지 상업적으로 성공하겠다는 생각이 별로 없는 꼬리부분의 생산자들은 역설적으로 성공의 기회를 잡을 수 있다. 그들은 잃을 게 별로 없기 때문에 더 많은 위험을 기꺼이 감수한다. 그들이 생산한 것들을 얻는 데는 허락을 받을 필요도 없고, 사업과 연계시켜주지 않아도 되며, 돈을 지불할 필요도 없다. 사람들은 이제 창조적 생산에 필요한 도구들을 더 저렴하게 구입할 수 있게 되었고, 생산기술은 예상보다 훨씬 더 많은 사람들에게 보급되었다. 이런 관점에서 볼 때 롱테일은 창조적 생산의 도가니이자 아이디어들이 상업적인 형태로 발전하기 전에 형성되어 자라나는 장소라 할 수 있다.

론리 아일랜드, 온라인 사이트로 시작해 TV로 진출하다

한 가지 인센티브만이 생산물을 만들어내도록 동기부여를 하는 것은 아니다. 사람들은 무언가를 표현하려는 욕망에서부터 명성을 얻고 싶어하는 갈망에 이르기까지 다양한 이유 때문에 무언가를 만들어낸다. 여기서 중요한 것은 롱테일에 나타나는 이동성이다. 아이튠스부터 웹 그 자체까지를 포함하는 디지털 시장에서는 고객들의 마음을 사로잡기만 하면 바닥에서도 쉽게 최고의 위치까지 올라갈 수 있다. 컨텐츠를 만드는 사람들에게 동기부여를 할 수 있는 다양한 인센티브를 적절히 활용하는 것은 최고의 위치에 오를 수 있는 컨텐츠를 찾고 장려하는 데 필수적이다.

미디어 기업으로 출발해 도메인 인수·합병으로 성장한 인터랙티브코퍼레이션IAC : InterActiveCorp.의 회장 배리 딜러Barry Diller는 2005년 중반 한 회의석상에서 비슷한 지위를 가진 사람들의 공동생산은 흥미롭지만 그것이 할리우드와 경쟁할 수 있는 세력이라는 생각은 터무니없다고 주장했다.

그는 확신에 찬 어조로 "그들 나름대로 호소력 있는 제품이나 아이디어를 만들어낸다고 생각하는 사람들이 1,800만 명이나 된다 해도, 그들을 뛰어난 재능을 가진 소수의 사람들과 맞바꿀 수는 없다"라고 말하기도 했다.

과연 그의 생각이 맞을까? 만일 당신이 매스마켓의 블록버스터들을 만들 만한 능력이 있다고 입증된 사람들만을 '재능있는 사람'으로 규정한다면, 배리 딜러의 말에 어느 정도 수긍할 수 있을 것이다. 하지만 할리우드 히트상품들보다 더 독창적인 상품들도 많고, 관객들의 마음을 사로잡을 수 있는 상품을 만들어낼 수 있는 사람들도 많다.

인터넷에서 창작을 시작해 미국 NBC에서 방송되는 코미디 버라이어티쇼 〈새터데이 나이트 라이브 *Saturday Night Live*〉의 작가로 활동하는 아키바 새퍼와 조르마 타콘, 그리고 해당 프로그램의 주연으로 활약하는 앤디 샘버그의 경우를 보라. 얼마 전까지만 해도 그들은 배리 딜러가 재능이 없다고 걸러버린 사람들 속에 속해 있었다. 고등학교 동창생들인 이 3명은 대학을 졸업한 뒤에 함께 할리우드로 갔다. 그들은 올림픽대로에 위치한 집을 싼 값에 빌려서는 론리 아일랜드^{Lonely Island}라는 이름을 붙였다. 이후 그들은 코미디그룹을 이뤄 엔터테인먼트산업에 진출할 방법을 모색하기 시작했다.

아무리 다른 사람을 웃기는 재주가 있다 해도 개인이 TV에 진출하는 것은 쉽지 않았다. 더구나 작가라는 타이틀로 비집고 들어가기란 매우 힘들었고, 미리 구성된 팀으로 진출하기란 더더욱 어려웠다. 상황이 그렇다 보니 3명은 할리우드의 모든 장애물들에 부딪칠 수밖에 없었다. 계속 거절만 당하는 데 이골이 난 그들은 앞으로도 상황이 별로 호전되지 않을 것이라 예상하고 자신들이 거주하는 집의 이름을 딴 온라인 사이트를 만들고 거기에서 자신들의 작품을 선보였다. 그들은 몇 개의 영상장비를 빌려 상영시간이 30분 이하인 쇼트폼short-form 코미디 영상물들과 노래들을 만들기 시작했다. 아키바 새퍼의 동생으로 기술 컨설턴트인 미카는 2001년에 더론리아일랜드닷컴thelonelyisland.com을 통해 작품들을 발표했다.

사회적으로 잘나가는 사람들을 코믹하게 그린 랩이 가미된 영상물이 그들의 첫 작품이었다. 거기서 그들은 무표정한 코미디 연기를 보여주었다. 첫번째 영상물들 가운데는 '카-블라모!ka-blamo!' 같은 2분 24초짜리 동영상이 있었는데, 이렇게 재미있는 짧은 동영상들은 인터넷을 통해 널리 퍼져나갔다. 한 네덜란드인 DJ가 이것을 다른 영상과 매시업하면서 인기가 가파르게 상승했다.

곧이어 보다 더 많은 영상물들과 팬들이 만들어낸 매시업들이 잇달아 나왔다.[4] 창의적 재사용을 무료로 허가한 저작권으로 인해 이처럼 론리 아일랜드 영상물들을 매시업한 팬들의 영상물들이 쏟아져나오자 론리 아일랜드 사람들은 크게 고무되었다. 불과 몇 년 사이에 론리 아일랜드 사람들은 인터넷 유명인사가 되었다. 그들은 사람들로 하여금 TV를 보는 대신 온라인 하위문화의 지형을 끊임없이 탐색하면서 온라인에 접속하게 할 정도로 거물이 된 것이다.

그들의 온라인에서의 명성을 활용해서 제작된 멋진 녀석들이라는 의미의 '듀즈Dudes'는 팬들이 그들에게 붙여준 별명이기도 했는데, 보다 나은 형식과 역동적인 연주음악으로 호평을 받았다. 하지만 그들의 메인 쇼는 여전히 온라인에서 이루어졌다. 그들이 제작한 인터넷 프라임타임 시리즈의 첫번째 에피소드는 '더 부The Bu'였는데, 더론리아일랜드닷컴을 보면 이것에 대해 "말리부에 사는 젊고 섹시한 사람들은 그것을 '더 부'라고 부른다. 만약 이 단어를 말할 때 시간이 걸리면 당신은 더 이상 젊다고 할 수 없다"라는 글이 있다.

그들의 프로그램을 보는 사람들이 늘어나면서 〈새터데이 나이트 라이브〉의 스타 티나 페이Tina Fey와 그 쇼를 만든 론 마이클스Lorne Michaels도 론리 아일랜드 사람들이 제작한 짧은 영상물들을 보게 되었다. 2005년 중반에 론리 아일랜드의 3명은 코미디 분야에서 가장 유명한 팀과 오디션을 보기 위해 맨해튼으로 갔다. 그리고 재능과 끼를 확인하는 간단한 절차를 거친 뒤 그들은 모두 오디션에 합격했다.

2005년 12월, 론리 아일랜드 사람들은 〈새터데이 나이트 라이브〉에서 자신들이 제작한 잘나가는 사람들을 코믹하게 그린 랩을 가미한 영상물을 하나 더 만들었다. 이것 역시 사람들의 기대를 저버리지 않았다. 이 풍자적 촌극은 〈나니아 연대기 *Chronicles of Narnia*〉의 배경음악에 따라 현실을 비틀어 그 이면을 보여주면서 엄청난 재미를 안겨주었다. 이제 론리 아일랜드 사람들은 네트워크 TV에도 모습을 드러내기 시작했다. 그들이 제작한 가벼운 풍자극은 토요일 밤에 방송을 탔는데 그것을 본 시청자들은 대부분 웃음을 터뜨리고는 금세 잊어버렸다.

하지만 그 쇼를 디지털영상저장장치로 녹화한 사람들 중 나니아 풍자극이 아주 뛰어난 작품이라고 생각한 몇몇이 인터넷에 영상물을 올렸다. 그리고 영상물은 사람들의 입소문을 타고 엄청난 반응을 불러일으켰다. 사람들의 열광적인 반응을 전해들은 NBC는 그 영상물을 〈새터데이 나이트 라이브〉 공식 사이트와 아이튠스에 올렸다. 그 결과 전염성이 강했던 그 영상물은 지금까지 나온 다른 어떤 영상물보다 더 많은 사람들에게 퍼져나갔다.

미디어해설가 제프 자비스Jeff Jarvis는 이러한 현상에 대해 "얼마 전까지만 해도 〈새터데이 나이트 라이브〉를 시청하라고 권하는 사람들은 많지 않았다. 하지만 어느 날부터 갑자기 그 쇼를 보라는 얘기를 너무나도 많이 듣게 되었다. 왜 그랬을까? 그 쇼가 갑자기 재미있어져서 수많은 사람들이 한꺼번에 다시 보기 시작했기 때문이 아니다. 사람들이 그렇게 이구동성으로 권하게 된 것은 바로 론리 아일랜드 사람들이 나니아 풍자극을 보여주기 시작했을 때부터였다. 인터넷을 통해 올라온 그 풍자극은 너무나도 재미있었고 사람들은 그것을 보기 위해 인터넷에 접속했다. NBC는 어느 누구의 소유물이 아니라 모두가 공유하는 론리 아일랜드 네트워크의 힘을 배우고 있다"라고 말했다. 분명한 사실은 〈새터데이 나이트 라이브〉의 인터넷 사이트에 접속하는 사람들 수가 그 영상물이 유포된 지 불과 2주 만에 200배 이상 증가했다는 것이다.

론리 아일랜드의 영상물은 20대 젊은이들을 중심으로 가히 폭발적인 인기를 얻었다. 엔터테인먼트산업에서 부적격자들이라고 퇴짜를 맞은 그들이 온라인으로 가서 인기를 얻게 된 것이다. 엔터테인먼트산업은 산업 내에서 영향력이 높으나 사로잡기 어려운 20대 젊은이들 사이에서 벌어지고 있는 이 기현상에 눈을 뜨고, 결국은 그 부적격자들을 고용하게 되었다. 그러나 20대 젊은이들은 정규방송을 그리 많이 보지 않았기 때문에 이들이 TV 정규방송에서 이 촌극을 방송했을 때는 인기가 별로 없었다. 그들의 촌극은 온라인으로 되돌아가고 나서야 다시금 인기를 얻을 수 있었다. 그 결과 이전에 온라인 세대의 경멸을 받았던 〈새터데이 나이트 라이브〉는 론리 아일랜드 사람들이 만든 동영상이 온라인을 통해 방송되면서 일순간 온라인 세대에게 매우 신선한 프로그램으로 변신했다. 예전에 이 쇼는 무명의 지역연극인들이나 어느 정도 활용 가능한 극단원들 가운데서 쇼에 등장할 배우들을 고르곤 했지만 이제는 온라인을 통해 발굴하고 있다.

론리 아일랜드의 사례에서 얻을 수 있는 교훈은 무엇일까? 현존하는 엔터테인먼트산업의 필터들은 론리 아일랜드의 엄청난 호소력을 인정했고 그것을 활용하는 방법을 찾아냈다. 그런 점에서 엔터테인먼트산업의 필터가 제대로 작동한다고 볼 수 있다. 하지만 우스꽝스런 랩을 하면서 웹 사이트를 통해 자신들을 소개한 이 3명의 비디오카메라 작업자들은 일반 사용자들의 능력을 경멸하는 배리 딜러의 표현을 빌리자면 기껏해야 '그들 나름대로 호소력 있는 제품이나 아이디어를 만들어낸다고 생각하는 1,800만 명의 사람들'에 속한다.

하지만 다음 세대의 인재들은 자신만의 독특한 작업을 하는 1,800만 명의 사람들에게서 나올 것이다. 그리고 이들은 틀에 박힌 방식에 사로잡혀 있는 할리우드와 엔터테인먼트산업을 구해낼 사람들이다. 물론 배리 딜러의 생각이 옳을 수도 있다. 〈프렌즈 *Friends*〉 같은 시트콤을 쓸 수 있는 사람들은 얼마 되지 않는다. 하지만 네트워크 TV를 비롯한 기존의 방송망이 아니라 틈새방송이 지배하는 온라인에서 성장한 시청자들과 공명할 수 있는 나니아 풍자극처럼 좀더 기발한 작품을 많은 사람들이 만들어낼 수 있는 방법에 대해 생각해볼 필요가 있다. 또한 인터넷이라는 대중화된 보급매체 덕분에 많은 잠재적 배우들이 이제 자신들의 팬을 가질 기회가 생겼다는 사실에 대해서도 돌아봐야 한다.

그러나 〈프렌즈〉처럼 여러 시즌 계속 이어지는 양질의 드라마를 만들려면 여전히 할리우드 지배집단의 힘이 필요하다. 허나 동시에 일반대중들이 만든 수백 개의 영상물들은 비슷한 수의 시청자들을 사로잡을 수 있다는 점도 잊지 말아야 한다. 할리우드식 지배집단과 수많은 일반 대중들이 웹에 접속하는 시청자들을 사로잡기 위해 경쟁하지 않는다면 지속성이 있는 상업적 브랜드와 일시적인 아마추어의 오락은 비교의 대상이 되지 않는다. 하지만 시청자들이 한 집단의 영상물을 보고 있다면 그 순간 다른 집단의 영상물을 보지 않을 것이므로 두 집단의 경쟁은 필연적이다.

배리 딜러가 고려하지 않은 것은 현재는 특정 대상을 겨냥한 컨텐츠가 블록버스터에 대한 수요보다 더 많아보인다는 점이다. 시청자들이 톱 40 음악 프로그램과 블록버스터에서 다른 프로그램으로 계속 이동하고 있는 것처럼, 팬들에게 자기만의 목소리를 솔직하게 전달하는 소수의 예술가들에게 수요가 몰리고 있다. 그렇다면 만약 블로그의 99퍼센트가 12명 정도도 끌어들이지 못한다면 어떻게 될까? 그렇다 해도 사람들이 엄청나게 방문하는 1퍼센트에는 여전히 수천 개의 블로그가 자리할 것이다. 그리고 그 1퍼센트에 속한 모든 블로그들은 주류 미디어들만큼이나 많은 정보를 교환할 것이다. 일반적으로 '전염성이 강한 영상물'은 수백만 명이 보게 되는데, 이것은 가장 인기있는 TV프로그램에서나 볼 수 있는 정도다.

룰루닷컴을 통해 자비출판을 하는 저자들의 경우, 많은 돈을 벌 수는 없지만 그것은 그다지 중요하지 않다. 여기서 핵심은 책이 시장에 출시됨으로써 독자를 갖게 되었다는 점이기 때문이다. 이것은 상업성을 추구하는 전통적인 산업의 산물이 아니지만 바로 그런 상업성과 경쟁한다. 현재 컨텐츠를 생산하는 사람들의 수는 대중매체에 소속된 인재발굴팀이 캐스팅하는 사람들 수보다 훨씬 더 많다. 일반대중의 창의력은 스튜디오와 음반제작사의 전문가들을 압도하고 있다. 일반대중이 생산도구들을 쉽게 구입할 수 있게 되면서 생산자들의 수 또한 기하급수적으로 증가하고 있다. 이제 그 무엇도 자신들만의 독창적인 작품을 만들어내려는 사람들의 의지와 재능을 가로막을 수 없게 된 것이다.

이 주제에 대해서는 앞에서 잠시 살펴본 적이 있다. 1970년대 후반과 1980년대 초반에 전자기타와 저렴한 멀티트랙 녹음기, 그리고 영국에서 결성된 펑크록그룹인 섹스 피스톨스Sex Pistols의 명곡들이 나타나면서, 음악적 훈련을 받지도 않고 눈에 띄는 재능이 없는 10대들도 밴드를 결성해서 노래를 취입하게 되었다. 펑크록이 급격하게 퍼져나가자 그것은 무대 전면에 있던 10대들을 홍분의 도가니로 몰아넣었다. 또래들이 3가지 화음을 서툴게 연주하며 무대를 뛰어다니는 것을 보면서 아이들은 분명 '나도 할 수 있어!'라고 생각했을 것이다.

지금까지 뮤지션이 되기 위해 음악을 배우려면 기존의 대가들을 모방해야 한다는 믿음이 팽배해 있었다. 즉 뮤지션이 되기 위해서는 모두들 히트곡을 연주하고, 악보를 읽고, 어쩌면 음악학교에도 다녀야 한다고 생각했다. 이것이 뮤지션이 되기 위해 내야 할 학습비용이라고 여겼다. 순회공연을 하고 표준적인 음악을 연주하는 것이 뮤지션이 되기 위해 반드시 거쳐야 하는 행로이며, 또한 다른 사람들이 뮤지션에게 원하는 것이라고 생각했다. 어느 누구도 엉성하고 형편없는 창작연주는 듣고 싶어하지 않는다고 생각했기 때문이다. 그래서 그들은 그들 나름대로 음악을 제대로 했던 것뿐이었다.

하지만 펑크록은 뮤지션들의 생각을 바꿨다. 펑크록은 "좋아, 네겐 기타가 있어. 하지만 그것을 정확하게 연주할 필요는 없어. 사람들이 틀렸다고 생각하는 방식으로 연주해봐! 재능있는 뮤지션이라면 문제될 게 없어. 네가 다른 사람들에게 말하고 싶은 게 중요한 거잖아"라고 말하는 듯했다.

펑크록을 통해 우리는 신선한 목소리와 새로운 사운드, 그리고 생기와

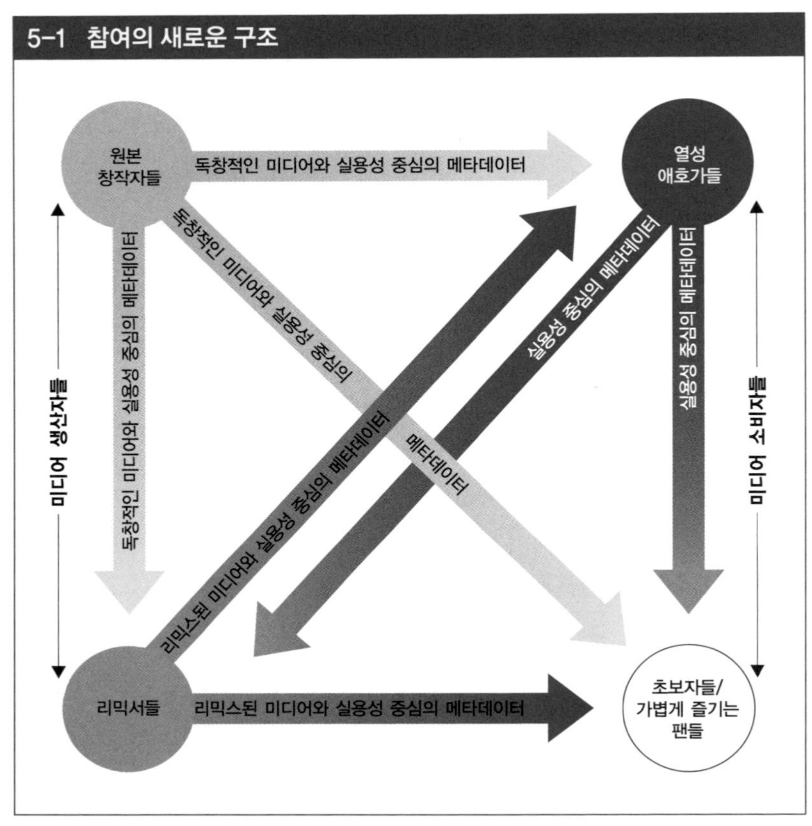

반체제적 감정의 정수를 맛보게 되었다. 평범한 이들이 재미있게 놀면서 추앙받으며 새로운 시도를 하고 있는 것을 보는 것은 사람들에게 엄청난 영감을 주었다. 경제용어로 설명한다면, 펑크록은 창조를 가로막는 장벽을 낮추었다고 할 수 있다.

이제 생산자와 소비자의 전통적인 경계는 희미해졌다. 소비자는 곧 생산자이기도 하다. 어떤 사람들은 음반에 잡음을 내는 식으로 새로운 것을 창조하고, 또 어떤 사람들은 상징적인 리믹싱을 통해 다른 사람들의 작품을 수정한다. 블로그를 통해 우리는 수동적인 소비자의 입장에서 능동적 생산자인 독자가 되어 이전의 독자가 써놓은 글에 대해 이야기한다. 그곳에서 우리는 주류 미디어에 대해 자신의 의견을 말하고 블로깅을 한다. 이를 통해 사람들은 한때 라디오 DJ와 음악잡지 서평자들과 마케터들이 담당했던 입소문을 내는 작업을 인터넷을 통해 확장하고 있는 것이다.

그 결과는 출판인이자 개개인의 창조성이 중요시되는 DIY 세대의 선각자인 팀 오라일리Tim O'Reilly가 '참여의 새로운 구조'라고 이름붙인 것에서 시작하고 있다.

UC버클리의 한 연구팀[5]은 이것을 5-1 표와 같은 새로운 창조지도로 묘사했다. 이 표에서 볼 수 있는 것처럼 전문가들이 생산하고 아마추어들이 소비했던 획일적인 산업구조는 이제 쌍방향 시장으로 바뀌었다. 그곳에서는 모든 사람들이 언제라도 자리를 바꿔 앉을 수 있다. 이것은 대중화된 생산도구들과 대중화된 유통이 이끌어낼 수 있는 엄청난 변화의 일부분에 지나지 않는다.

6 롱테일 시대의 새로운 시장들

아마존, 이베이, 구글 등이 인터넷을 통해 새로운 시장을 창출해내다.

1982년에 서적판매상 리처드 웨더포드^{Richard Weatherford}는 PC
가 중고서적 판매에 혁명을 가져올 수 있다는 사실을 인식했다. 당시 전국
적으로 수천 곳에 달하는 중고서적 판매점이 있었는데 그들은 각기 서로
다른 재고목록을 관리하고 있었다. 사람들이 사고 싶어하는 중고서적이
어딘가에 분명히 존재하겠지만 그것을 찾아내기란 하늘의 별을 따는 것만
큼이나 어려운 상황이었다. 리처드 웨더포드는 이런 상황이 정보를 확보
하지 못해서 일어나는 문제라는 점을 파악하고, PC를 통해 문제를 풀 수
있다고 생각했다. 그래서 그는 중고서적 및 희귀서적 판매상들에게 온라
인 데이터베이스를 구축해주는 회사를 창립하는 사업계획을 세웠다. 회사
이름을 인터로크^{Interloc}라고 했는데, 이는 중개인을 일컫는 현학적 표현인
인터로큐터^{interlocutor}를 줄인 말이었다.

리처드 웨더포드의 사업계획은 당시로서는 수십 년이나 앞선 획기적
인 것이었지만 안타깝게도 자금조달에 실패해 실현되지 못했다. 이후
1991년에 그는 북퀘스트^{BookQuest}를 구하기 위해 도서 및 잡지 서비스업체
인 팩슨^{Faxon}에 고용되어 자신이 예전에 계획했던 바를 시도했다. 그러나
역시 그가 계획한 사업이 제대로 실현되려면 적어도 10년은 더 기다려야
했다. 그래서 좋은 결과를 얻을 수는 없었지만 적어도 자금조달은 가능하

게 되었다. 다른 서적판매상들에게서 5만 달러를 투자받은 리처드 웨더포드는 웹이 시작되기도 전이었던 1993년에 인터로크를 창업했다. 인터로크는 서적판매상들이 자신의 고객들에게 책을 찾아주기 위해 다른 서적판매상들의 재고목록을 검색할 수 있도록 만들어진 폐쇄형 네트워크였다. 인터로크는 오늘날까지 사용되고 있는 데이터의 기준을 확립했고, 모뎀을 통해 서적판매상들이 재고목록 파일들을 전송할 수 있도록 하는 소프트웨어를 개발했다. 1996년에 인터로크는 웹으로 영역을 넓혔다.

1997년에 전직 노조 지도자이자 맥킨지McKinsey 컨설턴트이며 빌 클린턴 시절 노동부 차관을 지냈던 마티 맨리Marty Manley는 절판된 책 한 권을 찾고 있었다. 그는 인터로크를 발견하고는 곳곳에 흩어져 있는 도서시장의 정보를 양질의 데이터베이스로 구축하면 성공할 수 있다는 사실을 동물적인 감각으로 알아챘다. 그는 즉시 리처드 웨더포드와 만나 소비자와 서적판매상들 모두의 필요를 충족시킬 수 있도록 하는 새로운 기업에 인터로크를 합병시킬 것을 제안했다. 그 다음해에 그들은 버클리에 위치한 마티 맨리의 집에서 중고서적과 신규서적을 비롯해 각종 희귀본을 판매하는 업체 알리브리스Alibris를 창업했다.

이 시점에서 중고서적 시장을 이해하기 위해 잠깐 시간을 내는 것은 그만한 가치가 있다. 지난 수십 년 동안 중고서적 시장은 사실상 2개의 매우 상이한 시장으로 양분되어 있었다. 우선 3분의 2 정도는 대학 캠퍼스를 중심으로 호황을 누리며 효율적이면서도 왕성하게 중고교과서 사업을 하고 있었다. 나머지 3분의 1은 전국 각지에 흩어진 1만 2,000곳 정도의 소규모 중고서적 판매점이었는데 교과서 사업보다는 상대적으로 활기가 떨어졌다.

매년 수백만 명의 학생들이 단지 한 학기 동안만 사용하는 비싼 책을 구입했다가 되판다는 점에서 중고교과서 시장은 효율적인 시장의 모델이라 할 수 있다. 이때 되팔 가치가 있는 책들은 핵심 등급의 출판물 목록으로 분류되고, 가격은 캠퍼스 서점들 사이의 경쟁에 따라 결정된다. 이 경우 중고서적은 1년에 두 번 새로 보충된다.

교과서 출판사들은 구매자들이 새책을 나중에 일정한 가격에 되팔 수 있음을 알았고, 새책에 대해서 더 높은 정가를 책정하면 되기 때문에 이러한 중고서적 판매점들을 그다지 신경쓰지 않았다. 사실 중고서적의 경제모델은 구매보다는 임대에 가깝다고 할 수 있다. 서점은 일반적으로 정가의 50퍼센트에 책을 들여와 75퍼센트의 가격에 판매한다. 학생은 새책과 중고서적 가운데 어떤 것을 살지 고민하다가 중고서적의 가격이 새책 정가의 절반에서 4분의 1 사이에 책정되면 중고서적을 구입한다. 가격에 따라 신품과 중고서적을 구매하는 이런 시스템이 원활하게 돌아가면서 미국의 중고교과서 시장은 17억 달러짜리 사업이 되었다. 또한 전국 대학서점 판매의 16퍼센트를 차지하고 있다.

교과서 출판사들은 중고서적들이 영원히 유통되지 않게 하기 위해 페이지를 달리한 새로운 증보판 판매에 열을 올린다.[1] 이것은 중고서적들을 활용하기 어렵게 만들고 때때로 중고시장을 뒤흔든다.

그러나 비교과서 중고서적 시장의 경우에는 이런 상황이 거의 발생하지 않는다. 일반적으로 중고서적 판매점은 해당 지역 사람들을 통해 중고서적을 입수한다. 결과적으로 이런 서점들은 종류나 상태가 일정하지 않은 책을 무작위로 입수하게 되는데, 이는 도서시장의 포괄적인 상황보다는 판매점 주인의 기호와 운에 따라 결정된다. 중고서적 판매점의 단골손님들은 이처럼 정리가 안 된 서점들을 잘만 뒤지면 운 좋게도 뜻밖의 좋은 상품을 발견할 수 있다고 생각한다. 하지만 만약 당신이 특별한 책을 찾고 있다면 매대를 온통 뒤지고 서점을 샅샅이 훑어본다 해도 결국 찾지 못할 수도 있다.

경제적 의미에서 중고교과서 시장을 움직이는 것은 엄청난 유동성이다. 이 시장은 거래되는 상품의 수가 상대적으로 적은 대신 팔려는 사람과 사려는 사람들이 많기 때문에 당신은 적절한 가격에 원하는 것을 찾아낼 가능성이 높다. 이와는 대조적으로 비학술적인 중고서적 시장은 유동성 부족으로 어려움을 겪는다. 이 시장은 상품들의 수는 거의 무한정이라고 해도 좋을 정도로 많지만 팔려는 사람도 사려는 사람도 충분하지 않다. 그 결과 상품들의 수에 비해 매매하는 사람들이 적기 때문에 당신이 원하는 것을 발견할 가능성은 매우 낮다. 그래서 대부분의 구매자들은 특정한 서적을 구매하려 할 때는 결코 중고서적 판매점에 가지 않는다.

리처드 웨더포드는 비록 개별 서점으로 따지면 그다지 크지 않지만 전체 중고서적 시장을 하나로 통합하거나 연결하면 엄청나게 큰 시장이 된다는 사실을 깨달았다. 1만 2,000곳의 중고서적 판매점들의 재고도서들을 모두 합친다면 전세계에서 가장 큰 도서관과 경쟁할 수도 있을 정도였다. 개별 서점의 소유주들은 자신들의 재고도서 목록을 알리브리스 사이트에 업로드했고, 알리브리스는 그것들을 통합한 뒤에 알리브리스 데이터를 사용하는 온라인 서점들의 신간서적들 바로 옆에 중고도서들이 진열되도록 했다.

또한 알리브리스는 아마존과 비엔닷컴과 같은 거대 온라인 서점들에서도 활용할 수 있는 데이터베이스를 구축했는데,[2] 중고서적 재고목록을 신간서적들의 재고목록과 통합함으로써 신간서적을 구매하는 대신 절판된 책을 저가에 구매할 수 있는 선택권을 독자들에게 제공했다. 알리브리스는 수백만 명의 고객들을 중고서적 시장으로 끌어들이면서 중고서적 판매점들로 하여금 재고도서 목록을 컴퓨터로 관리하게 유도했다. 이를 통해 알리브리스는 온라인 소매 협력업체들을 확대했고 훨씬 더 많은 재고도서들을 확보하게 되었다. 이것은 고전적인 형태의 효과적인 연쇄반응이었는데, 결과적으로 중고서적 판매시장에 엄청난 영향을 미쳤다. 몇 년간의 불황 끝에 22억 달러의 중고서적 시장은 현재 두 자릿수의 성장세를 보이고 있는데, 도서산업연구회에 따르면 이와 같은 성장은 매년 30퍼센트 이상 성장하고 있는 600만 달러에 달하는 온라인시장 덕분이라고 한다.

디지털 시대, 집산자가 새로운 시장을 만든다

알리브리스는 개별 서점들이 보유하고 있는 매우 다양한 재고도서 목록을 한곳에 끌어 모은 뒤 그것들을 활용할 수 있고 찾기 쉽게 해주는 회사 혹은 서비스라는 점에서 일종의 롱테일 집산자aggregator이다. 알리브리스는 수천 곳의 중고서적 판매점들에 흩어져 있는 재고도서 목록들을 연결함으로써 정보를 활용해 이전에는 유동적이지 않았던 시장을 유동적인 시장으로 바꿔버렸다. 이 회사는 엄청난 재고도서 목록과 고객들을 통해 중고서적 시장의 잠재적 가치를 일깨웠다. 그리고 자신들의 재고도서 목록을 제출한 개별 서점들에게 알리브리스의 도서 카탈로그를 정리하는 대부분의 작업을 외주로 맡김으로써, 많은 재고도서 목록을 정리하는 데 드는 비용을 최소화시켰다.

이것은 롱테일의 기본 구도를 잘 보여준다. 롱테일에서는 판매비용이 줄어들수록 당신이 팔 수 있는 것은 점점 더 늘어난다. 이처럼 롱테일 집산자들은 유통비용을 줄임으로써 중고서적처럼 새책에 비해 상대적으로 열등한 존재였던 대상들의 힘을 드러냈다. 그들은 시장진입 장벽을 더 낮춤으로써 더 많은 상품들이 시장에 진입해서 고객을 만날 수 있도록 했다.

이러한 사례는 무수히 많지만 여기서는 몇 가지 사례에 대해서만 언급하겠다. 우선 구글은 소규모 및 중간 크기의 광고주들과 출판사들의 광고를 게재하여 수익을 얻는 식으로 광고의 롱테일을 확장했다. 랩소디와 아이튠스는 음악의 롱테일을 확장했고, 넷플릭스는 영화의 롱테일을 확장했다. 이베이는 물질에 기반을 둔 상품들의 롱테일과 그것들을 판매하는 상인들, 그리고 자신이 받은 마음에 안 드는 생일선물들을 팔기를 원하는 수백만 명의 일반인들을 롱테일로 불러들였다.

이것은 판매의 개념을 훨씬 초월한다. RSS(Really Simple Syndication의 약어로 업데이트가 자주 일어나는 웹사이트에서 업데이트된 정보를 자동으로 쉽게 받아보는 기능)를 사용하는 온라인 컨텐츠에서 새로운 정보가 입력되었을 때 신호로 알려주는 피드feeds를 모으는 블로그라인스Bloglines(블로그 전문 검색서비스) 같은 소프트웨어도 일종의 집산자라 할 수 있다. 그들은 함께 모여 수백만 개의 블로그들을 포함하는 온라인 컨텐츠의 롱테일을 이룬다. 위키피디아는 지식과 지식을 가진 사람들의 롱테일 집산자이다. 아이디어에서 사람들에 이르기까지 모든 것을 모으는 작업을 통해 이런 사례들은 끝없이 이어진다.

이번 장에서는 이 중에서도 특히 비즈니스 집산자들에 초점을 맞춰 살펴보겠다. 이들은 보통 다음과 같은 5가지 범주로 나누어진다.

1. 물질에 기반을 둔 제품. 예) 아마존, 이베이
2. 디지털 제품. 예) 아이튠스, 아이필름iFilm(세계적으로 손꼽히는 인터넷 영화 포털)

3. 광고/서비스. 예) 구글, 크레이그스리스트 Craigslist(부동산, 구인구직,
   상품매매 등의 광고가 올라오는 미국의 웹사이트)
4. 정보. 예) 구글, 위키피디아
5. 커뮤니티/사용자가 제작한 컨텐츠. 예) 마이스페이스, 블로그라인스

이 각각의 범주는 거대한 기업체에서부터 1인 운영체제까지 그 포함 범위가 넓다. 만약에 어떤 블로그가 어떤 특정 주제에 대한, 예를 들어 바느질에 대한 모든 기사와 정보를 모으고 있다고 한다면, 이 블로그는 그 자체로 야후 Yahoo!와 같은 집산자가 되는 것이다. 어떤 집산자는, 예를 들면 영화전문인 넷플릭스나 음악전문인 아이튠스와 같은 집산자는 한 범주의 전체를 다루려고 할 수도 있다. 반면 다른 집산자는 미국증권거래위원회 서류나 테크노음악 같은 한 분야의 정보를 모으는 서비스로 단순히 틈새시장을 개척하길 원할 수도 있다.

많은 집산자들은 여러 개의 범주를 차지한다. 아마존은 전자제품에서 조리용 기구에 이르기까지 '물질에 기반을 둔 제품'을 판매하면서 동시에 전자책에서 다운 형식으로 판매되는 소프트웨어에 이르기까지 '디지털 제품'을 판매한다. 구글은 정보, 광고, 구글비디오와 같은 디지털 제품을 판매한다. 밴드들과 그들의 팬들을 위한 매우 인기있는 네트워크 사이트인 마이스페이스는 수백만 개에 달하는 무료 음악컨텐츠와 그것을 듣는 사람들을 한데 모으며, 리뷰와 뉴스를 비롯해서 팬들의 짧은 언급을 통해 밴드들에 대한 더 많은 컨텐츠를 이끌어낸다.

하이브리드 매장 vs 순수 디지털 매장

물질에 기반을 둔 제품을 온라인으로 판매하는 온라인 집산자 사업의 첫 번째 영역과, 디지털 제품을 온라인으로 판매하는 두 번째 영역을 비교해 보자. 롱테일은 두 영역 모두에 있지만, 두 번째 영역이 첫번째 영역보다 그 꼬리를 더 멀리 확장할 수 있다.

미국 최대의 가전 전문 소매업체인 베스트바이닷컴BestBuy.com의 카메라 선정에서부터 넷플릭스의 DVD 보유 목록에 이르기까지 물질에 기반을 둔 제품의 온라인 소매점들은 오프라인 경쟁업체들보다 수백 배나 더 많은 재고품 목록을 제공할 수 있지만, 그 목록이 끝없이 이어지지는 않는다. 이와는 대조적으로 아이튠스의 음반이나 노래에서부터 구글 비디오의 TV쇼나 아마추어 영상물에 이르기까지 디지털제품을 판매하는 기업들은 자신들이 제공할 수 있는 모든 것으로 다양성을 확대할 수 있다는 점에서 이론적으로는 꼬리가 끝없이 이어질 수 있다. 서비스, 사용자가 제작한 컨텐츠, 커뮤니티와 같은 다른 3가지 범주들은 대부분 디지털 정보를 기반으로 한다는 점에서 디지털 제품을 온라인으로 판매하는 두 번째 영역과 성격이 같다.

첫번째 형태를 오프라인에서 움직이는 우편과 디지털 성향의 인터넷 경제 사이를 넘나든다는 점에서 하이브리드 소매점이라 할 수 있다. 이 영역에 속한 제품은 보통 우편이나 페덱스FedEx를 통해 소비자에게 배달되는데, 중앙집중식 창고로 유통비용을 절감하고 웹사이트의 검색기능과 기타 정보를 담은 무제한적인 카탈로그를 제공할 수 있다는 점에서 효율적이다.

아마존의 CD 사업부문을 한번 살펴보자. 이곳에서는 50만 종에 조금

못 미치는 CD를 보유하고 있다. 여기에 아마존에 입점해 있지만 고객과 직접 만나는 수많은 제3시장 판매자들의 재고상품 목록을 모두 모으면 아마도 80만 종에 육박할 것이다. 이 수치는 점점 증가하고 있으며, 몇 년 내에 100만 종을 넘어설 것으로 보인다. 하지만 그래도 아직까지는 상품목록이 제한적이다.

CD는 물질에 기반을 둔 상품이기 때문에 누군가에게 팔릴 때까지 어떤 장소에 보관해두어야 한다. 이처럼 아마존이 판매하는 제품에는 재고관리에 따른 몇 가지 위험요소가 있다. 우선 어떤 CD는 단 한 장도 팔리지 않을 수 있다. 게다가 고객에게 제품을 보내려면 운송비가 드는데 그 비용이 보통 3달러 이상 든다. 무엇보다 큰 문제는 CD에 담긴 노래들을 개별적으로 판매할 수 없다는 점이다. 즉 결과는 CD를 판매하거나 판매하지 못하거나 둘 중에 하나로 나타난다.

분명 아마존의 CD 판매상황은 오프라인 음반판매점보다는 훨씬 더 낫다. 이는 아마존이 오프라인 음반판매점보다 100배는 더 큰 선택권을 제공하기 때문이다. 이로 인해 아마존은 꼬리를 길게 늘어뜨리게 된다. 하지만 그게 전부는 아니다. 스노캡SNOCAP(P2P 이용 상태를 추적해 디지털 라이선스를 주는 저작권 관리 서비스)에 따르면 온라인에서는 적어도 900만 개의 노래가 공유되고 있다고 한다. 이것은 거의 100만 장의 앨범 가치에 해당한다. CD가 발명되기 전에 출시된 대부분의 노래들은 아직 공유되고 있지 않지만 이런 노래들 가운데 상당수도 결국 디지털 형태로 공유될 것이다. 그런데 온라인에서 공유되는 노래 가운데는 노래를 만들어 배포는 하지만 단 한 장의 CD도 출시하지 않은 개러지밴드와 아마추어 리믹서remixer들의 수천만 개에 달하는 노래도 포함되어 있다. 이 무수한 노래들 역시 100만 장의 앨범에 해당하는 가치를 지닌다. 이런 이유로 아마존은 온라인과 오프라인을 통틀어 선두권에 있는 쇼핑몰임에도 불구하고 음악의 롱테일에서 단지 4분의 1만을 차지하고 있을 뿐이다.

과거와 현재의 빅히트곡에서 개라지밴드의 노래에 이르기까지 음악 분야에서 롱테일 전체를 아우르는 유일한 방법은 '물질에 기반을 둔 상품들'을 완전히 버리고 '디지털 상품들'의 세계를 기반으로 모든 상거래를 하는 것이다. 이것은 두 번째 집산자의 영역인 순수한 디지털 소매점의 구조다.

순수한 디지털 모델에서 각각의 제품은 단지 하나의 데이터베이스로 입력되어 보관비가 거의 들지 않는다. 유통비는 고작해야 광대역의 메가바이트 수준이며, 사용자들이 직접 상품을 주문하고 다운받는 형식으로 제품을 구매한다. 더구나 순수 디지털 소매점들은 아이튠스에서 99센트에 제품을 다운받을 수 있는 것과 같이 독립형 제품을 판매하거나, 랩소디의 무제한 듣기 같은 서비스를 판매할 수도 있다.

이런 상업적 디지털 서비스들은 모두 아마존의 온라인 CD 카탈로그가 가진 이점을 갖고 있다. 또한 광대역 네트워크를 통해 제품을 전송하기 때문에 유통비를 제로에 가깝도록 최소화할 수 있다. 이처럼 제작비와 유통비를 거의 들이지 않는 판매망을 구축하는 것은 소매점들이 간절히 소망하던 일이다. 추가 데이터베이스 목록과 서버에 약간의 저장공간을 마련하는 것 외에는 비용이 전혀 들지 않기 때문에, 소매점들은 서버에 마련한 저장공간에 자신들이 가지고 있는 모든 제품들을 진열하지 않을 이유가 없다. 언젠가 저작권 승인과 계약 관계와 같은 복잡한 문제들이 해결되는 날 그들은 그렇게 할 것이다.

이와 같은 식으로 보면 전통적인 소매점들과 롱테일 소매점들의 구분은 쉽지 않다. 하지만 소매점들은 순수하게 물질에 기반을 둔 제품에서 디지털 제품과 물질에 기반을 둔 제품이 혼재하는 영역으로, 그리고 결국은 순수한 디지털 제품이라는 이상적인 영역으로 진보한다. 물질에 기반을 둔 제품들의 디지털 카탈로그를 만들면 롱테일을 형성하기에 충분할 정도로 유통비를 절감할 수 있다. 게다가 순수 디지털 방식으로 제품을 유통하면 비용을 훨씬 더 절감할 수도 있다. 이 2가지는 모두 롱테일이지만 후자는 전자보다 잠재적으로 꼬리가 더 길다.

꼬리로 가는 여정

롱테일이 실제로 어떻게 작동되는지 확인해보기 위해 다시 아마존의 경우를 살펴보자. 아마존은 하이브리드와 순수 디지털 모델을 함께 구현했는데, 비용을 절감하는 새로운 방식을 추구함으로써 사업영역을 꼬리로 더

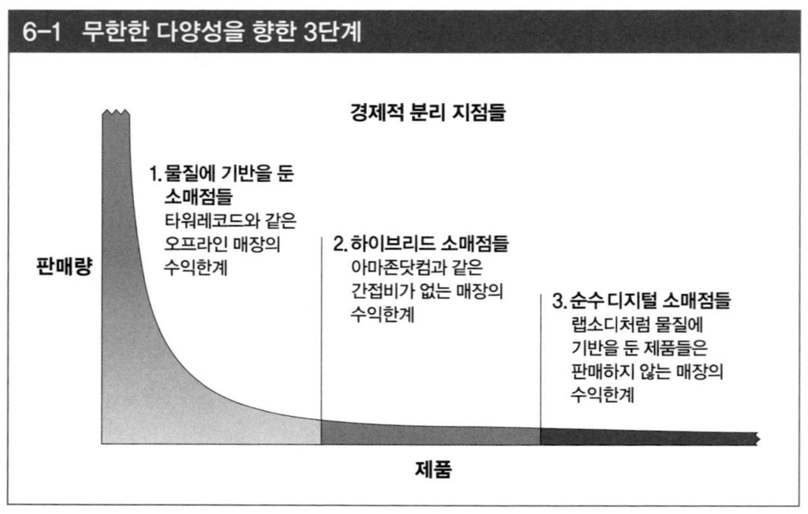

확장했다.

우리가 이미 살펴보았듯이 1단계는 제프 베조스가 최초로 생각해낸 통찰력이었다. 즉 온라인 상거래는 수백만 권의 카탈로그를 프린트하고 우편으로 부치는 부대비용을 전혀 들이지 않으면서도, 카탈로그로 제품을 판매하는 소매점이 지닌 직접구매 방식의 이점에다 우편주문으로 이루어지는 판매자 중심의 유통이 지닌 기본적 이점을 모두 가질 수 있었다.

2단계는 재고품들에 들어가는 물품보관비를 줄이는 것이었다. 아마존은 위탁판매 프로그램으로 그 목표를 성취했다. 아마존은 도서사업부터 시작했는데, 아마존 어드밴티지 프로그램Amazon Advantage program은 처음에는 저자들에게 매우 불공평한 거래처럼 보였다. 이 프로그램의 내용은 저자는 아마존에게 연간 29.95달러를 지불해야 하고, 아마존을 통해 책을 판매해야 하며, 책이 팔리면 수익의 55퍼센트를 아마존이 가져간다는 것이었다. 이런 불리한 조건을 왜 저자들이 받아들여야 했을까? 한마디로 이 위탁판매 프로그램은 주문이 원활하게 이루어지지 않고 책이 제대로 판매되지 않을 수도 있다는 불확실성에서 조금은 벗어날 수 있는 발전된 프로그램이었기 때문이다. 즉 저자가 책을 팔기 위해 출판사에 아쉬운 소리를 하지 않고도 자신의 책을 출고할 수 있는 방법이었던 것이다.

3단계는 다른 거대 소매점들을 비롯해서 제조업체들과 유통업체들과의 관계를 재설정함으로써 재고물품 수를 확장하여 비용을 훨씬 더 절감하는 것이다. 장난감 전문 소매업체로서 종류별 상품검색 및 온라인 쇼핑 서비스를 제공하는 토이저러스Toys "R" Us와 타깃Target 같은 거대 소매점들에게 세련된 인터넷 상거래기술을 제공함으로써, 아마존은 그런 거대 기업들을 위한 온라인 점포를 만들어주었으며 그들로 하여금 재고물품을 전적으로 관리하도록 했다. 이처럼 각각의 새로운 협력업체들을 통해 아마존은 수백만 개의 재고물품들을 효과적으로 관리할 수 있게 되었다.

물론 모든 소매점들이 아마존의 손에 자신들의 디지털 미래를 맡기려 했던 것은 아니며, 그럴 의향이 있는 회사들은 자주 주방기구나 장난감 분야에서 배타적 공급자가 되게 해달라고 요구했다. 이로 인해 아마존이 3단계 모델을 더 확장할 수 있는 길은 제한되었지만, 아마존은 고객의 주문 이후 포장과 배송 등을 처리하는 복잡한 업무를 무료로 처리하게 됨으로써 달콤한 경제적 이득을 누릴 수 있게 되었다. 이베이에서 볼 수 있듯 일정한 수수료를 받고 사용자들에게 소프트웨어와 서버를 판매하는 것은 가장 많은 이윤이 남는 장사이기 때문이다.

그러나 이베이와 같은 가상의 재고보관업체들이 엄청나게 성장함에 따라, 그것은 점점 더 큰 협력업체들이 아니라 점점 더 작은 협력업체들로 이동하게 되었다. 아마존은 수요자와 공급자가 가상공간에서 필요한 물건을 매매하고 정보를 교환하는 온라인 마켓플레이스 프로그램을 도입한 1999년에 이베이를 통해 모든 소매상들에게 온라인 점포를 제공하기로 결정했다. 전문적인 제품을 판매하는 상점에서 개인이 운영하는 상점에 이르기까지 모든 소매점들과 유통업체들은 아마존 자체 창고에 있는 상품들처럼 자사의 상품들을 아마존닷컴에 노출시킬 수 있게 되었고, 고객들은 쉽게 물건을 구매할 수 있게 되었다. 2004년 말까지 아마존은 10만 개 이상의 마켓플레이스 판매자들을 확보했고, 이들의 매출은 아마존 전체 매출액의 40퍼센트에 육박하는 것으로 나타났다.

이런 가상공간에서 이루어지는 판매모델의 등장은 전통적인 재고 문제를 뒤집어버렸다. 그러면 여기서 다시 온라인과 오프라인 매장의 차이를 확인해보자. 베스트바이와 같은 체인 소매점은 예를 들어 디지털 카메라를 모든 점포에 뿌리면서 대강 어디에서 얼마나 수요가 있을지를 잘 예측해낼 수 있길 바라는 수밖에 없다. 이때 사람들과 상품들은 같은 장소에 존재해야만 한다. 즉 수요와 공급이 베스트바이 매장의 통로에서 만나야 하는 것이다. 그러나 베스트바이는 불가피하게도 어느 정도 수준에서 수요를 잘못 예측할 수밖에 없고, 그로 인해 어떤 매장에서는 재고가 남지 않게 다 판매하는 반면 다른 매장에서는 재고를 잔뜩 쌓아두면서 제품의 품질은 떨어뜨리고 공간은 불필요하게 낭비하는 상황이 벌어진다.

이에 비해 매장에 배치되어 있는 재고품 목록을 관리하는 프로그램인 아마존 마켓플레이스를 활용하면, 상품들은 비록 전국의 매대에 놓여 있지만 그것들은 아마존의 웹사이트에서 공동으로 분류되고 공급된다. 그래서 사람들이 물건을 주문하면 그 상품을 보유하고 있는 소규모 상인들이 상품을 포장하여 고객에게 즉시 운송한다. 체인으로 운영되는 소매점과 마찬가지로 아마존 또한 분산되어 있는 수요에 대해 중앙집중화된 공급방식을 취하고 있긴 하지만, 이 모델의 천재성은 매장과 고객이 동일한 장소에 존재할 필요가 없다는 것이다. 아이러니하게도 이것은 수요와 공급이 실제로 연결될 가능성을 높여준다. 또한 비록 수요와 공급이 제대로 연결되지 않는다 하더라도 아마존에서는 잉여재고에 의한 진열공간의 불필요한 낭비가 전혀 발생하지 않는다.

이 프로그램이 지속적으로 성장하면서 아마존은 점점 더 오프라인 매대의 전제주의적인 형태를 깨뜨리고 있다. 아마존은 수요가 어디서 발생하며 얼마나 될지 추측할 필요가 없다. 자신들의 판단에 따라 자체적으로 의사결정을 하는 소규모 상인들의 네트워크는 아마존이 마켓플레이스 프로그램을 가동하는 데 따른 비용과 손실의 위험성을 분담한다. 진열 매대가 갖는 폭력성에 대해서는 '9장 머리가 짧아진다'에서 더 자세히 살펴보도록 하겠다.

가상공간에 재고물품 목록을 정리하면 꼬리를 더 길게 할 수 있고, 여기에 종이로 된 재고물품 목록까지 없애면 꼬리를 더 길게 확장할 수 있다. 아마존의 다음 단계는 고객에게 발송할 제품은 물론이고 제품을 운송하는 마지막 순간까지 디지털화함으로써 보다 효율적인 경제활동을 하기 위해 노력하는 것이었다.

책을 운송하는 데 따른 문제는 수많은 책들 중에서 상당수가 연간 1부 내지 2부만 팔려나간다는 점이다. 이런 경우에는 연간 10부를 주문받는다 해도 이익을 내기 어렵다. 비록 책이 팔릴 때까지 그것을 쌓아두는 데 드는 비용은 1달러밖에 안 되지만, 그 책을 쌓아두고 있는 소매점은 그 책이 그렇게 팔리지 않는데도 창고에 계속 쌓아두어야 하는지에 대해 의문을 품게 된다. 이때 소매점들에게 필요한 것은 연간 1부밖에 팔리지 않는 책을 보다 많이 판매할 수 있는 효과적이고 경제적인 방식이다. 그리고 이를 통해 재고관리비가 거의 들지 않는 상황을 만드는 것이다.

아마존의 해법은 주문형인쇄방식print-on-demand이었다. 이런 형태로 제작된 책은 구매시점까지 디지털 파일 형태를 띠게 된다. 사람들은 그것을 언제든지 레이저프린터로 출력할 수 있고, 무선제본 형태로 제작할 수도 있다. 디지털 제품들은 고객이 원할 때만 물질에 기반을 둔 제품으로 형태를 바꾸며 그 판매비용은 100퍼센트 수익으로 전환된다. 아주 간단하게 말하면 주문형인쇄방식으로 제작된 디지털 책의 생산비와 보관비는 전혀 들지 않는다. 이것은 매우 효율적인 생산방식이어서 언젠가는 지금까지 제작된 모든 책에 적용될 가능성이 있다. 이것은 서적판매상이 주문형인쇄방식으로 만든 책과 그렇지 않은 책을 차별대우할 필요가 전혀 없다는

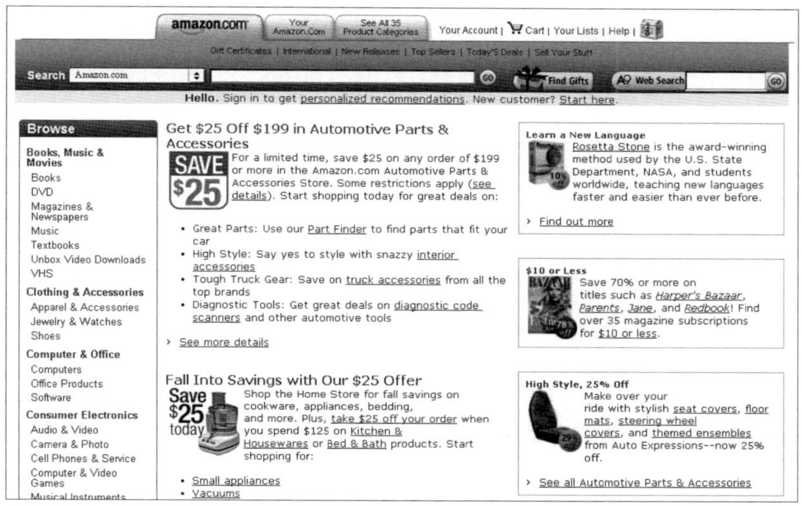

아마존은 주문형인쇄방식으로 책을 제작하는 업체 북서지와 주문형제작방식으로 DVD를 제작하는 업체 커스텀플릭스를 인수했다. 이로써 아마존은 오프라인 진열 공간이나 관리비가 전혀 들지 않는 제품들을 보유할 수 있게 되었다.

사실을 의미한다. 주문형인쇄방식으로 제작된 디지털 책은 비록 수요예측에 실패한다 해도 비용이 하나도 들지 않기 때문이다.

이것은 아주 이상적인 형태이다. 그런데 현재 대부분의 주문형인쇄방식 책 역시 수백 권의 최소단위로 프린트되어 재고로 쌓여 있는 것이 현실이다. 하지만 주문형인쇄방식의 제작단가가 떨어지면서 이상적인 낱권판매 형태에 점점 더 가까워지고 있다.

아마존은 자체 창고에 산업용 프린터를 설치하기 시작했다. 2005년 중반에 아마존은 선도적인 주문형인쇄방식으로 책을 제작하는 업체인 북서지BookSurge를 소유하게 됨으로써 사업범위를 크게 확대했다. 그로부터 몇 달 뒤 아마존은 주문형인쇄방식으로 DVD를 제작하는 업체인 커스텀플릭스CustomFlix마저 인수해서 영향력을 영화업계로까지 확대시켰다. 이제 아마존은 오프라인 진열공간도 필요없고 관리비도 전혀 들지 않는 제품들을 보유할 수 있게 되었다. 이런 책과 영화는 주문받기 전까지는 데이터베이스의 파일로 남아있을 것이기 때문이다.

물론 아마존이 처음으로 주문형인쇄방식의 개념을 발명한 것은 아니었다. 주문형인쇄방식은 최근 기술적이고 경제적인 제약을 극복하기 전까지 도서산업에 종사하던 사람들의 오랜 숙원이었다. 이제 주문형인쇄방식으로 양질의 책을 제작하는 것은 더 이상 놀라운 일이 아니다. 만일 당신이 책 속의 이미지 상태와 같은 부분을 자세히 들여다보지 않는다면, 아마존에서 구입한 그 책이 출판사에서 제작된 책인지 아니면 아마존의 창고에 있는 레이저프린터로 제작된 책인지 구분할 수 없을 것이다.

감탄을 금치 못하게 하는 이런 생산방식에도 불구하고 출판업이 주문형인쇄방식으로 이동하는 것은 요원해보이기만 한다. 전통적인 방식의 출판은 대량으로 생산하기 때문에 상당히 저렴하다. 이에 비해 주문형인쇄방식의 형태를 갖춘 파일을 한 권의 책으로 만드는 데는 여전히 비용이 많이 든다. 또한 주문형인쇄방식은 제작할 수 있는 책의 크기가 제한되어 있다. 즉 책의 페이지 수가 어떤 기준보다 많거나 적으면 디자인을 다시 하고 틀을 다시 잡아야 한다. 그렇다면 이 시점에서 저작권과 관련된 흥미로운 질문을 하나 해보겠다. 이전에 출간된 책의 경우 주문형인쇄방식으로 한 권의 책을 제작하려면 저자의 허락을 받아야 하는데 아직까지는 많은 저자들이 주문형인쇄방식으로 제작된 책은 값이 비싸기 때문에 판매에 부정적인 요소로 작용하지 않을까 걱정한다. 주문형인쇄방식은 출판사의 대량제작에 비해 조금 더 높은 생산비를 충당하기 위해 권당 몇 달러가 더 비싸기 때문이다. 이와 같은 이유로 저자들은 주문형인쇄방식을 거부한다.

그럼에도 주문형인쇄방식이 가진 가능성은 매우 높다. 출판사에서 부담해야 하는 가장 큰 비용 중 하나는 서점에서 책을 반품받을 때의 비용인데, 이제까지 출판사는 그것을 업계의 관행으로 아무렇지 않게 받아들여왔다. 서점들이 필요 이상으로 과다한 주문을 하는 이유는 다음 쇄를 찍어내기 전까지 책이 품절되는 것을 방지하려는 측면도 있지만, 필요한 양보다 더 많이 주문한다 해도 그로 인해 발생하는 비용은 출판사가 부담하기 때문에 전혀 손해를 보지 않기 때문이었다. 하지만 만일 다음쇄가 인쇄되기 전까지 주문형인쇄방식을 통해 소량을 제작해서 수요를 충족시킨다면, 서점에서는 실제로 필요한 양만큼만 주문하게 될 것이므로 출판사 입장에서는 엄청난 반품비용을 줄일 수 있게 된다.

결론적으로 주문형인쇄방식의 경제적 효과는 롱테일을 확장시킬 뿐만 아니라 엄청난 비용 손실의 위험이 있는 머리부분의 경제흐름까지 개선시킨다. 두말할필요도 없이 매우 매력적인 이 방식을 앞으로는 더 많은 사람들이 선택할 것이다.

순수 디지털 제품은 재고가 필요없다

비용절감을 극대화하려면 물질에 기반을 둔 제품들을 제거하고 디지털에 기반을 둔 제품들만 취급해야 한다. 순수한 디지털 집산자들은 재고품을 하드디스크에 저장해두고 광대역 네트워크를 통해 이동시킨다. 이때 제작과 진열, 그리고 유통에 들어가는 비용은 거의 들지 않으며 저작권 사용료는 제품이 팔릴 때만 지불한다. 또한 디지털 방식으로 이루어져 있기 때문에 필요한 만큼 여러 번 복제되고 전송될 수 있는 제품은 완벽한 주문자 중심의 시장을 형성한다. 베스트셀러든 완전실패작이든 데이터베이스에서는 동등한 위치를 차지하는데, 이는 기술과 저장공간에서 차지하는 데이터로서의 위치가 동등하기 때문이다.

이것은 현재 아이튠스와 랩소디를 비롯한 다른 디지털 음악서비스들을 통해 분명하게 확인할 수 있는 모델이다. 이러한 성공의 기회는 비단 음악에만 한정되지 않는다. 우리 시대를 이끌어나가는 트렌드는 한때 실물로 배송되던 제품들을 데이터로 변환하고 이를 우리들의 가정까지 전송하는 방법을 알아내는 것이다.

영상 분야에서 순수 디지털 시장들은 케이블회사들이 제공하는 주문형비디오video-on-demand에서 구글비디오와 같은 웹에 기반을 둔 영상 집산자들로 이동하고 있다. 비트토렌트와 같은 P2P 파일공유기술은 수백 개의 비상업적인 디지털 비디오 시장의 토대가 되었다. 반면 아이튠스는 아이포드에서 시청하기 위해 파일을 다운받을 때 건당으로 요금을 받는 영상사업을 활발하게 진행하고 있다. 이 가운데 어떤 것들은 TV 컨텐츠인데, 티보가 이런 네트워크에 기반을 둔 디지털 비디오 시장을 주도하게 될 것이다. 또한 넷플릭스는 앞으로 영화시장을 장악하고 변화를 주도할 것으로 보인다.

내용물을 보호하는 케이스 형태의 카트리지에 이어 DVD에 담겨 판매되던 비디오게임들은 현재 비트 형태로 거실의 게임 콘솔console(컴퓨터와 디지털 기기들을 연결하고 한곳에 모아 제어)에 전송되고 있다. 이것은 오래된 타이틀과 틈새타이틀에서부터 새로운 캐릭터들과 같은 추가 컨텐츠에 이르기까지 모든 분야에서 새로운 시장을 창조한다. 일본의 게임업체인 닌텐도Nintendo는 차기 콘솔인 코드네임 레볼루션Revolution을 출시하면서 이 최신 콘솔이 그 이전에 출시된 콘솔들과 호환되게 함으로써, 롱테일을 형성하는 예전의 컨텐츠를 모두 저렴한 비용으로 다운받을 수 있고 즐길 수 있게 하는 것을 그 핵심으로 삼고 있다.

전자책, 오디오북, 온라인 신문들, 잡지들, 그리고 소프트웨어도 같은 길을 걸어갈 것이다. 이들은 모두 한때 종이나 플라스틱의 형태를 띠고 물질에 기반을 둔 복잡한 재고품 목록과 운송방법을 필요로 하던 것들이었다. 이제 이 모든 것들은 디지털 경제와 조화를 이루면서 디지털 버전으로 통합되었다. 그러나 이런 상황은 모든 경우에 항상 동일하게 적용되지는 않기 때문에 아직은 많은 사람들이 종이책과 잡지를 선호하고 있다. 하지만 양자가 갖는 기능적인 격차는 점점 줄어들고 있다. 무엇보다 디지털 버전들이 갖는 유통상의 강점은 거부할 수 없을 정도로 매혹적인 것이 사실이다.

7 롱테일 시대, 새로운 유행을 만드는 사람들

메가폰을 손에 쥔 개미군단이 새로운 유행을 만들고 있다.

과거에 히트앨범을 출시하는 유일한 방법은 바로 라디오를 이용하는 것이었다. 많은 사람들에게 노래를 자주 노출시킬 수 있는 매체는 오로지 라디오밖에 없었다. 노래를 선전해달라고 음반회사에서 라디오 연주곡 관계자나 결정권자에게 건네던 뇌물이 금지된 뒤에는 라디오 선곡 리스트에 포함되는 것이 까다로워졌지만, 어떤 노래가 라디오에서 자주 흘러나오면 앨범이 많이 팔릴 가능성이 높았다. 한편 1980년대에 개국한 MTV는 히트곡을 만드는 두 번째 방법이 되었다. MTV는 신곡을 방송하는 데는 상당히 인색했지만, 당대 사람들에게 미치는 영향만큼은 단연 최고였다. 음반회사들에게 이보다 더 좋은 것은 없었다. MTV에 출연하기 위해 엄청난 경쟁이 벌어졌지만, 음반회사들은 이미 그런 상황을 예상하고 있었다. 그들은 MTV의 메커니즘을 파악했고, 그것을 잘 활용함으로써 돈을 벌어들였다.

하지만 2006년 현재 록 라디오 방송국은 몰락의 길을 걷고 있고, MTV는 예전처럼 뮤직비디오를 많이 방송하지 않는다. 그렇다면 음악을 과연 어떻게 홍보해야 할까? 음반회사들은 수요를 창출하기 위해, 전통적인 마케팅을 대체하고 있는 소비자들의 입소문에 의지하면서 온라인에서 그 답을 찾고 있긴 하지만, 그들은 여전히 그렇게 하는 것이 최선의 방법인지 확인하고 싶어한다.

마케터들은 급속한 변화를 맞이하고 있다. 광고에 대한 고객의 믿음과 광고하는 데 돈을 들이는 기관들은 점점 줄어들고 있는 데 비해 롱테일에서 일어나는 변화처럼 각각의 개인들이 만들어가는 영향력은 점점 더 중요하게 인식되고 있다. 지위가 비슷한 사람들끼리 신뢰를 다져나가는 가운데 윗사람의 말보다는 하위직이나 하위계층의 목소리가 점점 커지는 반면, 위에서 내려오는 지시나 메시지는 점차 그 영향력을 잃어가고 있다. 더 이상 위에서 내려오는 지시나 메시지는 예전처럼 영향력을 발휘하지 못한다. 델Dell은 제품의 품질과 고객서비스를 향상시키기 위해 매년 수억 원의 돈을 쏟아붓고 있다. 그럼에도 구글에서 'dell hell(빌어먹을 델)'을 입력하면 약 55,000페이지에 달하는 검색결과가 쏟아져나온다. 심지어는 'dell'이라는 단어를 검색했을 때 나오는 두 번째 페이지에 고객의 불평이 나올 정도다. 이런 식으로 기업과 고객 사이의 힘의 역전현상이 개별제품에서 고객들에 이르기까지 기존의 마케팅 전략을 변화시키고 있다. 이제는 집단이 마케팅을 주도하는 시대가 되었다.

고객들이 검색엔진을 통해 자신이 구매할 것을 찾게 되면서 기업의 브랜드는 기업이 제시하는 것이 아니라 구글을 통해 검색되는 것으로 바뀌어버렸다. 그래서 우리는 누구나 인기상품을 만들어내고 유행을 선도할 수 있는 위치에 서게 되었다. 사람들이 제품들을 하나도 빠뜨리지 않고 모두 다 대조해보고 비교해본 뒤에 해당 제품의 블로그에 글을 올리거나 고객평가를 쓰는 방식으로 입소문을 퍼뜨리게 되면서, 입소문은 이제 하나의 공식적인 대화채널이 되었다. 그동안 무시당했던 개미군단이 드디어 메가폰을 손에 잡게 된 것이다.

이런 상황에서는 수요를 어떻게 끌어올리느냐가 가장 중요한 문제이다. 따라서 이번 장에서는 수요를 최고로 끌어올리는 여러 기법들에 대해 알아보겠다. 우선은 롱테일 법칙을 이끌어나가며 변화를 주도하고 있는 음악산업 분야부터 살펴보자. 여기서 언급하는 3개의 밴드들은 권력이 음반회사 경영자들에게서 팬들에게로 이동한 놀라운 사례를 보여준다. 첫번째 밴드는 실망감을 안겨주었고, 두 번째 밴드는 성공을 거두었으며, 마지막 밴드는 밴드들이 음반회사들을 통하지 않고도 자신들의 음악을 알릴 수 있는 방법을 보여주었다. 하지만 이 세 밴드들은 모두 고객들이 권력을 쥐게 된 시대에 판매 분야에 어떤 난관이 찾아올지를 단적으로 보여주고 있다.

보니 맥키, 충성도 높은 팬을 확보하지 못해 실패하다

2004년 9월, 워너Warner의 자회사인 음반회사 리프라이스Reprise는 당시 열아홉 살이었던 가수 보니 맥키Bonnie McKee의 데뷔앨범을 출시했다. 출발은 그다지 순조롭지 않았다. 한 번에 끝나야 할 녹음은 두 차례에 걸쳐 이루어졌고 출시 시기를 저울질하는 동안 음반출시는 1년이나 늦어졌다.

보니 맥키는 성숙하면서도 허스키한 목소리의 소유자로 직접 곡을 쓰기도 했는데, 어린시절 마약과 섹스로 얼룩진 힘든 시기를 보냈다. 열여덟 살에 결혼한 그녀는 남편 외에 다른 남자들과 데이트를 즐겼고, 때로는 자신보다 갑절이나 나이가 많은 남자들을 사귀기도 했다. 그녀의 우상은 피오나 애플이었는데, 그녀 역시 기존 분류체계로 분류하기 어려운 음악세계의 예술가였다. 피오나 애플은 어린 시절 부모의 이혼 등으로 정신과 치료를 받으며 힘겨운 유년기를 보내면서 심각한 정신적 고통을 겪었지만

음반회사 리프라이스는 보니 맥키의 데뷔앨범 '트러블'을 출시하며 처음에 20대 후반과 30대 초반의 여성들을 타깃으로 삼았다. 하지만 런치캐스트를 통해 그녀의 첫번째 싱글 '섬바디'를 소개하고 청취자들의 반응을 분석해본 결과, 보니 맥키의 노래를 가장 많이 들은 층은 13세~17세 여성이었다.

이를 극복하고 1997년 제40회 미국 그래미어워드 최우수 여성 록보컬 상을 받았다.

리프라이스는 보니 맥키가 보낸 유년시절의 힘든 인생역정을 마케팅에 활용하기 위해 그녀가 침체의 늪에서 벗어나 활동을 재개할 때, 2003년 아메리칸 뮤직어워드 최우수 여성 팝아티스트로 선정된 셰릴 크로와 같은 록 분야에서 활동하도록 결정했다. 리프라이스는 보니 맥키의 앨범에 '트러블Trouble'이라는 타이틀을 붙이고 20대 후반과 30대 초반의 여성청취자들이 많이 듣는 여러 군데의 라디오 방송국에 소개하는 것으로 마케팅을 시작했다.

어림짐작으로 결정한 이런 마케팅 전략은 타깃 고객이나 광고매체를 제대로 선정하지 못했을 경우 엄청난 실패로 끝날 수 있는 등 여러 가지 위험성을 안고 있었지만, 순회공연을 하지 않고 새로운 앨범을 출시하는 가수에게는 별다른 선택의 여지가 없었다. 하지만 이제는 라디오 외에도 신규 앨범을 홍보할 수 있는 다양한 매체들이 있었다. 그래서 라디오에 첫 방송을 내보낼 준비를 하는 동안, 리프라이스는 야후에서 만든 무료 인터넷 라디오 서비스인 런치캐스트LAUNCHcast를 비롯한 온라인 음악사이트에 미리 몇 곡을 선보인다. 런치캐스트는 수백만 명의 사용자들이 자신들이 좋아하는 밴드와 장르를 선택하도록 한 뒤에 그 밴드의 음악을 비롯해 다른 음악들을 무료로 청취할 수 있도록 했기 때문에, 사람들은 런치캐스트를 좋아했다. 그래서 리프라이스는 보니 맥키의 앨범출시를 준비하면서 런치캐스트의 청취자들에게 그녀의 음악을 먼저 선보여 그녀의 음악을 좋아할 만한 청취자들과 그 연령대를 알아보고자 한 것이다.

런치캐스트는 사람들의 선호도에 따라 방송이 결정되는 추천시스템에 의해 방송 스케줄이 잡힌다. 노래가 방송되는 동안 화면에 작은 창이 나타나 노래와 가수와 앨범에 대해 '다시는 듣고 싶지 않다'를 의미하는 별 1개에서부터 '더 자주 듣고 싶다'를 의미하는 별 5개까지 청취자들이 직접 점수를 매길 수 있도록 한다. 당신이 런치캐스트에서 방송되는 음악을 듣고 점수를 매기면 야후의 소프트웨어인 런치캐스트는 당신의 의사를 반영해서 그에 맞게 앞으로 방송할 노래 목록을 수정한다.

하지만 런치캐스트는 단순히 고객의 의사를 반영해서 방송 곡목을 조정하는 기계적인 소프트웨어가 아니다. 런치캐스트는 청취자들의 의사를 확인하고 그들의 의사를 반영해 상위 10곡처럼 추천곡 목록을 선정한다. 런치캐스트는 수백만 명이 듣는 온라인 서비스이기 때문에 야후는 매년 수억 명의 선호도를 확인해서 청취자들의 기호를 확인할 수 있다. 이런 방법을 활용하면 청취자들이 어떤 곡을 선호하는지 알 수 있기 때문에 그들이 좋아하는 노래를 더 많이 들려줄 수 있는 방법을 알아낼 수 있다. 뿐만 아니라 청취자들의 평가를 통해 각각의 노래에 대한 구체적인 정보까지도 얻을 수 있다. 무료 음악서비스 런치캐스트는 놀랄 만한 크기와 아주 정교한 분석방법을 활용하는 투표장치이다. 이런 투표장치를 통해 런치캐스트는 문화의 흐름을 지속적으로 파악할 수 있는데, 가수들은 수백만 명에 이

런치캐스트는 수백만 명의 사용자들이 자신들이 좋아하는 밴드와 장르를 선택하도록 한 뒤 그 밴드와 장르의 음악을 비롯해 다른 음악들을 무료로 청취할 수 있도록 한다. 또 사람들의 선호도에 따라 방송이 결정되는 추천시스템에 의해 방송 스케줄이 잡힌다. 이것은 아주 놀랄 만한 크기와 정교한 분석방법을 활용하는 일종의 투표장치라 할 수 있다.

르는 팬들의 클릭을 분석함으로써 자신들의 노래를 문화의 흐름에 맞추는 방법을 찾게 된다.

만일 충분히 많은 수의 사람들이 브레이크비트Breakbeat(일렉트로닉 뮤직의 한 장르)의 선봉장으로 미국 출신의 듀오인 크리스탈 메소드The Crystal Method와, 힙합과 재즈, 펑크가 가미된 일렉트로닉 뮤직을 추구하는 영국 출신의 듀오인 그루브 아마다Groove Armada를 좋아한다고 하자. 그 두 듀오 사이에는 스타일상 무언가 연관되는 게 있을 것이다. 어떤 사람은 그들의 음악적 정체성을 힙합과 테크노의 요소를 결합한 다운템포downtempo로 구분하고 다른 사람은 비트앤드브레이크beats and breaks로 구분한다고 해도 말이다. 그런 스타일의 연관성을 근거로 야후는 그 두 듀오의 곡을 자주 함께 방송하고 그에 따라 청취율이 점점 더 높아지면 방송 빈도를 더 높이게 된다.

야후의 소프트웨어가 각각의 청취자들을 위한 연주목록을 만들기 때문에, 이따금 새로운 가수들이나 연주자들의 노래들을 방송한 뒤에 청취자들이 그런 노래들을 좋아하는지 투표장치를 통해 조사한다. 라디오 방송국들도 이런 작업을 하기는 하지만 인기음반을 발매한 가수들이나 연주자들의 노래에 국한된다. 또한 수많은 예비 테스트와 마케팅을 거친 뒤에만 그런 조사를 한다. 그런데 야후는 수많은 라디오 방송국을 갖고 있으며 각각의 방송국들은 개인맞춤 방식으로 단 한 명의 사용자가 원하는 곡들을 방송한다는 것이 다른 방송국들과의 커다란 차이점이다. 무한한 진열 공간을 갖춘 온라인 소매점들처럼 런치캐스트는 무한한 방송능력을 갖추고 있기 때문에 히트곡과 그렇지 않은 곡들에 대한 차별은 주류 매체들보다 상대적으로 적다. 런치캐스트는 새로운 가수들과 연주자들의 앨범을 보다 많이 방송하기 위해 노력하고 있는데, 결과 매년 수천 개에 달하는 신곡들을 소개하고 있다. 이는 기존의 라디오 방송국으로서는 절대 불가능한 수치이다.

만일 새로운 노래가 소수의 청취자들에게 높은 인기를 끌면 런치캐스트를 비롯한 수많은 라디오 방송국을 운영하고 있는 야후는 그것을 방송목록에 추가할 것이다. 전통적인 라디오 방송국과는 달리 야후는 그 노래를 좋아하는 청취자들에 대해 많은 것을 알고 있다. 청취자들의 성별, 나이, 주소는 물론이고, 지금까지 청취했던 음악과 그 음악에 대한 선호도를 통해 그들의 음악적 기호에 대해 많은 것을 파악하고 있다. 야후는 이런 자료를 통해 강력한 힘을 발휘하는 음악 마케팅 기법을 개발했는데, 그 중에는 각각의 청취자에게 딱 맞는 추천음악 목록을 제공했을 때 청취자들이 주는 피드백을 통해 다른 청취자들에게까지 그 영향력을 확장하는 입소문과 같은 것이 있다.

리프라이스는 런치캐스트를 통해 이런 효과를 얻으려 했다. 어느 연령대의 청취자들이 보니 맥키의 음악을 좋아할지 알 수 없었던 리프라이스는 그녀의 첫번째 싱글 '섬바디 Somebody'를 런치캐스트의 성인 대상 방송 예정 목록에 올림으로써 새로운 가수와 연주자에 대한 청취자들의 반응을 확인하는 야후의 프로그램을 활용하기로 결정했다. 런치캐스트의 성인 대상 방송을 듣는 연령층은 리프라이스가 마케팅을 전개하려고 했던 라디오 방송국 청취자들의 연령층과 비슷했다. 리프라이스는 보니 맥키를 보다 많은 청취자들에게 알리기 위해 20대 후반과 30대 초반의 여성청취자들 외에 다른 연령층에 노래를 알리고 홍보하는 데도 비용을 지불했다. 리프라이스는 청취자들이 보니 맥키의 노래에 매긴 평점을 보면 그녀의 팬이 어느 정도 될 것이며 그들의 충성도가 어느 정도인지 확인할 수 있으리라 생각했다. 몇 주 뒤 리프라이스는 야후로부터 결과를 받을 수 있었다. '섬바디'는 매우 인기가 있긴 했지만 모든 연령층에서 고르게 반응이 나타나지는 않았다. 놀랍게도 리프라이스가 타깃으로 삼은 25세에서 35세 사이의 여성들은 그다지 큰 반응을 보이지 않았다.

리프라이스는 런치캐스트의 분석결과를 통해, 보니 맥키의 노래를 들은 사람들에 대해 다음과 같은 정보를 알게 되었다.

누가 보니 맥키의 노래를 들었나?

13세 이하 여성	17.2%
13세 ~ 17세 여성	29.9%

18세 ~ 24세 여성	15.9%
25세 이상 여성	11%
13세 이하 남성	4.4%
13세 ~ 17세 남성	8.0%
18세 ~ 24세 남성	6.4%
25세 이상 남성	7.2%

결과는 너무도 명확했다. 리프라이스는 타깃을 잘못 설정하고 있었던 것이다. 보니 맥키의 노래는 20대부터 30대까지의 여성들을 매료시키기보다는 훨씬 더 어린 사람들을 사로잡았으며, 그 수치는 런치캐스트 전체 청취자들 가운데 17세 이하 여성 청취자들의 절반에 육박했다. 보니 맥키의 노래에 높은 점수를 준 청취자들은 셰릴 크로와 같은 가수의 노래를 찾는 대신, 에이브릴 라빈, 브리트니 스피어스, 그웬 스테파니 같은 가수들의 노래를 많이 찾았다. 불안한 사춘기를 보내던 많은 10대 소녀들은 "나는 어두운 극장에 홀로 앉아 있었어, 사람들이 손을 잡고 입장하는 것을 보면서. 나만 혼자였어. 나는 뒤쪽에 숨듯이 앉아 영화를 보고 있었어⋯⋯"와 같은 보니 맥키의 노래가사에 담긴 가슴저린 사랑이야기에 공감했다.

2004년 11월 중반까지 '섬바디'는 런치캐스트에서 방송횟수를 기준으로 10위를 기록했고, 지속적인 홍보를 통해 보니 맥키는 런치캐스트의 검색순위 상위 50위에 들어가게 되었다.

보니 맥키의 앨범에 대한 런치캐스트 청취자들의 반응을 토대로 리프라이스 경영진에서는 기존에 세워놓았던 앨범 마케팅 전략을 전면 수정했다. 그들은 보니 맥키가 어린 시절 방황했던 사실과 그녀의 노래가 10대 취향의 록 음악이라는 사실을 부각시키는 방향으로 마케팅을 전개했다.

리프라이스 홍보 책임자는 보니 맥키가 셰릴 크로 계열의 가수도, 브리트니 스피어스 계열의 가수도 아니라고 결론지었다. 대신 그녀를 10대 소녀 청취자들의 다소 괴짜 같은 특성에 호소하며 기존 팝음악에 대항하는 반항아적인 이미지로 소개하기로 했다.

이것은 꽤 괜찮은 방향전환이긴 했지만 제대로 먹혀들지는 않았다. 보니 맥키의 앨범은 1만 7,000장도 채 팔리지 않았다. 런치캐스트를 통해 그녀의 음악에 가장 깊이 탐닉할 만한 청취자의 연령층을 알고 있었음에도 불구하고 보니 맥키의 음악은 여전히 라디오 방송을 한 번도 타지 못했다. 당시 리프라이스의 마케팅 캠페인을 이끌었던 로빈 베흐텔Robin Bechtel은 "우리는 밴드가 온라인 팬들에게 먼저 유명세를 탄다면 그 밴드의 노래가 라디오나 MTV에 방송될 경우 앨범을 판매하기가 훨씬 쉽다는 사실을 알게 되었다. 그렇지 않을 경우 라디오에 소개된다 해도 실패하기 쉽고, 설사 라디오에서 좋은 반응을 얻는다 하더라도 사람들은 히트곡만 다운받지 앨범을 사지는 않는다. 팬들은 가수나 연주자에게 몰입하기보다는 오로지 자신의 마음에 드는 노래에만 관심을 갖는 것 같다"라고 말했다.

로빈 베흐텔은 보니 맥키의 싱글 앨범을 찾는 수요자들이 런치캐스트에 무료로 접속해서 커다란 만족감을 얻게 되었다고 생각했다. 하지만 보니 맥키의 노래는 사람들이 온라인에서 이미 청취한 싱글 앨범을 돈을 주고 구매하도록 만들기에는 역부족이었다. 문제는 포지셔닝이나 마케팅이 아니라 충성도 높은 팬들의 지원이 부족했다는 것이다. 오늘날 온라인 고객에게 음악을 팔려면 히트앨범을 파는 것보다 더 많은 노력이 필요하다. 그리고 그렇게 하는 데 가장 이상적인 형태는 온라인상에서 입소문을 내줄 충성도 높은 팬들을 확보하는 것이다.

마이 케미컬 로맨스, 입소문으로 140만 장을 판매하다

한편 리프라이스는 펑크록을 구사하는 뉴저지 출신의 5인조 밴드 마이 케미컬 로맨스^{My Chemical Romance}가 충성도 높은 팬들을 확보하고 있다는 사실을 알게 되었다. 이 밴드의 두 번째 앨범 '스리 치어스 포 스위트 리벤지 Three Cheers for Sweet Revenge'는 보니 맥키의 앨범과 비슷한 시기에 출시되었다. 한 독립음반회사에서 출시된 첫번째 앨범은 겨우 1만 장이 팔렸지만 마이 케미컬 로맨스는 이를 통해 충성도 높은 팬들을 확보할 수 있었다. 2004년 5월, 마이 케미컬 로맨스의 두 번째 앨범을 출시하기 5개월 전에 리프라이스는 충성도 높은 팬들에게 음악을 먼저 선보인 후 그를 통해 음악을 퍼뜨리기 위해 샤우트웹닷컴^{Shoutweb.com}과 앱솔루트펑크닷넷 AbsolutePunk.net 같이 마이 케미컬 로맨스의 팬들이 집중되어 있는 웹사이트에 노래를 올리기 시작했다.

또한 리프라이스는 퓨어볼륨닷컴^{PureVolume.com}과 마이스페이스닷컴 MySpace.com처럼 엄청난 회원을 확보한 신규음악 전문사이트에 마이 케미컬 로맨스의 노래를 올렸다. 리프라이스는 홍보를 위해 퓨어볼륨닷컴에 라이브로 녹음된 노래를 올리는 한편 마이 케미컬 로맨스의 첫번째 타이틀곡 '아임 낫 오케이 (아이 프로미스)^{I'm Not Okay (I Promise)}'의 인터넷판 뮤직비디오를 처음으로 올렸다.

마이 케미컬 로맨스의 노래들이 그런 사이트에 올라가 있음으로써 리프라이스는 청취자들의 생생한 반응을 확인할 수 있었다. 리프라이스는 빅샴페인 파일공유서비스를 이용해 '아임 낫 오케이 (아이 프로미스)'에 대해 사람들이 관심을 가지고 있다는 사실을 알게 되었다. 또한 마이 케미컬 로맨스의 '헬레나^{Helena}'에 대한 공유와 검색도 활발하게 이루어지고 있

뉴저지 출신의 5인조 밴드 마이 케미컬 로맨스는 보니 맥키와 비슷한 시기에 두 번째 앨범 '스리 치어스 포 스위트 리벤지'를 리프라이스를 통해 출시했다. 리프라이스는 샤우트웹닷컴, 앱솔루트펑트닷넷, 퓨어볼륨닷컴, 마이스페이스닷컴과 같은 음악 사이트에 이 밴드의 신곡을 올려 기존 팬들에게 새 노래를 알리는 동시에 신규 팬을 확보하기 위해 애썼다.

다는 것도 알게 되었다. 이런 사실에 기초해서 리프라이스는 차기 타이틀 곡으로 '헬레나'를 선택했고, 마이 케미컬 로맨스의 충성도 높은 팬들의 적극적인 호응에 힘입어 '헬레나'의 인기는 급상승했다. 그해 여름이 끝날 무렵 '헬레나'는 라디오에서 방송되는 마이 케미컬 로맨스의 노래 가운데 가장 인기있는 곡이 되었다.

마이 케미컬 로맨스가 그해 9월 순회공연에 나서자, 리프라이스는 야후 뮤직과 아메리카 온라인America Online, Inc.에 음악파일과 영상자료, 그리고 야후 스튜디오에서 이루어진 라이브 공연 실황까지 올리는 식으로 판촉을 확대했다. 한편 마이 케미컬 로맨스의 홈페이지와 마이스페이스닷컴에 있는 마이 케미컬 로맨스의 페이지에는 수많은 팬들이 몰려들었다. 이로 인해 청취자들의 이메일이 쇄도하면서 마이 케미컬 로맨스는 이제 워너뮤직에서 가장 거대한 이메일 리스트를 갖게 될 정도로 높은 인기를 구가하게 되었다.

마이 케미컬 로맨스의 앨범 '스리 치어스 포 스위트 리벤지'는 140만 장이나 팔렸고, 그해에 히트한 앨범들 가운데 판매량에서 손꼽히는 앨범이 되었다. 또한 마이 케미컬 로맨스는 라디오와 MTV에 이어 대부분의 매체에 노출되었고 이를 통해 더 많은 팬을 확보하게 되었다. 이 모든 것은 바로 온라인에서 시작되었다. 마이 케미컬 로맨스의 팬들은 온라인에서 자신들이 좋아하는 밴드에 대한 애착을 더욱 견고하게 다졌던 것이다.

마이 케미컬 로맨스와 보니 맥키는 무엇이 달랐던 것일까? 가장 큰 차이는 마이 케미컬 로맨스는 첫번째 앨범과 라이브 공연을 통해 탄탄한 지지층을 확보하고 있었다는 점이다. 두 번째 앨범 출시 전부터 마이 케미컬 로맨스의 노래를 듣고 싶어하는 수천 명의 팬들이 있었고, 리프라이스는 앨범 발매 직전부터 온라인 컨텐츠 형태로 팬들이 원하는 것을 제공해주었다. 이를 통해 인기가 상승곡선을 그리면서 마이 케미컬 로맨스는 더 많은 팬들을 확보할 수 있었다.

이와는 대조적으로 보니 맥키는 마이 케미컬 로맨스에 비해 상대적으로 알려지지 않은 상태였고 라이브 공연도 거의 하지 않았다. 사람들은 야후에 올라온 보니 맥키의 음악을 좋아하긴 했지만 거기서 끝이었다. 보니 맥키의 음악은 강력한 폭발력과 연쇄반응을 일으키지는 못했다. 사람들은 보니 맥키의 앨범을 구입하지 않았으며 입소문도 내지 않았다. 마이 케미컬 로맨스는 마이스페이스닷컴에서 45만 명에 육박하는 팬들을 확보했지만, 보니 맥키는 고작 9,000명의 팬을 확보하는 데 그쳤다. 이처럼 입소문에 따라 얻을 수 있는 결과는 엄청나게 달라진다.

버드몬스터, 직접 레코딩하고 온라인 마케팅으로 성공하다

마지막 사례는 예전에 나와 함께 일했던 사람과 관련이 있다. 이 책의 주제인 롱테일을 연구하는 동안 나는 〈와이어드〉의 편집보조인 피터 아쿠니

Peter Arcuni가 이끄는 샌프란시스코 출신의 유망한 밴드 버드몬스터 Birdmonster에 관심을 갖게 되었다. 그래서 그들의 발전과정에 대해 알아보기로 했다. 그리고 이것은 결과적으로 이 책의 주제를 증명하는 데 상당한 도움이 되었다.

한 마디로 버드몬스터는 롱테일의 3가지 동인들이 음반산업 종사자들의 지위를 어떻게 뒤집어엎는지를 보여주는 핵심적인 사례이다. 버드몬스터도 처음에는 다른 모든 신생 록밴드들처럼 콘서트 기회를 따내기 고군분투했다. 하지만 곧 버드몬스터의 멤버들은 일할 기회를 달라고 클럽 소유주들을 조르는 것보다 더 좋은 방법이 있다는 사실을 깨달았다. 일반적으로는 언론에 가장 크게 보도되는 가수들이나 밴드들이 가장 먼저 클럽 출연 계약을 체결하게 된다. 그렇게 잘나가는 출연자들의 스케줄이 결정되고 나면 클럽은 스케줄 사이의 빈 공백을 메울 가수들이나 밴드들을 모집한다. 모든 클럽의 스케줄이 해당 클럽의 온라인 사이트에 올라오기 때문에 가수들이나 밴드들을 충원하는 클럽을 알아보려면 '추후공지'라는 글자를 검색해보면 된다. 그래서 나머지 시간을 메워줄 밴드나 가수를 물색하고 있는 클럽을 찾게 되면 그곳과 계약할 수 있다.

하지만 빈 시간을 메워줄 밴드나 가수를 구하고 있는 클럽 소유주들이라고 해서 아무나 그들과 계약할 수 있는 것은 아니다. 그들은 계약하려는 밴드가 대중을 사로잡을 수 있을지 어떨지 알고 싶어한다. 버드몬스터는 자신들이 그럴 수 있다는 것을 증명하기 위해 일반대중을 활용한 인터넷 마케팅을 벌였다. 버드몬스터는 이메일을 보내 사람들로 하여금 자신들의 사진과 노래가 올려져 있는 마이스페이스닷컴의 버드몬스터 페이지에 '친구'로 등록하도록 했다. 클럽 소유주들 역시 그곳을 방문해 버드몬스터의 노래를 듣는 한편 그들이 이전에 공연한 쇼에서 팬들이 보이는 열광적인

버드몬스터는 롱테일의 3가지 동인, 즉 생산도구의 대중화, 유통구조의 대중화, 수요와 공급의 연결이 어떻게 음반산업 종사자들의 지위를 뒤집어엎는지를 보여준다. 온라인에 구축한 상당한 팬 층과 디지털 녹음기술의 발달로 인해 굳이 음반회사와 손을 잡을 필요가 없었다.

반응을 확인할 수 있었다.

또한 버드몬스터는 주류 장르나 히트곡 중심으로 연주목록을 선정하는 전통적인 방송국의 위압적인 요소를 전혀 갖고 있지 않은 인터넷 라디오 방송국들의 호감을 얻는 데도 성공했다. 샌프란시스코 베이글라디오닷컴BagelRadio.com의 소유주 테드Ted는 버드몬스터에게 영국의 위치타 레이블 출신의 5인조 신인밴드 클랩 유어 핸즈 세이 예Clap Your Hands Say Yeah를 위한 오프닝 연주를 할 기회를 주라고 클럽 고용주를 설득했다. 그래서 버드몬스터는 2004년 당시 인디록의 정상에 서 있었던 미국 디트로이트 출신의 록 듀오 화이트 스트라입스White Stripes(2004년에 제46회 그래미 어워드에서 최우수 록 보컬상과 최우수 얼터너티브 앨범상 수상)의 오프닝을 이끌었다. 버드몬스터는 이런 일을 거치면서 명성을 얻게 되었다.

그리고 드디어 그들이 클럽의 라이브 연주를 넘어서야 할 시점이 되었다. 버드몬스터는 독립 스튜디오에서 노래 3곡을 취입한 뒤에 자비를 들여 그것을 미니 앨범 형태로 제작했다. 그들은 온라인으로 앨범을 위탁판매하는 CD 베이비CD Baby라는 음악 서비스업체에 자신들의 미니 앨범을 보냈다. CD 베이비는 그 미니 앨범을 디지털 형태로 바꿔 아이튠스를 비롯한 인기있는 음악서비스업체에 전송했다. 그리고 아이튠스와 음악 서비스업체들은 디지털 형태로 변환된 버드몬스터의 노래들을 히트곡들처럼 판매하거나 사람들에게 들려주었다.

그런 이후 버드몬스터는 이메일을 통해 여러 MP3 블로그에 노래와 악보를 담아 전송했고 이를 통해 몇 군데에서 긍정적인 반응을 얻어낼 수 있었다. 뮤직 포 로봇츠Music for Robots 같은 곳에서는 보다 많은 관심을 이끌어내기도 했다. 마이스페이스닷컴의 버드몬스터 페이지는 팬들로 넘쳐나기 시작했다. 얼마 지나지 않아 매니저들과 음반회사들, 그리고 업계 종사자들이 앞다투어 계약하자는 전화를 걸어왔다.

바로 그때 놀라운 일이 벌어졌다. 버드몬스터가 그런 제의를 모두 거절해버린 것이다. 피터 아쿠니는 그것에 대해 "우리는 음반회사를 통해 앨범을 출시하는 것에 반대하지는 않아요. 다만 우리가 입을 손실에 비해 얻는 것이 없기 때문에 거절한 것뿐이에요"라고 말했다.

음반회사의 존재 의미는 주로 다음과 같은 4가지 기능에서 찾아볼 수 있다. 첫째는 재능있는 가수나 밴드를 발굴하는 것이고, 둘째는 가수나 밴드에 대한 재정적 지원이다. 음반회사가 밴드들의 스튜디오 사용료를 선불하는 것은 벤처자본가가 유망한 벤처기업에 투자하는 종자돈과 같은 것이라 할 수 있다. 셋째는 제작된 음반의 유통이고, 넷째는 음반판매를 위한 마케팅이다.

버드몬스터의 관점에서 볼 때 그들은 음반회사로부터 위와 같은 4가지

기능을 제공받을 필요가 없었다. 온라인에서 점점 더 증가하고 있던 팬들이 이미 그들의 재능을 알아보았기 때문이다. 디지털 녹음기술이 발달함에 따라 이전보다 더 저렴하게 스튜디오를 이용할 수 있게 되면서 그들은 스튜디오를 단 며칠만 이용하고도 여러 곡을 녹음할 수 있었다. 그 뒤에는 집에서 PC로 믹싱 작업과 이미 녹음된 연주에 또다른 음악 부분을 녹음하는 오버덥overdub 작업을 했다. 그들이 앞서 언급한 미니 앨범을 취입하는 데 든 비용은 채 1만 5,000달러도 되지 않았다. 그들은 저축해두었던 돈과 신용카드로 그 비용을 충당했다. 유통을 담당한 CD 베이비와 신더블록 Cinderblock은 아이튠스, 랩소디, 그리고 음반업계 기타 최고 서비스들로 광범위하게 앨범을 유통시켰다. 또한 MP3 블로그들과 마이스페이스닷컴은 그들에게 전혀 돈을 들이지 않고 마케팅을 할 수 있는 기회를 제공했다.

그렇다면 음반을 취입하고 유통시키며 자신들의 독창적인 독립성을 유지할 수 있는 지금 뭐하러 음반회사와 계약을 맺어야 하나? 만일 자비를 들여 제작한 첫 앨범이 좋은 결과를 얻는다면 그들은 첫번째 앨범을 또 찍거나, 두 번째 앨범을 내게 해달라는 식으로 음반회사와의 협상에서 좀더 좋은 위치를 차지할 수 있었을 것이다. 또한 만일 첫 앨범이 성공하지 않았다 하더라도, 그들은 밴드가 누릴 수 있는 최고의 기쁨인 라이브 쇼와 순회공연을 할 수 있었다. 결국 피터 아쿠니는 〈와이어드〉를 그만두고 전문적인 뮤지션의 길로 들어섰다. 이와 같은 버드몬스터의 사례는 과학기술이 권력을 음반회사에서 밴드로 이동시킨 DIY 시대 사람들에게 용기를 주었다.

집단지성의 힘

야후의 음악 평점, 구글의 페이지랭크^{PageRank}(웹사이트들이 링크를 많이 걸어둔 순서로 순위를 매기는 방식의 서비스), 마이스페이스닷컴의 '친구'로 등록하기, 넷플릭스의 사용자 리뷰 같은 것들은 모두 다수의 지혜를 나타내는 것이다. 이제 수백만 명의 일반인들이 새로운 유행을 만들어내는 시대다. 그들 가운데 어떤 사람들은 개인적 차원에서 움직이고, 또다른 사람들은 관심사를 공유하는 집단의 구성원으로 움직이며, 나머지 사람들은 그들의 행동을 관찰하는 소프트웨어에 의해 자동으로 취향과 기호가 파악된다.

유사 이래 최초로 우리는 고객들로 구성된 시장의 소비패턴과 성향, 그리고 기호를 실시간으로 측정할 수 있게 되었으며, 그런 요소들을 반영하는 시장을 빠르게 조정할 수도 있게 되었다. 이런 새로운 유행 제조자들은 우리들보다 더 뛰어난 슈퍼 엘리트가 아니라 바로 우리들 자신이다.

제품디자인 컨설팅을 하는 프록 디자인^{Frog Design}의 트렌드 전문가들은 이것을 시대의 변화로 간주한다.

우리는 이제 '정보의 시대^{Information Age}'를 떠나 '추천의 시대^{Recommendation Age}'로 접어들고 있다. 오늘날 정보를 얻는 것은 터무니없을 정도로 쉽다. 심지어는 길거리에서조차 정보를 주워담을 수 있다. 정보를 모으는 것은 더 이상 중요한 문제가 아니다. 따라서 정보에 기초해서 빈틈없는 결정을 내린다는 말은 이제 흘러간 옛이야기가 되었다. 이런 상황에서 추천은 정보의 수풀을 헤쳐나가는 지름길이라 할 수 있다. 예를 들면 와인상점의 주인이 당신을 지름길로 인도해 파스타와 함께 마실 프랑스산 와인이 있는 곳으로 안내하는 것과 같다.

입소문을 퍼뜨리는 것은 롱테일의 세 번째 동인을 명확하게 드러내는 것이다. 즉 고객의 감정을 자극해서 수요와 공급을 연결시키는 것을 말한다. 첫번째 동인인 생산도구의 대중화는 롱테일에 무수히 많은 개체들이 자리잡게 하고, 두 번째 동인인 유통의 대중화는 고객이 원하는 물건에 보다 쉽게 접근할 수 있도록 해준다. 하지만 이 두 가지 동인들만으로는 충분하지 않다. 수요와 공급을 연결하는 세 번째 동인은 다양성이 넘쳐나는 이 세상에서 사람들이 원하는 것을 찾을 수 있도록 도와주고 시장이 폭발적으로 증가하는 롱테일의 성공 가능성을 높인다.

새로운 유행을 만드는 사람들은 단순히 자신들의 의견을 존중받는 사람들일 뿐이다. 그들은 다른 사람들의 행동에 영향을 미치고 그들이 하지 못했던 것들을 시도하게끔 이끌어준다. 이들 가운데 일부는 영화와 음악 평론가, 편집자, 혹은 품질검사원과 같은 전통적인 분야의 전문가들이다. 우리의 관심이 다양한 분야로 확대되면서 정보를 얻는 동시에 믿을 만한 조언을 얻으려는 수요는 가장 좁은 범위의 틈새시장으로까지 확대되고 있다. 블로그 퍼블리싱 업체 웹로그^{Weblogs, Inc.} 같은 기업들은 스쿠버다이빙과 와이맥스^{WiMax}(인텔사가 휴대 인터넷의 기술 표준을 목표로 개발 중인 기술 방식) 무선 표준과 의료 정보과학에 이르기까지 세부적인 관심사들에 대한 정보를 제공하는 블로그들을 운영하기 시작하면서 사업을 활발하게 전개하고 있다.

또다른 분야의 유명한 사람들도 유행을 만들어가고 있는데 그들의 영향력은 지속적으로 증가하고 있다. TV쇼의 상품배치에서부터 잡지 〈인스타일 *InStyle*〉의 놀랄 만한 성공에 이르기까지 각 분야 전문가들의 힘은 상품을 움직이는 능력으로 인해 점점 더 높이 평가받고 있다. 당신이 좋아하든 좋아하지 않든 간에 유명 팝가수 제시카 심슨은 유행을 만들어내는 사람이다.

하지만 유행을 만들어내는 유명한 사람들이 모두 할리우드 스타들만은 아니다. 우리 문화는 수많은 미세한 문화로 나누어지기 때문에 거기에 비례해서 각 분야의 전문가들도 늘어나고 있다. 이로 인해 과학기술이 주도하는 세상에서 미국 10대들의 라이프스타일과 관련된 정보를 담은 패션 블로그 데일리캔디DailyCandy 팀과, 과학기술과 하위문화에 초점을 맞춰 이상하고 놀랄 만한 것들을 모아놓은 자료실인 보잉보잉BoingBoing 사이트와 같은 파워 블로그들이 나타났다. 보잉보잉은 요즘 세계에서 가장 인기있는 블로그다. 보잉보잉은 신경망화된 온라인 위에 만들어진 15달러짜리 '스무 고개' 같은 멋진 게임을 발견해 온라인 마켓플레이스 한 곳에서 하루만에 매진될 정도의 방문자를 몰고올 능력이 있다. 다른 세부 분야의 유명인사들은 아이튠스의 상위 연주곡을 만들고 공연한 사람들에서부터 피치포크 미디어Pitchfork Media 같은 인기있는 음악 블로그들을 지원하는 취미 전문가들에 이르기까지 훨씬 더 세분화된다.

그리고 수많은 사람들의 경험은 흩어져 있는 정보의 형태로 나타난다. 그런 정보를 지닌 사람들은 사진공유 사이트 플릭커Flickr에 들어가 거기에 올라와 있는 사진에다 자신이 생각하는 범주나 이름을 붙인다. 예를 들면 그 중에는 패리스 힐튼의 사진이 있는데, 사진 속에서 그녀가 사이드킥 전화기Sidekick phone를 갖고 있는 것을 보고 나는 그 사진에 '사이드킥'이라는 이름을 붙였다.

그런 대중의 일부인 사람들은 자신이 다른 사람들에게 조언을 하거나 안내를 한다고 생각하지 않을 수도 있다. 그들은 그들 자신의 이유 때문에 그들이 하는 일을 한다. 하지만 점점 더 많은 소프트웨어가 날마다 그들의 행동을 관찰하고는 여러 가지 분석결과를 이끌어낸다. 실리콘밸리의 경제

력인 검색엔진의 부상은 수백만 명에 달하는 개인들의 행동을 측정하고
분석하는 것이 가치있다는 사실을 우리가 인식하게 되었음을 의미한다.

긴 꼬리를 만들어내는 필터들

당신이 롱테일에서 양질의 상품을 찾을 수 있도록 도와주는 추천목록과
도구들은 바로 필터들이다. 이 기술과 서비스는 광범위한 선택사항들을
걸러냄으로써 당신에게 가장 적합한 것들을 제시한다. 구글은 사용자가
설정한 환경에 따라 검색결과를 순서대로 보여주며 입력한 검색어와 가장
관련이 있는 페이지를 웹에서 걸러낸다. 이런 작업은 랩소디의 재즈 분야
하위장르에서 '가장 인기있는 곡들Most Popular Tracks' 이라는 항목이 담당하
고 있는 역할과 같다.

스트리밍 음악 서비스업체인 리슨닷컴Listen.com의 창업자들 중 한 명인
롭 라이드Rob Reid는 이런 필터에 대해 롱테일의 '항법장치navigation layer' 라
고 정의했다. 그는 이런 필터가 인터넷에 국한된 것이 아니며 다른 분야에
서도 예전부터 사용되고 있던 것이라고 지적했다.

이 항법장치의 힘과 중요성이 온라인에만 국한되지 않는다는 사실은 매
우 흥미롭다. 여러 해 동안 아메리칸 에어라인은 1970년대와 1980년대에
항공노선과 항공운임을 혁신시킨 사브르 전자예약시스템을 통해 전 항공
업계의 항공운임을 모두 합한 것보다 더 많은 돈을 벌어들였다. 독점기업
이었던 AT&T가 1984년에 강제분할되면서 탄생한 베이비 벨스Baby Bells

는 자신들의 독점사업에서보다 웹이 탄생하기 전에 모든 기업의 항법장
치로 자리했던 기업안내 페이지를 통해 더 많은 수익을 거둬들였다. 그리
고 그 수익이 절정에 이르렀을 때 〈TV 가이드 *TV Guide*〉는 실제 TV방송
국들에 비해 수익성에서 뒤지지 않게 되었다. 무한한 선택이 가능하게 된
시대에는 컨텐츠content가 아니라 컨텍스트context가 최고다.

오늘날 롱테일 시장에서 필터장치의 주요 효과는 사람들로 하여금 그
들이 이미 알고 있는 히트세상에서 그들이 아직 모르고 있는 틈새세상으
로 이동할 수 있게 해준다는 것이다. 그 방식 또한 사람들이 자신의 취향을
계속해서 따라가기만 하면 되는 매우 편안하고 자연스러운 방식이다. 즉
좋은 필터장치는 전통적인 대형유통점의 좁은 진열대에 가득 차 있는 유
행상품들보다 사람들이 훨씬 더 좋아할 만한 상품을 발굴함으로써 꼬리부
분에 있는 상품으로 수요를 이끄는 효과가 있다.

넷플릭스의 CEO 리드 헤이스팅스는 자신이 운영하는 사이트에서
DVD의 꼬리에 대한 수요를 가속화시키고 있는 추천제도나 순위제도와
같은 필터들의 효과에 대해 다음과 같이 설명한다.

미국의 인터넷 DVD 및 게임 대여점인 히스토리컬리 블록버스터Histori-
cally Blockbuster는 사람들이 빌리는 DVD의 90퍼센트 정도는 새롭게 출시
된 것이라고 공표했다. 온라인에서 그런 영화들은 더 넓은 틈새시장을 확
보한다. 사람들이 웹사이트를 통해 빌리는 DVD의 70퍼센트 정도는 새롭
게 출시된 것들이며 30퍼센트 정도는 기존의 제품목록에 있던 것들이다.

리드 헤이스팅스는 추천제도와 기타 필터들이 평범한 영화를 판매하는 넷플릭스의 가장 중요한 장점이라고 믿고 있다. 추천제도는 광고의 수요를 창출하는 힘을 갖고 있지만 사실상 아무런 비용도 들지 않는다. 만일 넷플릭스가 당신의 취향에도 맞고 다른 사람들도 보고 싶어하는 영화를 제안한다면, 그것은 모든 사람들을 타깃으로 삼는 포괄적인 광고보다 더 큰 영향력을 발휘할 수 있다. 이때 추천할 만한 영화들은 넷플릭스의 고객 데이터에 근거해서 자연스럽게 드러나며, 끝없이 이어지는 추천영화들은 고객들에게 광고가 무한히 전달되는 것과 같은 역할을 한다.

일반적인 할리우드 블록버스터를 제작하는 데 드는 비용 중에서 광고를 비롯한 기타 마케팅 기법들에 들어가는 돈은 전체 제작비의 절반을 넘어서고 있는 상황이다. 저예산영화 제작자들은 비용 때문에 광고를 할 엄두도 내지 못한다. 넷플릭스의 추천제도는 광고를 할 수 없는 영화들에 대해 무료 마케팅을 제공함으로써 광고 분야에서 일상적으로 일어나던 블록버스터와 저예산영화의 고질적인 차별을 없앴다. 이로 인해 히트영화들 외에도 틈새영화를 비롯해서 그동안 주목받지 못했던 영화들에 대한 수요가 점점 더 확대되고 있다. 이런 추천제도는 그간 평등과는 거리가 멀었던 영화산업을 너무도 평등하게 만들고 있다.

하나의 필터로 모두를 만족시킬 수는 없다

우리가 여러 필터들과 그것들의 작동방법을 더 많이 알아갈수록 각각의 필터들이 갖는 성격에 대해 구체적으로 알게 된다. 먼저 음악 분야부터 시작해보자. 일반적으로 랩소디 사용자는 새로운 음악을 찾을 때 한 번 로그인해 있는 동안 다양한 형식의 필터들을 접하게 된다. 사용자는 우선 메인 화면에서 여러 단계로 분류된 범주들을 접하게 된다.

얼터너티브/펑크Alternative/Punk로 들어가 그 하위장르인 펑크 펑크Punk Funk를 선택했다고 가정해보자. 이 범주로 들어가면 영국의 4인조 밴드 블록 파티Bloc Party의 2005년 정규 데뷔앨범 '블록 파티'로 시작하는 베스트셀러 목록이 나온다. 만일 당신이 블록 파티를 클릭하면 '어울리는 유형pattern matching'에 따라 1980년대 초반에 본격적인 활동을 시작해 처음으로 펑크 펑크 분야를 개척해 포스트펑크의 거장으로 평가받는 갱 오브 포Gang of Four를 비롯해 연관된 가수나 연주자 목록이 나타난다. 다시 그것을 클릭하면 '편집자 추천editor recommendation'으로 선별된 그와 유사한 음악을 하는 가수나 연주자 목록이 나온다. 당신은 이 편집자 추천 목록에 관심을 가질 수도 있다.

갱 오브 포와 연관된 가수나 연주자들 가운데는 1999년에 정규앨범 '미러Mirror'로 데뷔한 네오포스트 펑크neo-post punk 스타일을 추구하는 더 랩처the Rapture가 있다. 더 랩처를 클릭한 뒤 관심이 있으면 더 랩처의 노래와 더 랩처를 좋아하는 사람들이 즐겨 듣는 밴드들의 노래를 들려주는 라디오 방송을 청취해보라. 이런 식으로 걸러주는 것은 '협력 필터링collaborative filtering'의 형태이다. 더 랩처의 노래와 비슷한 노래들을 들을 때 당신이 가장 좋아하는 미국의 혼성밴드 LCD 사운드시스템LCD Soundsystem의 노래가 있는 것을 보게 된다. 그것을 클릭해서 잠시 동안 들어본 뒤 그 밴드의 다른 노래를 듣고 싶으면 '연주목록playlist'을 클릭해보라. 그리고 나서 제로 세븐Zero 7(리드싱어가 없는 객원가수 시스템의 프로듀서 밴드로 2001년 영국 뮤직Muzik 어워드 신인상 수상)의 노래가 소개되면 당신은 잠시 동안 그 곡을 감상할 수도 있다.

6가지 추천기법이 당신을 펑크에서 소울soul까지, 그리고 머리부분의 중간에서 꼬리부분의 말단까지 이끌었고, 그 모든 중간 경로도 의미있었다.

요즘 음악추천방식에 탁월한 기법들이 개발되고 있지만 아직까지 완벽하지는 않다. 그런 기법들의 문제점은 좋아하거나 선호하는 사람이 거의 없는 비인기곡을 중심으로 클릭하다 보면 관련 추천곡들을 찾아보기 어렵다는 것이다. 또다른 문제점은 어떤 서비스가 좋은 추천곡들을 제시하고 이를 통해 사람들이 새로운 장르를 접하도록 할 수는 있지만 종종 너무 오랫동안 같은 곡들만 추천한다는 것이다. 이런 경우에는 당신이 모든 추천곡들을 듣고 한 달이 지나도 추천곡 리스트에 변함이 없다.

또한 록 분야의 추천기법들을 클래식이나 기타 장르에 적용하기 어려운 것처럼, 특정한 장르의 추천기법들은 다른 장르에는 적용하기 힘든 난점이 있다. 예전의 히트곡 중심의 모델에서는 동일한 추천기법을 모든 장르에 적용할 수 있었다. 하지만 틈새상품들과 하위 틈새상품들이 풍부한 요즘의 새로운 모델에서는 장르별로 전문화된 추천기법을 고안해야 한다.

그 예로 아이튠스를 들 수 있는데, 이 업체는 다른 종류의 장르들보다 팝음악 중심으로 운영하고 있다.

아이튠스를 비롯해 유사한 음악서비스업체에서는 대부분 록, 재즈, 클래식과 같은 다양한 장르들의 주요 분류방식을 '가수/연주자^{artist}'로 설정해서 사이트를 운영한다. 그렇다면 이때 클래식에서 말하는 '가수/연주자'는 작곡가인가, 아니면 오케스트라인가, 혹은 지휘자인가? 어느 협주곡의 30초 샘플은 전체 곡의 길이를 놓고 볼 때 얼마나 의미가 있을까? 재즈의 경우 어떤 밴드 멤버들이 밴드로 계속 활동하기보다는 싱글 앨범 한 장만을 취입하기 위해 함께 모였다면 당신은 그 밴드 자체보다 개별 연주자들에 대해 더 큰 흥미를 가질 수도 있다. 혹은 당신이 그 밴드가 결성된 연도에 출시된 음악에 대해 관심이 있다면 그해에 출시된 다른 음악들을 찾아보면 된다. 하지만 이런 작업은 불가능하다. 아이튠스가 이런 서비스를 제공하지 않기 때문이다.

이런 사례들은 모든 경우에 공통적으로 적용할 수 있는 추천제도나 필터링 기법은 없다는 사실을 보여준다. 아이튠스는 음악산업의 꼬리를 확장하고 있지만 특정 장르에 집중함으로써 모든 장르와 모든 고객을 효과적으로 만족시킬 수 없는 모델이 되어버렸다. 다른 모든 음악서비스들도 아이튠스와 동일한 전략을 취하고 있다.

한 가지 필터가 모든 것을 해결하지 못하기 때문에 청취자들은 여러 가지 필터들을 활용한다. 당신은 추천목록을 따라감으로써 새로운 노래를 들을 수 있다. 그리고 나서 당신이 좋아하는 장르를 클릭하게 되면 상위 10곡에 어떤 노래가 선정되었는지 확인할 수도 있고 인기곡들을 들어볼 수도 있다. 당신이 특히 좋아하는 밴드의 노래를 찾게 되면 협력 필터링을 활용해서 그 밴드와 유사한 다른 밴드들의 노래를 경험할 수도 있다. 그리고 당신이 1주일 뒤에 다시 사이트에 들어갔을 때 바뀐 게 아무것도 없으면 다른 필터를 통해 당신이 흥미를 가질 만한 다른 곳으로 이동할 수 있다. 다른 사람이 관심을 갖고 있는 연주목록을 클릭함으로써 지금까지와는 다른 장르의 노래를 경험할 수 있다. 또한 당신은 그 연주목록에 있는 노래를 계속 들을 수도 있고 그 장르의 추천 목록을 따라 다른 곳으로 이동할 수도 있다.

모든 톱 10 리스트가 의미있는 것은 아니다

얼마 전까지만 해도 새로운 음악을 만날 수 있는 방법은 거의 없었다. 주변 사람들에게서 개인적으로 추천받는 것을 제외하면 잡지의 편집자 리뷰와 세세한 정보를 알려주는 음반판매점 점원의 조언, 그리고 가장 큰 영향을 미치는 라디오 방송이 새로운 음악을 만날 수 있는 방법이었다. 특히 오늘날 라디오 방송 연주 목록은 모든 필터들 가운데 가장 잘 알려진 필터인 최신 인기곡 목록이다. 상위 10곡, 40곡, 100곡으로 분류하는 방식은, 닐슨 리서치의 평가와 〈뉴욕타임스〉의 베스트셀러 도서목록처럼 히트상품 중심으로 분류한 것이다. 하지만 롱테일의 세계에서는 수많은 필터를 사용할 수 있기 때문에 상위 10위까지의 히트상품 목록의 힘은 점점 더 약해지고 있다.

인기에 따라 순위를 매기는 것은 결코 잘못된 게 아니며 '다수의 선택'이라는 필터의 또다른 사례일 뿐이다. 그러나 이처럼 인기순위에 따라 목록을 정하면 비히트곡들은 물론이고 다양한 장르들과 하위장르들, 그리고 기타 범주들은 홀대받게 된다.

인기에 따라 순위를 매긴 적절한 사례로 블로그를 들 수 있는데, 태그 tag 기반의 세계적인 블로그 전문 검색엔진 테크노라티Technorati에서 선정한 톱 10 블로그는 다음과 같다.

1. 보잉보잉 : 이상하고 놀랄 만한 것들을 모아놓은 자료실
2. 데일리코스Daily Kos : 국가의 정체성 문제를 다루는 진보진영 블로그
3. 드루 커티스의 파크닷컴Drew Curtis' FARK.com : 유머 및 뉴스공유 블로그
4. 기즈모도Gizmodo : 전자제품전문 웹로그
5. 인스타펀디트닷컴Instapundit.com : 미국 보수지식인들의 시각을 대변하는 테네시대 법학과 교수 글렌 레이놀즈Glenn Reynolds의 블로그
6. 인개짓Engadget : 미국 IT신제품 사이트
7. 포스트시크리트PostSecret : 고민이나 고백 등 비밀엽서 스캔자료를 올려놓은 예술가 프랭크 워렌Frank Warren의 블로그
8. 토킹 포인츠 메모Talking Points Memo : 워싱턴의 프리랜서 저널리스트 조슈아 미카 마셜Joshua Micah Marshall의 블로그
9. 데이브네틱스 폴리틱스 미디어 뮤징스Davenetics Politics Media Musings : 작가 데이브 펠Dave Pell의 블로그
10. 두스dooce : 전임 상사를 비난하는 글을 블로그에 올렸다는 이유로 해고된 헤더 B. 암스트롱Heather B. Armstrong의 블로그

이 목록에서 볼 수 있듯 톱 10에는 전자제품 관련 블로그가 2개 있고, 정치 관련 블로그가 2~3개 있으며, 보잉보잉, 파크닷컴, 포스트시크리트처럼 특정 분야에 속하지 않는 하위문화 관련 블로그들이 있다. 다시 말해서 이 목록은 완전히 다른 성격의 블로그들을 무작위로 선정한 것이다. 한

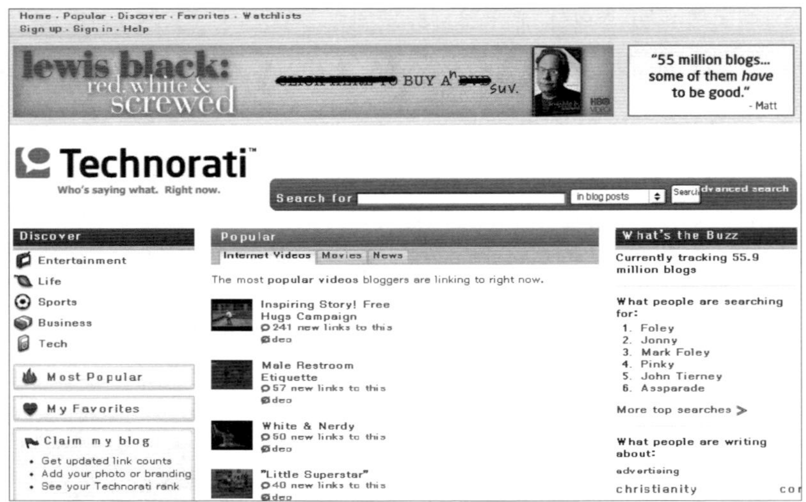

인기에 따라 순위를 매기는 것이 잘못된 것은 아니다. 이것은 다수의 선택이라는 필터의 또다른 사례일 뿐이다. 이처럼 인기에 따라 순위를 매긴 적절한 사례로 블로그를 들 수 있는데, 세계적인 블로그 전문 검색 엔진 테크노라티에서는 톱 10 블로그를 선정하기도 한다.

마디로 인기 블로그 목록은 다음과 같이 슈퍼마켓에서 가장 잘 팔리는 제품들을 정리한 것이나 마찬가지다.

1. 비타민D가 2퍼센트 함유된 우유, 다이어리프레시DairyFresh
2. 빵에 발라 먹는 헤이시드 팜스Hayseed Farms
3. 바나나 송이
4. 크런치오스Crunchios 큰 사이즈
5. 다이어트웁시DietWhoopsy 12팩이나 12캔
6. 기타 등등

그런데 이런 분류는 무의미하다. 바나나가 음료수보다 더 잘 팔린다 해도 아무도 거기에 신경쓰지 않는다. 사람들이 정말로 신경쓰는 것은 어떤 특정한 음료수가 다른 음료수보다 더 많이 팔리는 일이다. 즉 목록은 같은 범주 내에서 비교하는 식으로 특정한 맥락 내에서만 의미를 갖게 된다.

결과적으로 틈새상품은 해당 틈새상품 내에서 다뤄야 한다는 사실을 알 수 있다. 1차원 렌즈를 통해 엄청나게 다양한 3차원의 시장을 바라보게 되면 사실과는 전혀 다른 결과를 얻게 된다. 그런 식으로 만들어진 목록은 전혀 의미가 없다. 중요한 것은 여러 장르가 뒤섞인 상태의 순위가 아니라 한 장르나 하위장르 내에서의 순위다.

이러한 원칙을 음악에 한번 적용해보자. 랩소디에서 톱 10의 가수 및 연주자는 다음과 같다.

1. 잭 존슨Jack Johnson

2. 에미넴

3. 콜드플레이Coldplay

4. 폴 아웃 보이Fall Out Boy

5. 자니 캐시Johnny Cash

6. 니클백Nickelback

7. 제임스 블런트James Blunt

8. 그린 데이Green Day

9. 데스 캡 포 큐티Death Cab for Cutie

10. 켈리 클락슨Kelly Clarkson

이 목록을 장르별로 살펴보면 어덜트 얼터너티브adult alternative 장르 둘,

크로스오버/힙합crossover/hiphop 장르 하나, 브릿록Brit-rock 장르 하나, 에모
emo 장르 하나, 아웃로 컨트리outlaw country 장르 하나, 포스트그런지post-
grunge 장르 하나, 펑크팝punk-pop 장르 하나, 인디록indie-rock 장르 하나, 그
리고 틴 비트teen beat 장르 하나로 구성되어 있다. 이번 주에 아웃로 컨트리
음악이 틴 비트보다 더 많은 판매고를 올렸다 해도 신경쓰는 사람은 아무
도 없다. 이런 목록은 자신들이 좋아하는 장르의 노래를 더 많이 접하려는
사람들에게는 아무런 도움이 되지 않기 때문이다. 우리는 지난 50년 동안
이런 톱 10이나 톱 40, 혹은 톱 100과 같은 목록을 통해 음악문화를 접해왔
다. 지금껏 별 의미도 없던 일을 해왔던 것이다.

그렇다면 이제 위에서 언급한 것과는 전혀 다른 아프로쿠반 재즈Afro-
Cuban jazz(쿠바를 지배했던 스페인 정복자들이 끌고 온 아프리카 노예들이 아프리
카 리듬과 스페인 음악을 결합해 만든 음악)의 톱 10 목록을 한번 살펴보자.

1. 티토 푸엔테Tito Puente

2. 부에나 비스타 소셜 클럽Buena Vista Social Club

3. 칼 제이더Cal Tjader

4. 아르투로 산도발Arturo Sandoval

5. 폰초 산체스Poncho Sanchez

6. 디지 길레스피Dizzy Gillespie

7. 페레스 프라도 Perez Prado

8. 이브라힘 페레르 Ibrahim Ferrer

9. 에디 팔미에리Eddie Palmieri

10. 미셸 카밀로 Michel Camilo

위의 목록은 여러 가지로 가능한 상위 10위 목록 중 하나이다. 이것은 한 장르 내에서의 상위 10곡을 정리한 것이기 때문에 1위에서 10위까지 비교가 가능하고, 그렇기 때문에 비교의 의미가 있다. 이런 상위 10위 목록은 고객선호도에 대해 풍부한 정보를 가지고 있고, 또 무한한 수의 상위 10위 목록을 써넣을 공간만 있으면 얼마든지 다양한 기준으로 만들 수 있다. 상위 10위 목록이 꼭 한 가지 기준에 의해 하나로만 작성되어야 하는 이유는 없기 때문이다. 위에 제시된 목록에서 티토 푸엔테는 우물 안 개구리처럼 매우 협소한 틈새시장에서 1위를 차지하고 있다. 그는 이 장르의 팬들에게는 매우 중요한 사람이지만 다른 사람들에게는 눈에 띄지 않는 평범한 가수에 불과해 무시되기 쉽다. 티토 푸엔테의 앨범들은 전체 음악 순위에서 1위에 오르지 못했고 블록버스터도 아니었다. 하지만 그의 앨범들은 아프로쿠반 재즈 장르에서 1위를 차지했다. 작가 에릭 숀펠트Erick Schonfeld는 그의 앨범들을 블록버스터와 대비되는 개념으로 '니치버스터 nichebuster' 라고 했다. 필터들과 추천제도들은 그간 주류 중심으로 이뤄져 왔던 유망가수 발굴과 마케팅 기법을 틈새시장으로 향하도록 하는 데 가장 큰 역할을 했다.

롱테일에는 쓰레기들로 꽉 차 있다고?

롱테일에서 필터들이 중요한 이유는 무엇일까? 만약 필터들이 없다면 롱테일은 단지 잡음으로 전락해버릴 위험성이 있다.

정보이론information theory(물리계·생체계 또는 그 양자를 포함하는 계에서의 정보의 전달 및 처리에 관한 이론)은 처음에는 라디오 방송에서, 그리고 그 다음에는 전기적 송신에서 발생하는 무작위의 전기적 잡음으로부터 일관된 신호를 추출하는 문제를 통해 확립되었다. 일반 전송계에서 취급하는 신호와 잡음의 에너지비를 의미하는 신호 대 잡음비의 개념은 주의를 산만하게 하는 요소들을 해소하는 것이 당면 과제일 경우 가장 광범위하게 활용되고 있다. 머리부분이 짧은 전통적인 시장에서는 '잘 팔릴 가능성'이라는 '최소공분모lowest common denominator'가 되는 유행상품이 아닌 상품들을 미리 매대에서 걸러버렸기 때문에 신호 대 잡음비의 개념은 그다지 문제가 되지 않는다. 하지만 거의 모든 상품들이 포진한 롱테일 시장에서 잡음은 커다란 문제가 될 수 있다. 저질의 컨텐츠나 상품과 같은 잡음을 제대로 확인하지 않으면 시장이 죽어버릴 수도 있다. 잡음이 너무 많으면 사람들은 그 컨텐츠나 상품을 구입하지 않기 때문이다.

여러 필터들의 역할은 그런 잡음을 걸러내는 것이다. 왕겨에서 밀을 가려내거나 원석에서 다이아몬드를 캐내는 것처럼, 보통사람들은 필터가 주목할 만한 소수의 상품들을 더 많이 노출시키고 그렇지 않은 다른 많은 상품들은 보이지 않게 감춰버리는 역할을 한다고 생각한다. 하지만 이런 생각은 필터에 대해 오해하고 있는 것이다.

사람들이 롱테일에 대해 갖고 있는 가장 큰 오해는 잘 팔리지 않는 상품들은 잘 팔리는 상품들의 품질을 따라가지 못한다고 가정하는 것이다. 즉 사람들은 롱테일이 별 볼일 없는 것들로 가득차 있다고 생각한다. 롱테일에 속한 앨범이나 서적, 영화, 혹은 기타 상품들이 만일 뛰어나다면 히트상품이 되었을 것이라고 생각한다. 그러나 단언하건대 이것은 잘못된 생각이다.

틈새상품들은 히트상품들과는 전혀 다른 경제학에 따라 움직인다. 특히 우리가 히트상품 중심으로 생각하는 데 익숙할 경우, 롱테일 컨텐츠에 속한 많은 상품들이 왜 직관에 반하는지 이유를 설명해준다.

우선 말하고 싶은 것은 롱테일은 별 볼일 없는 것들로 가득차 있다고 생각하는 사람들이 있지만, 롱테일에는 참신하고 뛰어난 상품들이 가득차 있다는 사실이다. 정확히 말하면 웹은 롱테일과 동일한 길을 걸어왔다. 10년 전에 사람들은 인터넷이 쓰레기로 가득차 있으며 웹서핑을 조금만 해보면 그 사실을 당장이라도 알 수 있다고 주장했다. 이후 잡음에서 몇 개의 신호를 끄집어내는 검색엔진들이 나왔다. 그리고 구글이 등장하면서 수많은 사람들의 정보가 위력을 발휘하게 되었고, 온갖 정보가 뒤섞이고 상반된 주장이 난립해 혼란스럽게만 보이던 웹을 신의 계시와 같은 정확한 정보의 원천으로 바꿔놓았다.

이런 현상은 비단 웹에만 국한된 것은 아니며 모든 분야에서 나타나고 있다. 《인간을 넘어서 *More Than Human*》로 유명한 SF 작가 시오도어 스터전Theodore Sturgeon은 '모든 것의 90퍼센트는 쓰레기에 불과하다' 라는 스터전의 법칙Sturgeon's Law을 내놓았다. 미술작품을 미술품 전시실의 관점이 아니라, 특정한 개인이 차고에 쓰던 물건을 벌려놓고 주변사람들을 대상으로 판매하는 창고세일의 관점에서 생각해보라. 그 중 적어도 90퍼센트는 쓰레기다. 음악, 서적, 그리고 다른 모든 분야에서도 마찬가지 결과가 나온다. 하지만 우리가 롱테일을 그런 식으로 생각하지 않는 이유는 롱테일에 속한 대부분의 상품들이 소수의 엘리트만을 추구하는 상업적인 소매유통의 체에 걸러져 사라지기 때문이다.

상점의 매대나 다른 제한된 유통수단에서 품질이 좋은 제품과 좋지 않은 제품의 비율은, 둘 사이의 합계가 제로가 되는 제로섬게임이기 때문에 문제가 된다. 즉 어떤 제품이 차지하는 공간은 다른 제품이 차지할 공간을 없애버린다. 어떤 제품이 탁월한 명성을 얻으면 다른 제품들은 사람들의 뇌리에서 사라질 수밖에 없다. 만일 어떤 장난감 전문점의 매대에 진열된 어느 상품의 최상품 대 불량품 비율이 1:10이라면 사람들은 그 장난감 전문점을 좋게 보지 않을 뿐만 아니라 더 이상 둘러보려 하지 않을 것이다.

그런데 상품을 진열할 공간이 무한하다면 제로섬게임은 더 이상 적용되지 않는다. 예를 들면 수억 개의 별 볼일 없는 웹페이지들은 타워레코드 매대를 장식하고 있는 수억 장의 별 볼일 없는 CD와 같은 문제를 겪지 않는다. 웹에 저장되어 있는 것들은 공간 때문에 서로 경쟁할 필요가 없다. 한 마디로 웹에서는 공간으로 인한 문제가 전혀 일어나지 않는다. 웹에서는 오로지 더 나은 필터들이 필요할 뿐이다. 잡음은 여전히 일어나고 있지만 구글은 그것을 효과적으로 무시하도록 이끌어준다. 필터들이 잡음을 지배하는 것이다!

필터는 롱테일에 다양성을 부여하는 핵심적인 요소이다. 롱테일은 유통업체들은 물론이고 편집자들, 스튜디오 경영자들, 신인을 물색하는 사람들, 월마트 구매 담당자들의 요구에 따라 사전에 검열되지 않는다. 그 결과 롱테일을 구성하는 요소들의 품질은 매우 다양하게 나타난다.

정보이론을 통해 들여다보면, 롱테일에 속한 구성요소들은 형편없는 수준에서 매우 뛰어난 수준까지 질적으로 매우 다양하게 나타난다. 다시 말해 틈새상품들은 품질 스펙트럼의 양극단에 존재한다. 이와는 대조적으로 일반상점의 매대에 있는 상품은 대부분 평균 수준에서 좋은 품질까지 질적인 수준이 어느 정도 균일하다. 일반상점에도 품질이 아주 뛰어난 제품이 있기는 하지만 다른 제품들에 비해 가격이 훨씬 비싸다.

그래서 꼬리부분에는 질적으로 매우 다양한 제품들이 자리하는 반면 머리부분에는 질적으로 별 차이가 없는 제품들이 자리한다. 이런 상황을 그래프로 표현하면 위와 같다.

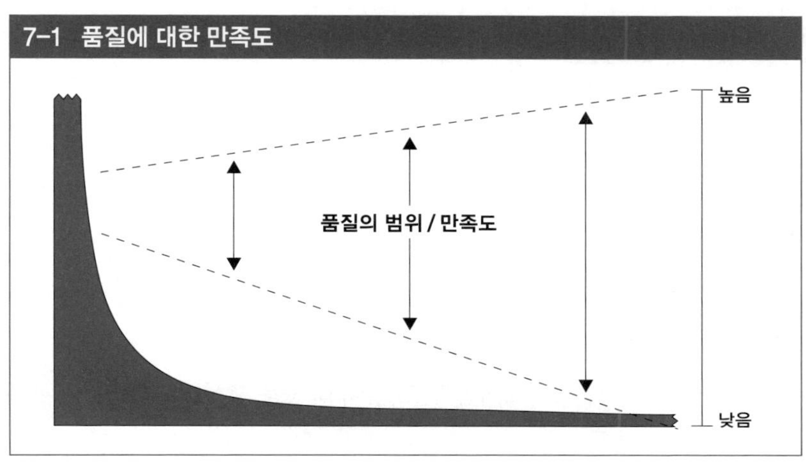

수요곡선의 꼭대기부터 밑바닥까지 모든 제품들의 품질이 높은 수준
이라고 하기는 어렵다. 대체적으로 꼬리부분에는 질이 떨어지는 제품들이
많다. 수요곡선의 아래로 내려갈수록 평균적으로 질적 수준이 떨어진다.
그러나 좋은 필터들을 활용할 수 있다면 결코 이런 것이 문제가 되지는 않
는다. 뛰어난 제품들을 어디서나 걸러낼 수 있기 때문이다.

이런 주장을 명확히 정리하기 위해 사람들이 컨텐츠를 평가하는 데 사
용하는 몇 가지 기준을 살펴보자.

고품질	저품질
흥미를 끈다	흥미를 끌지 못한다
잘 만들어졌다	제대로 만들어지지 않았다
신선하다	신선도가 떨어진다
본질적이다	피상적이다
강력한 흡인력이 있다	지루하다

고품질이냐 저품질이냐는 어디까지나 주관적이기 때문에 이 모든 기준은 제품을 구경하는 사람의 마음에 따라 결정된다. 따라서 컨텐츠의 품질을 측정하는 절대적인 기준은 없다고 할 수 있다. 어떤 사람이 '품질이 좋다'고 하는 제품에 대해 다른 사람은 '품질이 떨어진다'고 할 수 있는데, 이런 상황은 거의 모든 경우에 적용된다.

틈새상품들의 품질이 다양한 이유는 바로 이 때문이다. 어떤 사람에게 잡음으로 들리는 것이 다른 누군가에게는 신호가 되는 것이다. 만일 어떤 생산자가 한 사람의 고객에게만 맞도록 어떤 것을 생산해낸다면, 그 제품은 다른 고객에게는 분명 맞지 않을 것이다. 모든 사람의 흥미를 끌기 위해 최소공분모에 따라 이것저것 절충해서 만들어낸 제품은 결국 어느 누구도 사로잡지 못하는 결과를 가져온다.

앞서 살펴본 품질에 관한 그래프는 많은 사람들 각자에게 만족감을 주는 최고의 제품은 꼬리부분에 위치해 있다는 것을 의미한다. 가장 뛰어난 고급전축은 베스트바이에서 가장 잘 팔리는 전축이 아니다. 그런 고급전축은 일반고객에게는 너무 비싸고 기능도 복잡해서 잘 팔리지 않는다. 전문가에게나 어울릴 그런 제품은 전체 판매순위에서 롱테일의 끝부분에 위치해 있을 것이다. 이런 제품은 고급전축 애호가에게 적합하며 고급전축에 상대적으로 큰 관심을 보이지 않는 사람들에게는 맞지 않다. 결론적으로 말해 틈새상품들은 모든 사람들을 대상으로 팔려는 상품이 아니다.

수요곡선에서 잘 안 팔리는 쪽으로 내려가면 물론 품질이 그다지 좋지 않은 제품들도 있다. 필터를 가동하는 것은 그런 제품들을 하나하나 구별하기 위해서이다. 만일 당신이 뛰어난 검색엔진들이나 추천기법들, 혹은 다른 필터들의 도움을 받는다면, 당신에게 딱 들어맞는 것을 찾아낼 가능성은 머리부분보다 롱테일에서 훨씬 더 높다. 많이 팔리는 제품들은 적어도 겉으로는 다른 취미와 기호를 가진 많은 사람들의 시선을 사로잡으려 하지만, 틈새상품들은 취미와 기호가 비슷한 소수의 사람들을 강하게 사로잡는다. 필터 기술이 중요한 것은 바로 이런 이유 때문이다. 필터들은 롱테일의 끝부분으로 갈수록 수요를 일으킬 뿐만 아니라, 광범위한 취향의 고객들을 대상으로 하는 머리부분의 제품들보다 자신들에게 더 잘 맞는 제품들을 구입하려는 사람들을 만족시킬 수 있다.

필터링만이 꼬리에서 원하는 것을 찾게 해준다

불필요한 잡음에서 원하는 신호를 걸러내는 또다른 방법은 다음 그래프와 같다. 롱테일은 더 길어지고 신호 대 잡음비는 더 떨어진다. 그래서 고객이 자신이 원하는 것을 찾을 수 있을 만큼 양질의 신호를 확보할 수 있는 유일한 방법은 바로 필터의 힘을 점점 더 증가시키는 것이다.

신호 대 잡음비는 왜 롱테일의 끝부분으로 갈수록 떨어지는가? 그 이유는 롱테일의 끝부분에는 당신이 찾고 있는 제품이 당신이 찾고 있지 않은 다른 제품들에 가려서 잘 보이지 않을 정도로 많은 제품들이 있기 때문이다. 즉 세상에 존재하는 거의 모든 제품들이 롱테일에 존재하고 있다.

히트상품 중심의 문화에서 살아온 결과 우리는 히트상품들이 실제로 시장을 점유하고 있는 수치보다 더 높은 수치로 시장을 점유하고 있을 거라 여긴다. 하지만 히트상품들은 전체에서 소수를 차지하는 예외적인 경우에 지나지 않는다. 금융 캐피털회사인 임피리카Empirica의 창립자인 나심 탈렙Nassim Taleb은 이것을 '검은 백조 난제Black Swan Problem' 라고 명명했다.

이 말은 18세기 스코틀랜드 철학자 데이비드 흄David Hume이 처음으로

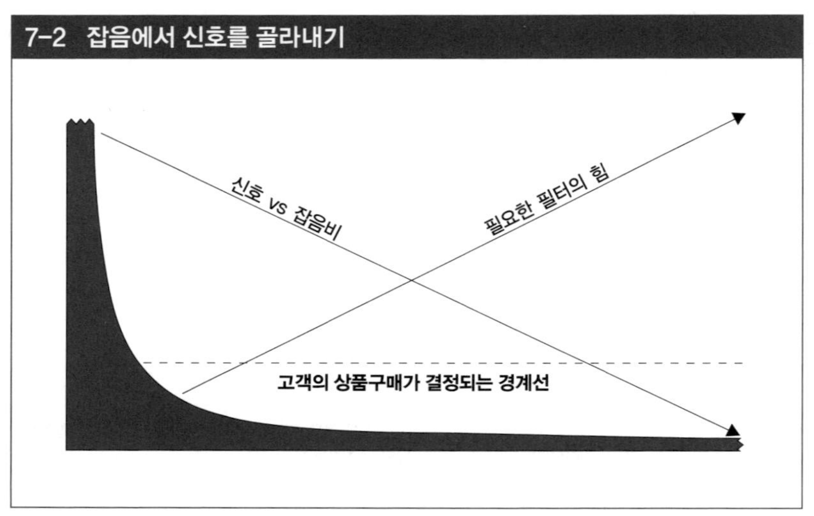

사용한 말인데, 그는 관찰한 사실로부터 일반적인 규칙을 이끌어낼 때 발생하는 곤란한 문제의 사례로 '검은 백조 난제'를 들었다. 오늘날 '흄의 귀납법'으로 알려진 이 방식은, 모든 백조들은 하얗고 검은 백조들은 전혀 없다고 결론을 내려면 얼마나 많은 흰 백조를 봐야 하는지 묻는다. 수백 마리? 수천 마리? 우리는 모른다(검은 백조는 단지 가설적 은유가 아니다. 오스트레일리아를 발견한 뒤에 그곳에서 검은 백조를 보기 전까지 사람들은 세상엔 흰 백조밖에 없다고 생각했다. 하지만 그런 믿음은 검은 백조를 처음 보는 순간 산산이 깨졌다).

문제는 우리가 검은 백조와 같은 흔치 않은 사건들을 소화하는 것을 어려워한다는 것이다. 특정한 인구의 범위 내에서 엄청난 부자는 소수에 불과하다. 그 가운데 일부는 머리가 좋아서 부자가 되었을 것이고 일부는 운이 좋아서 부자가 되었을 테지만 우리는 그들이 어떤 식으로 부자가 되었는지 모른다. 나심 탈렙은 저서 《능력과 운의 절묘한 조화 *Fooled by*

Randomness》에서, 백만장자의 투자전략과 일하는 습관을 소개하면서 그것만 따라하면 누구나 부자가 될 수 있다는 내용의 《옆집의 백만장자 *Millionaire Next Door*》라는 베스트셀러를 비웃었다. 그는 이 베스트셀러에 운의 요소가 투자전략 못지않게 작용한 것 같다고 언급하고 있다.

나심 탈렙은 검은 백조를 다음과 같이 정의했다.

그의 검은 백조에 대한 이 글은 마치 블록버스터 히트상품을 설명하는 것 같다.

하지만 음악에서 영화에 이르기까지 대다수의 컨텐츠는 히트상품이 아닌 것이 현실이다. 사실 컨텐츠의 대다수는 100만 명이 아니라 수백 명의 고객밖에 없기 때문에 히트상품이 될 가능성이 희박하다. 품질이 좋지 않거나, 마케팅이 제대로 이루어지지 않았거나, 그 제품이 필요한 사람과 제대로 연결되지 못해서 판매가 저조한 경우도 있다. 바하 멘(2000년에 빌보드 음악상의 월드뮤직 앨범과 아티스트 상을 수상한 밴드)의 '후 렛 더 도그즈 아웃Who Let the Dogs Out' 처럼 그저 그런 최신작을 블록버스터로 만드는 요소

2004년 도서판매동향		
판매 범위	종수	판매량
1,000,000부 이상	10	17,396,510
500,000~999,999부	22	13,798,299
250,000~499,999부	64	22,252,491
100,000~249,999부	324	46,932,031
50,000~99,999부	767	51,858,835
5,000~49,999부	23,047	280,000,591
1,000~4,999부	67,008	149,093,614
100~999부	202,938	69,548,499
99부 이하	948,005	14,346,417
계	120만 종	6억 6,500만 부

자료제공 : 도서산업연구회

들이 있는 것처럼, 때로는 어떤 하찮은 요소들 때문에 고객을 만나지 못하는 경우도 있다.

이것은 파워로 powerlaw 분포(왼쪽에서 오른쪽으로 점점 낮아지는 형태를 보이는 곡선으로, 가운데에 가장 많이 몰리는 종 모양 곡선과 대비된다. 자세한 내용은 8장 참조)라 불리는 자연스런 결과를 보여주는데, 수요곡선을 보면 소수의 제품들은 높은 판매를 기록하고 다수의 제품들은 낮은 판매를 나타낸다.

대부분의 제품들은 그다지 많이 팔리지 않기 때문에 제품의 양은 롱테일의 끝부분으로 갈수록 증가한다. 2004년 미국 출판업계의 도서판매동향을 통해 이런 사실을 확인할 수 있다.

이 결과는 당신이 무엇을 찾고 있건 간에 롱테일의 끝부분으로 내려갈수록 당신이 찾는 것과는 관계없는 것들이 더 많을 것이라는 점을 보여준다. 뛰어난 검색엔진과 필터들을 활용한다면 롱테일의 끝부분으로 내려갈수록 원하는 것을 찾을 가능성은 더 커지겠지만 신호 대 잡음비는 더 떨어진다. 이것은 역설처럼 들리지만 전혀 역설이 아니며 오로지 필터들을 통해 해결할 문제이다.

사전 필터링 vs 사후 필터링

필터에 대해 살펴보면, 세계는 이미 다양한 종류의 필터를 갖추고 있음을 알게 된다. 우리가 지난 세기에 향유했던 제한된 매대, 영화관, 방송채널로 대표되는 히트상품 중심의 시장에서 전체 산업은 좋은 상품을 찾아내 판매를 촉진시키는 일을 해왔다. 이것은 음반을 취입할 만한 유망주를 발굴하는 A&R Artists and Repertoire의 신인발굴자들과 할리우드 스튜디오의 경영자들, 그리고 상점의 구매담당자들이 하는 일이다. 전세계 모든 기업의 시장조사팀들은 팔릴 것으로 예상되는 제품들에게는 매대나 영화관, 혹은 웹페이지에서 괜찮은 자리를 내어주었지만, 팔리지 않을 것으로 예상되는 제품들에게는 전혀 자리를 내어주지 않았다.

여기에서 핵심은 바로 '예측predicts'이다. 내가 롱테일에서 초점을 맞추고 있었던 필터들과의 차이점은 '예측'은 시장에 진입하기 전에 필터링 과정을 거친다는 점이다. 사실 이러한 필터들의 역할은 특정상품을 시장에 출시할지 출시하지 않을지 여부를 결정하는 것이다. 이것을 일종의 '사전 필터링 장치pre-filters'라고 할 수 있다.

이와는 대조적으로 내가 지금까지 언급했던 추천기법들과 검색기술들은 '사후 필터링 장치post-filters'이다. 사후 필터링 장치들은 이미 시장에 나가 있는 제품들에 대해 가장 좋은 대응책을 강구하는 역할을 한다. 사후 필터링에는 다른 제품들에 비해 상대적으로 사람들의 흥미를 끌고 독창적인 양질의 제품의 경우에는 적극적으로 판촉하고, 품질이나 반응이 형편없는 제품에 대해서는 상대적으로 신경을 덜 쓰거나 심지어 무시해버리는 일까지 포함된다. 모든 것을 시장에 출시하고 그것을 품질과 반응에 따라 구분할 때 이런 사후 필터링 장치들은 바로 시장의 목소리를 대변한다. 그들은 고객의 반응을 이끌어나가고 그것을 확장하려 할 뿐 예측하려 하지는 않는다.

사전 필터링 장치와 사후 필터링 장치에 대한 몇 가지 예를 들면 다음과 같다.

사전 필터링 장치	사후 필터링 장치
편집자	블로그
음반회사의 신인발굴자	연주 목록
스튜디오 경영자	리뷰
백화점 바이어	고객
마케터	추천기법
광고주	소비자

사후 필터링 장치들은 고객의 행동을 예측하기보다 증폭한다는 것이 중요한 차이점이다. 유통비가 비싸고 진열하는 데 프리미엄이 붙는 머리 부분이 짧은 시장에서, 시장의 공급 부문은 제품을 유통시키는 데 있어서 매우 차별적인 성향을 띠어야 한다. 그래서 공급 부문을 담당하는 생산자들, 소매상들, 마케터들은 사람들이 원할 만한 것을 추측해서 시장의 승자

들을 골라잡을 가능성을 높이는 기법을 고안해냈다. 물론 이런 시도가 항상 맞아떨어지는 것은 아니다. 시장에 출시할 만한 것들도 많지만, 반면 눈여겨보면 시장에 출시된 뒤에 실패로 끝나는 것들도 많다. 그럼에도 불구하고 시장에서 생존한 제품들은 소비자의 마음을 읽어내는 일종의 신비한 능력을 지니고 있다는 평가를 받고 있다. 하지만 유통비가 저렴하고 진열공간이 무한한 롱테일 시장에서는 모든 제품이 언젠가는 팔릴 것이라는 가정에서 출발한다.

이로 인해 롱테일 시장에서 필터의 역할은 감시자에서 조언자로 바뀌었다. 고객의 기호나 취미를 예측하지 않는 구글과 같은 사후 필터링 장치들은 단지 기호나 취미를 비교할 뿐이다. 넷플릭스의 고객추천음악과 같은 사후 필터링 장치들은 고객들의 마음을 미리 읽어내고 예측할 수 있다고 여기기보다는, 고객들을 좋아하는 것과 싫어하는 것에 대해 구체적으로 반응하는 개체로 취급한다. MP3 블로그 같은 사후 필터링 장치는 제품을 시장에서 지속적으로 퇴출하는 방식이 아니라, 이미 출시된 제품에 대한 수요를 자극함으로써 시장을 창출해낸다. 미디어 해설가인 제프 자비스는 이런 차이점에 기반해 사전 필터링 장치 시장을 '제3자 시장'으로, 사후 필터링 장치 시장을 '당사자 시장'으로 규정한다.

일반적으로 블로그들은 영향력있는 추천기법들의 강력한 근원을 형성하고 있다. 그런 블로그들 가운데는 피브이알블로그^{PVRblog}와 유기농 원예 블로그인 호티컬처럴^{Horticultural}과 같은 독립적인 팬사이트들이 있고, 전자제품전문 웹로그인 기즈모도와 PC게임과 비디오게임에 관한 블로그인 조이스틱^{Joystiq} 같은 상업적인 블로그도 있다. 또한 당신이 우연히 방문하게 된 블로그에도 임의의 추천기법들이 활용되고 있다. 그런 블로그를 운영하는 블로거들은 많은 것을 알고 있기 때문에 방문자들은 자신들의 지식을 나누고 싶어하는 이런 전문가들과 자연스러운 관계를 맺을 수도 있다. 다소 세련미가 부족하고 다루는 범위가 상대적으로 좁을 수는 있지만, 그들은 방문자들과 신뢰를 쌓아나갈 수 있다. 즉 그들의 글을 읽는 독자들은 바로 그 블로그에 자신들이 믿을 수 있는 사람이 있다는 사실을 알고 있는 것이다.

신인발굴자들이 음반을 많이 팔 수 있는 가수나 연주자를 족집게처럼 단번에 발굴할 수 없는 것과 마찬가지로 사전 필터링 장치들은 완벽하지 않다. 그리고 이것은 사후 필터링 장치들 역시 마찬가지다. 사후 필터링 장치들은 아마추어적 성향을 띠기 때문에 종종 비판적 독립성이 적은 반면 이유없이 악의적인 내용을 담아내는 경우가 많다. 더욱이 출판의 경우 사후 필터링 장치를 가동할 때의 문제점은 책을 출간하기 전이 아닌 출간한 뒤에야 피드백을 얻을 수 있다는 점이다. 그 결과 편집자들이나 책을 꼼꼼히 읽은 사람들에게 잡힌 오류들은 다음 판을 인쇄할 때나 비로소 수정할 수 있다. 그리고 비록 사후 필터링 장치들을 통해 받은 피드백으로 그런 오류들을 수정할 수 있다 해도 오류가 결코 완전히 사라지지는 않는다.

나는 2가지 필터를 모두 사용하고 있다. 분량이 어느 정도 일정한 잡지의 편집자로서는 전통적인 사전 필터링 장치를 사용한다. 잡지에 실을 기사들을 결정하기 위해 차별적인 선택과 예측을 밥먹듯 한다. 그러나 많은 제품 리뷰를 싣고 있는 〈와이어드〉는 사후 필터라고 볼 수 있다. 우리는 세계를 유심히 살펴보면서 우리 독자들이 관심을 가질 만한 최고의 상품들을 발굴해 잡지에 싣는다.

분량이 어느 정도 일정해 사전 필터링 장치를 거치는 종이 출판물 시장이 존재하는 한, 나는 지금까지 해온 것처럼 앞으로도 잡지에 실을 기사와 주제를 차별적으로 선택하게 될 것이다. 하지만 나와 같은 사람들이 어떤 것이 시장에서 통할 것이고 어떤 것은 안 통할 것인지를 결정하는 시대는 서서히 자취를 감추고 있다. 곧 모든 제품이 시장에 도달하게 될 것이고 진정한 기회는 그것들을 잘 걸러내는 데서 찾을 수 있을 것이다.

8 롱테일 경제학

희소성의 경제학 vs 풍요의 경제학, 80/20법칙 vs 롱테일 법칙

1897년 여름, 이탈리아의 경제학자이자 사회학자인 빌프레도 파레토Vilfredo Pareto는 스위스의 로잔대학 연구실에서 19세기 영국의 부와 수익의 패턴을 연구하며 바쁜 나날을 보내고 있었다. 당시는 마르크스주의의 영향력이 강했고 부의 분배문제가 거론되고 있을 때였다. 빌프레도 파레토는 영국의 경우 부가 확대되더라도 그 대부분이 소수에게 집중되기 때문에 공평하지 않다는 사실을 알게 되었다. 비율을 정확하게 계산한 끝에 그는 인구의 약 20퍼센트가 부의 80퍼센트를 소유하고 있다는 사실을 확인했다. 여기서 보다 중요한 점은 영국의 통계를 다른 나라와 지역의 통계와 비교해보았을 때 그 비율이 동일하다는 것이었다.

그가 '중요한 소수의 법칙the Law of the Vital Few'이라고 명명한 이것은 부와 인구의 패턴에는 예측 가능한 수학적 관계가 있다는 것이었다. 이것은 시간과 국경을 초월해 변하지 않는 진리처럼 보였다. 그러나 불행하게도 빌프레도 파레토는 뛰어난 경제학자이긴 했지만 설명하는 데는 아주 서툴러서 처음엔 그가 발견해낸 법칙의 중요성을 이해하는 사람이 그다지 많지 않았다. 그는 엘리트들에 관한 사회학 논문을 쓰던 중 불행하게도 무솔리니의 파시스트들을 위해 여생을 바치고 말았지만, 그가 발견한 불평등 분배에 관한 이론은 80/20법칙으로 우리에게 전해졌다.

1949년에 하버드대학의 언어학자 조지 지프George Zipf는 말을 할 때도 빌프레도 파레토의 법칙이 적용된다는 사실을 알게 되었다. 즉 소수의 단어들은 매우 자주 사용되는 반면 상당수 혹은 대부분의 단어들은 거의 사용되지 않는다는 것이다. 이것은 그다지 놀라운 일은 아니었지만 조지 지프가 관찰한 것은 우리가 매우 자주 사용되는 단어들과 거의 사용되지 않는 단어들의 빈도를 예측할 수 있으며 그것이 파레토가 발견한 부의 법칙과 일치한다는 사실이었다. 하나의 단어가 사용되는 빈도는 모든 단어들 가운데 그 단어가 나타나는 빈도순위 분의 1과 비례했다. 즉 두 번째로 많이 나타나는 단어는 첫번째로 많이 나타나는 단어의 약 2분의 1만큼 나타나고, 세 번째로 많이 나타나는 단어는 첫번째로 많이 나타나는 단어의 3분의 1만큼 나타난다는 말이다. 이것이 바로 '지프의 법칙Zipf's Law'이다. 조지 지프는 인구통계학을 비롯해 산업의 모든 공정에서 거의 모든 상황에 동일한 법칙이 적용된다는 사실을 발견했다. 그는 필라델피아에 위치한 특정 지역의 결혼허가증을 분석한 뒤 결혼한 쌍 가운데 70퍼센트가 그 지역의 30퍼센트에 해당하는 장소에 모여 살고 있다는 사실을 확인하기도 했다.

그 뒤에 지프의 법칙을 연구한 사람들은 플라스마plasma(원자핵과 전자가 분리된 가스 상태)에서 도시의 규모에 이르기까지 모든 영역으로 지프의 법칙을 확장했다. 이것은 빌프레도 파레토가 자신이 주장한 부의 곡선에서 처음으로 발견했던 파워로 분포가 모든 영역에 적용된다는 점을 확인해주는 것이었다.

파워로 분포는 생물학에서 서적판매에 이르기까지 사실상 모든 곳에서 찾아볼 수 있는 곡선이다. 일종의 파워로 분포인 롱테일은 제한된 진열 공간과 이용 가능한 유통업체들을 통해 제품을 유통시킬 때 판매가 잘 안

된다는 이유만으로 특정 제품의 유통을 무자비하게 중단시키지 않는다. 파워로 분포는 그 곡선이 무한대로 뻗어나가더라도 0에 접근할 뿐 결코 0이 되지는 않는 '긴 꼬리형' 곡선을 형성하기 때문이다.

소비자 중심의 시장이 발전하는 한 다음 3가지 조건만 만족시키면 파워로 분포가 이루어진다.

1. 다양성(파워로 분포에는 많은 종류의 제품들이 자리한다).
2. 차이(그 제품들의 품질은 모두 다르다).
3. 입소문이나 평판과 같이 네트워크를 통해 파급되는 연계효과들이 품질의 차이를 더 크게 하는 경향이 있다.

다시 말해 파워로 분포에는 품질이 다른 다양한 제품들이 있는데 그 중 품질이 좋은 제품들은 호평을 받고 품질이 떨어지는 제품들은 좋지 않은 평가를 받는다.[1] 빌프레도 파레토는 이것을 시장과 문화, 그리고 사회의 '예측 가능한 불균형predictable imbalance'이라고 했다. 즉 품질이 좋은 제품들이 호평을 받아 많은 판매를 기록하는 식으로, 성공은 또다른 성공의 토대가 된다. 이런 파워로 분포는 우리를 둘러싸고 있는 세상의 단면을 잘 보여준다.

유통의 장애요소들은 시장을 어떻게 왜곡시키나

현실세계에서 파워로 분포가 가장 잘 나타나는 곳은 할리우드 박스오피스이다. 만일 당신이 할리우드의 박스오피스 통계자료로 그래프를 그려보

면, 소수의 블록버스터들이 수요곡선 왼쪽의 높이 올라가는 부분을 차지
하고 상대적으로 히트하지 못한 영화들이 수요곡선 오른쪽의 낮게 깔리는
부분에 자리하는 익숙한 모양을 보게 될 것이다.

그러나 모든 파워로 분포를 갖는 데이터를 그래프로 그려보면 너무나
유사한 형태를 보이기 때문에, 그런 파워로 그래프들 간의 차이점을 좀더
명확하게 보여줄 수 있도록 다른 기준으로 곡선을 그려보기도 한다. 한 가
지 방법은 x축과 y축의 그래프 간격을 10, 100, 1,000 등과 같은 10의 배수
로 그리는 로그함수로 파워로 그래프를 그려보는 것이다. 리히터의 지진
계 그래프나 음량을 측정하는 데시벨 그래프가 이러한 로그함수를 이용한
그래프로 가장 잘 알려진 예이다.

파워로 분포를 x축, y축 모두 로그화한 로그-로그 그래프로 그리면 보
통은 오른쪽이 아래로 살짝 떨어지는 직선 모양의 그래프가 그려진다. 그
리고 그 기울기의 경사각이 파워로 분포가 속한 시장별로 달라지게 된다.
이때 파워로 분포의 시장이 크든 작든, 유명하든 유명하지 않든 간에 상관
없이 기본 파워로 로그함수 그래프는 일직선 그래프이다.

하지만 현실세계에서는 직선으로 나타나는 경우는 거의 없다. 파워로
분포 곡선은 직선으로 시작하지만 금세 형태가 바뀌어버린다. 할리우드
박스오피스의 2005년 통계를 그래프로 그려보면 8-1 그래프와 같은 곡선
으로 나타난다.

그래프에서 100위까지 어떤 일이 벌어지는지 살펴보자. 박스오피스
총수익은 500위 부근에서 제로에 가까울 정도까지 떨어진다. 사실 2005
년의 가장 낮은 박스오피스 총수익은 무명배우들을 캐스팅해서 제작비를
겨우 맞춘 캐나다 공포영화 〈어둠의 시간 *The Dark Hours*〉이 기록한 423
달러였다. 이 영화를 본 사람들에 따르면 작품은 그다지 나쁘지 않았다고

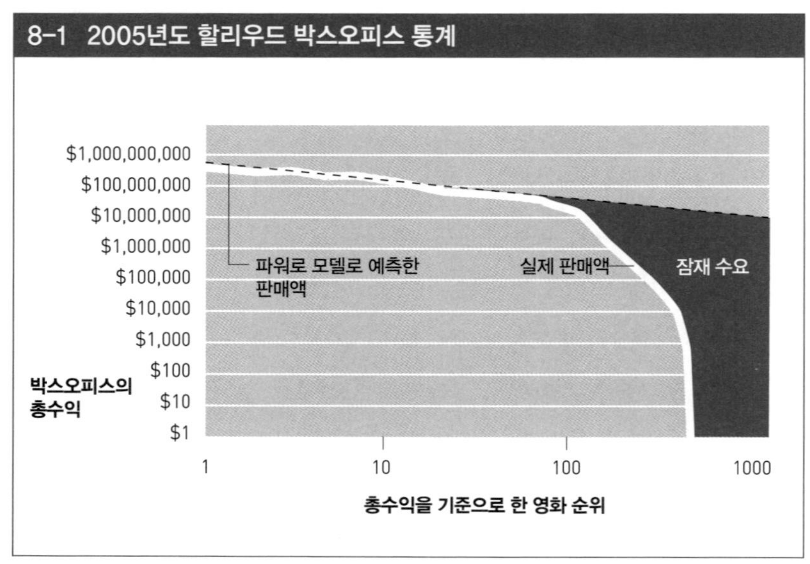

한다.

도대체 무슨 일이 일어난 것일까? 100위부터 갑자기 영화의 질이 급격하게 떨어진 것일까? 혹은 총수익 기준으로 500위 이하의 영화들은 중간에 영화제작을 그만두기라도 한 것일까? 아니면 계산착오로 인해 이런 식으로 급락하는 곡선이 나타나게 된 것일까?

안타깝지만 이러한 곡선이 나타나는 것은 영화제작을 그만두어서도, 계산착오 때문도 아니다.[2] 또한 100위부터 갑자기 영화의 질이 급격하게 떨어진 것도 아니다. 그런 영화를 만든 사람들 중 몇몇은 자신들이 제작한 영화가 다른 영화들보다 상대적으로 더 뛰어나다고 주장하기도 한다. 그리고 영화제작자들이 500위 정도의 영화제작을 중단한 것도 아니었다. 매년 미국에서만 어림잡아 1만 3,000편의 영화가 상영되는데, 여기에는 미국에서 상영되지 않는 수만 편의 외국영화는 포함조차 되지 않는다.

그렇다면 100위 이후의 영화들이 극장에 충분히 배급되지 못하는 이유는 무엇일까? 미국 극장업계의 영화 수용능력은 연간 100편 정도에 불과하다. 지역극장들의 경제논리는 잔인하고 무자비하다. 어떤 영화가 인도의 봄베이에서 좋은 반응을 얻어 엄청난 수익을 올렸다는 사실 만으로는 충분하지 않다. 그 영화는 미국 전역, 예를 들면 코네티컷주의 스탬포드에서도 충분한 수익을 올릴 수 있어야 한다. 어떤 영화든 간에 2주 동안 2,000명의 관객을 넘어서야 수지타산이 맞는다. 그런데 그와 같은 결과를 얻으려면 일반적으로 엄청난 마케팅비용과 영화배급 계약, 그리고 가능하다면 한두 명의 스타를 기용해야 한다.

흥행영화가 가져야 할 이런 요소 중 하나라도 갖지 못한 영화들은 유명한 대형 영화관에는 배급되지 못한다. 즉 대형 영화배급사들은 영화의 공급곡선 상에서 수익이 나지 않는 지점에 속하는 영화는 상영하지 않음으로써 공급곡선의 끝부분을 임의로 잘라버리고, 그런 영화를 좋아하는 고객들을 맘대로 무시해버린다. 그러나 영화배급사에 의해 임의로 공급곡선의 끝부분이 잘려져버렸다고 해서 실제로 그 자리에 제작된 영화가 없다는 것은 아니다. 이론적으로는 상영되지 않았기 때문에 매출을 벌어들일 기회조차 갖지 못한 영화들도 영화가 상영되었다면 벌어들일 수 있었던 가상의 매출을 y축으로 하여 꼬리가 잘려진 공급곡선 이후로 보이지 않는 가상의 공급곡선을 그리고 있을 거라는 말이다. 하지만 현실에서 이런 영화들은 상업적인 주류영화에 들지 못하고 사라지고 만다. 즉 그런 영화들은 성공하지 못한다. 그래서 이론적으로 롱테일이 될 수 있는 영화산업이 현실에서는 8-2와 같이 끝부분이 잘린 그래프를 보인다.

이 영화들의 운명이 내가 언급한 것만큼 나쁘지 않다고 한번 가정해보자. 만일 이 영화들이 운이 좋다면, 그 중 작품성이 뛰어난 몇 편은 선댄스

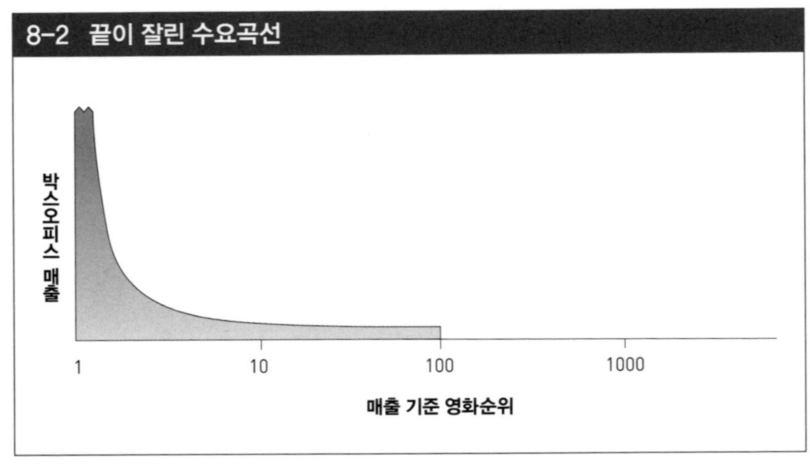

영화제(할리우드의 상업주의에 반발한 미국의 감독 겸 영화배우 로버트 레드포드가 독립영화제작에 활기를 불어넣기 위해 매년 개최하고 있는 영화제)에서 관객들을 매혹시켜 대학촌의 작은 영화관에서 상영될 것이다. 그런 영화들은 대부분 8-1 그래프의 100위부터 500위 사이에 위치한 영화들인데, 총수익이 0은 아니지만 상당히 낮다. 그렇다면 나머지 500위부터 1만 3,000위까지의 영화들은 어떤 상황일까? 안타깝게도 이 영화들의 대부분은 전혀 배급되지 못했다. 만일 이 영화들이 영화관에서 상영되지 않았다면 수익을 하나도 내지 못했을 것이다. 이렇게 보면 8-2 그래프에서 보듯 이 영화들은 마치 존재하지 않는 것처럼 생각될 수도 있다.

그러나 분명히 이 영화들은 존재한다. 이런 영화들은 박스오피스라는 안경을 끼고 작품의 질을 평가하는 그래프에는 절대 나타나지 않는다. 그렇다면 이런 영화들은 어디로 가는 것일까? 대부분은 영화제와 극장에서 개봉된 적이 없다. 만일 이런 영화의 제작자들이 영화음악에 대한 판권을 손에 넣고 그 외에 필요한 행정적인 절차까지 거친다면 이들 가운데 몇몇 영화들은 TV를 통해 방영하거나 DVD로 제작할 수 있다. 그리고 500위부터 1만 3,000위까지의 영화 중에서 TV나 DVD로 유통되지 못한 나머지 영화들은 온라인을 통해 무료로 배포될 수도 있다.

이런 상황은 영화계의 냉혹한 현실을 반영하는데, 캠코더로 찍은 동영상을 DVD로 기록할 수 있는 다이렉–투–DVD^{direct-to-DVD} 기능이나 인터넷과 같은 영화와 직접적으로 관계가 없는 유통경로들은 그 자체로 주요한 영화시장을 형성하고 있다. DVD로 제작된 TV쇼는 DVD사업에서 가장 빠르게 성장하는 분야 중 하나다. 그리고 인터넷을 통한 동영상 판매 시장은 아직 형태를 갖춰가는 상황이긴 하지만 점점 더 규모가 커지고 있다. 박스오피스가 위축되고 DVD 매출과 판매가 증가하면서, 영화배급 외에도 영화산업에 진입하는 다양한 길이 열린 것이다.

어떤 시점에서 영화에 대한 수요가 자연스럽게 급락한 것은 영화관람료 때문이기도 하다. 사람들에게 무한한 선택권을 준 뒤에 보고 싶은 것을 고르라고 하면 이전에는 전혀 고려하지도 않았던 교육비디오, 가라오케, 터키TV 같은 틈새상품에 대한 수요가 꾸준히 증가하는 것을 볼 수 있다. 넷플릭스는 이와 같은 틈새상품을 공급함으로써 사람들이 실제로 보고 싶어하는 것이 무엇인지 보여주었다.

당신이 접하는 모든 시장에서 이와 동일한 상황이 벌어진다. 도서산업의 경우를 예로 들면 반스앤노블에서는 매출실적이 저조한 120만 종의 책이 오프라인 매장 매출에서는 겨우 1.7퍼센트를 차지하지만, 반스앤노블의 온라인 매장인 비앤닷컴 매출에서는 10퍼센트를 차지한다. 또다른 예를 들면 레디프닷컴^{rediff.com}(인도의 가장 큰 웹포털이자 휴대전화벨소리 제공업체)의 사용자들은 신문에 실리던 상위 20위까지의 벨소리 목록만을 참고할 수 있던 상황에서 온라인 검색으로 벨소리를 선택하게 되면서 놀라운 변화를 나타냈다. 신문에 게재된 것만이 유일한 참고자료였던 때는 톱 20까지의 휴대전화벨소리들이 전체 판매량의 80퍼센트를 차지했지만, 사용자들이 2만 종에 가까운 휴대전화벨소리를 온라인으로 검색할 수 있게 되자 톱 20의 비율은 40퍼센트로 떨어졌다.[3]

이와 관련해 가장 극적인 결과를 보여주는 것은 바로 음악산업이다. 전통적인 음반판매점의 경우 2005년에 신규 출시된 앨범은 전체 판매량의 63퍼센트를 차지했다. 닐슨 리서치의 계열사인 음악산업 전문조사기관 사운드스캔SoundScan에 따르면 나머지는 기존에 출시된 앨범이 차지했다고 한다. 그러나 온라인 시장에서는 이 비율이 역전된다. 신규앨범은 전체 판매량의 약 3분의 1을 차지하고 기존 앨범이 3분의 2를 차지한다.

80/20법칙 vs 롱테일 법칙

우리에게 80/20법칙으로 잘 알려져 있는 파레토 분포는 생산품의 20퍼센트가 총수입의 80퍼센트를 차지한다거나, 혹은 투자한 시간의 20퍼센트가 전체 생산성의 80퍼센트를 책임진다거나, 우리가 들이는 시간의 20퍼센트가 전체 생산성의 80퍼센트를 차지한다거나 하는 식으로 이와 유사한 비율이 산업 전반에 나타나고 있다는 것이다.

그런데 다음과 같은 3가지 사항은 사람들이 80/20법칙을 어떤 식으로 잘못 이해해왔는지를 잘 보여준다. 우선 80/20의 비율이 딱 떨어지는 경우는 없다는 것이다. 내가 연구했던 대부분의 대형매장에서는 전체 상품 가운데 10퍼센트 정도가 총수익의 80퍼센트를 차지했다.

만일 80/10의 비율이 합쳐서 100퍼센트가 되지 않는다는 점이 선뜻 납

득되지 않는다면 다음과 같은 사실에 주목해보자. 80과 20이라는 비율은 각각 다른 요소를 대표하기 때문에 합이 100이 될 필요는 없다. 하나는 전체 상품에서 차지하는 비율이고, 다른 하나는 총수익에서 차지하는 비율이기 때문이다. 게다가 둘 간의 관계를 표현하는 데 있어서, 또는 어느 쪽을 상수로 고정해야 하는지에 대한 표준적 관행은 없다. 어떤 시장에서 전체 상품의 10퍼센트가 총수익의 80퍼센트를 차지한다는 점에서 80/10의 비율을 나타낸다는 것과, 전체 상품의 20퍼센트가 총수익의 95퍼센트를 차지한다는 의미에서 95/20의 비율을 띤다는 것은 같은 말일 수 있다.

또한 사람들은 80/20법칙을 서로 다른 현상을 설명하는 데 사용함으로써 그 의미를 잘못 이해하고 있다. 80/20법칙의 고전적인 정의는 상품product과 총수입revenue에 관한 것이지만, 이 법칙은 상품과 수익profit에도 동일하게 적용될 수 있다.

마지막으로 80/20법칙에 대한 가장 치명적인 오해는 판매순위를 기준으로 20퍼센트까지의 상품만을 매대에 진열해야 한다는 생각이다. 이는 제대로 예측한다면 진열된 상품들이 제몫 이상의 성과를 낼 것이기 때문에 80/20법칙이 근본적으로 무엇을 진열할지에 대한 차별을 권장한다는 사고에 근거한다.

이런 이유 때문에 실제로는 전혀 그런 것이 아님에도 불구하고 내가 롱테일이 80/20법칙의 종말이라고 주장하는 것이다. 진정한 80/20법칙은 단지 파레토 분포가 작동한다는 사실과 어떤 상품들이 다른 상품들보다 훨씬 더 많이 판매될 것이라는 사실의 인정일 뿐인데, 이것은 전통적인 시장이나 롱테일 시장이나 마찬가지다.

그러나 롱테일이 제시하는 것은 그 법칙에 지배되지 말라는 격려다. 비록 전 상품의 20퍼센트가 총수입의 80퍼센트를 책임진다 하더라도 나머지 80퍼센트를 매장에 진열하지 않을 이유는 없다. 상품의 진열비용이 낮은 롱테일 시장에서는 조금이라도 팔릴 가능성이 있다면 매출 규모와는 무관하게 모든 상품을 다 진열한다. 판매량이 많지 않은 80퍼센트의 상품이라도 검색결과에서 위쪽에 위치하거나 입소문을 타면 상위 20퍼센트에 진입할 수 있기 때문이다.

하지만 전통적인 오프라인 매장에서는 물품을 진열하는 데 상당한 비용이 들어가기 때문에 잘 팔리지 않는 상품들까지 진열하면 수지가 맞지 않는다. 그래서 총수입은 매장에 진열된 잘 팔리는 20퍼센트의 상품을 통해 거두게 된다. 8-3 그래프는 가상의 오프라인 매장에 맞는 이상적인 사례를 보여준다.

반면 롱테일 매장의 경우 나타나는 양상은 매우 복잡하다. 첫째, 롱테일 매장이 오프라인 매장보다 10배나 더 많은 상품을 보유하고 있다고 가정하면, 오프라인 매장이 거두는 총수입의 대부분을 차지하는 20퍼센트의 상품은 롱테일 매장에서는 2퍼센트에 지나지 않는다. 이는 온라인 매

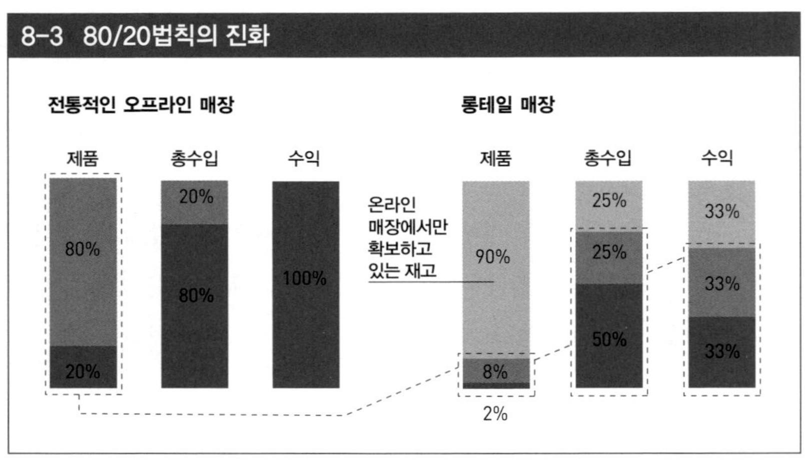

장에는 오프라인 매장에 진열된 상품이 10퍼센트밖에 없다고 가정할 때 80/20이라는 비율을 따지면 결국 그렇게 된다는 말이다.

8-3 그래프 중 롱테일 매장을 나타내는 부분에서 총수입 막대 그래프는 매우 전형적인 파워로 분포의 결과를 보여주고 있다. 즉 롱테일 시장에서도 상위 2퍼센트의 상품이 매출에서 50퍼센트라는 엄청난 비중을 차지하고 있는 것이다. 그 다음 8퍼센트의 상품은 매출의 25퍼센트를 차지한다. 그리고 하위 90퍼센트의 상품이 매출의 나머지 25퍼센트를 차지한다. 이 그래프는 가상으로 그려본 것이긴 하지만, 이 그래프의 수치들은 랩소디와 넷플릭스의 실제 통계와 매우 가깝다.

롱테일 경제학이 단연 돋보이는 지점은 세 번째 막대인 수익 부분이다. 진열비가 저렴하기 때문에 비히트상품을 통해 얻는 이익은 전통적인 오프라인 매장에서보다 롱테일 매장에서 훨씬 더 높게 나타난다.

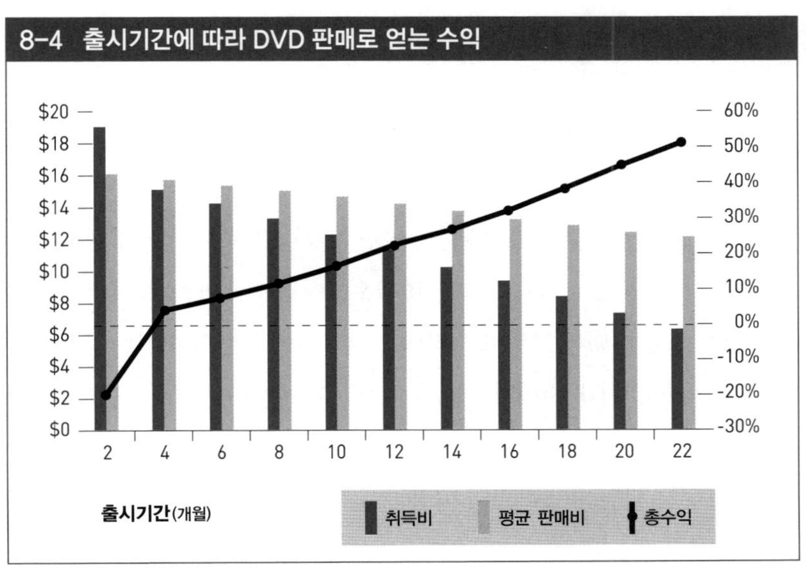

DVD를 예로 들어보자. 8-4 그래프는 월마트와 같은 매장에서의 DVD 판매에 방향성을 제시해준다.

여기서 알 수 있는 것은 새로운 판매 경제학은 매우 경이롭다는 점이다. 영화제작업체들은 DVD당 17~19달러의 가격을 책정하고, 월마트나 베스트바이와 같은 대규모 소매점은 그 제품들을 출시 이후 1~2주 동안 DVD당 평균 2달러의 손실을 감수하고 15~17달러로 판매한다. 이것은 간접비를 포함하지 않은 비용이기 때문에 실제 손실은 그보다 더 많다.

DVD가 출시되고 한 달 정도가 지나면 DVD의 도매가는 소매가보다 더 빨리 하락하고 판매수익은 점점 더 증가한다. 특별한 경우를 제외하고는 DVD 소매점 매출의 80퍼센트는 수익이 나지 않는 출시된 지 두 달 이내인 제품들에서 나온다. 그런데 대규모 소매점들이 신제품을 그렇게 저렴하게 판매하는 이유는 무엇일까? 대규모 소매점의 경우 DVD 분야의 다른 제품들이나 이익이 더 많이 남는 매장 내 다른 제품들을 고객들이 구매하도록 하기 위해 특정 DVD를 원가보다도 싸게 팔거나 일반 판매가격보다 훨씬 저렴한 가격에 판매한다. DVD 배급업체들은 소매점의 손실 위험을 줄이기 위해 판매되지 않은 신규제품들은 반품을 받아줌으로써 이런 식의 판매를 유도한다.

문제는 이런 식의 저가판매는 다양한 제품들을 보유한 거대 소매업체들에게는 효과적으로 작용하지만, 비디오대여점 블록버스터와 같은 DVD 전문점을 포함한 다른 모든 소매점의 가격책정에 영향을 미친다는 사실이다. 결과적으로 거대 소매점들은 수요곡선의 머리부분을 더 견고하게 다지기 위해 해당 분야에서 새로 출시된 제품들에서 얻을 수 있는 이익을 줄였다. 이렇게 되면 블록버스터 매장과 같은 소매점이 어려움을 겪으리라는 것은 불을 보듯 뻔한 일이다.

월마트 같은 대형매장에서 실시하는 저가판매는 다양한 제품들을 보유한 거대 소매업체들에게는 효과적인 전략이지만, 비디오대여점 블록버스터 같은 DVD 전문점을 포함한 다른 모든 소매점의 가격책정에 영향을 미친다.

하지만 새로 출시된 제품들에 영향을 받지 않는 시장을 창출하는 꼬리 부분으로 수요를 이동시킬 수 있다면 수익의 규모를 엄청나게 키울 수 있다. 8-4 그래프에서 보듯 제품이 출시된 지 오래 될수록 그 제품을 통해 얻을 수 있는 수익은 점점 더 커진다. 이것은 롱테일 소매점들이 이전에 출시된 제품들을 진열할 공간을 갖고 있기 때문이다. 이처럼 사람들에게 히트상품이 지배하는 세상에서 틈새상품이 뛰어노는 세상으로 모험을 하도록 권하는 현명한 소매점들은 매장의 경제력을 극적으로 향상시킬 수 있다.

이게 바로 8-3 그래프의 롱테일 수익 막대가 총수입 막대보다 보다 더 많은 수익 분포를 보여주는 이유다. 롱테일에 속한 제품들은 매출의 많은 부분을 차지하지는 않지만, 판매비용이 적게 들기 때문에 진열비만 거의 들지 않는다면 상당한 수익을 올릴 수 있다. 따라서 롱테일 시장에서는 80/20법칙에 다음과 같은 3가지 변화가 일어난다.

1. 롱테일 시장은 많은 종류의 다양한 제품들을 진열할 수 있다.
2. 입소문이나 다른 필터들로 인해 원하는 제품들을 더 쉽게 찾아낼 수

있기 때문에 히트상품과 틈새상품 사이의 판매곡선은 점점 더 평평
해진다.
3. 틈새상품의 매출이 히트상품의 매출과 거의 비슷해 제품의 인기와
는 무관하게 모든 상품을 통해 수익이 발생한다.

80/20법칙이 오프라인 매장에서는 여전히 영향력을 발휘하고 있지만,
롱테일 시장에서는 그 힘을 잃어버렸다.

꼬리가 길면 머리가 짧아야 하나

내가 롱테일 시장에 대해 더 깊이 연구하게 되면서 갖게 된 주요한 의문은
제품들이 다양해지면 수요곡선의 형태가 달라지느냐 하는 점이었다. 점점
더 많은 제품들이 롱테일의 꼬리를 길게 늘어뜨리게 되면, 머리부분에 위
치한 상대적으로 극소수의 히트상품들은 덜 팔리게 될까? 아니면 더 팔리
게 될까? 그도 아니면 히트상품과 틈새상품의 판매량이 동일해질까?

히트상품에서 틈새상품으로 수요곡선의 꼬리부분을 향해 수요를 이끌
어내는 롱테일에는 3가지 측면이 있다. 첫번째는 다양성이 폭발적으로 증
가했다는 것이다. 만일 당신이 사람들에게 10가지 물건에 대한 선택권을
준다면 그들은 그 중에서 특정한 1가지를 선택할 것이다. 그러나 더 나아
가 그들에게 1,000가지 물건들 중에서 선택하라고 한다면, 사람들은 매출
상위 10개의 물건만 구매하지는 않을 것이다.

두 번째는 당신이 원하는 것을 찾는 검색비용이 줄어들었고, 그 검색의
범위는 인터넷을 통한 직접검색에서 추천을 비롯한 다른 필터들로 확장되

었다는 것이다.

세 번째는 무료로 30초 동안 음악을 들을 수 있게 되고 책의 일부분을 온라인으로 읽을 수 있게 됨에 따라 견본을 확인하고 상품을 구매할 수 있게 되었다는 것이다. 이것은 온라인 구매에 따른 위험성을 줄임으로써 소비자들이 전혀 모르는 상품을 구매하도록 이끌어준다.

이런 롱테일의 3가지 측면들을 확인하는 데는 몇 가지 방법이 있다. 하나는 상대적으로 제한된 종류의 상품을 제공하는 시장과 훨씬 더 많은 종류의 상품을 제공하는 시장을 비교하는 것이다. 또다른 방법은 롱테일 매장에 상품 종류가 늘어날 때 어떤 일이 벌어지는지 살펴보면서 롱테일 성향의 매장/소매점을 지속적으로 관찰하는 것이다. 또 한 가지 방법은 상품의 종수가 비슷한 오프라인 매장과 온라인 매장을 비교하면서 온라인 매장의 상품 검색 비용 절감효과를 살펴보는 것이다.

MIT 경영대학원의 에릭 브린욜프손Erik Brynjolfsson이 이끄는 연구팀의 2005년 연구에 따르면,[4] 아마존의 롱테일 상품 가운데 여성의류 부문에서 일찍부터 이런 상품 검색 비용 절감효과가 나타났다고 한다. 아마존은 카탈로그 사업부문과 온라인 사업부문으로 나누어져 있는데 두 부문 모두 동일한 제품과 가격대로 여성의류를 판매하고 있다. 차이가 있다면 온라인에서는 검색이 가능하기 때문에 특정 상품들과 그와 비슷한 상품들을 쉽게 비교해볼 수 있다는 점과, 필터들을 이용해 자기가 사고 싶은 상품들을 판매순위대로 정리할 수도 있다는 것이었다.

그 결과 기존에 카탈로그와 온라인 모두를 통해 쇼핑을 했던 소비자들조차도 온라인을 통해 꼬리부분의 상품을 더 구매하려고 했다. 상품들 가운데 수익을 올리지 못했던 80퍼센트는 카탈로그 매출에서는 15.7퍼센트를 차지했지만, 온라인 매출에서는 28.8퍼센트를 차지했다. 이처럼 차이가 생긴 이유는 동일한 상품을 판매한다 해도 온라인 부문의 상품 검색 비용이 카탈로그 부문보다 상대적으로 낮기 때문이다. 또 상위 20퍼센트를 차지하고 있던 상품들의 경우 온라인 매출은 71/20에 가까운 반면, 카탈로그 매출은 84/20을 나타냈다.

한편 보유하고 있는 재고품목의 수가 서로 다른 경우 어떤 결과가 나타나는지 확인하기 위해 제한된 진열공간을 가진 소매점과 무한한 진열공간을 가진 소매점을 서로 비교해보았다. 이것은 사실상 동일한 제품을 판매하거나 빌려주는 오프라인 매장과 온라인 매장을 비교하는 것을 의미한다. 나는 엔터테인먼트 분야의 온라인 시장이 확신을 갖고 비교할 수 있을 만큼 충분히 성숙했다고 판단했고, 또 관련 자료를 확보할 수 있었기 때문에 그 사례들을 활용하기로 했다. 특히 그 중에서도 음악과 DVD 분야에 주목했다.

이 과정에서 하나의 오프라인 매장을 대상으로 하기보다는 닐슨 계열사들이 수집한 산업전반의 자료를 활용했다. 그 가운데 음악 분야에서는 사운드스캔을 선택했고 영화 분야에서는 디비디스캔DVDScan을 선택했다. 이 두 업체의 자료를 랩소디와 넷플릭스의 온라인 자료와 비교했다.

이런 비교를 적절하게 하기 위해서는 몇 가지 조정해야 할 사항들이 있다. 음악 분야에서는 오프라인 매장의 앨범 판매와 온라인 매장의 곡 단위 판매를 비교하는 방법을 찾아야 했다. 또한 오프라인 매장의 대면판매와 온라인 매장의 예약판매를 비교하는 방법도 찾아야 했다. DVD 분야에서는 오프라인 매장의 판매와 임대자료를 온라인 매장의 예약 임대자료와 비교해야 했다. 이 책에서는 이런 방법론에 대해서까지 자세히 설명하지는 않겠지만, 수요곡선을 비교대상들의 특징에 맞게 조정하고 가능한 한 불균형을 제거하기 위해 앨범 판매를 곡 단위 판매와 비교하는 것과 같은 식의 광범위한 작업을 했음을 밝힌다.

조정이 이뤄진 뒤에 나타난 결과는 실로 충격적이었다. 온라인 매장의 수요곡선은 너무도 평평했다. 오프라인 매장에서 매출 기준으로 1,000위에 들지 못하고 부진한 판매를 보였던 음반들이 온라인 매장에서는 오프라인 매장의 약 2배에 이르는 판매를 기록했다. 그리고 역시 1,000위에도 들지 못했던 DVD들은 온라인에서 오프라인의 3배에 이르는 매출을 보여줬다.

이러한 상황을 관찰하는 또다른 방법은 온라인 시장이 빅히트상품의 영향을 얼마나 덜 받느냐를 확인해보는 것이다.[5] 음악과 관련된 자료를 살펴보면 오프라인 시장의 경우 매출순위 1,000위까지의 앨범들이 전체 매출의 80퍼센트 정도를 차지한다. 사실 전형적인 대규모 소매점에서는 소량의 CD들만 진열된 채 매출순위 100위까지의 앨범들이 전체 매출의 90퍼센트 이상을 차지한다. 이와는 대조적으로 온라인 시장에서는 매출순위 1,000위까지의 상품들이 시장의 3분의 1도 차지하지 못한다. 온라인 시장의 절반은 매출순위 5,000위 이후의 앨범들이 차지하고 있다.

롱테일은 수요를 증가시키는가, 단지 수요만 이동시키는가?

롱테일은 파이의 크기를 더 키우는가, 아니면 단지 파이의 분배 방식을 다르게 할 뿐인가? 즉 구매할 수 있는 상품의 종류가 온라인 소매점의 무한한 진열공간을 통해 여러 배 증가하면 사람들은 더 많은 상품을 구입하는가, 아니면 단지 예전보다 덜 인기있는 상품을 사는 데 그치는가? 이런 질문에 대한 답은 각각의 상품들이 어느 분야에 속해 있는지에 따라 달라진다. 어떤 분야는 틈새시장이 널리 접근가능해지면서 큰 성장의 기회를 갖게 되고, 어떤 분야는 그렇지 못하다.

사람의 주의집중과 가처분소득은 유한하지만, 같은 시간과 돈으로 더 많은 것을 가질 수는 있다. 음악과 같은 엔터테인먼트 유형은 사람들의 주의를 사로잡는 데 있어 배타적이 아니다. 즉 우리는 무언가 다른 일을 하고 있는 동안에도 음악을 들을 수 있다. 예를 들어 1970년대와 1980년대에 평균 TV 시청시간이 길어진 것은 생활 속에서 TV를 그냥 켜놓는 것에 익숙한 세대가 자라났기 때문이라고 보는 견해도 있다. 신기함이 사라지면서 TV는 배타적인 매체에서 비배타적인 매체가 되었고, 우리는 이를 더 많이 소비하게 되었다.

영상이 아닌 문자 미디어의 경우는 현재 과거보다 더 빨리 볼 수는 없을지 모르지만, 확실히 과거보다 성능이 우수해진 사전 선택을 통해 더 효율적으로, 그리고 더 만족스럽게 볼 수 있다. 사실 구글 검색결과나 RSS 같은 블로그 피드를 통해서 우리가 볼 수 있는 정보의 양을 얼마나 증가시켜 왔는지 보면 가히 놀라운 수준이다. 개인적으로 보면 내가 예전보다 더 글을 빨리 읽을 수는 없지만, 신문사 편집장으로서의 내 관심사에 더 잘 맞는 글을 제대로 찾아주는 필터장치가 내가 읽어야 할 글만 쏙쏙 잘 골라주는 덕분에 나는 예전보다 더 의미있는 글들을 읽을 수 있게 되었다. 예전에 비해 내가 읽는 글이 내 관심사와 더 잘 일치하기 때문에 결과적으로 내 정보의 양은 증가하게 된다. 즉 나는 나의 독서 주의력을 압축시켜 활용하고 있다고 할 수 있다.

수입이 적고 시간도 별로 없는 사람들은 일반적으로 가장 돈이 적게 드는 매체를 선택한다. 사람들이 집에서 TV를 보는 이유는 비용이 들지 않기 때문이다. 그러나 만일 케이블 TV의 유료채널을 보고 싶다면 돈을 지불해야 한다. 소비자의 관점에서 볼 때 케이블TV의 유료채널은 사람들이 보고 싶은 채널을 선택하도록 한 서비스의 이점을 극대화한 것이다. 이런 서비스를 통해 사람들은 자신에게 맞지 않는 채널을 보지 않고 자기가 보고 싶은 꼬리부분의 채널을 시청할 수 있다.

결론적으로 사람의 주의력은 돈보다 더 확장가능하다. 롱테일의 주된 효과는 우리의 기호를 히트상품에서 틈새상품으로 이동하게 한다는 것이지만, 자신이 발견한 것에 보다 만족하게 되면 우리는 롱테일에 속한 상품들을 더 많이 소비할 것이다. 물론 롱테일에 속한 틈새상품을 얻는 데는 비용이 많이 들지 않는다.

꼬리에서는 가격을 올려야 할까, 내려야 할까?

나는 사람들로부터 롱테일의 가격에 대한 효과에 대해 질문을 종종 받는다. 롱테일에서 꼬리쪽으로 내려갈수록 가격도 내려가는가? 아니면 보다 독특하고 한정된 고객들에게 집중하는 상품이 틈새고객들에게 보다 강하게 호소해서 가격이 올라가는가?

이에 대한 답은 제품에 달려 있다. 이것을 확인하는 한 가지 방법은 가격책정 방식에 따라 결과가 달라지는 '기호 시장want market' 과 '필요 시장need market' 을 구분하는 것이다.

필요 시장이란 고객들이 자신들이 찾고 있는 것을 알고 있고 그것을 온라인에서만 구입할 수 있는 시장을 말한다. 예를 들어 당신이 정말 읽고 싶어하지만 상대적으로 구하기 힘든 논픽션 책이 있다고 하자. 그것을 구입할 수 있다 해도 당신은 상대적으로 비싼 가격을 지불해야 한다. 아마존의 할인정책을 통해 이런 사실을 확인할 수 있다. 아마존은 베스트셀러는 30~40퍼센트까지 할인해주지만 판매순위가 낮아질수록 그 할인율은 거의 제로에 가깝다.

이와는 대조적으로 음악을 비롯한 다른 엔터테인먼트 분야는 전형적인 기호 시장이다. 가격만 적당하면 당신은 헛돈을 쓸 위험성을 줄인 채 꼬리 부분으로 과감히 내려가서 무언가 새로운 상품을 시도해볼 용기가 생길 수도 있다. 그래서 많은 음반회사들은 오래 전에 출시한 음반들과 무명가수나 연주자의 신규 음반의 경우 가격을 할인해서 판매하는 실험을 해왔다.

음반 가격이 인기도에 따라 자동으로 변하는 것은 이와 같은 할인판매를 잘 보여주는 사례이다. 이것은 구글이 키워드광고 자동경매에 적용한 방식이기도 하며, 이베이도 이와 비슷한 방식을 취하고 있다. 한 마디로 수요가 더 많아질수록 가격은 더 높아지는 것이다.

효율적으로 가격이 바뀌는 시장은 시간이 지남에 따라 판매가 점차적으로 떨어지며 전반적으로 평평한 수요곡선을 형성한다. 하지만 적어도 음악 분야의 경우, 그런 모델의 도입은 아이튠스의 99센트 고정가격 모델 같은 단일가격의 단순함이라는 장점에 거스르고, 또한 쉽게 가격을 바꿀 수 없는 CD 소매점들과 심각한 채널 갈등을 초래할 수 있다. 이렇게 상황이 더 악화될수록 음악산업은 새로운 사업모델을 찾아내는 일에 보다 매진할 것이다. 그리고 그때가 되면 우리는 롱테일의 가치를 묻는 질문에 답할 만한 더 나은 자료를 얻게 될 것이다.

파워로 분포들의 특징 가운데 하나는 부분이 전체를 닮는 '자기유사성self-similarity'을 띠는 것이다. 즉 전체 파워로 분포에 초점을 맞추고 아무리 확대해봐도 파워로 분포의 부분과 전체가 동일한 양상을 띤다는 것이다. 수학자들은 이것을 '복합적으로 구성된 자기유사성'이라고 묘사한다. 이것은 롱테일이 각각 자신의 작은 세계를 가진 수많은 작은 꼬리들로 구성되어 있다는 것을 의미한다.

8-5 그래프를 자세히 훑어보면 음악의 커다란 파워로 곡선들이 각각의 음악 장르에 의해 형태를 갖추고 있다는 사실을 알게 된다. 음악은 수많은

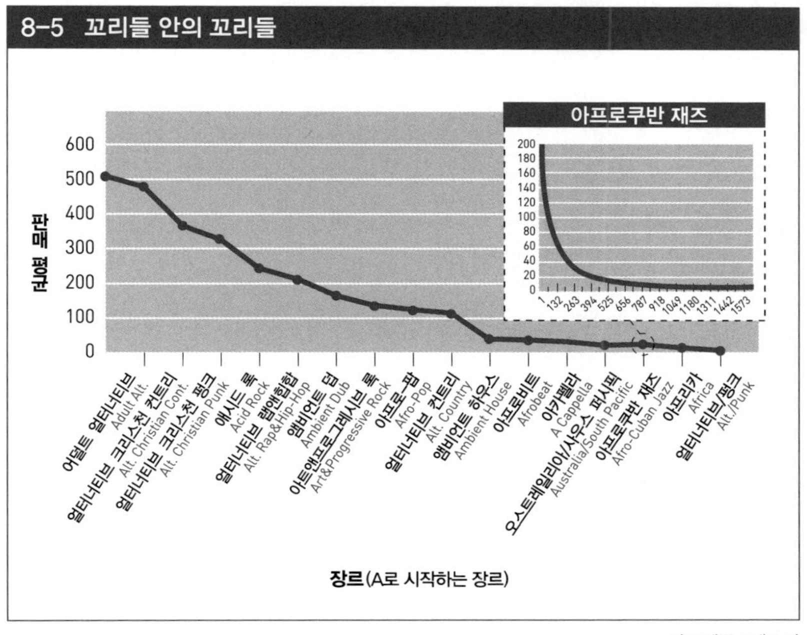

작은 틈새시장들과 소형 생태계로 이루어져 있는데 전체 순위 속에서 함께 움직일 때면 마치 하나의 롱테일처럼 보인다. 그러나 자세히 들여다보면 각각의 시장에는 그 자체의 머리와 꼬리가 존재한다.

이같은 사실을 확인하기 위해 나는 랩소디의 전체 롱테일을 분해해 장르별로(A로 시작하는 장르에 대해서만) 고객들의 다운로드 횟수를 확인해보았다. 그리고 나서 아프로쿠반 재즈 장르를 훨씬 더 작은 구획으로 나누어 인기도에 따른 수요곡선의 변화를 살펴보았다.

이 그래프를 통해 장르의 평균이 롱테일을 이루고 있다는 사실과, 각 장르에 개별 노래들로 구성된 또다른 롱테일이 자리하고 있다는 사실을 알 수 있다. 전체 음악 분야는 인기도에 따라 하나의 큰 곡선을 그리는 것으로 나타나지만 사실은 그 곡선 내에 여러 개의 곡선들이 존재하는 것이다.

도서 시장을 비롯해 블로그에 이르기까지 다른 시장에서도 동일한 상황이 발생한다. 블로그 검색업체 테크노라티의 경영자 피터 허시버그[Peter Hirshberg]는 요리 블로그들이나 육아 블로그들과 같은 카테고리에서 인기도 파워로 분포를 보여주면서 전체의 일부분을 구성하는 작은 롱테일들의 등장에 대해 "하나의 프리즘에 백색 광선을 비추면 블로그 세계에 존재하는 개별 롱테일 커뮤니티의 스펙트럼이 나타난다"라고 말했다. 이처럼 순위는 다양한 커뮤니티들 전체보다는 특정한 커뮤니티 내에서 의미가 있다.

이런 사실이 왜 중요한가? 첫째, 추천목록과 같은 필터는 전체 시장 차원보다는 종종 장르 차원에서 가장 효과적으로 작동한다는 사실을 보여주기 때문이다. 둘째, 롱테일의 명백한 역설을 설명해주기 때문이다. 인기도를 기준으로 한 파워로 분포의 독특한 급경사 형태는 소비자의 선호도를 확장하는 강력한 입소문이 지속적으로 순환하면서 이루어지는데, 평판이 좋으면 인기가 더 높아지지만 평판이 나쁘면 상대적으로 인기가 더 떨어진다. 성공이 성공을 부르는 것이다. 긍정적 피드백이 지속적으로 반복되면 승자, 즉 인기가 높은 쪽이 모든 것을 가지게 된다.

여러 가지 문제들이 뒤섞여 있는 오늘날의 필터들은 수많은 사람들에게서 수많은 상품들에 대한 더 많은 긍정적 피드백을 이끌어냄으로써 매우 강력한 입소문을 만들어낸다. 그런데 이때 일종의 '수평화 효과leveling effect'를 얻기보다는 히트상품들과 틈새상품들 사이의 간극을 더 넓힘으로써 파워로 곡선을 더 경사지게 하지는 않을까?

즉 꼬리부분으로 수요를 이끌어내는 데 필수적인 추천제도 시스템이 왜 히트상품과 틈새상품의 불균형을 더 확대하여 롱테일을 잘라버리는 정반대 효과를 나타내지는 않는가? 추천제도 시스템 등을 통해 당신은 하나의 결과로 다른 사람들에게 영향을 미치는 강력한 네트워크 효과를 기대했을지도 모르지만, 우리가 롱테일 시장에서 보게 되는 것은 히트상품과 틈새상품의 차이가 그보다 적은 완만한 파워로 곡선이다.

필터들과 추천 시스템들은 하나의 장르와 하위장르가 있는 틈새시장에서 가장 강력한 힘을 발휘한다. 하지만 여러 장르들이 있을 경우 그 효과는 상대적으로 떨어진다. 한 장르에서 최고의 자리에 오른 뒤에 모든 장르를 통틀어 가장 많은 인기를 얻는 히트곡들이 있다. 그러나 그런 히트곡들은 예외적인 경우이다. 보통은 전체 인기순위에서 중간 정도를 차지하기 위해 자기 장르의 인기를 등에 업는 경우가 보다 일반적인데, 이런 경우 그 곡들은 다른 장르의 많은 히트곡들과 경쟁해야 하기 때문에 보통 순위가 더 이상 많이 올라가지 않는다.

따라서 앰비언트 덥 장르의 인기순위 곡선의 머리부분에서 가장 인기 있는 가수나 연주자는 그 카테고리의 다른 가수나 연주자들에 비해 많은 인기를 얻을 수는 있지만, 그렇다고 해서 그 가수나 연주자가 갑자기 폭발적인 인기를 얻어 2005년에 아메리칸 뮤직어워드 랩/힙합부문 최우수 앨범상을 받은 유명 힙합가수 50센트[50Cent]를 전체 인기순위 톱 10에서 몰아낼 수 있는 것은 아니다. 이러한 롱테일의 미세구조 분석을 통해 얻을 수 있는 교훈은, 인기도는 여러 단계를 통해 나타나며 하나의 분야를 지배한다고 해서 전 분야의 우두머리가 될 수는 없다는 사실이다.

시간의 롱테일

어떤 것들이 다른 것들보다 상대적으로 인기가 없는 것은 무엇 때문일까? 지금까지 우리는 그것이 히트작이었든 반응이 없었던 것이든, 혹은 품질이 좋든 나쁘든 상관없이 하나의 제품이 사람들을 사로잡을 수 있는 호소력의 깊이와 넓이에 초점을 맞춰왔다. 그러나 이 외에도 인기도에 영향을 주는 또다른 요소가 있다. 그것은 바로 제품이 출시된 시기이다. 더 많은 고객들을 사로잡을 수 있는 제품이 그렇지 않은 제품보다 더 많이 팔리는 것과 마찬가지로 신제품은 기존제품보다 더 잘 팔리는 경향이 있다.

기본적인 수요곡선을 눈여겨보면 어떤 제품들이 다른 제품들보다 덜 팔리는 이유는 고객들을 사로잡는 능력이 떨어지기 때문이라는 점을 알 수 있다. 하지만 인기도는 사실 다차원적인 문제이다. 예를 들면 앨범의 순위를 결정하는 요소에는 앨범에 포함된 음악의 질 외에도 그 앨범이 속한 장르와 출시 시기, 밴드의 명성과 국적, 다른 가수나 연주자와의 유사성 등도 포함된다. 그러나 이런 다양한 요소들은 모두 베스트셀러 목록이라는 단일한 차원에 흡수된다.

생각해보면 오늘날의 히트상품은 미래의 틈새상품이다. 히트상품들을 포함해 거의 모든 제품들은 출시 이후 시간이 지나면 판매가 줄어든다. 〈트위스터 *Twister*〉는 1996년에 흥행순위 2위를 기록한 영화였지만, 현재 아마존에서 그 DVD는 프랑스 혁명을 다룬 2005 히스토리 채널History Channel 다큐멘터리 프로그램 구매시 덤으로 주는 사은품이다.

아인슈타인이 시간을 공간의 4번째 차원으로 묘사한 것처럼, 시간을 롱테일의 4차원으로 생각해볼 수도 있다. 히트상품과 틈새상품은 시간이 지남에 따라 판매가 둔화된다. 히트상품은 처음에는 높은 판매를 기록하지만 결국 판매가 떨어져 꼬리부분으로 내려간다. 이런 결과를 측정하는 연구는 계속되고 있는데 개념적으로 이것은 8-6 그래프와 유사하다.

시간과 롱테일에 관해 특히 흥미로운 점은, 신제품이 기존제품보다 비교적 잘 팔리는 지금까지의 규칙을 구글이 바꾸고 있다는 것이다. 다른 모든 매체처럼 온라인 매체의 경우 새로운 것이 무대를 장악하기 마련이다. 온라인에서는 오늘이 되면 어제의 뉴스는 더 이상 찾아보기 어렵고, 한때 핵심적인 내용으로 인정받던 것들은 웹사이트의 메인화면에서 순식간에 사라지고 인기는 추락한다. 그런데 사람들이 구글을 통해 훨씬 더 많은 정보를 소통할 수 있게 되면서 이런 규칙이 깨지고 있다.

구글은 제품이나 정보가 나타난 시간이 아니라 링크의 관점에서 관련성을 중시한다. 때문에 당신이 구글에서 하나의 용어를 검색하면 그것에 대해 가장 최근에 언급된 내용보다는 그 용어를 가장 잘 설명해주는 내용이 나타난다. 그리고 자료가 더 오래된 것일수록 더 많은 링크를 확보할 시간을 더 많이 가졌기 때문에 상대적으로 최근에 나온 제품이나 정보보다 유리하다. 그 결과 블로그 포스트와 온라인 뉴스 페이지의 인기가 시간이 지남에 따라 떨어진다 해도, 검색을 통해 소통량이 늘어났기 때문에 과거보다는 훨씬 더 영향력이 커졌다. 구글은 어떤 측면에서는 일종의 타임머

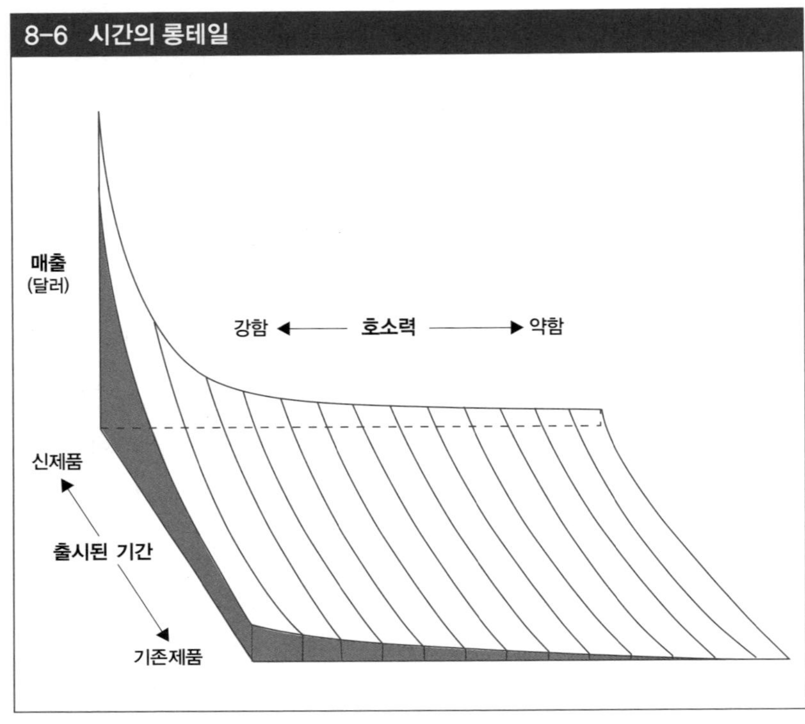

신과 같은 기능을 한다고 볼 수 있다. 우리는 이제 구글이 보여주고 광고하며 주목하는 결과를 비교할 수 있게 되었다.

비참할 정도로 무시된 풍요의 경제학

넓게 볼 때 롱테일은 풍요에 관한 것이다. 그래서 롱테일은 풍요로운 진열 공간, 풍요로운 유통, 풍요로운 선택과 같은 특징을 지니고 있다. 그런데 위키피디아에 나오는 다음과 같은 경제학에 대한 정의는 받아들이기 어려운 부분이 있다.

> 경제학 : 〔명〕 유형 및 무형의 재화가 희소한 상황에서 선택을 통해 그
> 문제를 해결하는 사회과학.

물론 위키피디아에는 '무한한 수요를 충족시키기 위해 희소한 자원을 분배하는 것' 등과 같은 다른 정의들도 있다. 하지만 대부분은 공통적으로 부족한 자원을 재분배하는 방법 등 희소성이라는 어려운 요소에 초점을 맞추고 있다. 마이크로칩의 처리능력은 18개월마다 2배로 늘어난다는 '무어의 법칙Moore's law'으로 모든 것을 바라보는 풍요의 시대에, 위에서 언급한 것과 같은 경제학의 개념을 저장공간과 대역폭에 적용하면 문제가 생긴다.

모든 것을 공짜로 가질 수는 없다는 개념이 경제학에 얼마나 근본적인지 아무리 강조해도 지나치기 어렵다. 경제학 전체는 선택과 그 선택이 이루어지는 방식을 연구하는 데 집중된다. 영국의 경제학자 애덤 스미스는 시간이나 편리함과 돈 사이의 선택을 고려함으로써 현대경제학을 창조했다. 그는 도시의 시내에 살면서 집세를 많이 내거나 혹은 시 외곽에 살면서 집세를 덜 내는 경우를 이야기하면서, 사람이 편리함을 누리려면 그에 상응하는 대가를 지불해야 한다고 주장했다. 그리고 그때 이후로 경제학은 유한한 자원을 나눠갖는 방법에 대해서만 관심을 가져왔다.

이것이 바로 지금까지의 경제학이 추구해온 방식이다. 신고전주의 경제학도 분명 풍요로운 공급을 전제하지는 않는다. 즉 우리가 불을 피우려고 할 때 산소가 무료라는 사실을 부인하지는 않지만, 그것을 경제 방정식에 포함시키지는 않음을 의미한다. 신고전주의 경제학은 그런 사실을 화

학과 같은 다른 학문 분야에 위임한다.

하지만 이제 우리는 무한한 진열공간의 시대에 진입하고 있다. 전통적 경제학에서 제조와 유통에 들어갔던 비용은 복사와 전송에 거의 비용이 들지 않는 디지털 제품들이 지배하는 롱테일 시장에서는 제로에 가깝다.

풍요로움은 우리 주변, 특히 기술 분야에 자리잡고 있다. 무어의 법칙은 이제 고전적인 사례에 지나지 않는다. 반도체의 선구자이며 캘리포니아 공과대학 교수인 카버 미드Carver Mead가 1970년에 자신이 가르치던 학생들에게 트랜지스터transistor(규소나 게르마늄 따위의 반도체를 이용해서 전기신호를 증폭해 발진시키는 반도체 소자)를 마음껏 사용해도 된다고 격려함으로써 다양한 연구성과가 나타났고 이로 인해 트랜지스터는 더욱 발전했다. 또한 부족한 연산 자원을 최대한 활용하려는 사고에서 화면의 윈도우와 아이콘을 마우스로 끌어와서 동시에 여러 작업을 하는 것으로 생각을 전환함으로써 매킨토시와 PC 혁명이 일어났다. 게임계의 슈퍼컴퓨터라 할 수 있는 엑스박스360도 이와 유사한 혁명을 일으켰다.

또한 저장과 대역폭, 그리고 기타 디지털로 이루어진 모든 것에 작용하고 있는 유사한 풍요의 법칙들이 있다. 기술 이외의 영역에서는 녹색혁명이 농업을 풍요롭게 했다. 만일 중국이나 인도가 풍부한 노동력을 활용하지 않았다면 오늘날과 같은 성장을 기대할 수 없었을 것이다.

아이디어는 누구나 자유롭게 내놓을 수 있다는 점에서 무제한으로 퍼져나갈 수 있기 때문에 풍요로운 것으로 간주될 수 있다. 미국 특허 시스템의 아버지 토머스 제퍼슨Thomas Jefferson은 "내 아이디어를 그대로 받아들이는 사람은 나의 아이디어를 훼손하지 않고 교훈을 얻는 데 그치지만, 내 아이디어의 초에 불을 붙이는 사람은 내 명예를 손상시키지 않고 각광을 받을 것이다"라고 말했다.

10여 년 전에 풍요의 전도사이자《마이크로코즘 *Microcosm*》과《텔레코즘 *Telecosm*》이란 책을 쓴 조지 길더[George Gilder]는 이 모든 것을 생각하는 멋진 방법을 제시했다.

그렇다면 이런 멋진 풍요를 신고전주의 경제학과 절충하는 방법은 무엇일까? 조지 길더는 전혀 뜻밖의 방법을 시도해보라고 제안한다.[7]

지일 정도로 절감되었다. 산업혁명에서 물리적 힘의 비용은 인간과 동물의 노동력을 동원할 때의 비용과 비교하면 사실상 공짜가 되었다. 당신은 어느 순간부터 이전에는 할 수 없었던 것을 할 수 있게 되었다. 당신은 산업시대 이전에는 상상할 수도 없었던 방식으로 제품들을 쏟아내면서 하루 24시간 동안 공장을 가동할 수 있게 되었다. 이것은 물리적인 힘이 어떤 의미에서 사실상 무료가 되었다는 것을 의미했다. 경제 전체는 이런 물리적 힘을 이용하기 위해 스스로를 재편성해야 했다. 당신은 전시에나 평화시에나 번성하기 위해 증기기관과 그것이 이끌어낸 힘을 낭비해야만 했다.

그는 이런 언급을 통해 풍요를 경제적 맥락에서 적용해보라고 제안한다. 만일 풍요로운 자원들이 희소성의 시스템 내에서 움직인다고 가정하면 그것들은 지금까지의 경제흐름에 반하지 않을 것이다. 즉 풍요로운 자원들 역시 보다 저렴한 비용으로 제품을 공급하고 생산성을 높이는 동인들로써 기존의 경제원칙을 무효화하지 않는 학습곡선이나 거래비용 최소화와 같이 해석될 수 있을 것이다.

그리고 사실 롱테일의 풍요도 바로 그런 제약조건을 가지고 있다. 비록 모든 매체에 대한 선택권이 무한하다 할지라도 인간의 주의와 하루의 시간은 여전히 유한하고, 우리가 마음대로 소비할 수 있는 소득도 제한되어 있다. 어떤 점에서 그것은 여전히 유한한 것이다. 어느 게으르고 비활동적인 사람에게 100만 편의 TV쇼를 제공한다 해도 시간이 제한되어 있기 때문에, 그는 상대적으로 더 마음에 드는 프로그램을 골라서 볼 것이다.

결국 아무리 매력적인 경제학이라 해도 모든 것에 대한 해답을 제공해주지는 못한다. 우리 주변에서 일어나는 많은 현상들은 심리학에서부터 물리학에 이르기까지 다양한 분야에 넘겨지거나 또는 어떤 학문분야로도 설명되지 않는다. 성장과 마찬가지로 풍요는 우리가 그것을 설명할 방정식을 갖고 있든 그렇지 않든 상관없이 우리의 일상적인 경험을 통해서 우리 세계를 변화시키고 있는 힘이다.

9 머리가 짧아진다

오프라인 매장 진열대에서는 무슨 일이 일어나고 있는가?

좋아하든 좋아하지 않든 간에 히트상품들은 항상 우리 주변에 존재한다. 제한된 진열공간에 방송광고를 하고 가장 저렴한 요금으로 제품을 판매하는 소매점들도 마찬가지다. 지난 몇 년간 전자상거래가 발달하긴 했지만 카탈로그 쇼핑을 제외하면 온라인 쇼핑은 아직 미국 소매업의 10퍼센트에도 미치지 못하고 있다. 심지어 열정적인 온라인 쇼핑 지지자들도 자신들이 수십 년 동안 온라인 쇼핑을 통해 지출한 금액이 총지출액의 4분의 1을 넘어설 것이라고는 생각하지 않는다.

온라인 매장은 결코 오프라인 매장이 가지고 있는 바로 구매할 수 있는 편리함이나 직접 손으로 상품을 만져볼 수 있는 장점을 가지고 있지 않다. 또한 인간은 사회생활을 하는 종이기 때문에 때로 다른 사람들과 함께 무언가를 하고 싶어한다. 즉 인간은 집단 속에서 안락함을 느끼고 경험을 공유함으로써 더욱 가까워진다.

파워로 분포 곡선이 불균등한 형태를 띨 수밖에 없는 이유는 바로 이 때문이다. 롱테일 시장은 블록버스터들이 아직도 상당한 비중을 차지하고 있는 전통적인 시장보다 약간 더 평평한 수요곡선을 그린다. 롱테일 시장과 전통적인 시장은 서로 다르긴 하지만 비슷한 부분이 더 많은데, 이는 온라인 시장을 움직이는 촉매제 역할을 하는 추천제도 방식들과 다른 필터들이 작동하도록 하는 데 필연적이면서도 필수불가결한 요소이다.

이번 장에서는 파워로 분포 곡선의 왼쪽에 위치한 머리부분을 살펴보려 한다. 특히 진열공간의 가치와 그 비용, 그리고 방송기술과 할리우드 히트제조기를 눈여겨볼 것이다. 그럼 우선 머리부분에 위치한 제품들이 지닌 이점들을 살펴보자.

히트상품이 사회와 상거래에 끼치는 영향력이 과거보다 상대적으로 많이 줄어들었다고 해도, 절대적인 규모로는 여전히 비교할 수 없을 만큼 큰 영향력을 가지고 있다. 그리고 그 영향력은 주로 히트상품이 사회의 공통된 문화기반을 창조하는 원천이 된다는 점에 기인한다.

성공적인 롱테일 집단은 히트상품들과 틈새상품들을 모두 포함하고 있는데, 광범위한 타깃은 물론이고 특정한 성향의 타깃까지도 사로잡을 수 있는 다양한 제품들로 가득 차 있다. 그리고 이런 다양한 제품들은 모든 사람들을 만족시킬 수 있는 롱테일로 나아가는 징검다리 역할을 하게 된다.

이제 소비자들은 원스톱 쇼핑을 원하며 자신들이 찾고 있는 것이 어느 특정한 장소에 있기를 바란다. 때문에 소비자들에게 자신들이 원하는 모든 것이 바로 그곳에 있다는 확신을 주는 매장들은 성공하게 된다. 필터들이 모든 것 혹은 적어도 특정 분야의 모든 것들 가운데 가장 좋은 것을 선별해 준다는 사실이 훌륭한 롱테일 집산자가 그리도 설득력이 있는 이유다.

만일 공급자들이 수요곡선의 머리부분에 위치한 제품들만을 가지고 있다면, 그들은 더 많은 것을 원하는 소비자들의 요구를 충족시켜줄 수 없다는 사실을 금세 깨닫게 될 것이다. 반대로 만일 공급자들이 꼬리부분의 제품들만을 가지고 있다면, 제품들이 모두 고객들의 일반적인 취향과는 다소 거리가 있기 때문에 그들은 소비자들이 어떤 제품에 먼저 관심을 보일지 알 수 없을 것이다. 또한 소비자들에게는 공급자들이 공급하는 모든 제품들이 낯설기 때문에 그런 제품들을 가지고는 시장을 견인할 수 없게 된다. 따라서 공급자들은 머리와 꼬리부분의 제품들을 함께 공급해야 한다. 소비자들에게 익숙한 제품들은 친근감을 주고 소비자들의 구매욕구를 자극하기 때문이다.

이것이 필요한 이유를 보여주는 좋은 사례가 있다. 바로 온라인 음악 서비스업체인 엠피스리닷컴MP3.com의 이야기이다. 1997년, 엠피스리닷컴의 창업자였던 마이클 로버트슨Michael Robertson은 고전적인 롱테일 성향의 사업을 시작했다. 그는 사람들이 엠피스리닷컴에 음악파일을 업로드할 수 있게 한 뒤에 그 파일을 누구나 이용할 수 있도록 했다. 이 서비스는 음반회사를 통하지 않고 가수나 연주자를 청취자와 직접 연결되게끔 해주었다. 엠피스리닷컴은 자사의 사이트를 통해 자신의 음악을 홍보하는 밴드들의 사례금으로 사이트를 운영했다. 이처럼 엠피스리닷컴을 통해 음반회사들의 지배체제가 붕괴되면서 그동안 땅 속에서 잠자고 있던 수많은 음악의 씨앗들이 자라나 꽃을 피울 것으로 기대했다.

엠피스리닷컴은 얼마 지나지 않아 수십만 곡을 서비스할 정도로 빠르게 성장했다. 하지만 아직도 여전히 생활고와 씨름하는 무명의 밴드들은 새로운 청취자를 많이 확보하지 못했고, 인디음악의 상황 또한 전혀 나아지지 않았다. 사실 엠피스리닷컴은 인디음악처럼 대중에게 알려지지 않아 대부분 수익을 내기 힘든 노래들을 차별하지 않고 실어줌으로써 명성을 얻었다.

무엇보다 엠피스리닷컴의 문제점은 거기에는 롱테일 곡들만이 존재하고 있었다는 것이다. 엠피스리닷컴은 사이트를 운영하는 동안 음반회사들과 저작권 계약을 체결하지 않았기 때문에 히트곡들이나 인기있는 상업적인 노래는 제공할 수 없었다. 그래서 소비자들은 잘 알려진 히트곡처럼 익숙하게 느껴지는 노래가 없었기 때문에 어떤 노래부터 듣기 시작해야 할지 몰라 당황했다. 엠피스리닷컴은 비즈니스모델을 좀더 연구한 후에 사용자들이 자신들이 가지고 있는 CD의 음악파일을 올릴 수 있는 서비스를 제공했는데, 이로 인해 음반업계의 소송이 줄을 이어 결국 문을 닫을 수밖에 없었다.

이처럼 엠피스리닷컴 모델은 실패한 반면, 아이튠스 모델은 성공했다. 그 이유는 아이튠스가 주요 음반회사들과 계약을 체결하면서 엄청나게 많은 히트곡들을 서비스할 수 있었기 때문이다. 이후 아이튠스는 수십 만 명에 이르는 인디음악을 하는 가수들과 연주자들과도 계약을 체결하는 식으로 상당히 많은 비히트곡들까지 추가로 확보했다. 이로써 아이튠스 고객들은 이미 상업적인 반응을 얻고 있는 노래들이 자리한 시장 속으로 들어갈 수 있게 되었고 이를 통해 자연스럽게 비히트곡을 접하게 되었다.

그렇다면 엠피스리닷컴과 유사하게 무료로 인디음악을 접할 수 있게 하는 마이스페이스닷컴의 성공요인은 무엇일까? 그것은 마이스페이스닷컴이 커뮤니티와 컨텐츠를 매우 효과적으로 결합해서 방문자들에게 제공하고 있는 데서 찾아볼 수 있다. 마이스페이스닷컴을 방문하는 수천만 명의 사용자들 사이에 강한 사회적 연대감이 형성되어, 마이스페이스닷컴의 사이트에서 듣고 싶어하는 노래를 찾을 수 있도록 서로 도와주기 때문에 방문자들은 마이스페이스닷컴을 지속적으로 방문하게 된다. 마이스페이스닷컴은 이런 식으로 사용자들에게 강한 사회적 연대감을 제공해주기 때문에 이전에 사회적 네트워킹 서비스를 무너뜨린 과거의 심리적 피폐현상을 피할 수 있도록 도와준다.

도시 역시 하나의 롱테일이다

주요 도시들은 또다른 종류의 히트상품이다. 지구의 인구분포를 그래프로 그려보면 일종의 파워로 분포를 확인할 수 있다. 상하이와 파리를 비롯한 몇몇 대도시에는 엄청나게 많은 사람들이 살고 있지만, 그 외의 다른 곳에는 사람들이 그다지 많이 살고 있지 않다. 카네기멜론대학 경제개발학과 교수인 리처드 플로리다^{Richard Florida}는 저서 《창조적 변화를 주도하는 사람들 *The Rise of the Creative Class*》에서 '도시는 뾰족탑이다'라는 말을 했다.

> 사람들은 여럿이 함께 모여 살고 싶어하고 다양한 문화적 설비를 갖춘 도심을 선호하기 때문에 한데 모여 살아간다. 하지만 사람들이 이렇게 무리를 이루어 살아가는 데는 몇 가지 이유가 더 있다. 사람들과 기업들은 강력한 생산성을 낼 수 있다는 이점, 규모의 경제, 그리고 많은 사람들이 한데 모여 살면 많은 정보를 얻을 수 있다는 점 때문에 한데 모여 살아간다. 많은 혁신가들, 실천가들, 그리고 경제적 후원자들이 사무실 안팎에서 서로 끊임없이 접촉함으로써 아이디어는 더 자유롭게 흘러넘치고 보다 빈틈없는 수정과 발전이 이루어지며 좀더 빠르게 실행에 옮겨질 수 있다.[1]

인구의 뾰족탑이라 할 수 있는 세계 주요 도시들이 형성된 이유는 그곳에서 살아가는 데 드는 비용을 보상하고도 남을 만큼 다른 많은 사람들과 더불어 살아가면서 얻게 되는 문화적·경제적 이점들이 있기 때문이다. 그런 이점들 가운데 하나는 아이러니하게도 다음에 제시된 사례들처럼 모든 틈새영역에 자리잡고 있는 엄청난 다양성이다.

뉴욕, 런던, 파리, 도쿄 같은 도시들은 사실상 모든 것을 공급한다. 세계 여러 나라의 다양한 음식을 먹고 싶은가? 당신이 도시에 산다면 아프리카 북동부에 위치한 나라인 에리트레아의 음식, 혹은 인도 벵갈 음식이나 몽골의 핫팟(쇠고기나 양고기에다 감자 등을 섞어서 냄비에 찐 음식)에 이르기까지 모든 종류의 음식을 다 먹을 수 있다. 엔터테인먼트와 서비스의 종류도 매우 다양하며, 잘 찾아보면 아마존에 버금갈 정도로 다양한 물건들을 만날 수 있다.

어떻게 이런 일이 가능할까? 보통 넓게 분포되어 있던 수요가 한곳으로 집중되면서 과밀한 인구를 형성하게 된 것이 도시이기 때문이다. 인터넷이 아이디어 공간 혹은 문화적 공간의 롱테일인 것처럼 도시를 도시 공간의 롱테일이라고 생각할 수 있다.

작가 스티븐 존슨Steven Johnson은 도시 공간의 롱테일에 대해 다음과 같이 언급했다.

단추만을 판매하는 상점은 5만 명이 살아가는 소도시에서는 판로를 찾기 어렵다. 하지만 뉴욕에는 단추만 파는 상점가가 있을 정도다. 이런 이유로 대도시에는 하위문화들이 창궐한다. 만일 당신이 독특한 취미를 갖고 있다 해도 900만 명이 살아가는 대도시라면 동일한 취미를 공유하는 사람을 상당히 많이 만날 수 있을 것이다.[2]

여러 해 전에 도시이론가 제인 제이콥스Jane Jacobs는 거대도시들이 소규모 틈새영역들이 번영할 수 있는 환경을 창출한다는 사실을 확인했다.

그녀는 자신이 확인한 사실에 대해 다음과 같이 말했다.

자본주의는 진열대에서 구현되었다

진열공간에 대해 다루기 전에 먼저 그것에 찬사를 보내는 것이 순서일 듯하다. 오늘날 매장의 진열대는 시간과 공간을 최대한 활용하도록 디자인된 매우 진화된 공급망을 갖춘 인간 중심의 전달수단을 갖추고 있다. 높이는 2미터를 조금 넘고, 폭은 1미터를 조금 넘으며, 깊이는 60센티미터 정도 되는 일반적인 슈퍼마켓 선반 하나는 미니밴 한 대 정도의 수용능력을 갖고 있다.

업계 표준에 따라 제작된 선반에 딱 맞게 디자인된 수백 개의 포장 제품들이 쌓인 진열대는 현대를 대표하는 풍요의 상징이 되었다. 오늘날 슈퍼마켓 매대에 차곡차곡 진열된 3만 종 이상의 제품들은 너나할 것 없이 모두 최소비용으로 최대판매를 노리고 있다. 효율적인 보관과 세밀하게 제작된 선반 덕분에 슈퍼마켓에서는 이런 식의 진열을 할 수 있게 되었다.

진열대 제작에는 소매과학의 모든 기법이 총동원된다. 슈퍼마켓 진열대에 올려진 제품들은 재고 알고리즘과 탄력적으로 변하는 수요곡선에 따라 포장되어 진열된다. 최적의 재고유통량은 슈퍼마켓 체인본부에서 매일 재조정하며 계산대의 판매자료에 근거해서 실시간으로 조정된다.

이렇게 진열대에 제품을 쌓아두는 형태는 매장에 들어온 수요를 만족시키고 새로운 수요를 북돋우며 가장 좁은 공간에서 최고의 판매를 이끌어내는 식으로 우리가 할 수 있는 모든 시도를 하도록 디자인된다. 매장 직원들은 숨겨둔 카메라들과 제품을 확인하고 추적하는 무선주파수 인식 ID 태그들을 이용해 슈퍼마켓 진열대의 모든 부분들을 연구하고 논의하며 감시해왔다. 소매점의 진열대는 미국 경제의 60퍼센트 정도를 차지하는 사업의 최전선이다. 그리고 리서치 산업은 이런 진열대의 중요성에 걸맞게 그 역할과 효과를 이해하는 데 온힘을 쏟았다.

그 결과 진열대의 가장 위쪽에서 아래쪽으로 내려갈수록 그 가치가 조금씩 달라진다는 사실을 알게 되었다. 또한 제품의 종류와 매장의 유형에 따라 가장 반응이 좋은 황금진열대의 가치가 달라진다(예를 들면 슈퍼마켓에서는 제품이 가장 눈에 잘 띄고 그래서 판매가 가장 잘 되는 중앙부는 진열대 아래쪽보다 5배 이상 더 팔리는 마법의 공간임). 그래서 제조업자들은 누구나 자신들의 매출과 판매자의 이익을 모두 높일 수 있는 가장 판매가 잘 되는 지점에 자사의 제품을 진열하려 하기 때문에, 매장들은 이를 활용해 제품을 진열할 수 있도록 매대를 빌려주는 대가로 높은 매대 임대료를 챙길 수 있게 되었다.

이러한 수직적 진열방식과는 달리 수평적 진열방식은 브랜드를 노출하는 데 최적화되어 있다. 현재 소매점의 관리자들은 진열대의 횡적 공간을 불필요하게 쓰지 않고도 고객의 시선을 사로잡기 위해 특정 회사의 제품들을 넓게 진열하는 방법을 정확하게 알고 있다. 바코드와 재고보충 프로그램을 활용한 전국적인 매장 통합 시스템 덕분에 소매점 관리자들은 진열대를 언제나 적절한 제품들로 채워넣을 수 있게 되었다.

즉 소매점 관리자들은 슈퍼마켓학을 수십 년 동안 집중적으로 연구해온 덕분에 아주 미세한 부분을 포함한 모든 매장의 공간을 어떻게 구성해야 할지 알게 되었다. 풍요와 다양성의 폭발적 증가와 국제적인 공급망을 통한 제품의 가격하락으로 인해 현재 우리가 얼마나 많은 것을 누리게 되었는지를 고려해볼 때, 단순히 오프라인 매장의 진열대에 문제가 있었기 때문에 우리가 원하는 제품을 제대로 구매할 수 없었고, 받아야 할 서비스를 제대로 받지 못했다는 식으로 흠을 잡을 수는 없다. 진열대야말로 진화된 자본주의가 구현된 실체이기 때문이다.

진열에 제약이 따르는 오프라인 매장

그럼에도 현재 진열대는 너무나도 많은 부분에서 비경제적으로 운영되고 있는 것이 사실이다. 우선 이 조그만 공간인 진열대의 한 달 임대료는 정말 터무니없이 비싸다. 1평방피트(약 0.1제곱미터)의 매장 공간 위에 선반을 쌓아올리면 6평방피트의 진열공간을 확보할 수 있다. 하지만 매장의 관례에 따르면, 진열대를 설치하는 데 필요한 매장 공간 외에도 통로와 계산대, 그리고 고객과 직원이 공유할 공간을 확보하기 위해서는 2~3평방피트가 더 필요하다. 매장의 유형에 따라 결정되는 안쪽의 제품보관소와 관리실은 전체 매장 면적의 25퍼센트를 차지한다. 2005년 초반에 미국의 주요 슈퍼마켓들의 제품진열 공간은 1평방피트당 평균 40달러 정도에 임대되었다. 이렇게 되면 진열대에 물건을 올려놓는 1평방피트당 순수 공간임대비용은 한 달에 26달러에서 33달러 정도 된다.

게다가 오프라인 매장에는 매장 직원의 임금, 재고품의 품질하락, 전기료와 일반관리비, 좀도둑과 기타잡비, 반품, 보험료, 마케팅 비용과 같은 다른 간접비용들이 있다. 가로 30센티미터에 세로 30센티미터의 진열공간을 빌리는 데 한 달에 적어도 50달러가 들 경우 이런 간접비는 진열공간을 빌리는 데 드는 비용과 거의 같을 수도 있다. 평균 소매 마진인 40퍼센트 기준으로 매장의 진열공간은 1평방피트당 한 달에 100달러에서 150달러까지는 매출을 올려야 한다. 단지 비용을 부담하기 위해서만도 말이다.

이처럼 진열대의 모든 공간은 비싸기 때문에 인기와 수익을 얻을 것으로 예상되는 가장 잘 팔릴 것 같은 제품들이 그곳에 진열된다. 진열대에 올라가기 위해서는 판매가 잘 될 것인지를 확인하는 매우 엄격한 테스트를 통과해야 하는데 대부분의 제품들은 그것을 통과하지 못한다. 슈퍼마켓들은 매년 1만 5,000종의 새로운 제품들을 대상으로 진열대에 올릴지 여부를 판별한다. 또한 미국소비자연맹에 따르면 진열대에 올라간 제품 중 약 70~80퍼센트는 거기서 오래 살아남지 못한다고 한다. 오늘날 DVD 대여점에서 DVD 1장을 진열하는 데 드는 평균 비용은 1년에 22달러이다. 그런데 아주 인기있는 몇몇 DVD들만이 그런 진열비를 충당할 수 있을 정도로 대여될 뿐이다. 그래서 이런 제품을 부대비용을 포함한 온갖 장애물 block을 깨뜨려버린다 buster 는 의미로 블록버스터라 한다.

만일 진열대에 올려놓은 제품의 반응이 눈에 띌 정도로 좋지 않다면 진열대 위에서 팔리는 제품들의 간접비는 직접비보다 훨씬 더 많이 든다. 이런 간접비는 대개 진열대의 수가 제한되어 있다는 물리적 제약으로 인해 발생한 손실이며 제품들의 드러나지 않은 기회비용이다. 구글은 검색을 통해 원하는 것을 찾는 방식으로 수익성 있는 가치를 개발해 새로운 시대를 열었다. 우리가 찾고 싶은 것을 구글의 검색창에 입력하면 즉시 그 결과가 나타난다. 이전에는 생각해보지 못했거나 보지 못했던 것들에 대해 직접 사람들에게서 배웠지만 이제는 그럴 필요가 없어졌다.

하지만 그런 구글에서와 같은 것들은 슈퍼마켓 체인 세이프웨이Safeway에는 전혀 적용되지 않는다. 세이프웨이에서는 제품들이 캔으로 포장된 제품은 '캔 제품'과 같은 식으로 단순하게 분류되어 좁은 공간에 채워져 있다. 고객들의 구매패턴은 경영자에게만 알려져 있으며 소비자가 원하는 제품을 찾을 수 있는 유일한 검색엔진은 최소비용을 받고 일하는 매장의 점원밖에 없다. 이것은 다른 오프라인 소매점들도 마찬가지다. 하지만 이것은 세이프웨이의 잘못도 다른 오프라인 소매점들의 잘못도 아니다. 오프라인 소매점들은 결코 선반과 통로라는 제약에서 벗어날 수 없으며 그곳에 있는 제품들은 디지털이 아닌 원자로 된 융통성없는 물리적 설치물에 따라 진열되기 때문이다.

세이프웨이의 제품들처럼 물리적 특성을 지닌 제품들의 약점은 시공간을 초월할 수 없다는 것이다. 하나의 물리적 제품은 어떤 시간대에 진열되든 단 하나의 공간에만 진열될 수 있다. 예를 들면 고객 한 사람 한 사람의 관심과 검색경로가 아무리 다양하다 해도 참치캔을 '생선류' '캔류 식품' '샌드위치 재료' '저지방 제품' '할인제품' '최고 인기제품' '도시락 재료' '2달러 미만 제품' 등의 여러 가지 분야에 동시에 진열할 수는 없다.

물리적 공간으로 이루어진 상점은 고객들의 특별한 관심사에 따라 각각의 고객에게 맞는 제품을 준비하기 위해 이동경로를 순간적으로 바꿀 수 없다. 즉 서로 다른 고객들이 각자 찾기 편하도록 와인의 위치를 순식간에 옮길 수 없다. 이런 상점에서는 네덜란드산 치즈 구다Gouda와 블랙 올리브를 구입한 사람들이 포도주 피노Pinot도 살 수 있도록 하기 위해 다음 진열대를 곧바로 바꿀 수는 없다. 이와 같이 원자들은 융통성이 없다.

고객이 쇼핑카트에 제품을 담아 계산대에 오기 전까지는 오프라인 상점은 그 고객이 어떤 물건을 담았는지 전혀 모른다. 그 시점에 상점은 앞으로의 판매를 촉진하기 위해 고객에게 할인쿠폰을 주는 것 정도 외에는 할 수 있는 것이 없다. 판매에 관해 연구하는 사람들은 무선주파수 인식 ID태그로 물건을 확인한 뒤에 그 가운데 상당한 인기를 얻은 제품들을 잽싸게 추천상품에 올려놓는 인공지능 쇼핑카트를 꿈꾼다. 하지만 아무리 과학자라 해도 실제 제품을 순간적으로 이동시킬 수는 없다. 물질세계에서는 물건이 아닌 사람이 움직이게 되어 있기 때문이다.

월마트는 풍부함을 가장했을 뿐이다

나 역시 20대 풋내기였을 때는 다른 또래아이들처럼 음반판매점에서 아르바이트를 했다. 지금은 사라졌지만 당시 내가 일했던 곳은 워싱턴 D.C. 비즈니스 다운타운가에 있었던 엄청나게 큰 음반판매점이었다.

그 지역에서 일하던 변호사들, 공무원들, 변호사 보조원들을 대상으로 물건을 판매하던 그 상점은 주류음악을 취급하던 곳이었다. 그럼에도 불구하고 그곳에는 1980년대 중반에 영국에서 출시된 신규음반이 진열되어 있던 수입음반 코너가 있었다. 영국의 유명 록그룹 디페쉬 모드와 영국 출신의 싱어송라이터 빌리 아이돌의 앨범은 다른 앨범들보다 크기가 더 컸지만 앨범을 올려놓는 받침대의 크기는 일정하게 30센티미터 정도였고, 클래식 앨범은 보다 세련된 음향효과를 체험할 수 있도록 별도의 공간을 확보하고 있었다.

최근 캘리포니아주 오클랜드에 위치한 월마트의 음악 코너를 돌아다닐 때 이런 젊은 시절의 기억이 떠올랐다. 미국의 전체 음악 관련 매출액 가운데 약 5분의 1을 차지하고 있는 월마트는 미국에서 가장 큰 음악소매점이다. 매주 1억 3,800만 명의 미국인들이 월마트에서 쇼핑을 하는데, 아마도 월마트는 미국에서 가장 강력한 문화통합세력일 것이다.

지난 수십 년 동안 베스트바이를 비롯한 거대 소매점들은 음악산업의 지형도를 완전히 바꿔버렸다. 한때 내가 일했던 곳과 같은 대형 음반판매점의 수는 오늘날 엄청나게 줄어들었다. 내가 일했던 음반판매점에 있던 것과 같은 클래식 앨범을 감상할 수 있는 공간은 현재 사라질 위기에 처했다. 물론 수입음반을 판매하는 곳도 거의 없는 것은 말할 필요도 없다.

폭넓은 장르의 음반을 진열하던 대형 음반판매점들을 대체한 대형 슈퍼마켓들은 소수의 히트음반들만을 진열해놓는다. 상대적으로 매우 넓은 공간을 확보하고 있는 그런 거대 매장들이 장르별로 극소수의 음반만을 진열하는 것은 아이러니한 일인데, 이런 현상이야말로 거대 매장이 무엇을 지향하는지 극명하게 보여준다. 거대 매장들은 일반적인 음반판매점보다 저렴한 가격에 판매하기 때문에 많은 고객들이 찾아온다. 효과적인 공급망 관리와 저가전략으로 이런 거대 매장들은 오늘날 오프라인 소매점의 최첨단을 달리고 있다.

이런 거대 소매점이 지향하는 것은 머리의 길이가 짧은 Short Head 세계, 즉 소수의 히트상품 중심의 세계이다. 그런데 짧다니 과연 얼마나 짧을까? 아마존은 80만 종의 CD를 진열하고 있는 데 반해 월마트는 보통 약

4,500종의 CD를 진열하고 있다. 그렇다면 앞서 내가 들렀던 오클랜드 월 마트의 음반매장은 어떨까? 다음은 당시 내가 그 매장에서 봤던 음반들의 수를 장르별로 정리한 것이다.

록/팝/알앤비 Rock/Pop/R&B	1,800
라틴음악 Latina	1,500
기독교/복음성가 Christian/Gospel	360
컨트리 Country	225
클래식/가볍게 즐기는 음악 Classical/Easy Listening	225

거기에는 2개의 주요한 장르가 있었다. 하나는 '록/팝/알앤비'였고, 다른 하나는 '라틴음악'이었다. 다른 장르들, '재즈' '클래식' '외국음악' '가볍게 즐기는 음악' '뉴에이지'는 가로 1.2미터, 세로 1.5미터의 선반에 함께 진열되어 있었다.

한 음반회사에서 경영자로 일했던 데이비드 고틀리프David Gottlieb에 따르면, 어림잡아 매년 3만 종의 신규 앨범들이 출시되고 월마트는 그 중 750종만을 진열한다고 한다.[4] 이것은 매년 출시되는 신규앨범의 2.5퍼센트에 불과하다. 게다가 월마트가 보유하고 있는 앨범의 종류는 모두 4,500종인데 이는 출시된 앨범의 0.5퍼센트에도 미치지 못하는 수치이다. 월마트에서는 댄스음악에서 시 낭송에 이르기까지 모든 장르들이 '록/팝/알앤비'와 같은 포괄적인 장르 속에 묻혀버렸다. 1972년에 출시된 롤링 스톤즈의 〈엑자일 온 메인 스트리트 *Exile on Main Street*〉나 1991년에 출시되었지만 히트앨범은 아니었던 너바나의 〈네버마인드 *Nevermind*〉와 같은 앨범은 찾아볼 수 없었다

월마트와 같은 거대 매장에서는 희소성, 병목, 유통의 왜곡과 획일적인 진열방식을 모두 한꺼번에 찾아볼 수 있다. 하지만 실제로 월마트를 가로질러 걸을 때 다양한 제품들과 선택의 여지가 너무 많은 데 놀라게 된다는 점을 생각하면, 이런 음반 분야의 상황은 매우 아이러니하다. 그러나 좀더 자세히 들여다보면 월마트의 얄팍한 풍요로움이 드러난다. 월마트의 진열대는 폭 1.6킬로미터에 깊이 61센티미터인 전시 공간이다. 언뜻 보면 마치 모든 것이 다 있는 것처럼 보이지만 실제로는 진열대의 한계가 있는 이상 가식적인 다양성으로는 충분하지 않다.

듀이십진분류표의 맹점

물리적 상품들을 다룰 때 또 하나 성가신 문제는 월마트의 경우에서 보듯 분류가 정밀하지 못하고 고정적이라는 점이다. 예를 들면 스포츠용 재킷의 일종인 윈드브레이커가 '재킷'이나 '스포츠' 부문으로 분류될 수는 있지만 '청색 의류'나 '나일론 의류'로 분류되어서는 안 된다는 말이다. 일반적으로 청색 의류나 나일론 의류 같은 식의 분류는 대부분의 사람들이 보기에 우스꽝스러운 것이기 때문에 큰 문제로 생각되지 않는다. 한 가지 틀로 모든 문제를 다 해결하려는 소매 경제학은 제품의 분류를 더 완벽하게 해야 한다고 주장하는 소수의 고객들은 무시할 수밖에 없다.

만일 당신이 매장관리자라면 사람들이 윈드브레이커를 쉽게 찾도록 하기 위해서 어떻게 분류해야 할지 고민해야 한다. 미리 생각해둔 분류에 따라 매장을 구성한 뒤에는 자신이 설정한 분류가 대부분의 사람들이 생각하는 방식과 부합하길 바란다. 또한 그런 분류법에 적응하지 못하는 고객들이 있다면 매장 직원에게 도움을 청하기 바란다.

그러던 것이 온라인 판매가 발전하면서 품질을 손상시키지 않은 상태에서 제품들을 순식간에 재분류하고 배치도 바꿀 수 있는 일대 혁신이 이루어졌다. 한 가지 예를 들면, 온라인 매장은 제품들을 배치하는 데 비용이 들지 않지만 제품을 어떤 기준으로, 또 얼마나 많은 기준으로 분류할지 결정해야 한다. 이것은 오프라인 매장의 분류방식을 통해 원하는 제품을 찾지 못한 잠재고객들의 관심을 끈다. 또한 제품을 적절하게 분류함으로써 구매하고 싶도록 수요를 자극하기도 한다.

온라인 매장이 보여준 효율성과 성공은 전통적인 오프라인 매장이 얼마나 경직되었고 지나치게 단순화된 분류법 때문에 얼마나 많은 손실을 입었는지를 깨닫게 해주었다. 오프라인 매장이 이렇게 손실을 입게 된 것은 두 가지 이유 때문이었는데, 하나는 높은 가격과 제한된 제품의 수 때문이었고 다른 하나는 원하는 제품을 찾는 데 전혀 도움이 안 되는 과도하게 단순화된 분류법 때문이었다.

정보의 세계에서 제품을 어떻게 분류하느냐와 같은 까다로운 문제는 존재론적 문제로 알려져 있다. 존재론이란 원래 서로 다른 존재들은 서로 다른 분야에 속해 있다는 사실을 나타내는 말이다. 그러나 도서관 사서나 컴퓨터 전문가, 그리고 스스로 인지하고 있는지는 모르겠지만 매장관리자들에게도 존재론은 사물을 체계적으로 분류하는 방법을 의미한다. 예를 들면 듀이십진분류표^{DDC : Dewey Decimal System}는 서적을 체계적으로 분류하는 방법이다. 《인사이클로피디아 브리태니커 *Encyclopædia Britannica*》는 정보를 체계적으로 분류하는 방법에 관한 책이다. 또한 원소주기율표^{Periodic Table of the Elements}는 물질을 체계적으로 분류하는 방법이다.

지금까지 그것들은 모두 성공한 듯 보였다. 하지만 구글이 등장한 이후 세상 모든 것들의 의미를 규정해온 그런 불변의 방법들이 얼마나 융통성 없고 제한적인지 깨닫게 되었다.

먼저 지식세계를 10가지 주요 카테고리로 나누는 듀이십진분류표부터 살펴보자.

- 000 컴퓨터, 정보, 일반적인 참고문헌
- 100 철학과 심리학
- 200 종교
- 300 사회과학
- 400 언어
- 500 과학과 수학
- 600 과학기술
- 700 예술과 레크리에이션
- 800 문학
- 900 역사와 지리

지금까지는 적절하게 분류한 것 같은데 맞는가? 그렇다면 다음 단계의 구분을 살펴보자. 여기서는 200인 종교 분야를 알아보겠다.

- 200 종교
- 210 철학과 종교이론
- 220 성경
- 230 기독교 정신
- 240 기독교 윤리와 경건주의 신학

어떤 문제가 눈에 띄는가? 전세계 인구의 대부분을 차지하고 있는 이슬람교, 유대교, 힌두교, 도교를 비롯한 세계의 모든 종교들은 290에 '타종교들'이라는 이름으로 뭉뚱그려 들어가 있을 뿐이다. 이런 분류는 19세기의 미국 문화를 상당 부분 보여주는데, 기독교를 대변한다기보다는 멜빌 듀이 개인의 세계관을 반영한 것처럼 보인다.

말하자면 듀이십진분류표는 지식 전체를 분류한 것이 아니라 서적을 분야별로 분류한 것에 지나지 않는다. 인터넷 기술의 사회경제적 효과를 연구하는 저명한 사상가 클레이 셔키Clay Shirky는 이 분류표에 대해 다음과 같이 설명했다.

듀이십진분류표가 효과적으로 활용되고 있는 분야는 도서관에 꽂혀 있는 책이다. 이런 주제를 구성하는 것은 하나의 개념을 세우는 작업이다. 그 분류는 하위 단계에서 세부적으로 나누어져 다른 분류와 겹쳐지지 않도록 구성된다. 이렇게 되다 보니 특정 개념에만 맞게 만들어진 분류 방식은 다른 개념에는 전혀 적합하지 않은 것도 있다. 하지만 일단 전체 구도가 확립되고 나면, 분류 시스템이 구축되어 있는 기반인 그 구도는 진열대에서의 도서검색시간을 최소화하도록 디자인된다.

듀이십진분류표는 19세기 이래 지속되어온 오래된 분류법이다. 도서관은 저자, 제목, 키워드, 선택 가능한 주제와 같은 복합적인 분류 방식으로 책에 참조 표시를 한 색인카드를 비치했다. 그러다가 결국 디지털 카탈로그와 키워드 검색 방식이 고안되었다. 하지만 어쨌든 물리적인 성질을 띤 책들은 여전히 듀이십진분류표에 따라 진열되고 있다. 이러면 도서관에서 비록 당신이 원하는 책을 찾는다 해도 그 책과 주위에 꽂혀 있는 책들은 별로 연관성이 없다.

색인카드를 이용해서 검색한다 해도 책은 종이라는 물질로 만들어졌기 때문에 여전히 문제가 많다. 또한 어떤 책이 잘못된 자리에 꽂혀 있거나 분류가 잘못 되어 있을 때 어떤 일이 벌어질지 한번 생각해보라. 그렇다면 그 책은 없는 것이나 마찬가지다. 누군가가 엉뚱한 자리에 꽂혀 있는 책을 우연히 발견해서 그것을 다시 제자리에 꽂아놓지 않는 한 그 책은 도서관 한쪽에 꽂혀 있다 해도 사실상 존재하지 않는 것과 같다. 이런 한계로 인해 종종 진열대는 매우 부정적으로 인식되곤 한다. 진열대 수명^{Shelf life}은 원재료 또는 반가공품이 그 성질을 잃지 않고 저장될 수 있는 기간을 말한다. 영화와 TV 영역에서 '진열대 위에 올려진^{shelved}' 이란 말은 방송이나 방영이 취소되었거나 연기되었다는 것을 의미한다. 여기서 진열대는 제품이 죽음을 맞이하는 장소이다.

반대로 이번에는 언제 어디서나 필요하다고 생각되면 무엇이든 결정하고 시행하는 일시적인 조직을 생각해보자. 이 조직은 진열대 위에 가지런히 배열된 제품들 대신에 책상 위에 쌓인 엄청난 서류뭉치를 다룬다. 상당히 혼란스러워 보이는데 그 이유는 이 조직이 상황에 따라 조직 내부의 질서가 자동으로 바뀔 뿐만 아니라 필요한 경우에는 쉽게 업무처리 순서가 재조정되기 때문이다. 이런 이미지는 구글이라는 렌즈로 들여다보았을 때 드러나는 웹의 이미지와 비슷하다. 그것은 무한한 다양성의 세계이고, 순서가 미리 결정되지 않은 세계이며, 관찰하는 사람에 따라 다른 결과를 보여주는 역동적인 구조를 띠고 있는 세계이다.

최근에 나는 2004년에 완공된 시애틀 공공도서관을 둘러보았는데, 유명한 건축가 렘 쿨하스^{Rem Koolhaas}가 디자인한 이 건축물은 능히 21세기 도서관의 모델이 될 만했다. 렘 쿨하스가 풀어야 했던 과제는 검색엔진 문화에 맞게 도서진열대를 만드는 것이었다. 컴퓨터와 책 사이의 상대적 균형이 변화하고 있고 앞으로도 지속적으로 변화할 것이라는 사실을 알고 있었던 렘 쿨하스는 책을 진열하는 데 있어서 미래에 대한 불확실한 추측을 많이 하지 않았다. 대신 그는 수요에 따라 확장하거나 축소할 수 있는 나선형 이동식 진열대를 만들었다.

이런 탁월하고 유연한 시스템을 운영하려면 그는 분명 어떤 규칙에 따라 책을 진열해야 했다. 도서관 문화를 바꾸는 데는 1세기 내지 2세기 이상 걸리기 때문에, 그는 지금까지 따라왔던 듀이십진분류표에 따라 책을 진열했다. 시애틀 공공도서관 콘크리트 바닥에 입혀진 고무판 위에는 듀이십진분류표의 숫자들이 새겨져 있다. 도서관 서고가 세계의 변화하고 있는 정보의 순서를 바꾸면 그 고무판에 새겨진 숫자들의 순서도 바뀔 것이다. 만일 언젠가 듀이십진분류표가 물러나는 날이 온다면 그 고무판은 신발을 터는 것으로 용도가 바뀔지도 모른다. 그렇다 해도 미래에도 경쟁력이 있는 도서관은 미래의 정보 상황에 대해 어떠한 가정도 하지 않아야 한다.

그래도 도서관은 오프라인 소매점에 비하면 상황이 나은 편이다. 도서관에는 적어도 표준화된 분류기준이 있고, 책을 검색할 수 있는 색인카드가 있으며, 사서들은 자신들의 업무에 익숙하다. 그래서 원하는 책을 비교적 쉽게 찾아낼 수 있다. 하지만 낯선 슈퍼마켓에서는 원하는 것을 빨리 찾아내기란 매우 어렵다. 고객들은 슈퍼마켓이 자신의 공간에 맞게 해놓은 임시적인 분류와 일시적인 진열상태에 맥이 빠져 단지 찾기 쉽다는 이유만으로 유명한 브랜드와 제품을 구매하게 된다. 대부분의 오프라인 매장에서는 전자기기에서부터 의류에 이르기까지 거의 모든 제품에서 이와 유사한 상황이 벌어지고 있다.

최근 나는 우리집 근처의 인터넷 DVD 및 게임 대여점인 블록버스터 체인점에 일본 애니메이션의 고전인 〈아키라 *Akira*〉를 빌리러 간 일이 있다. 과연 이 고전은 어떤 장르로 분류되어 있었을까? SF? 애니메이션? 액션? 결론적으로 말하면 이 고전이 어떤 장르로 분류되어 있느냐 하는 것은 별 의미가 없었다. 그 매장에는 〈아키라〉가 없었기 때문이다. 오프라인 매장이 고객에게 즉시 만족감을 줄 수 있다는 이점이 있다 해도 고객이 원하는 제품을 구비해놓지 않는다면 아무런 의미가 없다.

그러나 온라인 매장에서는 이야기가 달라진다. 아마존에서는 검색창에 '아키라'를 치는 것만으로 간단하게 문제가 해결된다. 대소문자를 구분할 필요도 없다. 철자를 딱 맞게 치지 않아도 원하는 정보를 쉽게 찾을 수 있다. 나 역시 이렇게 해서 〈아키라〉와 관련된 다양한 버전을 즉시 확인할 수 있었다.

일본 애니메이션 〈공각기동대 *Ghost in the Shell*〉라는 흥미로운 패키지에 대해서는 적극적인 마케팅과 포지셔닝이 뒤따른다. 또한 아마존은 내가 좋아할 만한 애니메이션으로 〈원령공주 *Princess Mononoke*〉와 〈공각기동대2 *Ghost in the Shell 2*〉를 추천한다. 물론 아마존은 그 애니메이션들을 보유하고 있을 뿐만 아니라 블록버스터 체인점보다 더 저렴하게 판매한다. 내가 블록버스터와 아마존이라는 두 군데의 매장에서 경험한 것은 엄청난 차이가 났다.

어떤 의미에서는 앞서 본 구글과 도서관의 관계는 온라인 매장과 오프라인 매장의 관계와 비슷하다. 물질로 구성된 진열대의 제약으로 인해 현실세계의 매장은 제품 분류방법을 새롭게 만들어내고 그 분류방법에 따라 모든 제품들을 분류하는 데 여념이 없다. 나는 당신이 지금 읽고 있는 이 책을 듀이십진분류표에 따라 분류해야 한다면 어디로 분류해야 할지 갈피를 잡을 수가 없다. 과학기술 분야에 놓아야 할까? 아니면 경제학 분야는 어떨까? 경영학 쪽은? 문화도 괜찮을 것 같은데? 하지만 그 중에서 어느 분야도 딱 들어맞지는 않는 것 같다.

이와는 대조적으로 구글은 전혀 아무런 분류를 하지 않는다. 특정한 책이 구글에서 자리할 자연스러운 장소는 그 책 바로 다음에 연결될 정보들을 고려한 뒤에 자동으로 결정될 것이기 때문이다. 그래서 비록 내가 그 책을 경영학 서적이라고 생각해도 구글이 대중적인 경제학 서적이라고 간주하고 그런 맥락에서 경제학과 관련된 정보와 연결시킨다면, 구글이 규정한 정체성이 바로 그 책의 현재와 미래의 정체성이 된다. 구글 세계에서는 검색하는 사람에 따라 대상의 의미와 존재가치가 달라진다. 같은 대상이라 해도 검색하는 사람에 따라 전혀 다른 대상이 될 수 있는 것이다. 이처럼 구글의 알고리즘은 검색하는 사람이 입력하는 키워드들에 대해 가장 적절한 결과를 산출함으로써 다수의 사람들이 정리해놓은 정보를 드러내

보여준다.

이에 비해 아마존은 당신이 지금 읽고 있는 책을 분류하기 위해 5~6가지 분야를 미리 정하고 시작한다. 이때 고객들은 '인터넷' '블로거' '나중에 읽을 것' '파레토' '멋진 엽기적인 선물'처럼 태그를 다는 식으로 자신들의 의사를 드러내는데, 이는 자신만의 분류표를 만들기 위해 자신이 선택한 단어를 입력하는 것을 말한다. 이때 다른 사람들은 그 책에 어떤 태그들이 붙어 있는지 볼 수 있는데, 이 태그들은 그 책에 대해 또다른 유용한 정보를 제공해줌으로써 그 책이 아마존에서 어떻게 분류되어야 할지 알려준다. 이렇게 태그를 다는 과정은 사람들이 선택한 태그가 무엇이건 간에 그것이 나름대로 의미가 있다는 신념에 근거한 사후 분류법인 '포크소노미스folksonomies'를 이끌어낸다. 흥미롭게도 아마존은 자체적으로 미리 설정한 분류 목록보다 고객들이 정한 태그들에 따라 분류된 제품분류 방식에 상당한 힘을 실어준다.

이렇게 태그를 선택하는 것은 자신이 원하는 책이 재고가 무한한 서점에 있을 때 그것을 골라내는 다차원적인 과정의 출발점일 뿐이다. 아마존의 소프트웨어는 내 책의 텍스트를 하나하나 모두 소화한 뒤에 다른 책에서는 나타나지 않는 단어조합이 있는, 통계적으로는 있을 법하지 않은 문장들을 추려낼 것이다. 어떤 의미에서 이런 문장들은 내 책을 특별하게 하는 요소들이지만, 동시에 어떤 독특한 아이디어들이나 주제를 구체적으로 설명해주는 역할도 한다. 또한 아마존의 소프트웨어는 대문자로 된 단어들을 추려내는데, 그것은 내 책의 근거를 정립하는 데 도움을 줄 것이다. 그리고 나서 아마존은 고객들이 훑어보거나 구매할 만한 책을 찾아내도록 자체적으로 갖고 있는 모든 종류의 협력 필터링을 활용할 것이며, 내 책과 주제나 내용이 비슷한 다른 책들을 서로 연계함으로써 그 책의 내용과 성격을 정의하는 데 도움을 줄 것이다.

위치와 공간의 제약에서 해방되다

진열대는 지리적 위치에 얽매여 있다는 또다른 약점이 있다. 진열대가 있는 곳으로 온 사람들만이 진열대에 있는 내용물을 보고 구매할 수 있다. 물론 이것은 진열대가 지닌 힘이기도 하다. 즉 우리 주변에 자리한 오프라인 매장들은 제품을 구매하기 좋게 진열해놓고 제품을 구매해서 집으로 가져갈 때 바로 만족감을 느낄 수 있게 한다. 많은 시간을 온라인 상태로 보낼 수는 있지만 우리는 결국 물리적인 세계에서 살고 있다.

오프라인 매장의 주요한 숙제는 무엇보다 매장이 위치한 지역의 고객을 확보하는 것이다. 영화건 CD건 또는 어떤 제품들이건 간에, 오프라인 매장들은 수익을 낼 수 있는 컨텐츠 즉 제한된 지역인구를 대상으로 가장 많은 관심을 불러일으키는 제품들만을 판매할 것이다.

미국 인구의 20퍼센트는 서점에서 최소한 12킬로미터 이상 떨어진 곳에서 살고 있다. 또 8퍼센트는 32킬로미터 이상 떨어진 곳에서 산다.[5] 음반판매점, 영화관, 비디오대여점의 수도 별로 다르지 않다. 모든 사람들이 어떤 것을 사고 싶어한다 해도 그 중 상당수는 자신이 원하는 것을 얻지 못하는 상황에 처해 있다.

물리적 공간의 제약을 받는 상황에서는 고객이 드문드문 흩어져 있는 것은 고객이 전혀 없는 것이나 마찬가지다. 그래서 지역의 매장은 흩어져 있는 고객들에게 제품을 배송하는 데 드는 고비용을 보상할 수 있는 수준의 헌신을 고객들에게 요구한다. 보다 정확하게 말하면 수요가 충분하지 않으면 매장이 들어서지 않는다는 이야기이다.

이것은 어떤 경우에든 동일하게 적용된다. 아무리 많은 사람들이 스키를 타거나 다이빙을 하기 위해 각지에서 비행기를 타고 날아온다 해도, 더운 지역에는 스키장이 자리잡지 않으며 내륙지방에서는 다이빙 관련 용품을 판매하는 매장을 찾아보기 어렵다. 물론 더운 지역이나 내륙지방에서도 스키나 다이빙에 대한 수요가 있을 수는 있지만 매장 소유주들에게는 '충분한' 수요를 확보할 수 있느냐 하는 문제가 중요하다. 이와 관련한 계산법은 다음과 같다.

> **매출** = 제품을 구매할 가능성이 있는 사람들의 비율 − 해당 매장에서 16킬로리미터이상 벗어난 지역에 사는 사람들의 비율 − 결코 매장에 오지 않는 사람들의 비율 − 진열대 위의 제품을 보려고 하지 않는 사람들의 비율, 기타 등등⋯⋯

물론 이 공식은 어느 정도 변화가 가능하다. 어떤 의미에서 당신은 매장에 제품들의 롱테일이 존재하는 것처럼 고객들의 롱테일이 존재한다고 생각할 수 있다. 수요곡선의 수평축이 소도시들이고 수직축이 그 소도시들에서 제품을 구매할 잠재고객들의 수이다. 전통적인 소매점은 고객들이 가장 많이 몰리는 그 수요곡선의 머리부분에 초점을 맞출 것이다.

하지만 이미 확인한 바와 같이 대부분의 고객들은 꼬리부분으로 몰리며 여러 소도시에 분산되어 있다. 이런 사실은 전통적 소매점이 갖고 있는 비공식적인 비밀이다. 즉 전통적인 소매점들은 꼬리부분 사업을 할 여력이 안 되기 때문에 못하고 있는 것이다.

간단히 말해 이런 상황은 온라인 매장들에게 비즈니스를 확장할 기회가 된다. 온라인 매장들은 인구밀도가 높은 도시는 물론이고 인구밀도가 매우 낮은 소도시의 사람들까지 누구나 접근할 수 있기 때문에 분산된 수요의 롱테일을 이끌어낼 수 있다. 이것은 시어스 로벅이 1세기 전에 카탈로그를 이용해 미국의 농촌 지역을 대상으로 다양한 제품들을 공급함으로써 분산되어 있던 수요를 엄청난 매출로 이끌어냈던 성공사례와도 맥을 같이한다.

광고에 점령당한 공중파

라디오와 TV의 도입으로 인류는 어느 정도 평등해졌다. 매스마켓 시대에 방송경제는 경쟁력이 있다. 방송은 당신이 저렴한 비용으로 100만 명의 사람들에 도달하는 것을 1명에게 도달하는 것처럼 저렴하게 해준다. 수상기 가격과 시청료는 정해져 있지만 광고비는 유동적이다. 당신이 더 많은 사람들을 만날수록 당신은 더 많은 돈을 벌어들일 수 있다. 히트상품들로 구성된 쇼트테일의 논리는 이처럼 단순하다.

20세기 중반에 방송이 도입되면서 모든 가정이 쇼를 시청할 수 있게 되었고, 모든 사람들이 매일밤 단편 다큐멘터리를 볼 수 있게 되었다. 라이브 공연이 펼쳐지는 극장이나 영화관에 가는 것에 비해 라디오와 TV는 믿을 수 없을 만큼 저렴한 비용으로 일반대중들을 사로잡았다. 이를 통해 라디오와 TV뉴스, 그리고 엔터테인먼트를 찾는 시청자들이 늘어났고 지금까지 도입되었던 그 어떤 매체보다도 방송은 수요의 꼬리를 훨씬 길게 확장했다.

하지만 방송기술은 그 자체로 한계가 있다. 그것은 물리적인 세계의 지배를 받는다. 즉 방송전파는 많은 방송국으로 송출될 수 있고 고주파 전송 용 케이블인 동축케이블을 통해 굉장히 많은 TV채널을 확보할 수 있지만, 프로그램을 방송할 수 있는 시간은 하루에 24시간밖에 안 된다.

만일 당신이 TV나 라디오 방송국의 경영자라면 이와 같은 제약이 굉장히 현실적으로 와닿을 것이다. TV나 라디오의 각 주파수와 각 채널에는 모두 비용이 든다. 방송허가를 받고 케이블을 설치하는 데도 비용이 들어간다. 또한 광고주의 기대도 충족시켜야 한다. 이런 상황에서 수익을 내는 방법은 오로지 가치있는 방송채널을 확보해 시청자와 청취자를 충분히 많이 모으는 길밖에 없다.

전통적으로 이런 문제는 히트상품에 집중하는 것으로 해결해왔다. 히트상품은 고객을 한데 모아서 한정된 자원을 효율적으로 배분한다는 기본적인 의미 외에도 마케팅에서 말하는 입소문 효과를 제대로 볼 수 있는 의미도 갖는다. 일단 광고를 통해서 특정상품이 어느 정도 유명해지면 슬슬 입소문이 나기 시작하면서 그 상품은 인기가 가히 폭발적으로 증가해 아예 차원이 다른 블록버스터의 반열에까지 오를 수 있게 된다.

그렇다면 어떻게 해야 히트상품을 만들 수 있을까? 거기에는 2가지 방법이 있다. 하나는 '보기 드물고 예측할 수 없는 천재를 다방면으로 찾아라'이고, 다른 하나는 '판매를 극대화할 수 있는 제품 생산을 위해 모든 사람들이 원하는 공통된 속성을 이용하라'이다. 이 2가지 방법 중 두 번째 것이 좀더 일반적이다.

그 결과 20세기 후반을 규정짓는 히트상품 중심의 매체와 엔터테인먼트 문화가 탄생했다. 그것은 다음과 같이 규정된다.

- 모든 고객들을 만족시키는 제품을 만들어내려는 절박한 탐색

- 수요 예측 시도
- 수익을 내지 못하는 제품들 시장에서 퇴출시키기
- 제한된 선택

버블제네레이션닷컴www.bubblegeneration.com의 운영자 우마이르 하크 Umair Haque는 디지털 미디어 경제를 '소비자 주목'이라는 용어로 설명했다. 다양한 시청자들을 만족시키기 위해 공식적인 TV쇼가 제작되면서 상업 방송이 시작되었다. 당시는 시청할 프로그램이 거의 없었기 때문에 많은 사람들이 TV를 시청했고, TV 역사상 시청률이 가장 높았던 시기였다. 영화와 라디오도 상황은 마찬가지였다. 이것에 대해 우마이르 하크는 다음과 같이 말했다.

> 지난 100년을 이어온 엔터테인먼트산업은 비록 컨텐츠와 유통능력은 부족했지만 소비자의 시선만큼은 확실하게 사로잡았다. 아무나 영화를 만들 수 없었고, 방송전파를 송출할 수도 없었으며, 언론사를 소유할 수도 없었다. 그래서 그 일을 할 수 있었던 사람들은 생산수단을 통제할 수 있었고 또 실제로 그렇게 했다. 그것은 판매자 중심의 시장이었는데, 그들은 고객들의 시선을 사로잡을 수 있었다.

그러다가 TV에 광고로 인한 정보혼란이 일어났다. 1980년대 중반에 방송규제가 철폐되면서 네트워크 TV의 시간당 광고시간은 1982년의 6분 48초에서 2001년에는 12분 4초까지 늘어났다. 이것은 거의 50퍼센트 가까이 증가한 셈이었다. 왜 그렇게 되었을까? 미국인들이 점점 더 많이 TV

를 시청하게 됨에 따라 광고도 점점 더 많이 늘어난 것이다. 컨텐츠는 점점 더 줄어들었음에도 불구하고 사람들이 계속 TV를 시청했기 때문에 이런 상황을 이용하는 사람들이 나타났다. 우마이르 하크는 서로 영향을 주고받는 네트워크의 관점에서 보면 "시간이 흐름에 따라 시장의 이면에서 쌍방향으로 영향을 주고받는 개체들이 부담해야 할 비용은 증가했다"라고 말했다. 그 이유는 TV나 라디오 방송국에서 광고주들을 유치하기 위해 지속적으로 인기있는 프로그램을 만들어야 했고, 광고주들도 인기있는 프로그램 사이에 광고하기 위해서는 광고비를 점점 더 올려주어야 했기 때문이다. 이런 상황에서 광고들이 TV와 라디오를 점령하고 있는 것은 그리 놀랄 일이 아니다.

히트 중심주의가 갖는 위험성

제품의 공급이 부족했던 지난 세기의 교훈들을 잊어버리는 데는 오랜 시간이 걸린다. 하지만 우리는 그런 작업을 온라인에서 성장하는 첫번째 세대부터 시작했다.

2001년에 이르러 '디지털 원주민digital natives'의 첫번째 세대는 성년이 되었다. 1995년에 12세의 나이로 인터넷을 활용하기 시작했던 아이들이 18세가 된 것이다. 광고주들이 몹시 탐을 내는 18~34세에 대한 인구통계 작업을 닐슨 리서치가 시작한 것도 그때부터였다. 특히 디지털 원주민들 가운데 남성들은 TV를 거의 보지 않았다. 그들은 기존의 네트워크 TV와 무한한 다양성을 주는 동시에 광고로부터 자유로운 온라인 중에서 온라인을 더 선호했고, 그로 인해 18~34세의 TV시청률은 50년 만에 처음으로 떨어지기 시작했다.

비록 이런 변화가 미미하긴 했지만 그것은 현실이었다. 이제 고객들은 방송에서 틈새경제학이 지배하고 있는 인터넷으로 이동하고 있다. 더 많은 선택권을 갖게 된 고객들은 자신들이 가장 가치있게 생각하는 것을 향해 시선을 옮기고 있다. 그리고 광고비는 매우 다양하게 바뀌었다. 우마이르 하크의 '소비자 주목'이라는 개념을 빌려 말하면 고객들은 자신들의 시선을 방송 이외의 다른 곳으로 돌리거나 적어도 자신들이 무언가를 보는 행위에 더 높은 가치를 부여하기 시작했다.

엔터테인먼트산업에서 얻은 교훈은 사람들이 원하는 것을 주라는 것이었다. 만일 사람들이 원하는 것이 틈새 컨텐츠라면 그들에게 틈새 컨텐츠를 주면 된다. 우리가 히트상품들과 유명상품들에 지불하는 추가비용을 재고하기 시작한 것처럼, 우리는 롱테일이 이끌어낸 이 새로운 시장에서는 제품들과 참여자들의 특성, 그들의 인센티브가 다르다는 사실을 인식하기 시작했다.

사물을 절대적이고 극단적인 시각으로 바라보는 것은 인간의 본성이다. 예를 들면 우리는 보통 내 편이 아니면 모두 적이고, 전부 다 갖지 못하면 다 잃은 것이나 마찬가지라고 생각하며, 히트하지 못하면 망했다는 식으로 생각하는 경향이 있다. 그러나 세상은 그리 단순하지 않다. 세상은 복잡하면서도 단계적으로 변하고 때로는 일정한 통계에 따라 움직이기도 한다. 매장에서 본 대부분의 제품들이 진열대에 오르지 못한 제품들에 비해 상대적으로 많이 팔려나갔기 때문에, 우리는 매장에 진열된 대부분의 제품들이 엄청난 판매를 기록하지 못했다는 사실은 인식하지 못하고 있다. 하지만 음악에서부터 의류에 이르기까지 대다수는 기껏해야 어느 정도 팔리는 선에서 그치고 말았다. 대부분의 제품들은 히트상품에 등극하지 못했으며 아직도 그런 상태에 머물고 있다. 왜 그럴까? 블록버스터 중심의 경제학이 이 시대에 작동하는 유일한 경제학이 아니기 때문이다. 블록버스터들은 반드시 그렇게 되어야 할 기준이 아니라 예외일 뿐인데도 우리는 아직도 몇 안 되는 블록버스터를 기준으로 삼아 전체 산업을 바라본다.

할리우드 경제학은 결코 웹 비디오 경제학과는 동일하지 않다. 또 마돈나의 앨범판매 수익은 영국의 5인조 밴드인 클랩 유어 핸즈 세이 예의 앨범판매 수익과 동일하지 않다. 하지만 미 의회가 디즈니의 로비에 의해 10년 동안 저작권 개념을 확대할 때, 그들은 수요곡선의 꼭대기에서 놀고 있었다. 디즈니가 원했던 것은 결코 미국을 위해 무엇이 유익한가가 아니었다. 디지털 파일을 복사하거나 동영상을 전송하는 기술을 제한하는 입법도 디즈니의 로비로 인해 확대된 저작권법의 연장선상에 있다. 문제는 롱테일에는 로비가 들어가지 않지만 짧은 머리부분에는 모든 로비가 집중된다는 점이다.

다음에 제시된 것들은 우리가 희소성 사고 때문에 빠지기 쉬운 몇 가지 정신적 함정들이다.

- 모든 사람들은 스타가 되고 싶어한다.
- 모든 사람들은 돈을 벌고 싶어한다.
- 히트상품이 아니면 실패한 것이다.
- 엄청나게 성공해야 성공했다고 할 수 있다.
- 직접제작 비디오는 좋지 않다.
- 자비출판은 좋지 않다.
- 인디음악이란 음반사와 계약을 하지 못한 음악이다.

- 아마추어는 서투르다.
- 잘 팔리지 않으면 품질도 좋지 않다.
- 만일 좋은 제품이라면 반드시 인기가 있을 것이다.

우리에게 엄청난 선택권이 주어진 것은 거부할 수 없을 정도로 매력적인 일인데, 그러한 선택의 천국에 대해서는 다음 장에서 다루겠다.

10 무한선택의 시대가 열리다

우리에게 무한한 선택권이 주어진다면 어떤 일이 일어날까?

1978년 〈새터데이 나이트 라이브〉는 최신유행 쇼핑몰 안에 있는 매우 다양한 종류의 스카치테이프만을 판매하는 상점인 스카치 부티크를 가볍게 풍자했다. 그 쇼핑몰의 소유주들은 고객들이 없는 것을 이상하게 여기면서, 테이프를 종류별로 다양하게 진열해놓으면 그 가운데 하나 정도는 사람들을 사로잡을 것이라고 생각했다. 하지만 스카치 부티크에는 아직도 사람의 왕래가 거의 없다. 이 풍자극은 테이프에 과도하게 집착하는 매장 소유주들의 우둔함을 한껏 조롱하며 즐겼다. 설마 스카치테이프 전문점보다 더 우스꽝스런 게 있겠는가?

2004년에는 라이스 투 리치스라는 매장이 맨해튼에 문을 열었다. 이 매장은 20가지가 넘는 쌀 푸딩만을 판매하고 있는데, 들리는 얘기로는 판매가 잘 되어 통신판매까지 하고 있다고 한다. 한편 런던의 화이트 스토어는 하얀색 가정용 가구만을 판매하는 곳이다. 미국의 화이트 하우스라는 비슷한 이름의 체인점은 성공가도를 달리면서 블랙 하우스까지 만들었다. 어제까지만 해도 우스갯소리로나 주고받던 이야기가 바로 오늘 현실로 다가온 것이다.

우리는 역사상 다양성이 가장 폭발적으로 증가하는 시대를 살아가고 있다. 우리 주변에서 그런 움직임을 얼마든지 확인할 수 있지만 때로는 몇 가지 숫자들이 다양성의 폭발적인 증가를 훨씬 잘 보여주기도 한다. 광고 회사 OMD에 따르면 스타벅스의 커피 종류는 정확히 1만 9,000종이라고 한다. 민틸 인터내셔널의 국제 신상품 자료에 따르면 2003년에만 115종의 탈취제와 187종의 아침식사용 시리얼, 그리고 303종의 여성용 방향제를 포함해서 26,893종의 새로운 식품과 가정용 제품이 도입되었다고 한다.

1960년대로 돌아가보면 시보레의 임팔라 세단은 매년 판매되는 800만 대의 자동차 가운데 100만 대 이상을 차지했는데, 이는 40종이나 되는 자동차 시장의 13퍼센트에 육박하는 수치였다. 오늘날 거의 당시의 10배가 된 자동차 시장에는 250종의 모델이 시판되었으며 변형 모델까지 포함하면 무려 1,000여 종에 달한다. 그 중에서 10종도 안 되는 모델들이 40만 대 이상 판매되어 자동차 시장의 0.5퍼센트를 차지하게 되었다.

이렇게 다양한 제품들이 출시된 이유는 무엇일까? 부분적으로는 국제화를 통해 초효율적 공급망이 갖춰졌기 때문이다. 이제 한 국가의 상인들은 지구 어느 곳에 있는 제품이라도 수입할 수 있게 되었다. 미국경제연구소는 미국에 수입된 다양한 상품들이 1972년부터 2001년 사이에 3배 이상 증가했다고 추정하고 있다.

다양한 상품들이 출시된 또다른 이유로는 인구를 들 수 있다. 〈비즈니스위크 *Business Week*〉는 최근 이 문제에 대해 다음과 같이 언급했다.

1950년대와 1960년대에 미국은 인종뿐만 아니라(히스패닉의 대거유입은 아직 시작되지 않았다) 개인의 소망에 있어서도 매우 획일적인 성향을 띠고 있었다. 당시의 지배적 이상은 단순히 존스네 집(미국의 평균적인 가정을 의미함)을 따라잡는 것이 아니라 존스네 집이 되는 것이었다.

즉 같은 모델의 자동차, 식기세척기, 혹은 잔디깎는 기계를 갖길 원했다. 하지만 1970년대와 1980년대의 풍요를 경험하면서 사람들의 생각이 바뀌게 되었다. '나는 평범하게 살고 싶어'에서 '나는 특별한 존재가 되고 싶어'라는 생각을 갖게 된 것이다. 기업들은 고객들의 이런 열망을 만족시키기 위해 경쟁하면서 대량생산을 대량맞춤으로 바꾸기 시작했다.

결국 거기에는 롱테일이 자리잡고 있었던 것이다. 아이튠스는 월마트가 제공하는 제품의 40배에 육박하는 제품을 제공한다. 넷플릭스는 블록버스터 체인점에 진열되어 있는 DVD 수보다 18배가 많은 제품을 제공한다. 아마존은 보더스에 꽂혀 있는 책보다 거의 40배나 되는 책을 보유하고 있다. 이베이와 일반적인 백화점의 경우에는 제품의 수가 몇 배나 차이 나는지 추정하는 게 불가능할 정도지만 아마도 수천 배에 이를 것이라는 사실은 의심의 여지가 없다.

선택하기에 너무 많아 벅차다고?

온라인 시대의 저항할 수 없는 현실은 모든 것이 가능하다는 것이다. 온라인 소매상들은 디자인과 재질 등 할 수 있는 모든 변형과 조합을 통해 수백만 종의 제품을 공급할 수 있게 됨으로써 10년 전에는 감히 상상조차 할 수 없었던 다양한 제품들을 공급하고 있다. 그런데 이처럼 수많은 선택권이 누구에게나 필요한 것일까? 우리는 과연 그 선택권을 자신이 원하는 대로 다룰 수 있을까?

온라인 시장의 풍요로움이 갈수록 확대되면서 이런 질문들이 점점 더 증가하고 있다. 이에 대한 전통적인 시각은 사람들은 모두 다르기 때문에 자신에게 맞는 것을 고를 수 있다는 점에서 선택의 여지가 많으면 더 좋다는 것이다. 하지만 배리 슈워츠^{Barry Schwartz}는 2004년에 출간한 저서《선택의 심리학 *The Paradox of Choice*》에서 선택의 여지가 너무 많으면 혼란스럽지는 않다 해도 숨이 막힐 정도로 답답해진다고 주장했다.

그는 슈퍼마켓을 찾은 소비자의 행동을 연구한 유명한 논문을 인용했다.[1] 그가 인용한 〈왜 선택권은 의욕을 상실하게 하는가? *Why Choice Is Demotivating*〉라는 논문의 세부적인 내용은 다음과 같다.

컬럼비아대학과 스탠퍼드대학의 연구원들은 어떤 잼 전문점에서 고객들에게 여러 가지 종류의 잼을 시식해보도록 한 뒤 그 중에서 어떤 잼이든 딱 하나만 할인받을 수 있는 1달러짜리 쿠폰을 제공하는 실험을 했다. 연구원들은 실험시간을 반으로 나누어 처음에는 6종의 잼을 제공했고, 나머지 시간 동안에는 24종의 잼을 제공했다. 연구원들은 딸기처럼 모두에게 익숙한 잼이나 레몬 커드처럼 맛이 이상한 잼은 실험에서 제외했다.

실험 결과 6종의 맛을 본 고객들 가운데 30퍼센트가 잼을 사간 데 비해 더 많은 선택권이 주어졌던 사람들 가운데는 단 3퍼센트만이 잼을 구입했다. 그 실험에서 흥미로웠던 점은 더 많은 선택권을 부여받았던 사람들은 상대적으로 선택의 여지가 적었던 사람들보다 시식을 더 많이 했다는 것이다. 선택의 여지가 적었던 사람들은 40퍼센트만 잼을 시식했지만 선택의 여지가 많았던 사람들은 60퍼센트나 잼을 시식했다. 그러나 선택의 여지도 많았고 잼을 시식한 사람들도 많았지만 그들은 잼을 거의 구입하지 않았다. 연구원들이 선택의 여지를 더 많이 줄수록 사람들은 잼을 덜 구입했고 선택의 여지가 적을수록 구매율은 더 높아졌다.

선택할 수 있는 대상이 너무 많이 주어지자 사람들은 혼란스러운 상태를 넘어서서 중압감까지 느끼는 듯했다. 과연 그들이 그토록 많은 잼을 모두 맛보고 감별할 수 있는 전문가가 될 필요가 있을까? 그들은 여분의 선택권을 얻게 되었지만 잼을 선택하면서 안락함을 느낄 수 있는 공간 밖으로 내몰리게 된 것이다. 즉 그들은 딸기나 블루베리, 라즈베리처럼 자신들에게 친숙하고 편안한 잼을 선택할 수 없었고, 보이젠베리와 루발브와 같은 보다 낯선 잼을 놓고 구매 여부를 저울질해야만 했다. 선택의 여지는 많았지만 너무나도 낯선 대상들 앞에서 사람들은 주저했고 설사 잼을 구매했다 해도 후회의 빛이 역력했다. 그들은 갑자기 너무나도 깊은 고민에 빠져들었다. 배리 슈워츠는 이 연구의 결과에 대해 다음과 같이 말했다.

배리 슈워츠는 선택의 여지가 증가함으로써 찾아온 부정적 효과와 같은 근대의 독소를 해독할 방법으로 고객들에게 최대한의 선택권을 주기보다는 최소한의 필요조건을 충족시켜주어야 한다고 제안했다. 즉 고객들은 어떤 것이 더 나을 것인지 끊임없이 고민하는 중압감을 느끼는 것보다 자신 앞에 놓여있는 것 중 하나를 그저 선택할 때 더 행복감을 느낀다는 것이다. 《선택의 심리학》에 대한 한 아마존 독자서평에는 어떤 사람이 동일한 주제를 다루고 있는 20종의 책을 발견하게 되었는데 결국 마음을 정하지 못해 아무것도 사지 못했다는 이야기가 실려 있기도 하다.

그러나 나는 배리 슈워츠의 견해에 대해 회의적이다. 왜냐하면 사람들에게 선택하도록 하지 않는다는 것은 결국 누군가가 그들을 위해서 선택해주어야 한다는 말인데, 구소련의 백화점의 역사를 포함해 소매과학과 관련해 지난 1세기 동안 축적된 교훈은 바로 대부분의 고객들은 누군가가 자신을 위해 선택해주길 원치 않는다는 것이기 때문이다.

선택의 여지가 많은 것이 항상 좋은 것은 아니다. 우리 앞에 놓여진 선택의 여지가 너무 많을 때 우리는 '음, 이제 뭘 해야 하지?' 하고 자문하게 되는데 그럴 때면 마음이 불편해진다. 그렇다고 해서 선택의 여지를 제한하는 것으로는 선택이 야기하는 문제를 근본적으로 해결해주지 않는다. 배리 슈워츠는 이 문제에 대해 "맨해튼을 방문하는 작은 소도시의 주민들은 그곳에서 일어나는 모든 상황에 압도된다. 하지만 뉴욕 시민들은 뉴욕의 엄청난 자극에 완전히 적응했기 때문에 전혀 압도되지 않는다"라고 말했다.

그런데 어느 날 집 근처 슈퍼마켓의 잼 코너에 갔을 때 배리 슈워츠가 인용한 잼 연구에 대해 처음으로 미심쩍은 생각이 들었다. 그곳에는 다양한 종류의 잼이 가로 세로 6미터가 넘는 공간에 가득 놓여 있었다. 흔히 볼 수 있는 딸기와 라즈베리가 먼저 눈에 띄었고, 그 다음에 다양한 종류의 잼들이 뒤를 이어 줄줄이 눈에 들어왔다. 한번 열거해보면 레몬 커드, 골든 민트, 토마토 시나몬 클로브, 시나몬 페어, 페어 피그, 페퍼 젤리, 허클베리 라즈베리, 피치 애프리콧, 플럼 체리, 스트로베리 루발브, 사우어 체리, 피그, 믹스트 베리, 블랙 체리, 패션 프루트, 파인애플, 파인애플 파파야, 괌 스트로베리, 블랙 커런트, 멕시코 원산의 고추로 만든 것으로 레드와 그

린두 종류가 있는 할라페노 페퍼, 루발브, 로즈힙, 민트향 애플 등을 비롯해서 이런 잼들을 순하게 개량한 라이트 종류까지 엄청나게 많은 잼이 있었다.

그 슈퍼마켓에는 6종이나 24종보다 훨씬 많은 300종 이상의 잼들이 진열되어 있었다. 총 42종의 브랜드를 들여놓았고 브랜드마다 평균 8종의 잼을 비치해놓은 상태였다. 나는 5년 내에 잼에 대한 연구가 더 많이 이루어져 이곳은 지금보다 2배에 가까울 정도로 다양한 종류의 잼을 들여놓게 될 것이라고 그 매장관리자에게 말했다. 그러자 그는 "저희가 비치해놓은 잼의 종류는 솔직히 너무 많아요. 하지만 고객들이 이국적인 잼을 먹고 싶어하니 거기에 맞출 수밖에요"라고 답했다.

하지만 아직도 충분하지 않다

앞서 제시된 연구결과를 보면 선택의 여지를 많이 줄수록 사람들은 혼란스러워하지만 이와 대조적으로 매장은 엄청나게 많은 종류의 잼을 진열하고 있다. 이 문제는 정말 혼란스럽다. 잼에 대한 연구가 무언가 잘못되었거나 아니면 그 슈퍼마켓 소유주들이 고객들이 정말로 원하는 것에 대해서 전혀 안중에 없거나 둘 중에 하나였다. 그래서 나는 그 연구 담당자들에게 이메일을 보내, 왜 슈퍼마켓에서 이루어지는 고객의 선택에 대해 가장 많이 알고 있어야 하는 사람들이 오히려 이 연구의 결론을 무시하고 있는지에 대한 그들의 의견을 물었다.

그러자 그들은 새로운 연구성과를 정리해 얼마 전에 논문을 발표했다고 답신을 보내왔다. 컬럼비아대학 교수 시나 아이엔거Sheena Iyengar의 연구팀은 〈당신이 좋아하는 것을 아는 것과 당신이 원하는 것을 찾아내는 것 : 만족스러운 결정을 하는 데 필요한 선택의 영향력 *Knowing What You Like versus Discovering What You Want : The Influence of Choice Making Goals on Decision Satisfaction*〉이라는 논문에서 다음과 같이 결론을 내렸다.

소비자들은 선택으로 인한 손실이 엄청나게 크다 해도 할 수 있는 한 자주 선택하고 싶어한다. 하지만 선택으로 인한 이익은 그 선택권을 통해서가 아니라 선택의 과정에서 온다. 즉 소비자들이 어떤 것을 선택하는 동안 스스로에게 자신이 좋아하는 것을 물어보고 또 최종적으로 본인이 원하는 것을 선택했다는 성취감을 느낄 수 있을 때, 선택의 중요성은 다시 부각된다. 최근 〈포브스 *Forbes*〉에 기고된 '나는 선택 옹호자 I'm Pro-Choice' 라는 기사를 생각해보라. 그 기사는 '고객들에게 많은 선택권을 제공할 뿐만 아니라 그들이 자기판단에 따라 선택할 수 있도록 도와주어라' 라고 주장하고 있다. 우리는 이제 그 일을 어떻게 해야 할지 알고 있다.

그들이 발견한 해결책은 실제로 도움이 되는 선택을 하도록 고객들을 이끌어주는 것이다. 이것이 어떻게 이루어지는지 알아보기 위해 온라인 매장의 경우를 살펴보았다.

아마존도 잼을 판매하는데 소규모 잼 전문점들과 협력관계를 맺고 있는 덕분에 6종이나 24종이 아닌 자그마치 1,200종 이상을 판매하고 있다. 이와 같이 오프라인 매장과 온라인 매장의 제품 종수는 엄청난 차이를 보인다.

오프라인 매장은 지금까지 그랬던 것처럼 제품들을 진열대에 쌓아둔다. 만일 어떤 것을 선택할지 정하지 못한 상태라면 소비자에게 유일한 지침은 포장에 적혀 있는 문구와 가장 많이 진열된 것이 가장 인기있는 제품일 거라는 가정뿐이다.

이에 비해 온라인 매장의 고객은 제품을 선택할 때 상대적으로 더 많은 도움을 받을 수 있다. 온라인 매장에서는 제품과 관련된 최신 정보를 얻어낼 수 있는 방법이 끝이 없기 때문에 제품을 선택하기가 훨씬 쉽다. 당신은 가격, 인기도, 출시일, 분야에 따라 제품을 분류할 수 있으며 다른 고객들이 적어놓은 사용후기도 읽어볼 수 있다. 또한 여러 제품들의 가격을 비교해볼 수도 있는데, 구글을 이용하면 원하는 제품에 대해 더 많은 정보를 얻을 수 있다. 추천제품 코너는 당신과 비슷한 취미와 취향을 가진 사람들이 구매했던 제품들과 사고 싶어하는 제품들에 대한 정보를 보여준다. 비록 당신이 특정 분야의 제품들에 대해 아무것도 모른다 해도 베스트셀러 순위를 보면 가장 인기있는 제품이 무엇인지 확인할 수 있기 때문에 선택하기가 더 쉽고 구입한 뒤에도 후회하는 일이 거의 없다. 사람들이 그렇게 많이 선택한 제품이라면 가격이나 품질면에서 떨어지지 않을 테니 말이다.

앞서 언급한 잼 실험에는 몇 가지 문제점이 있다. 실험 참가자들은 모든 잼들을 동시에 맛보았고, 그들은 잼에 대한 자신의 기존 지식이나 제품 설명서에 적힌 것만을 보고 잼을 평가해야 했다. 슈퍼마켓 진열대에서도 동일한 문제가 발생한다. 당신이 의지해야 할 것은 자신이 그 분야에 대해 갖고 있는 기존 지식, 경험과 광고에 의해 뇌에 저장된 브랜드 정보, 그리고 포장과 진열대의 마케팅 메시지들뿐이다.

온라인 소매업자들이 엄청나게 다양한 제품들을 진열하고 고객들이 그 제품들 중에서 자신이 원하는 것을 쉽게 선택할 수 있도록 하는 데 사용하는 정보의 대부분은 슈퍼마켓 소유주들도 갖고 있는 것이다. 하지만 슈퍼마켓 소유주들은 그런 정보를 고객들과 공유하지 않는다. 각 진열대마다 소형 스크린을 다는 것을 논외로 한다면 좋은 방법이 없기 때문이다. 정보에 근거해서 선택하도록 하려면 정보를 제공해야 하는데 그것을 제공하지 않는 선택의 자기모순은 슈퍼마켓과 같은 오프라인 매장을 포함한 물리적 세계의 한계를 보여준다.

선택의 여지가 많은 게 좋다는 금언은 분명 맞는 말이다. 하지만 이제 우리는 다양한 제품만으로는 충분하지 않다는 사실을 알고 있다. 우리는 그 다양한 제품들에 대한 정보와 우리보다 먼저 동일한 제품을 구입한 사람들의 생각을 확인해봐야 한다. 웹의 무한한 정보를 체계적으로 정리하고 분류하는 데 거의 절대적인 능력을 가진 구글은 우리가 가장 먼저 보고 싶어하는 정보를 보여준다. 선택의 자기모순은 선택의 여지가 너무 많아서가 아니라 선택을 하는 데 도움이 될 만한 자료가 별로 없기 때문에 일어난다. 선택을 잘못하면 그것은 우리의 숨통을 조이지만 선택을 잘하면 해방의 기쁨을 맛볼 수 있다.

다양성의 경제학을 연구하는 버지니아 포스트렐Virginia Postrel은 선택에 관한 학술적 연구가 수십 년 동안 현실세계의 비즈니스 경험으로부터 얻은 교훈들을 부정하는 것 같다고 말하기도 했다.

믿을 만한 과학적인 이유로 인해 심리학 실험들은 현실세계의 선택, 그 중에서도 제품구입을 결정짓는 습관과 비즈니스 관행을 체계적으로 조사했다. 이렇게 한 이유는 그 실험들이 시장이 아니라 사람들의 마음을 이해하도록 고안되었기 때문이다. 사실 사람들은 선택하는 것을 싫어하지 않는

버지니아 포스트렐은 〈뉴욕타임스〉의 칼럼을 통해 부동산업자들, 금융자산관리사들, 검색엔진들, 아마존의 추천서비스들은 모두 같은 역할을 한다는 점을 지적했다. "그들은 우리에 관한 어떤 정보를 알고 있고 그 중에서 어떤 것이 가치있는지도 알고 있다. 그들은 선택의 여지를 줄이려고 하지 않는다. 그들은 우리가 가장 원하는 것이 무엇인지 알고 있을 정도로 매우 지혜롭다. 그들은 우리가 스스로의 정체성을 갖도록 도와준다."

또한 20년 전에는 존재하지도 않았던 웨딩플래너란 직업이 등장한 것과 관련해서 그는 "전통의 제약이 완화되고 결혼 관련 시장이 초대장 만들기부터 리무진 대여에 이르기까지 모든 것에서 선택의 여지가 훨씬 넓어지면서, 결혼과정은 보다 복잡해졌고 개인화되었다"라고 설명했다. 결혼 전문 컨설턴트 협회의 회원은 1981년에는 27명이었던 데 비해 2004년에는 4,000명으로 증가했다.

이에 대해 경영 컨설턴트 존 헤이글John Hagel은 "선택의 여지가 많아질수록 우리는 스스로가 정말로 원하는 것이 무엇인지 더 많이 고민하게 된다. 정말로 원하는 것이 무엇인지 더 많이 고민할수록 우리는 스스로가 구입해서 쓰는 제품들을 만드는 데 더 많은 영향을 미칠 수 있다. 우리가 제품과 서비스 생산에 더 많이 참여할수록 우리는 자신에게 더 많은 선택권을 부여하게 된다"라고 말했다.

선택의 여지가 많아지면 소비자들은 더 많은 제품을 구입할까? 그렇다. 제품들의 종류가 다양해지고 원하는 제품을 찾을 수 있는 더 좋은 방법이 개발되면 사람들은 더 많은 제품을 소비하게 된다. 내 경우를 예로 들면, 나는 냅스터를 통해 새로운 노래를 접하는 데 흥미를 갖게 되고 랩소디를 통해 보다 쉽고 합법적으로 새로운 노래를 듣게 되면서 이전보다 2배나 더 많은 노래를 듣게 되었다. 또한 우리 가족은 넷플릭스 덕분에 전보다 더 많은 DVD를 시청하고 있다.

하얀색 아이포드 이어폰을 끼고 다니는 수많은 뉴욕 시민들은 분명 아이포드 이전보다 더 많은 노래를 청취하고 있으며, 워크맨이 한 세대 전에 이끌어낸 성과를 확장하고 있다. 그렇다면 더 많은 노래를 듣는 것에 비례해서 노래를 더 많이 구입하는가? 아쉽게도 그 수치는 명확하지 않다. 출시후 2006년 초까지 애플은 4,200만 개의 아이포드를 팔았고, 아이튠스를 통해 10억 곡이나 팔았다. 이는 지난 4년 동안 아이포드 1개당 평균 24곡을 판매한 셈이다. 이것은 그다지 인상적인 결과는 아니다.

아이포드가 출시되면서 CD 판매는 20퍼센트 가까이 떨어졌다. 그렇다면 소비자들은 자신들의 아이포드의 휴대용 대용량 하드드라이브와 플래시 메모리를 어떤 식으로 채우고 있을까? 그렇다. 당신이 생각하는 것처럼 그들은 친구들에게서 CD를 빌려 복사하고, P2P 서비스에서 무료로 다운받으며, 대학 캠퍼스의 기숙사 랜을 통해 음악파일을 교환한다.

사실 다양성이 높아지면 소비도 많아진다는 일반적인 이론적 가정을 뒷받침할 만한 통계결과는 아직 없다. 단지 몇 개의 소비자심리연구만이 선택하는 것이 의미있을 때 소비자는 다양성을 선호한다는 것을 보여줄 뿐이다. 이것은 다양성이 소비자가 원하는 것을 찾을 확률을 높인다는 것을 시사한다.

그래도 요구르트 제품의 수를 한두 가지 더 늘리면 판매에 도움이 된다는 식의 몇 가지 사례 연구가 있다. 그 가운데 '많을수록 더 좋다'는 금언을 잘 보여주는 사례로 〈선택의 유혹 *The Lure of Choice*〉이라는 논문을 들 수 있다.[2] 이 논문은 은행, 나이트클럽, 카지노에서 고객들이 다른 선택의 여지를 많이 갖게 되었을 때 선택권을 좀더 자주 사용한다는 실험을 분석한 것이다. 소비자들은 영화 스크린이 더 많은 영화관과 게임할 테이블이 많은 카지노를 선호한다. 소비자들이 선택의 여지를 더 많이 갖게 될수록 자신들이 원하지 않는 것을 고를 위험성은 더 낮아진다.

프랜시스 해밋Francis Hamit은 다양성과 소비의 규모가 지닌 상관관계를 기초 경제학에 나오는 거래 개념이라고 설명했다.[3]

고전적 사례들 가운데 하나는 장거리 폭격기와 학교 신축건물 사이의 거래를 보여주는 오래된 경제학 교과서에 나와 있는 그래프였다. 장거리 폭격기에서 문제가 된 것은 돈이었고, 학교 신축건물에서 문제가 된 것은 시간이었다. 당신이 원하는 것을 찾는 데는 시간이 걸린다. 그리고 대부분의 사람들은 더 저렴한 가격에 살 수 있는 장소를 물색하기보다는 자신들이 원하는 것을 처음 발견한 곳에서 구매한다.

소매점들이 계산대 옆에도 몇 가지 제품들을 진열해놓는 것은 바로 이런 이유 때문이다. 고객에게 꼭 필요한 것을 편안하게 구입할 수 있도록 하면 더 많은 매출을 올릴 수 있다. 이른바 세븐일레븐과 같은 편의점들은 우유, 빵, 맥주, 탄산음료를 동네 슈퍼마켓보다 훨씬 비싼 가격에 판매함으로써 대부분의 수익을 거기서 거둬들인다. 비싼데도 제품이 팔리는 이유는 편의점의 제품이 슈퍼마켓의 제품과 달라서가 아니라 원하는 즉시 자신에게 필요한 제품을 얻을 수 있기 때문이다.

디지털이 제품구매에 활용되면서 2가지 변화가 나타났다. 하나는 고객들이 검색할 수 있는 영역이 예전보다 더 넓어졌다는 것이고, 다른 하나는 검색시간은 훨씬 더 줄어들었다는 것이다. 시간이 지남에 따라 이런 변화는 매출을 증가시키고 전체 시장의 규모를 키울 것이다. 앞서 8장에서 살펴본 것처럼 꼬리가 길어지면 그 꼬리는 더 두꺼워진다.

11 틈새문화가 주목받는 세상

롱테일 세상에서의 삶은 어떤 모습일까?

롱테일 음악 문화의 초기 형태는 디스코 음악이 막 죽어가던 때인 1980년대 초반, 시카고의 옛 공업지대에서 탄생했다. 1980년대 초반은 디스코 음악 열풍을 몰고왔던 뮤지컬 〈토요일 밤의 열기 *Saturday Night Fever*〉가 초연된 지 이미 5년이나 지난 후였고, 소비자들은 디스코 음악의 상징이었던 인위적인 박수소리와 R&B에 싫증을 내기 시작했던 때였다. 그 당시 소비자들은 음악산업이 새로운 창의성 없이 과거의 히트곡을 계속해서 복제, 재생산하며 정형화된 음악을 만들어내는 것에 넌더리를 내고 있었다. 소비자들의 반란은 시카고의 코미스키 파크에서 야구경기를 관람하던 관중들에 의해 촉발되었다. 그들은 자신들이 가지고 있는 디스코 음악 레코드를 경기장에 가지고 와서 경기가 끝난 후, 레코드의 플라스틱 케이스를 대형 캠프파이어 안으로 던지면서 "디스코 음악은 이제 그만!"을 외쳐대며 시위를 벌였다.

하지만 프랭키 너클스가 DJ로 있던 웨어하우스^{Warehouse}라는 나이트클럽에서는 무언가 새로운 일이 벌어지고 있었다. 그는 여러 종류의 음악장르를 심하게 리믹싱하고 매시업해서 새로운 장르를 만들어냈다. 프랭키 너클스는 올드 디스코 클래식^{old disco classics}과 뉴 유로비트 팝^{new Eurobeat pop}, 그리고 신시사이즈드 비트^{synthesized beats}에 드럼 머신으로 제작한 리듬까지 가미해 멋지고 정열적인 음악을 만들어냈다. 이 새로운 음악에는 그 클럽의 이름을 따서 하우스뮤직house music이라는 이름이 붙여졌다.

스튜어트 코스그로브Stuart Cosgrove는 저서 《시카고 하우스뮤직의 역사 *The History of House Sound of Chicago*》에서 당시의 상황을 다음과 같이 묘사했다.

> 프랭키는 DJ의 차원을 뛰어넘어 믹싱의 신기원을 이룬 소리의 건축가였다. 웨어하우스에 정기적으로 들렀던 사람들은 그곳이 시카고에서 가장 분위기가 좋은 장소였다는 사실을 기억하고 있다. 그는 잘나가는 댄스음악의 중심지였던 웨어하우스에서 해럴드 멜빈, 빌리 폴, 오제이스의 음악을 마틴 서커스의 '디스코 서커스Disco Circus' 같은 중요한 디스코 히트곡과 믹스했고 크라프트베르크와 텔렉스 같은 신시사이저 그룹의 유럽 팝 음악도 소개했다.

프랭키 너클스가 만들어낸 하우스뮤직은 뮤직박스MusicBox 같은 시카고의 다른 클럽에도 퍼져나갔고, 뮤직박스의 DJ 론 하디는 엄청난 규모와 열광적인 템포를 지닌 몇 가지 리듬을 채택했다. 그 뒤에 하우스뮤직은 영국 북부로 전해졌고 나중에 레이브Rave의 기원이 되었다.

하우스뮤직의 부상에서 주목할 만한 점은 그것이 블록버스터 문화의 붕괴와 한창 새롭게 떠오르는 문화에 대한 반응이라는 점이었다. DJ들과 클럽들은 팝음악과는 완전히 다른 음악산업을 이끌어냈다. 그들은 2개 이상의 장르를 융합함으로써 댄스음악의 롱테일을 개척했고 이 생태계는 새로운 혁신모델의 진화를 보여주었다.

이런 상황을 이해하기 위해 하우스뮤직이 등장하기까지의 과정을 구체적으로 살펴보자. 하우스뮤직은 프랭키 너클스와 더불어 뉴욕에 위치한 클럽 파라다이스 개라지Paradise Garage의 DJ로 명성을 날렸던 래리 레반과 같은 신화적인 DJ들에게서 그 기원을 찾을 수 있다. 1970년대 후반에 래리 레반과 데이비드 맨쿠소David Mancuso 같은 선도적인 DJ들은 사람들이 밤새도록 춤을 추는 댄스클럽의 한 모퉁이에서 오늘날 우리가 클럽에서 흔히 볼 수 있는 DJ 박스를 만들어 그 안에서 레코딩 작업을 시작했다.

그렇다면 이런 슈퍼스타 DJ들은 어떻게 부상하게 되었을까? 그것은 현재까지도 영향을 미치고 있는 상당수의 동인들 덕분이다. 우선 그들은 믹싱 덱mixing deck에서 다중트랙 녹음기에 이르기까지 음악에 이용할 수 있는 과학기술의 발전을 계기로 업계에서 이름을 날리기 시작했다. 이때 영향을 미친 것이 바로 롱테일의 첫번째 동인인 생산도구의 대중화이다. 무엇보다 값싼 생산기술의 발달로 인해 스튜디오에 들어갈 경비를 절감할 수 있게 되었고, 또 마스터 테이프나 CD를 저렴하게 만드는 기술로 인해 수백 개의 소규모 독립음반회사들이 음반을 저렴하게 복제하고 판매할 수 있게 되었다. 이런 하우스뮤직 음반회사들 가운데 웨스트 엔드 레코드West End Records 같은 유명업체는 불과 몇 년 동안 수백 장의 음반을 출시하기도 했다.

이렇게 하우스뮤직이 이끌어낸 경제적인 효과는 음반의 대량생산으로 이어졌지만 그런 음반들에 대해 제대로 아는 사람이 없었다. 그래서 사람들이 그런 음반들을 찾을 수 있도록 필터 역할을 해줄 누군가가 필요했다. 하지만 필터 역할을 해줄 사람이 있다 해도 이런 언더그라운드 음반들을 접할 수 없으면 아무 소용이 없었기 때문에 진입장벽을 낮출 유통채널들이 필요하게 되었다. 클럽들과 각종 파티들이 바로 이런 유통채널 역할을 함으로써 유통의 대중화라는 롱테일의 필수적인 두 번째 동인을 확보하게 되었다.

그 당시 라디오 방송국은 음반회사 마케팅을 중심으로 했기 때문에 정보는 소비자에게 일방적으로 흐르기만 했다. 음반회사의 마케팅은 그들이 히트할 것 같다고 생각하는 앨범을 집중적으로 미는 방식으로, 시간이 좀 지나봐야 그들의 판단이 옳았는지 알 수 있었다.

이에 반해 클럽은 아주 가까이에서, 그리고 즉각적으로 소비자의 반응을 확인할 수 있는 공간이었다. 만일 DJ가 클럽에 오는 사람들이 별로 좋아하지 않는 음악을 틀면, 춤추던 사람들은 춤을 멈추거나 나가버리는 등의 행위를 하기 때문에 바로 그 자리에서 소비자의 불만스러운 반응을 볼 수 있었다. 결국 클럽에 오는 사람들은 그들의 춤추는 다리로 즉석투표를 하는 것이나 마찬가지였고, 그 투표결과를 통해 그들은 음악의 집산자 역할을 하는 DJ에게 그들의 기대치와 선호도를 밝혔던 것이다. 이런 정보가 축적되면서 DJ들은 히트곡이 아닌 다양한 롱테일 음악에서도 클럽 내 춤추는 사람들이 좋아할 것 같은 음악을 정확하게 짚어내어 틀어줄 수 있게 되었다.

앨범 제작을 비롯해서 마스터 테이프나 CD를 만드는 비용이 지속적으로 하락함에 따라 하우스뮤직은 급속히 퍼져나갔고, 딥 하우스deep house, 펑키 하우스funky house, 덥 하우스dub house 같은 매우 세분화된 장르로 분화되었다. DJ들이 이렇게 당황스러울 만큼 복잡하게 변화하는 상황을 헤쳐 나가는 데 필요한 것은 일종의 새로운 메커니즘이었다.

여러 해 동안 하우스뮤직을 만들어낸 사람들은 가명으로 음반을 출시했다. 이렇게 음반을 출시할 때 가명을 사용하는 것은 업계 외부에서 볼 때는 불합리해 보였다. 그들의 목표가 음반을 판매하는 것이라면 실명을 사용해 적극적으로 홍보하지 왜 가명을 사용하는가? 가명을 쓰는 것은 소비자들로 하여금 음반에 대한 정확한 정보를 알지 못하게 함으로써 음반시장을 혼란스럽게 하는 일종의 안티 브랜딩anti-branding이다.

하지만 정작 DJ들에게 중요한 정보는 노래보다는 음반의 재킷이었다. 인디음반의 재킷은 매우 세분화된 마이크로장르에 속하는 노래가 존재한다는 정보를 제공하는 태그와도 같다. DJ들이 청취자들을 만족시킬 만한 노래를 비용을 많이 들이지 않고도 효과적으로 찾아낼 수 있는 방법은 바로 이런 재킷이다. 이런 의미에서 음반의 재킷은 클럽에서 나타나는 분산된 정보를 한데 모아 새로운 작품을 만들어내는 토대를 구축한다.

사실 어떤 점에서 보면 음반회사들이 가치있는 정보의 대부분을 제공한 이후에 DJ는 명성을 잃고 말았다. 예를 들면 전도유망한 독일의 듀오 모리츠 폰 오스발트와 마르크 에르네스투스는 베이식 채널Basic Channel이라는 그룹으로 더 잘 알려져 있었는데, 다양한 음반회사에서 공동작업자들과 함께 여러 장의 음반을 출시했다. 그 중에서 '베리얼 믹스Burial Mix'라는 음반은 보컬이 가미된 딥 다크 덥deep, dark dub 장르였고, '엠M'이라는 음반은 미니멀 인스트루멘털 덥 하우스minimal instrumental dub house 장르였다. 또 음반 '리듬앤사운드Rhythm&Sound'는 강한 레게reggae의 영향을 받은 앱스트랙트 덥abstract dub 장르였고, 음반 '체인 리액션Chain Reaction'은 강한 하우스뮤직의 영향을 받은 인스트루멘털 앱스트랙트 일렉트로니카instrumental abstract electronica 장르였다.

이 각각의 음반들은 어떤 의미에서 서로 다른 수많은 가수나 연주자들이 작업한 음반이나 마찬가지였다. 하나의 하우스뮤직에 포함될 수 있는 요소들이 1,000개까지 될 수도 있다는 것을 생각하면 하우스뮤직의 배경이 얼마나 복잡한지, 그리고 음반을 설명하는 태그가 왜 붙어야 하는지 이해할 수 있을 것이다. DJ들이 음반 재킷에 적힌 정보를 활용할 수 있게 됨에 따라 그들은 모리츠 폰 오스발트와 마르크 에르네스투스가 관여했던 모든 프로젝트 앨범을 듣느라 시간을 허비할 필요없이, 자신들이 일하는 클럽에 온 사람들이나 라디오 청취자들이 관심을 가질 만한 음반에만 집중할 수 있게 되었다. 그들은 음반 재킷 덕택에 하우스뮤직의 롱테일을 저렴한 비용을 들여 효과적으로 타고 움직였다.

또한 하우스뮤직 제작자들은 개방적인 창작 전략에 의존한다. 저작권 침해사범을 제소하는 데 많은 시간을 보내는 음반회사들과는 대조적으로 하우스뮤직 제작자들과 언더그라운드 음악제작자들은 자신들의 앨범들을 자유롭게 리믹스되고 개작되도록 무료로 공개하면 오히려 수익을 얻을 수 있다는 사실을 깨달았다.

잘 만들어진 하우스뮤직 음반은 종종 다른 음악가들의 음악을 리믹스하여 만들어지는데, 이때 하우스뮤직 음반은 일종의 플랫폼으로서의 역할을 하게 된다. 이 리믹스 음악들은 대부분 세부 장르에 속하는 음악들로 구성되기 때문에, 같은 장르에 속하는 다양한 음악으로 이루어진 리믹스 음악이 오히려 원곡을 더 멋지게 완성시켜주는 역할을 하기도 한다. 이런 완성도 높은 리믹스 음악이 늘어나면 플랫폼으로서의 하우스뮤직 음반의 가치는 작은 눈덩이가 순식간에 놀랄 만큼 커지듯이 폭발적으로 증가하게 된다. 이것을 눈덩이 효과라고 하는데, 이것으로 인해서 음악의 집산자 역할을 하는 DJ들이 각 개별 세부 장르의 롱테일 음악 중에서 눈덩이 효과를 불러일으킬 만한 명곡을 빠르고 효과적으로 찾아낼 수 있다.

'히트 또는 틈새'에서 '히트 그리고 틈새' 문화로

롱테일은 무한한 선택의 기회를 제공한다. 이때 풍요롭고 저렴한 유통은 풍요롭고 저렴하고 무한한 다양성을 의미한다. 그리고 이것은 소비자들이 그 선택만큼이나 광범위하게 흩어져 살아간다는 것을 의미한다. 주류 미디어와 엔터테인먼트산업의 관점에서 보면 이것은 네트워크 TV와 같은 전통적인 미디어와 인터넷의 전투와 비슷하다. 하지만 사람들이 온라인으로 그들의 관심을 이동하게 되면 그들은 하나의 미디어 배출구에서 다른 미디어 배출구로 가버리는 게 아니라 단지 흩어질 뿐이다. 무한한 선택은 궁극적인 분열과 같다.

《코란테 *Corante*》를 쓴 미디어분석가 빙 크로스비 ^{Vin Crosbie}는 그 이유를 다음과 같이 설명했다.

각각의 개인 청취자, 시청자, 혹은 독자는 언제나 독특한 장르적 관심사와 특수한 관심사의 독특한 결합이며 지금까지 항상 그래왔다. 비록 이런 개인들 가운데 상당수는 날씨와 같은 일반적인 관심사를 공유하지만 나머지 사람들은 매우 다양한 특별한 관심사를 갖고 있다. 그리고 각 개인은 일반적인 관심사와 특별한 관심사 모두에 관심을 갖고 있다. 약 30년 전만 해도 평균적인 미국인은 자신의 특별한 관심사를 만족시킬 수 있는 매체와 접촉할 수 없었다. 그들이 접하고 있었던 것은 매스미디어였는데 그것은 일반적인 관심사를 가진 상당수의 사람들을 어느 정도 만족시킬 수 있을 뿐이었다.

그러다가 미디어 기술이 발전함에 따라 점점 사람들의 특별한 관심사들도 만족되기 시작했다. 1970년대에는 옵셋 인쇄기술의 발달로 각종 전문잡지들이 새로 생겨났다. 잡지판매점에서는 12종이나 24종 정도가 아니라 대부분 전문적인 분야만을 다루는 수백 종의 잡지들을 볼 수 있게 되었다. 1980년대 아날로그 TV 시스템의 확산에 이어 1990년대 후반에 디지털 TV 시스템이 정착하면서 '가정과 원예TV' '골프 채널' '군 채널' 등을 비롯해 4개에서 수백 개에 이르는 전문채널을 시청하는 사람들이 증가했다. 또한 1990년대에는 인터넷에 쉽게 접속할 수 있게 되면서 사람들은 특별한 주제를 다루는 수백만 개의 웹사이트에 빠른 속도로 접속할 수 있게 되었다.

그 결과 점점 더 많은 사람들이 일반적인 기능밖에 못하는 매스미디어 출판물들을 계속 사용하기보다는 이런 특별한 출판물이나 채널, 혹은 웹사이트에 관심을 기울이게 되었다. 이런 식의 매스미디어를 점점 더 많이 사용할수록 일반적인 기능밖에 하지 못하는 매스미디어를 사용하는 시간은 점점 더 줄어들고, 조만간 대부분의 사람들이 웹사이트를 비롯해서 특별한 출판물과 채널을 이용하게 될 것이다. 개인들의 관심사는 항상 파편적으로 세분화되어 있었기 때문에 변했다고 할 수는 없다. 단지 변화한 것은 미디어를 사용하는 그들의 습관이다. 그들은 이제 자신들이 늘 품고 있었던 파편화된 관심사들을 제대로 충족시키고 있다. 개인들은 각자 나름의 독특한 관심사를 가지고 있다. 항상 그래왔고, 앞으로도 계속 그럴 것이다.

개인들이 일반적인 관심사에서 특정한 관심사로 이동한 것은 현존하는 힘의 구도가 무너져버린다거나 전부가 다 아마추어적인 것으로 바뀌어버리는 것을 의미하지는 않는다. 그것은 히트와 틈새의 관계를 재정립하는 것으로, '히트상품 또는 틈새상품'의 '또는' 시대에서 '히트상품 그리고 틈새상품'의 '그리고' 시대로 진화하는 것을 의미한다. 오늘날 우리 문화는 머리부분과 꼬리부분, 히트상품들과 틈새상품들, 집단과 개인, 전문가들과 아마추어들이 점점 더 뒤섞이는 상황으로 나아가고 있다. 대중문화는 무너지지는 않겠지만 그 위력은 점점 줄어들 것이다. 반면 틈새문화는 점점 더 사람들의 시선을 사로잡을 것이다.

우리는 이미 음악 분야에서 그런 결과를 지켜보았다. CD음반 분야에서는 클래식 음악이 전체 매출의 약 6퍼센트를 차지하는데, 이것은 월마트의 진열대 하나에서 얻을 수 있는 것보다 더 적은 수치이다. 그러나 굉장히 많은 다양한 제품들을 저장할 공간을 확보하고 있는 아이튠스에서는 CD음반 분야 전체 매출의 12퍼센트를 차지하고 있다. 다큐멘터리는 영화관에서는 거의 상영되지 않지만 넷플릭스에서는 상당히 인기있는 분야 가운데 하나이다. 넷플릭스는 가족생활의 은밀한 부분과 숨겨진 관계들을 그린 다큐멘터리 〈프리드먼가 사람들 포착하기 *Capturing the Friedmans*〉와 장애인 럭비경기를 그린 휴먼 다큐멘터리 〈머더볼 *Murderball*〉 같은 다큐멘터리를 통해 미국 영화시장의 절반 정도를 차지하고 있다.

다양한 마이크로 문화의 등장

2005년 7월, 블로그 기술업체 식스어파트^{SixApart}의 경영자 애닐 대시^{Anil Dash}는 구글의 검색결과를 바꾸기가 얼마나 힘든지에 대한 기사에서 'GOATSE'가 찍힌 티셔츠를 입고 사진을 찍음으로써 〈뉴욕타임스〉를 조롱했다. 그 의미는 GOATSE가 의미하는 그대로였는데, 〈뉴욕타임스〉가 겉으로는 매우 매력적이고 중요한 내용을 담고 있는 듯하지만 막상 제대로 들여다보면 머리에 담아둘 만한 게 없는 신문에 지나지 않는다는 것이었다. 그의 그런 저돌적인 행위에 대해서는 정말이지 두 손을 들 수밖에 없었다. 그런데 나는 〈와이어드〉의 직원들 중에서 GOATSE가 뭔지 아는 사람이 아무도 없다는 사실을 알고 깜짝 놀랐다. 나는 그것이 이른바 온라인 낚시꾼들이 유명 영화배우 나탈리 포트만의 사진 같은 견디기 힘들 정도로 매혹적인 것과 연결시켜준다고 인터넷 사용자들을 유혹한 뒤, 누군가가 그것을 클릭하게 되면 입에 담지 못할 욕설이 담긴 충격적인 사진이나 영상으로 연결되는 것이라는 사실을 말해주지 않을 수 없었다. 하지만 내 주변의 많은 기술광 친구들은 글을 쓸 때 그 단어를 끼리끼리만 아는 농담으로 집어넣곤 한다.

나는 모든 사람들이 GOATSE에 대해 알고 있다고 생각했지만 그것은 오산이었다. 사실 그 말은 내가 온라인에서 알고 지냈던 몇몇 사람들만이 사용했던 것이었다. 나는 나 자신이 지하문화에 몸담고 있으면서도 그 사실을 인식하지 못했다. GOATSE를 안다는 것은 지하문화에 몸담고 있는 비밀회원이라는 말이었고, 〈뉴욕타임스〉에 실린 사진에서 보듯 애닐 대시가 그 단어가 찍힌 티셔츠를 입고 있었다면 그는 자신이 지하문화의 추종자라는 사실을 드러낸 것에 다름없었다.

나는 그런 말들이 내가 생각한 것처럼 광범위하게 퍼져나갔는지 여부를 알아보기 위해 다른 문화적 기준들을 실험해보기로 결정했다. 그래서 나의 작은 온라인 세계에서 쓰는 몇 가지 표현을 현실세계의 노련한 주변 사람들에게 사용해보기 시작했다. 예를 들면 일본의 제로윙 비디오게임(일본의 토아플랜Toaplan에서 1989년에 만든 비디오게임)을 세가에서 메가 드라이브용으로 출시할 때 오프닝 장면의 일본어를 영어로 잘못 번역한 것으로, 온라인 게이머들이 상대방의 기지를 점령했을 때 가장 많이 사용하는 말인 '너희들의 기지는 우리가 접수했다All Your Base Are Belong To Us' 와 같은 말을 써본 것이다. 그러면서 이런 지하문화에 속한 말들이 애초에 생각한 것처럼 누구나 이해하는 말이 아니라 실상은 매우 제한적이라는 점을 알게 되었다. 심지어 첨단문화 잡지인 우리 사무실에서도 그랬다. 내가 강연을 했던 한 회의에서 조사를 해보았더니 내 이야기를 듣고 있던 사람들 가운데 10퍼센트 이하만이 'All Your Base Are Belong To Us' 라는 말의 의미를 알아들었다.

만일 당신이 인터넷에 새롭게 등장한 현상에 대해 위키피디아 표제어를 확인해본다면 전파력이 강한 수백 가지 표현을 발견할 수 있을 것이다. 그 가운데 가장 유명한 것들을 몇 가지 들어보면 다음과 같다. 당신은 이 중에서 몇 개나 알고 있는가?

- **엘런 페이스**Ellen Feiss : 2002년 14세의 나이로 애플 컴퓨터의 TV 광고에 나와 단번에 인터넷 스타가 된 87년생 소녀.
- **스타워즈 키드**The Star Wars Kid : 2003년 광선검을 돌리는 스타워즈 패러디 동영상으로 온라인상에서 폭발적인 인기를 얻은 88년생 소년.
- **댄싱 베이비**Dancing baby : 1996/1997년에 인터넷을 뜨겁게 달구었던 동영상으로 3D로 제작된 갓난아이의 춤추는 애니메이션 영상. 일명 베이비 차차.
- **버트는 악이다**Bert is Evil : 유명한 TV프로그램 〈세사미 스트리트 *Sesame Street*〉의 천진난만한 주인공인 버트 캐릭터를 이용한 웹사이트로, 히틀러나 오사마 빈 라덴 등과 함께 버트를 등장시켜 현대 사회를 풍자하면서 온라인상에서 인기를 모았다.
- **본자이 키튼**Bonzai Kitten : 애완용이 아니라 장식용으로 고양이를 작

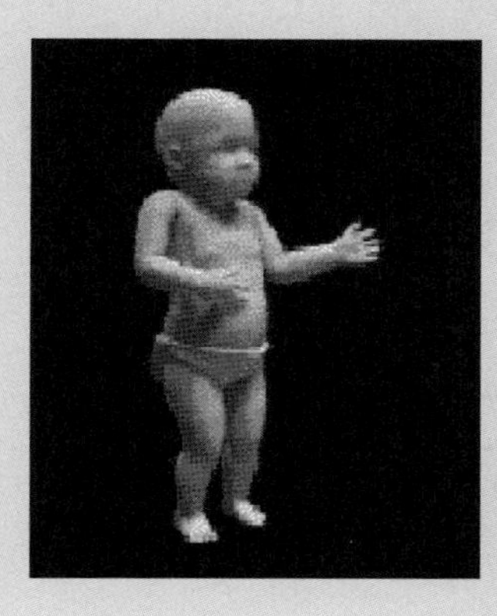

위키디피아 표제어에는 전파력이 강한 것들이 많은데 댄싱 베이비도 그렇다. 일명 베이비 차차로 불리는 이 동영상은 1996/1997년에 인터넷을 뜨겁게 달구었다.

은 유리병 속에서 키우는 방법을 설명해준 웹사이트로, 사회적으로 많은 논란을 불러일으켰는데 결국은 그 내용이 사실이 아닌 것으로 밝혀졌다.

- **투어리스트 가이**^{Tourist Guy} : 2001년 9.11 사건 당시 세계무역센터의 전망대에서 찍은 평범한 관광객 차림의 젊은 남자 사진으로, 배경에 건물과 충돌한 비행기가 다가오는 모습이 생생히 찍혀 진위 여부가 논란이 되었다. 결국 이 사진은 거짓으로 밝혀졌다.
- **엠시 호킹**^{MC Hawking} : 2000년대 초반 인터넷에서 한창 인기를 올린 랩 가수로 물리학자 스티븐 호킹의 패러디로 유명하다. 이후 정식 앨범을 내기도 했다.
- **1337**(L33t) : 지식인을 뜻하는 엘리트의 의미를 갖는 리트^{Leet}를 인터넷상에서 변형해 쓰는 용어. 문맥에 따라서 칭찬으로도, 비꼬는 말로도 해석될 수 있다.
- **미스터 치킨**^{Subservient Chicken} : 버거킹의 치킨 샌드위치 홍보 마케팅

에 등장한 캐릭터로, 닭 분장을 하고 마이클 잭슨의 춤을 따라하는 등의 다양한 패러디로 인기를 모았다.

- **1등** First post : 인터넷에 오른 글에 대해 제일 처음으로 다는 댓글을 일컫는 말로 1등 댓글을 두고 네티즌들의 경쟁이 심하다.

이렇게 볼 때 우리가 함께 일하고 놀며 동일한 물질세계에서 살아간다 해도 내가 속한 세계는 당신이 속한 세계와 항상 같은 것만은 아니라는 사실을 알 수 있다. 같은 침대에서 자지만 다른 꿈을 꾸고 있는 것이나 마찬가지다.

우리가 소비하는 컨텐츠의 다양성과 풍요를 극대화하는 롱테일의 동인들과 기술들은 우리를 다양한 소집단으로 이끈다. 대중문화가 산산이 부서질 때 그것은 또다른 대중문화로 바뀌지는 않는다. 그 대신 그것은 공존하고 상호작용을 하는 수백만 개의 마이크로 문화들로 바뀐다.

그 결과 우리는 지금 문화를 플라스틱 덩어리를 눌러 만든 하나의 거대한 장판이 아니라 많은 실을 교차해서 짠 천으로 간주하게 되었다. 그 각각의 문화는 개별적인 주소를 갖고 있고, 다른 집단에 속한 사람들과 동시에 거기에 접속할 수도 있다.

즉 우리는 대중문화 mass culture 로부터 대량 병렬문화 massively parallel culture 로 이동하고 있다. 우리가 그렇게 생각하든 하지 않든 간에 우리는 각각 다양한 소집단에 동시에 속해 있다. 하지만 우리는 동료들이나 가족들과 몇 가지 관심사를 공유할 뿐 모든 관심사를 공유하는 것은 아니다. 오히려 전혀 모르던 사람이나 가상공간에서 활동하는 블로그 작가와 인터넷 라디오 방송 진행자 같은 사람들과 관심사를 공유하는 일이 점점 더 늘어나고 있다.

우리는 자신이 주류에 속해 있다고 생각하든 그렇지 않든 간에 모두가 생활의 일부분에서는 극단적인 틈새문화를 경험하고 있다. 내 경우에는 영화는 주류문화를 상당히 즐기지만, 즐기는 음악은 주류와 거리가 멀고, 요즘에는 네트워크 경제학과 관련된 대중성이 없는 책을 읽는다. 더욱이 우리는 틈새문화를 향해 나아가면서 너무나도 풍요로운 선택의 기회를 얻은 덕분에 와인문화나 빈티지 장신구에 깊이 빠져 우리가 할 수 있을 것이라 생각한 것보다 훨씬 더 깊이 그 문화를 추종한다.

버지니아 포스트렐은 다양성의 급격한 신장은 인구 분포에 원래부터 내재하고 있던 다양성을 반영한다는 사실을 포착해냈다.

몸집, 체형, 피부색에서 성적 취향, 지적 능력에 이르기까지 인간의 정체성을 구성하는 모든 측면들은 그 범위가 무척 넓다. 우리들은 대부분 통계적으로 가장 많은 것들이 분포하고 있는 중심지에 밀집해 있다. 하지만 그곳에는 많은 종형 곡선들이 있는데 사람들은 적어도 그 곡선들 가운데 하나의 꼬리부분에 위치해 있다. 우리는 특이한 사건을 수집하거나, 비법이 적힌 책을 읽을 수도 있으며, 특별한 종교적 믿음에 기대거나, 특이한 신발을 신을 수도 있고, 희귀병에 시달리거나, 무명의 영화를 즐길 수도 있다.[1]

이것은 물론 사실이며 지금까지 계속 그래왔다. 그러나 중요한 것은 이것이 지금은 우리가 실제로 실행할 수 있는 것이라는 점이다. 틈새문화의 부상으로 인해 사회의 모습은 많이 달라질 것이다. 사람들은 기존에 지역적 인접성 혹은 직장에서의 잡담을 통해서만 형성하던 문화적인 소집단을 이제 공통의 관심사에 기초해 재형성해가고 있다. 다시 말해 과거에는 대부분의 사람들이 히트상품 중심의 작은 틀 안에서 같은 것을 듣고 보고 읽던 소위 직장내 정수기 문화 시대를 살고 있었다고 한다면, 지금은 우리 모두가 서로 다른 것을 즐기는 마이크로 문화의 시대를 살고 있다. 1958년에 마르크스 사회주의자였던 레이몬드 윌리암스 Raymond Williams는 저서《문화와 사회 Culture and Society》에서 "실제로 대중이란 존재는 없다. 오직 사람들을 대중으로 보는 방법만이 있을 뿐이다"라고 했는데, 그의 이 말은 그가 생각했던 것보다 더 맞는 말이었다.

주류미디어와 블로그는 지금 전쟁중

이런 틈새문화는 무엇과 닮았나? 우리는 다음과 같은 몇 가지 실마리를 통해 변화하는 미디어를 관찰할 수 있다. 뉴스는 인터넷의 충격을 체감한 첫 번째 산업이었다. 요즘 세대는 특정한 주제에 대한 주문형 뉴스를 언제라도 무료로 받아볼 수 있다. 이것은 그다지 중요하지 않은 뉴스를 쏟아내는 별 볼일 없는 뉴스매체들로서는 환영할 만한 일이지만 뉴스를 사업으로 운영하는 업체에게는 지옥 같은 상황이나 다름없다. 2006년 현재 신문사의 매출은 1980년대 전성기 때와 비교했을 때 3분의 1 이상 떨어졌는데, 이는 롱테일의 효과를 가장 구체적으로 보여주는 증거라 할 수 있다.

신문사가 권력을 누렸던 이유는 생산도구를 지배하고 있었기 때문이다. 그래서 '잉크를 통째 구입하는 사람에게는 싸움을 걸지 말라'는 말도 있지 않은가. 그러나 1990년대 초반에 종이가 아닌 모니터 화면을 통해 뉴스가 서비스되기 시작하면서 노트북을 이용해 인터넷에 접속하는 사람들이 갑자기 언론 권력을 쥐게 되었다.

　이런 변화를 통해 가장 먼저 이익을 얻은 것은 신문사를 비롯한 전통적인 미디어 기업들이었다. 하지만 많은 사람들이 인터넷에 홈페이지를 개설하고 블로그를 만들면서 전문적인 저널리즘과 아마추어 르포르타주의 구분이 점점 모호해졌다. 블로거들은 자신들의 관심사에 대해서는 전문가들만큼이나 정통해 있었고 관련 기사를 매우 빠르게 작성할 수 있었다. 때때로 그들은 여러 가지 상황에 대해 관찰자가 아니라 참여자로 존재하기 때문에 저널리스트들보다 정보를 더 잘 입수할 수 있었다.

　저명한 판사 겸 법률학자 리처드 포스너Richard Posner는 이것이 일생에 단 한 번밖에 찾아오지 않을 정도로 만나기 힘든 변화주도 요인이라고 생각한다. 그는 〈뉴욕타임스〉의 북리뷰에 쓴 글에서, 블로거는 사실상 비용을 전혀 들이지 않고도 신문이나 TV 뉴스채널이 목표로 하는 것보다 훨씬 더 세분화된 타깃독자들을 목표로 정할 수 있다고 주장했다. 사실 블로그들은 네트워크 TV와 같은 오래된 미디어 선구자들이 다수를 차지하는 곳에서 주류 미디어의 고객들을 한 사람씩 틈새미디어 쪽으로 끌어들이고 있다.

특정 분야에 전문성을 확보한 저널리스트들이 늘어남에 따라 미디어 기업은 지면을 장식하기 위해 전문성을 지닌 저널리스트들을 더 많이 고용하게 되었지만, 블로거들은 신문사나 방송국과 같은 미디어 기업에 고용된 저널리스트들을 능가할 정도까지 특정 분야에 대한 전문성을 확보할 수 있다. 신문사는 낡은 타자기와도 같은 저널리스트 1명을 고용하기보다는 특별한 지식을 가진 블로그 세계의 수많은 사람들을 고용할 것이다.

이렇게 되면 미국 CBS 방송국의 유명 앵커 댄 래더Dan Rather가 아무리 뛰어나다 해도 결집된 블로거들의 지식을 당해낼 수는 없다.

개인 블로그들에 올려진 내용들은 정확한 근거를 확보하지는 못하지만 블로그 세계에는 전통적인 미디어보다 더 뛰어난 오류 수정 장치(수많은 블로거들의 수정)가 있기 때문에 사회적으로 인정받고 있는데, 이런 사실이 저널리스트들을 괴롭히기 시작했다. 엄청난 양의 정보를 모아 거르는 블로그의 엄청난 속도에 전통적인 미디어는 속수무책으로 당할 수밖에 없었다. 수백만 개의 블로그들과 전문성을 지닌 수천만 명의 블로거들은 물론이고 블로그에 댓글을 다는 독자들과 그 댓글의 정보들은 전기가 움직이듯 빠른 속도로 블로그 세계에 활기를 주었다.

블로그는 전통적인 미디어보다 더 많은 확인과 대조 과정을 거친다. 그저 방식이 다를 뿐이다. 시카고대학 연구원을 역임한 프리드리히 하이에크Friedrich Hayek는 블로그 세계의 경제시장은 정보가 분산되어 있고 주조정자가 없으며 블로그 세계에 참가하는 각각의 사람들이 소유하고 있는 지식이 매우 제한적이라는 특징에도 불구하고, 엄청난 정보를 효율적으로 담아낼 수 있다고 분석했다. 사실 블로그 세계는 1,200만 개나 되는 별개의 기업들이 아니라 1,200만 명의 기자들이 움직이는, 그러면서도 비용이 들지 않는 하나의 기업이다. 그곳은 집합적인 성격을 띠고 있는데 현재로서는 아무런 대가를 바라지 않고 작가와 편집자의 역할을 하는 사람들로 가득하다. 그것은 마치 미국의 AP통신이나 로이터가 상당수의 전문가들을 포함한 수백만 명의 기자들을 확보하고 있는 것이나 마찬가지 상황인데, 그들은 광고도 게재하지 않는 무료신문, 즉 자신들의 블로그를 위해 봉급도 받지 않고 일하고 있다.

이런 작업이 이루어지는 것을 보려면 11-1과 같은 웹사이트 인기도를

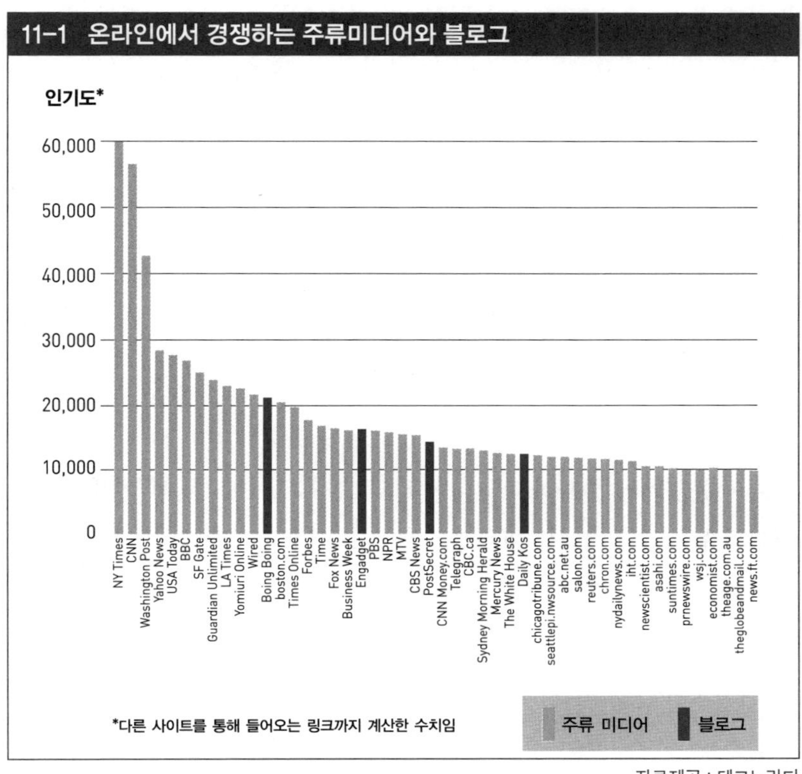

자료제공 : 테크노라티

측정한 테크노라티 그래프를 보면 된다. 이 그래프에는 블로그와 주류 미디어, 혹은 블로그 방식을 도입한 주류 미디어도 포함되어 있다.

여기서 짙은색 막대로 표시된 데일리코스를 한번 살펴보자. 이 사이트는 버클리의 정치적 행동주의자 마르코스 물리차스 주니가Markos Moulitsas Juniga가 운영하는 진보적 정치사이트로 〈시카고 트리뷴 *Chicago Tribune*〉보다 유입되는 링크가 더 많고 하루에 거의 100만 페이지뷰를 기록하고 있다. 비록 65위를 기록해 이 그래프에 오르지는 못했지만, 45세의 테네시대학 법학과 교수 글렌 레이놀즈가 운영하는 인스타펀디트는 자유주의 정치학에서부터 나노기술에 이르기까지 다양한 흥밋거리를 담고 있다. 글렌 레이놀즈는 매우 명석하고 자기주장이 뚜렷하며 성실하게 블로그를 운영하기 때문에 인기가 높고 이로 인해 사람들에게 엄청난 영향을 주고 있다. 인스타펀디트로 들어오는 링크는 〈스포츠 일러스트레이티드 *Sports Illustrated*〉보다 더 많다.

이 두 블로거들은 링크 순위에서 대부분의 미국 신문들보다 더 높은 위치를 차지하고 있다. 물론 신문사는 여전히 종이 버전을 통해 대부분의 사업을 전개하고 있기 때문에 이런 비교는 공평하지 않다. 하지만 만일 당신이 신문업계에 종사하고 있다면 위의 그래프를 보고 롱테일 세계에 밀어닥칠 뉴스업의 미래에 대해 몇 가지 성가신 의문점들을 떠올리게 될 것이다.

크리스토퍼 히친스*Christopher Hitchens*는 저서《어느 젊은 반골에게 보내는 편지 *Letters to a Young Contrarian*》에서, 매일 아침 일어나서 〈뉴욕타임스〉의 1면을 보는 것으로 자신이 살아있음을 확인한다고 했다. "〈뉴욕타임스〉는 '세상의 모든 뉴스를 뉴욕타임스로!*All the News That's Fit to Print*' 라는 슬로건을 외친다. 이 신문은 수십 년 동안 하루도 거르지 않고 그 슬로건을 반복해왔다. 나는 이 인정받는 신문을 읽는 대부분의 독자들이 대대적으로 보도하고 과시하는 이와 같은 상징적인 문구에 더 이상 아무런 신경을 쓰지 않는다고 생각한다. 나는 그 슬로건이 여전히 나를 흥분시키는지 매일 확인해본다. 만일 내가 그 슬로건으로 인해 여전히 흥분한다고 하면 〈뉴욕타임스〉 독자들은 나를 비난하고 공격할지도 모르지만, 이 신문이 지금처럼 자기만족과 자만심에 빠지지 않고 사전검열도 하지 않는다면, 적어도 그때 나는 그 슬로건을 보며 가슴이 뛸 것이다."

〈뉴욕타임스〉는 하루도 거르지 않고 '세상의 모든 뉴스를 뉴욕타임스로!'라는 슬로건을 외쳐오고 있다. 이런 슬로건에 대해 독자들은 별반 신경을 쓰지 않고 때로는 비꼬기도 한다. 이제 〈뉴욕타임스〉는 슬로건이 문제가 아니라 예전의 경쟁지를 비롯해 온라인의 정보와도 경쟁해야만 하는 상황에 처하게 되었다.

　〈뉴욕타임스〉 슬로건은 19세기 후반에 시작되었다. 1897년에 〈뉴욕타임스〉의 새로운 소유주가 된 아돌프 옥스 Adolph Ochs 는 황색 저널리즘으로 알려진 당시 뉴욕의 경쟁지들에게 한방 먹이는 의미에서 '세상의 모든 뉴스를 뉴욕타임스로!'라는 슬로건을 고안해냈다. 오늘날 원래의 의미는 사라졌지만 아직도 그 슬로건은 자부심이 강하고 고상하게 들린다.

　그런데 그 슬로건이 사실이었던 시기가 있었을까? 아마도 없었을 것이며 그것은 현재도 마찬가지다. 미국의 유명 TV시리즈 〈사인펠트 Seinfeld〉의 주인공인 코미디 배우 제리 사인펠트는 그 슬로건에 대해 "세계에서 매일 일어나는 엄청난 양의 뉴스가 항상 〈뉴욕타임스〉에 딱 맞게 나온다는 사실이 정말 놀랍다!"라고 비꼬기도 했다.

슬로건은 차치하고 이제 〈뉴욕타임스〉는 뉴욕과 다른 지역의 신문들 뿐만 아니라 온라인의 정보와도 경쟁해야 하는 상황에 처하게 되었다. 신문의 권위는 그 자체에 내재한 것이 아니라 그것을 보는 사람들이 부여하는 것이다. 그런 권위는 〈뉴욕타임스〉의 저널리스트들과 편집자들이 자신들의 뉴스를 전하고 주요 사안을 평가하는 자기 업무를 충실히 하고 있다는 사실을 보여주는 영예로운 증거이다. 하지만 뉴스와 정보는 더 이상 전문가들만이 독점하는 영역이 아니다.

약 1,500만 명의 블로거들 가운데 소수의 사람들이 중요하면서도 통찰력 있는 이야기를 할 가능성은 현재로서도 높지만 앞으로는 점점 더 높아질 것이다. 또한 필터들의 기능이 향상되면서 우리가 그런 블로거들의 글을 접할 가능성도 점점 더 높아질 것이다. 주류 미디어의 입장에서 보면, 이로 인해 경쟁이 더 심화되는 상황을 맞게 되었다. 어떤 사용자들은 이런 상황을 반길 것이다. 이제 그것을 원하든 원치 않든 간에 상관없이 주류 미디어 중심 체제의 붕괴는 불가피하게 되었다.

수백만 개의 작은 조각들의 미래

파편화된 문화는 우리가 현재 누리고 있는 대중문화보다 더 좋은 문화일까, 아니면 더 나쁜 문화일까? 많은 사람들은 대중문화가 사회를 유지시켜주는 사회적 접착제의 기능을 한다고 믿고 있다. 하지만 만일 우리가 지금 모두 각자 개인의 독특한 특성에 기반한 행동들만 한다면, 그때도 과연 공통된 문화라는 게 존재할 수 있을까? 그때도 우리의 관심사가 우리 이웃들의 관심사와 유사하게 연결될 수 있을까?

시카고대학의 법학과 교수 카스 선스타인Cass Sunstein은 저서《리퍼블릭 닷컴 *Republic.com*》에서 그런 위험성이 실재하며 온라인 문화는 집단의 양극화를 조장하고 있다고 주장했다. 그는 "커뮤니케이션이 점점 개인화되면서 사회는 파편화될 위기에 놓였고 공동체는 해체될 위험에 처했다"라고 말했다. 그는 MIT 미디어랩의 니콜라스 네그로폰테Nicholas Negroponte가 가정한 최종적인 단계까지 개인화된 신문 〈데일리 미 *Daily Me*〉에 대해서도 언급했다. 그는 "〈데일리 미〉를 본다면 우리는 원하지 않는 기사나 장면을 안 봐도 된다. 당신은 이제 더도 말고 덜도 말고 당신이 원하는 것만 볼 수 있다"라고 했다.

윤리와 공공정책센터Ethics and Public Policy의 수석연구원 크리스틴 로젠Christine Rosen도 카스 선스타인과 비슷한 생각을 했다. 그녀는 〈새로운 아틀란티스 *The New Atlantis*〉라는 에세이에서 다음과 같이 밝혔다.

만일 이런 기술들이 정치의 양극화를 조장한다면, 예술과 문학, 그리고 음악에는 어떤 영향을 미칠까? 원하는 것을 가장 빠르고 가장 편안하며 가장 쉽게 얻는 개인화된 방법을 알아내려고 서두르면서 우리는 특별히 제작된 개인영화관을 만드는가, 아니면 내 목소리만 반복해서 들려주는 폐쇄음향실을 만드는가? 우리는 창조적인 개인주의를 원하는가, 아니면 편협한 개인주의를 원하는가? 선택의 여지를 넓히기 위해 나아가는가, 아니면 다양한 취미를 억눌러버리는가?

크리스틴 로젠은 이런 기술로 인해 철저하게 개인에게 초점을 맞추고 개인의 취미를 극단적으로 정밀하게 추적해나가는 '에고캐스팅egocasting'

이 등장하게 되었다고 주장한다. 티보와 아이포드, 그리고 한정된 지역을 대상으로 방송하는 모든 종류의 컨텐츠를 통해 우리는 우리 자신의 문화적 내러티브를 구축할 수 있다. 그런데 크리스틴 로젠은 이런 상황을 바람직하지 않은 것으로 보았다.

이런 기술들은 우리에게 완벽한 통제에 대한 환상을 심어줌으로써 우리가 예상치 못한 일로 인해 놀라게 될 경우를 아예 차단할 위험성이 있다. 이로 인해 기술이 취미를 더욱 발전시키도록 이끌어주는 게 아니라 태고 때부터 내려온 물신주의를 재현하는 데 불과하다는 것이다. 아이러니하게도 우리는 보잘것없는 기술문명에 사로잡혀 진정한 개인주의를 이해하는 데 점점 더 어려움을 겪고 있다.

그렇다면 크리스틴 로젠의 주장은 옳은가? 나는 그렇지 않다고 생각한다. 사실 내 생각은 그녀와는 정반대이다. 틈새문화의 세계는 진정 풍요로운 선택의 세계이며, 추천시스템과 같은 강력한 길잡이와 여러 필터들은 자신이 찾고 싶은 것과 자신의 기호에 맞는 것을 보다 많이 검색할 수 있도록 해준다. 우리는 친구한테서 받은 음악을 아이포드에 저장하고, 티보는 사람들의 시청 패턴에 근거해서 우리가 좋아할 것 같은 쇼를 끊임없이 틀어준다. 넷플릭스를 통해 수만 가지 영화 가운데 자신이 원하는 어떤 영화를 선택할 수 있게 되었다면 고객들은 제2차 세계대전을 테마로 제작된 다큐멘터리라는 틈새에 들어가서 영영 나오지 않는 것이 아니다. 그 대신 먼저 고전영화를 감상하고 그 다음에는 SF영화를 시청하는 식으로 다양한 장르에 관심을 보일 것이다.

또한 블로그 세상은 지금까지 인간이 만들어낸 새로운 의사표현 매체들 중에서 가장 큰 축이다. 아이디어와 우수한 정보를 연결시키는 방식은 그들의 출신이나, 전문가인지 아마추어인지 여부를 떠나 다양성을 극대화하는 강력한 힘이다. 다만 블로그는 너무 많은 주장들이 오고가다 보면 주의가 산만해져서 방향을 잃어버리게 되는 위험이 도사리고 있다. 온라인에만 파묻혀 자신의 문화적 관점을 확장하지 않는 사람은 블로그 세계의 불모지에서 방향을 잃어버릴지도 모르기 때문에 조심해야 한다.

웹에 있는 그 어떤 것도 정식으로 권위를 인정받지 못했기 때문에 그 내용을 참고할지 여부는 전적으로 그것을 보는 사람에게 달려 있다. 웹이 등장하면서 지금까지 과도하게 보호를 받아온 관행과 절대권위를 지니고 있던 기관들은 종말로 치닫게 되었다. 또한 웹에서 떠도는 복잡한 정보의 모자이크에 대해서는 더 많이 조사해야 할 필요가 있다. 이제 60대가 된 어른들은 우리에게 권위에 대해 의심하라고 했지만 정작 그렇게 할 수 있는 도구는 제공해주지 않았다. 하지만 이제 우리는 그런 도구들을 갖고 있다. 오늘날 해결해야 할 문제는 결과가 확실하지 않을 수도 있다는 생각에 흔들리지 않고 그 도구들을 사용하는 가장 좋은 방법을 알아내는 것이다.

근본적인 것에 대해 질문을 하고 그 질문에 답할 힘을 가진 사회는 편협한 전문가들과 기관들에게서 들은 지식이나 정보를 무비판적으로 받아들이는 사회보다 더 건강하다. 만일 전문가 집단이 더 이상 권위를 대표하지 않는다면, 우리는 품질에 대한 판단기준을 스스로 개발해야 한다. 이것은 우리로 하여금 스스로에 대해 생각하도록 이끌어주며, 이런 점에서 수많은 사용자들이 함께 만들어나가는 위키피디아는 최신 단어가 아니라 하나의 화젯거리를 탐구하는 출발점이라고 할 수 있다.

이것은 하루종일 소파에 앉아 감자칩이나 먹으면서 TV를 보는 '카우치 포테이토couch potato' 시대의 종말을 의미한다. 네트워크 TV 시대의 정점에서는, 우리 모두 똑같은 프로그램을 시청하는 동시에 또한 우리 모두는 종종 혼자서 그 프로그램들을 시청하고 있었다. 그러나 오늘날 우리는 온라인으로 서로 다른 여러 가지 다양한 작업을 하지만 그러면서도 다른 사람들의 글을 읽거나 채팅을 하거나 그들이 제시한 사례를 따라하는 식으로 혼자가 아니라 다른 사람들과 더 많은 접촉을 하고 있다. 우리는 이제 다른 사람들에게 우리 자신을 더 많이 노출함으로써 대중문화 속에서 잃어버렸던 것을 채워가고 있다.

오늘날 우리는 매우 개인화되었을 뿐만 아니라 다양한 차원들을 새롭게 형성해나가고 있다. 요즘 우리의 정수기들은 점점 더 가상의 형태를 띠고 있다. 가상공간에는 회사의 정수기 역할을 하는 많은 다양한 정수기들이 자리잡고 있는데 그 주변으로 모여드는 사람들은 스스로가 선택해서 결정한 것이다. 우리는 피상적인 대중문화의 세례를 받은 사람들과 느슨한 관계를 갖기보다는 틈새문화에 대한 친근감을 공유하는 적정한 수의 사람들과 강한 유대를 맺는 능력을 갖고 있다.

네트워크 TV 등과 같이 주류문화를 대표하는 기관들이 힘을 잃은 결과, 몇몇 사람들은 같은 생각을 가진 소수의 사람들끼리만 모여 자신들의 의견에만 심취할 수 있는 폐쇄음향실 같은 것만을 선호할 수도 있다. 그러나 시간이 더 지나 정보에 대한 무한대의 접근과 인간의 호기심이 결합하면 점점 더 많은 사람들이 편협하고 폐쇄적이기보다는 너그럽고 개방적으로 변할 것이라 믿는다.

우리는 현재 블록버스터 시대에 살고 있기 때문에 블록버스터 문화를 자연스러운 것으로 받아들이지만, 사실 이것은 20세기 후반의 방송기술이 만들어낸 인공적인 현상들이다. 그 전에 대부분의 문화는 지역성을 띠고 있었고, 미래에 그것은 친화력을 기반으로 대량의 병렬 형태를 띠게 될 것이다. 대중문화는 사라질 수 있지만 서로 공유하는 문화는 사라지지 않을 것이다. 우리는 모든 사람들과는 아닐지라도 나 아닌 다른 사람들과 문화를 공유할 것이기 때문이다.

12 무한히 넓어진 스크린의 세계

TV, 영화, 비디오 등 영상물은 앞으로 어떻게 될까?

어느 누구도 TV의 미래가 지금과 같으리라고는 예상치 못했다. 2006년 1월 19일에 구글은 동영상 분야의 롱테일 집산자라 할 수 있는 구글비디오 Google Video 서비스를 시작했다. 애플의 아이튠스 동영상 서비스가 다수의 네트워크 TV 컨텐츠를 제공하고 있는 것과 달리 구글은 누구라도 무료로 자신의 동영상을 올리고 가격을 정할 수 있도록 했다.

그 결과 불법복제된 상업적인 동영상에서부터 집에서 찍은 아기 동영상에 이르기까지 종류를 가리지 않고 갖가지 동영상이 올라왔다. 하지만 그 가운데 무한한 다양성의 세계를 엿볼 수 있었는데, 그곳에서는 상업적인 동영상 컨텐츠와 아마추어 동영상 컨텐츠가 접전을 펼치다가 아마추어의 작품들이 이기는 상황도 종종 벌어졌다.

구글비디오 페이지의 초반부에는 상업적 컨텐츠 사진이 있다. 〈CSI〉, 〈스타트렉 *Star Trek*〉, 농구경기들, 〈환상특급 *The Twilight Zone*〉 같은 TV 고전물, 그리고 〈찰리 로즈 *Charlie Rose*〉 쇼(미국 공영방송 PBS에서 1991년부터 제작한 TV 토크쇼)가 회당 99센트에 거래되고 있었다. 그 아래에는 멍청한 강아지들, 웃기는 광고방송들, 상어를 잡아먹는 문어와 같은 매우 인기있는 무료 동영상들이 자리했다. 그리고 다시 그보다 더 아래쪽에는 스노보드를 타다가 나가떨어지는 동영상들, '존 스튜어트가 누군가의 티보를 녹화했다'라는 제목의 동영상, '비디오게임을 하는 사람들'과 같은 동영상들이 무작위로 올라와 있다.

방송 네트워크는 구글비디오를 자료실로 활용하거나 방송이 예정되어 있는 프로그램을 평가해줄 사람들을 모으는 장소로 활용할 수도 있다. 인도인들은 국외로 이주할 때 이런 구글비디오의 동영상들을 참고하고 있으며, 현재 구글비디오에는 인도에서 방송되고 있는 쇼의 동영상도 올라오고 있다. 그리고 인도의 영화제작자들은 구글비디오를 통해 12달러를 지불하고 자신들의 작품을 보려는 사람을 만날 수 있게 되었다. 이제 더 이상 영화가 배급되지 않았기 때문에 알려지지 않았다고 변명할 수 없게 되었다.

한편 마이크로소프트, 야후, AOL과 그 외의 기업들은 구글비디오와 유사한 자체적인 동영상 센터를 운영하기 시작했다. 이런 사이트들은 이제 주류 TV와 경쟁한다. 야후뮤직비디오의 시청률은 MTV보다는 떨어지지만 VH1보다는 높다. 메이저 방송사들의 보도행태를 패러디한 존 스튜어트의 인기 쇼 〈존 스튜어트와 함께하는 데일리 쇼 *The Daily Show with Jon Stewart*〉는 생방송으로 보는 사람들보다 온라인으로 보는 사람들이 더 많다. 매일 수십만 명의 사람들이 티키 바^{Tiki Bar} TV 같은 인기있는 쇼를 정기적으로 시청하는데, 이 정도 시청률이면 상당한 규모의 케이블TV쇼의 시청률에 버금간다.

12명이 이끌어가는 수백만 달러의 예산을 들여 제작한 MSNBC의 〈에이브럼스 리포트 *The Abrams Report*〉는 날마다 평균 21만 5,000가정이 시청하고 있다. 존 스튜어트 쇼와 비슷한 성격의 코미디 뉴스 프로그램인 로켓붐^{Roketboom}은 단 2명이 몇 개의 비디오테이프와 2개의 조명, 그리고 골판지로 만든 지도 하나로 제작해서 온라인(www.rocket boom.com)에 배포한 것인데 날마다 20만 가정이 시청하고 있다. 현재 이 프로그램은 광고를 시작했는데, 광고 게재 첫주에만 30초짜리 광고 5개로 4만 달러를 벌어들였다. 물론 이것은 아직 TV광고 매출에는 미치지 못하지만, 비용 대비 수익률을 생각하면 이미 굉장한 것이다.

이와 같은 상황은 지난 10년 동안 줄곧 예견되어왔지만 현실화되는 데는 초고속 인터넷의 대중화가 필요했다. 인터넷과 함께 성장해 미국의 대학기숙사에서 미디어를 마음껏 즐기던 습관이 몸에 밴 세대는 이제 컴퓨터 화면을 통해서도 편안하게 동영상을 감상한다. 가정에 네트워크를 구축하는 붐이 일어나 거실에 광대역을 연결하게 되면서, 네트워크로 연결된 티보 세톱박스, 기타 디지털영상저장장치, 엑스박스 360처럼 광대역으로 연결하는 비디오게임 콘솔 덕분에 온라인 컨텐츠를 일반 TV를 통해서도 볼 수 있게 되었다.

미국의 유명한 TV드라마 〈소프라노스 *The Sopranos*〉(마피아 두목과 가족의 일상을 그린 블랙코미디)에 전혀 위협이 되지 않는 구글비디오의 보잘것없는 잡동사니들을 잊어버리기란 쉽다. 결국 배급의 어려움이 TV에 진입하는 것을 방해하는 유일한 장벽은 아니다. 제작비도 걸림돌이 되기는 마찬가지다. 〈CSI〉를 제작하려면 1대의 디지털비디오카메라 이상이 필요하고, 주류 미디어 경제는 〈로스트 *Lost*〉 같이 공들인 드라마를 지원한다. 하지만 막대한 예산이 들어가는 전통적인 TV프로그램을 제작하는 데 들어가는 비용의 일부만으로도 제작할 수 있는 저예산 프로그램을 보는 시청자도 있다. 〈미국에서 가장 웃긴 홈비디오 *America's Funniest Home Videos*〉처럼 대대적으로 알려진 프로그램만을 생각하지는 말라. 특정한 지방에서만 인기있는 스포츠와 특정한 사람들만이 좋아하는 관심사들을 생각해보라. 당신이 순전히 개인적인 관점에서 시청하기로 결정한 재미있는 상업방송 프로그램들과 당신이 참석하고 싶어하는 회의의 발표

장면을 생각해보라. 토머스호크닷컴^{thomashawk.com}을 운영하는 블로거 토머스 호크는 그것에 대해 다음과 같이 설명했다.

나는 행글라이딩을 엄청나게 좋아해서 주말마다 행글라이더를 타러 간다. 만약 내가 〈CSI 마이애미〉를 시청하려고 할 때, 캘리포니아 행글라이딩 챔피언십이 지역 방송국이나 인터넷 방송국과 같은 마이크로콘텐츠 제공업체를 통해 딱 한 번 방송되고 만다면 나는 〈CSI 마이애미〉 대신 그것을 시청할 것이다.

또한 만일 내가 그 어떤 네트워크 TV프로그램보다도 와이오밍대학의 헌터 S. 톰슨^{Hunter S. Thompson}의 작품을 읽기 좋아한다면, 마이크로콘텐츠 제공업체가 헌터 톰슨과의 대담을 방송할 때 나는 〈CSI 마이애미〉 대신 그것을 시청할 것이다.

만일 내가 16살이고 히트곡 차트에 오른 곡들보다 최신 스케이트 펑크 뮤직^{skate punk music}을 더 좋아한다면, 내가 자주 찾는 마이크로콘텐츠 제공업체는 〈아메리칸 아이돌〉보다 내가 훨씬 더 흥미로워 할 만한 맞춤형 스케이트 펑크뮤직을 찾아서 보내줄 것이다.

오늘날 광고주들이 가장 매력적인 고객으로 분류하고 있는 18세부터 34세까지의 남성들의 TV 시청률이 최고점에 이르렀다가, 인터넷과 비디오게임들이 그들의 시선을 사로잡으면서 시청률이 떨어지고 있다. 그래도 전반적으로 TV 시청률은 높은 편이어서 아직까지는 방송계에서 당황하는 빛은 보이지 않고 있다. 하지만 인터넷이 TV와 진검승부를 겨룰 시점이 점점 더 다가오고 있다. 문제는 그런 상황에 우리가 어떻게 대처할 것인가 하는 점이다.

TV여, 꼬리를 움켜쥐어라

TV 앞에서 수백 개나 되는 디지털 케이블 채널들을 이리저리 돌려보다 보면, TV는 이 많은 채널들로 인해 한없이 자유로워 보인다. 그러나 실제로 TV는 제한된 채널이라는 강한 족쇄에 얽매여 있다. 상상할 수 있는 모든 것을 가진 것 같아 보이는 TV가 사실은 넓디넓은 비디오 세계의 아주 작은 한 단편만을 보여줄 뿐이기 때문이다. 현재의 채널 구조는 대부분 1년 365일, 1주일 7일이라는 제한된 틀에 끼워 맞출 수 있는 프로그램에만 집중하고 있다. 그래서 DIY 채널이나 스페인어로 방영되는 히스토리 채널은 그런 틀에 맞는 프로그램으로 선정되어 기준을 통과한 반면, 헤일로2 컴퓨터게임 채널이나 조립식 자동차를 만드는 쿨 로보트 Cool robots 채널은 방송될 수 없는 것이다. 그 정도는 안 봐도 별로 아쉽지 않은 프로그램이라고 생각하는가? 그렇다면 다른 프로그램 방영 계획으로 인해 브라보 TV의 인기 프로그램인 〈프로젝트 런웨이 *Project Runway*〉(패션 디자이너들의 도전과 경쟁을 다룬 리얼리티 프로그램)의 최고 인기 시즌을 다시 방영할 수 없다면 어떤가? 당신이 이 프로그램을 너무 좋아해 비디오로 녹화해두었는데 실수로 그 테이프를 지웠다거나, 아니면 아예 녹화를 하지도 못한 경우라면 관심도 없는 다른 프로그램 때문에 〈프로젝트 런웨이〉를 보지 못하는 것이 더욱 아쉽지 않겠는가?

오늘날 채널 중심의 현실과 빨리 생명력을 잃어버리는 TV의 성격은 케이블방송국이 지닌 유통의 병목이 가져온 결과물이다. 더 많을수록 좋다는 롱테일의 교훈에도 불구하고 TV는 여전히 제한된 진열공간의 시대에 머물러 있다. 지난 10년간 케이블 규모가 성장한 것보다 훨씬 더 빨리 성장하고 있는 동영상 제작과 그 동영상에 대한 잠재적 고객 규모를 보라.

원하는 프로그램을 녹화해뒀다가 언제든지 다시 볼 수 있는 티보는 우리를 시간의 구속으로부터 어느 정도 자유롭게 해 주었다. 하지만 아직 원하는 것은 어떤 것이든 언제든지 다운로드받을 수 있는 아이튠스와 같은 모델이 줄 수 있는 완전한 자유의 수준만큼은 아니다.

모든 전통적인 미디어산업들 중에서도 TV는 이제 롱테일의 힘에 의해 변형될 수 있는 잠재력이 가장 큰 산업이다. 그것은 바로 다음과 같은 이유들 때문이다.

- TV는 다른 미디어나 엔터테인먼트산업보다 더 많은 컨텐츠를 만들어낸다. 매년 약 3,100만 시간 분량의 TV 컨텐츠가 만들어진다고 한다.[1] 비록 이것은 라디오방송이 만들어내는 컨텐츠의 양에는 미치지 못하지만 대부분의 라디오방송은 잡담이거나 다른 곳에서도 들을 수 있는 녹음된 음악들이기 때문에 둘을 동일한 범주에 넣고 생각해선 안 된다. 게다가 개인용 캠코더 사용자들은 매년 1억 1,500만 개의 디지털 비디오테이프를 구매하고, 매년 생산되는 비디오의 양은 어마어마하다.

- TV의 아주 작은 부분만이 당신에게 접근가능하다. 첫째, 평균적인 미국 가정은 이제 TV를 통해 100개의 채널을 만난다. 이를 통해 TV는 매년 평균적인 미국 가정에 87만 6,000시간 동안 동영상을 방송한다. 이 수치는 꽤 많아 보이지만 고용량의 인공위성 디지털 네트워크를 통해 전국을 대상으로 방송되는 400개 이상의 채널과 미국 전역의 지역 방송채널까지 모두 포함하면 미국에서 방송되는 전체 동영상의 10퍼센트에도 미치지 못한다. 더 문제가 되는 것은 미국 가정의 약 15퍼센트에 해당하는 디지털영상저장장치를 가진 가정을

제외하면 (그 가정에서도 누군가가 상당시간을 녹화예약에 쓰지 않는다면) 사람들은 대부분의 프로그램을 놓치게 될 것이라는 사실이다. TV프로그램은 보통 한번 놓치면 다시는 보지 못한다. 단지 일부 쇼들만이 독립방송국에 직접 판매되거나 일부 프로그램들만이 DVD로 제작되기도 한다.

- 따라서 TV는 컨텐츠 생산량에 비해 접근가능한 컨텐츠의 양이 다른 어떤 산업보다도 낮은 것이 특징이다. 다른 산업이, 예를 들면 출판업과 같은 경우 컨텐츠 생산량 자체는 더 많을지 모르지만 접근가능성이 훨씬 높다. 오직 TV만이 프리미엄 프로그램을 일회용으로 다루고 있을 뿐이다. 물론 많은 TV프로그램이 일회용인 것도 맞지만, 다 그런 것은 아니다. 또 비록 일회용으로 버려진다 해도 나오자마자 바로 순식간에 버려지는 것도 아니다.

TV가 궁지에서 벗어날 수 있는 길을 찾아낼 수 있을 만큼 재치있는 사람들이 부족한 것은 아니다. 하지만 그것은 그리 쉽지 않은 일이다. 먼저 대부분의 네트워크 TV 방송국들은 컨텐츠 소유주들이 아니라 다른 업체에서 제작한 컨텐츠를 빌리는 쪽이다. 이것은 네트워크 TV 방송국들이 그런 컨텐츠들을 쉽게 이용할 수 없다는 걸 의미한다.

심지어 컨텐츠를 소유하고 있는 사람들의 경우에도 방송시간보다 먼저 동영상을 공개하기란 매우 어렵다. 저작권은 언제 어디서 문제가 생길지 모르는 골치아픈 존재인데, 배타적으로 특정 지역에 한정배포하도록 협정이 맺어져 있고 기업연합이 개입되어 있어 매우 복잡하다. 그리고 동영상에는 음악이 포함되어 있는데 이와 관련된 저작권 문제는 사실상 가장 골치아픈 문제이다. 〈신시내티의 WKRP *WKRP in Cincinnati*〉(1978

년부터 1982년까지 방송된 TV 코미디 시리즈)를 DVD로 시청할 수 없는 이유를 알고 싶은가? 이 시트콤은 라디오방송국을 배경으로 하고 있기 때문에 시트콤에서 방송장면이 나올 때 배경음악으로 클래식 록을 연주했다. 그런데 그 쇼에서 사용된 음악의 저작권을 얻는 데는 무척이나 돈이 많이 들고 어렵다. 그 쇼는 매우 인기있는 TV쇼였기 때문에, 이후 저작권 문제를 처리하는 데 일종의 기준이 되었다. 그 결과 〈못 말리는 번디 가족 *Married…with Children*〉(1987년부터 1997년까지 방송된 인기 TV 코미디 시리즈) 같은 시리즈들은 TV에 방송되었을 때 나왔던 것과는 다른 음악으로 더빙해 DVD로 출시되어 팬들을 몹시 불쾌하게 만들었다.

TV 상자를 벗어난 동영상들

하지만 인터넷으로 배포할 수 있도록 제작된 또다른 형식의 동영상이 있다. 이런 종류의 동영상은 디지털 캠코더와 데스크탑 애니메이션 프로그램이 널리 보급되면서 만들어졌는데 법적인 문제가 거의 없다. 온라인을 통해 무료로 서비스되는 임시작업용 파일로 만들어진 이런 동영상은 이미 방송시대가 열린 이후에 가장 풍요롭고 가장 상업적으로 활용할 수 있는 프로그래밍 소스라는 사실을 보여주고 있다.

레게톤reggaeton 뮤직비디오, 인터뷰, 도회풍의 라틴문화를 위한 웹전용 TV 서비스업체인 배리오305Barrio305의 경우를 보자. 이 업체의 공동창업자인 노아 오탈바로Noah Otalvaro는 "MTV가 스팽글리시Spanglish(미국 남서부 혹은 라틴아메리카의 영어)로 방송된다고 상상해보라"고 말하기도 했다. 이 업체는 매일 5,000명의 골수팬들에게 830시간이 넘는 동영상을 서비스한다. 이 수치는 TV의 기준에서 보자면 굉장히 적지만 배리오305가 성장해온 내력을 들여다보면 아주 놀라운 것이다.

이 업체의 웹사이트는 인터넷 TV 브라이트코브Brightcove가 제작한 동영상 배포 플랫폼으로 만들어졌다. 기존의 동영상 배포 플랫폼을 사용했기 때문에 노아 오탈바로와 그의 형제들은 사용자들에게 쉽게 동영상 서비스를 제공할 수 있었다. 그들은 단지 블로그에 포스트하는 것처럼 동영상을 올렸고 브라이트코브는 배급 문제를 해결해주었다. 더 좋은 것은 만일 다른 사이트에서 배리오305의 컨텐츠를 사용하고 싶다면 단지 배리오305의 웹페이지에서 몇 가지 HTML코드를 복사하는 것만으로도 동일한 방식으로 동영상을 서비스할 수 있다는 점이었다. 이런 점들에 힘입어 배리오305는 엄청난 조회수를 기록하면서 광고수익을 얻고 있다.

브라이트코브의 창업자인 제레미 얼라이어Jeremy Allaire는 이런 결과에 대해 다음과 같이 언급했다.

비록 다이얼업 모뎀dial-up modem(아날로그 음성신호를 전송하기 위해 만들어진 전화망으로 디지털 신호를 전송하기 위해 만들어진 장비)과 제대로 정리가 되어 있지 않은 웹페이지로 인해 약간의 문제가 있다 해도 소비자들이 인터넷으로 모여드는 것처럼, 소비자들은 그 어떤 단일 기업이나 단일 산업이 모방할 수 없는 방식으로 자신들에게 힘을 주는 이 새로운 매체로 모여들 것이다. 그리고 그들은 자신들의 TV 수상기에 연결된 케이블이나 인공위성 TV 수신기를 통해 보던 동영상 프로그램을 더 이상 보려 하지 않을 것이다. 그 대신 그들은 자신들이 PC에서 텍스트 웹을 소비하고 활용하면서 누려온 것과 동일한 수준의 자유를 동영상에서도 즐길 것이다.

　가장 중요한 것은 인터넷이 이미 제공하고 있는 규모와 범위에 있어서의 대규모 경제는 동영상 생산의 영역까지 확대될 것이라는 점인데, 이런 상황에서 하나의 동영상 프로그램을 생산하고 유통시키는 것은 웹사이트를 만드는 것만큼이나 쉽다. 그리고 바로 그런 과정을 통해 수백만 명의 새로운 프로듀서들과 프로그래머들이 탄생한다.[2]

엄청난 인기를 누리고 있는 웹애니메이션 사이트 집잽JibJab의 공동창업자 그렉 스피라델리스Gregg Spiradellis는 이런 현상에 대해 "시청자는 네트워크다"라고 말하기도 했다.

더 짧게, 더 빠르게, 더 작게!

당신이 구글비디오나 배리오305의 컨텐츠에서 제일 먼저 확인하게 되는 요소는 그 대부분이 3분 정도 길이거나 그보다 더 짧다는 점이다. 상업적인 프로그램은 30분(광고를 빼고 계산하면 22분)은 되어야 한다고 생각하는 공중파 방송의 TV에서는 그 정도 길이의 컨텐츠를 찾아보기 힘들다. 그것은 수동적인 TV 시청과 서로 능동적으로 주고받는 웹서핑 사이에 존재하는 새로운 것이다.

　생각해보면 30분이라는 것에는 특별한 의미가 없다. 단지 방송 프로그램 스케줄이 정시에 시작해서 끝나도록 조정하는 데 편리하게 사용될 뿐이다. 정규방송 스케줄을 벗어나면 엔터테인먼트와 뉴스의 길이는 30초

단위에서 3시간 단위에 이르기까지 매우 다양하다. 30분에 특별한 장점이 있는 것은 아니다.

오늘날 우리가 문화적 선택으로 받아들이는 다른 많은 관행들처럼 30분 단위로 동영상을 제작하는 엄격한 관행은 사실 비효율적인 유통의 산물이다. 언젠가 이런 관행은 사라질 것이며 동영상 컨텐츠는 TV프로그램의 편성을 편리하게 하거나 혹은 광고주들의 요청을 우선적으로 고려해서가 아니라 인간의 관심과 컨텐츠 유형의 다양성을 반영해서 보다 자연스러운 길이로 대체될 것이다.

이것은 유통이 희소성에서 풍요로 바뀌는 것을 암시함과 동시에 희소성적 사고가 우리 문화에 얼마나 깊이 뿌리박고 있는지를 보여주는 사례이다. 광대역을 통해 동영상이 서비스되고 틀에 박힌 프로그램 일정에 얽매이지 않게 되면 더 다양한 프로그램을 보려는 사람들의 수요를 충족시키기 위해 프로그램의 길이는 더 짧아질 것이다. 그런 변화는 프로그램 유통업체가 아니라 바로 우리가 원하는 것이다.

게다가 동영상을 재생할 수 있는 아이포드와 휴대전화가 도입되면서 모바일 동영상이 부상했는데, 이렇게 되면 사람들은 버스를 타고 갈 때나 친구를 기다릴 때 혹은 일하다가 잠깐 쉴 때 잠시 동안 시청할 수 있는 짧은 형태의 컨텐츠를 원하게 된다. 특히 스포츠는 게임 전체, 주요 장면, 주요 이닝, 마지막 2분 등 수십 가지 길이로 제작될 수 있다.

30분짜리 쇼는 TV 화면에 신문을 펼쳐보여주는 것처럼 과거의 제한된 유통자원 시대에 발생한 형식으로서 전성기를 지났다. 사람들은 편하게 즐기기 위해서라면 그보다 더 짧은 컨텐츠를 택하게 될 것이고 내용을 중시하면서 만족을 추구한다면 그보다는 좀더 긴 컨텐츠를 원할 것이다. 하지만 30분처럼 인위적인 어중간함은 살아남지 못할 것이다.

영화관 vs 비디오대여점의 한판 승부

롱테일 세계에서 바뀌게 될 또다른 형태의 동영상은 바로 영화다. 우리는 지금까지 영화 분야에서 일어났던 엄청난 변화를 지켜봤다. 대중문화에서 틈새문화로 이동한 위대한 변화 가운데 하나는 1980년대 초반 비디오의 도입과 비디오대여점이 생긴 것이다. 그 전에는 미국의 중산층이 하룻밤에 선택할 수 있는 영화는 TV로 방송되는 3~4편에다 지역영화관에서 개봉되는 몇 편이 전부였다.

기본적으로 수천 편의 영화를 갖춘 비디오대여점이 등장하면서 매일 밤 모든 미국인들의 거실 풍경이 바뀌게 되었다. 그 결과 TV에서 방송하거나 지역영화관에서 개봉하는 영화를 볼 수밖에 없는 강요받는^{pushed} 미디어에서 소비자가 원하는 것을 선택하는^{pulled} 미디어 체제로 바뀌었다. 비디오대여점의 등장으로 소비자들은 한순간에 월트 디즈니조차 상상하지 못했을 정도로 자유롭게 영화를 고를 수 있는 권한을 갖게 되었다.

이렇게 선택의 여지가 엄청나게 넓어지면서 영화를 보는 데 드는 비용에 주요한 변화가 일어났다. 예전에는 영화관에서 영화를 보려면 기본적으로 1명당 티켓을 1장씩 끊어야 했지만, 이제는 저렴한 가격에 비디오테이프를 빌려서 자기가 원하는 수만큼 사람들을 불러 집에서 편안하게 볼 수 있게 된 것이다. 할리우드 영화계에서는 이런 변화를 몹시 싫어하면서 그것이 더 이상 확산되지 않도록 무던히도 애를 썼지만 결국 대세를 인정하고 받아들일 수밖에 없었다(초기에 할리우드는 영화 비디오를 70~80달러에 판매하려고 했는데 이 가격은 보통의 가족이 극장에서 2~3번 영화를 보는 가격을 기준으로 책정된 것이었음).

초기 디지털 음악서비스 리슨닷컴의 창업자인 롭 라이드는 이러한 변화가 보여주는 경제적 영향을 다음과 같이 묘사했다.

다르게 표현하면 할리우드 영화제작자들은 〈이티 *ET : The Extra-terrestrial*〉를 극장에서 관람하는 데 20달러를 지불한 5인 가정이 〈이티〉 비디오를 대여하는 데는 주머니에서 절대로 20달러를 꺼내지 않는다는 사실을 알고 충격을 받았다. 그들이 놓친 것은 2가지였다. 하나는 5인 가정이 영화관으로 가는 데 필요한 시간과 돈의 총합은 자신들이 보고 싶어하는 영화를 언제든지 관람할 수 있을 때 급격히 늘어난다는 것이다. 다른 하나는 비디오 가격을 낮춰 수요를 확대하면 총매출이 늘어날 수 있다는 것이다. 〈이티〉 비디오의 대여료를 20달러가 아니라 2.95달러로 책정한다면 대여고객이 폭증할 것이라는 점이다.

비디오의 등장과 비디오대여점의 사례를 통해 볼 수 있는 것은 바로 무한한 선택의 시대가 열렸다는 점이다. 비디오대여점과 같은 매장들은 우리가 볼 수 있는 영화의 선택권을 100배는 끌어올렸다. 케이블TV 역시 우리들이 TV 채널을 선택할 여지를 100배는 높여주었다. 오늘날 넷플릭스는 그 선택권을 1,000배는 높였다. 그리고 앞으로 인터넷은 이러한 선택권을 엄청나게 증가시킬 것이다.

비디오든 인터넷이든 간에 신기술은 항상 선택의 여지를 더 높여주고, 소비자들은 그 결과에 열광한다. 선택은 우리가 원하는 것이며 우리가 항상 원했던 것이기 때문이다.

13 롱테일로 성공한 기업들

구글, 이베이, 레고, 키친에이드, 세일즈포스닷컴의 성공비결은 롱테일에 있다.

이번 장에서는 미디어와 엔터테인먼트 외부에서 움직이고 있는 롱테일 사례에 대해 살펴보겠다. 롱테일 사례들은 제조업에서 서비스업에 이르기까지 다양하게 나타나고 있으며, 롱테일의 원칙을 세계 경제의 대부분을 구성하는 산업들로 확장한다.

이베이, 제품과 상인들의 롱테일로 엄청난 수익을 내다

인터넷이 창고세일보다 중고물품을 더 효과적으로 판매할 수 있을지에 대한 실험적인 시도로서 10년 전에 출범한 이베이는 그 자체로 하나의 놀라운 현상이다. 세계에서 손꼽히는 소매업체인 이베이에서는 6,000만 명의 실사용자들이 3,000만 개 이상의 제품들을 사고판다. 이 과정에서 이베이는 매일 1억 달러가 넘는 금액을 중개한다. 그런데 거의 동일한 수의 제품을 판매하는 이베이와 월마트 사이에는 엄청난 차이점이 있다. 이베이에서 판매하고 있는 대부분의 제품들은 전통적인 대형 소매점의 진열대에서는 찾아볼 수 없고, 이베이에서 물건을 판매하는 사람들은 대부분 전통적인 소매상들도 아니라는 점이다.

이베이는 인터넷이 구축되기 전에는 결코 상상할 수조차 없었던 정도로 다양성을 확장하면서 거의 모든 롱테일 전략을 이끌어내고 있다. 중개자의 역할을 하는 이베이에서는 현재 약 6,000만 명의 실사용자들이 3,000만 개 이상의 제품들을 사고팔고 있다.

이베이는 그 자체로 제품의 롱테일과 상인들의 롱테일이라 할 수 있다. 그것은 사용자가 창조한 마켓플레이스인데 여기서 이베이는 단지 중개자일 뿐이다. 이베이는 인터넷이 구축되기 전에는 상상할 수 없었던 수준으로까지 다양성을 확장하면서 거의 모든 롱테일 전략을 이끌어냈다. 아마존과 마찬가지로 이베이는 분산된 재고창고의 개념을 설정했다. 즉 이베이가 제공하는 것은 하나의 웹사이트일 뿐이고 거래는 구매자와 판매자 사이에서 이루어진다(이때 매매의 절반 정도는 이베이의 경매과정에 따라 이루어지고, 나머지 절반 정도는 즉시구매를 통해 제값으로 매매된다). 따라서 이베이는 제품을 보관하는 데 전혀 비용을 들일 필요가 없다. 컴퓨터를 켠 뒤에 돈이 굴러들어오는 것을 가만히 지켜보는 정도까지는 아니지만 이베이를 통한 매매는 아주 쉽다.

또한 이베이는 셀프서비스로 움직이는데 판매자는 자신이 판매하는 제품 목록을 만들 뿐 아니라 직접 포장해서 배송한다. 그래서 이베이는 엄청난 규모의 사업을 극소수의 직원들만으로도 운영할 수 있다. 직원 1인당 수익은 약 500만 달러인데 이는 월마트의 직원 1인당 수익의 30배에 육박하는 수치이다. 결국 이베이는 구매자들이 원하는 것을 쉽게 찾도록 도와주는 검색도구와 제품을 다양한 수준으로 분류하는 다양한 필터를 제공해 이처럼 큰 수익을 올리고 있는 것이다.

이베이에서 판매할 수 있는 것으로 드러난 제품은 우리의 상상을 초월한다. 이제 이베이는 미국 전체의 창고와 같다. 이베이는 현재 미국 최대의 중고차 및 자동차 부품 판매업자이다. 또한 이베이는 손꼽히는 스포츠 장비 및 컴퓨터 판매업체이기도 하다. 해프닷컴Half.com과 쇼핑닷컴Shopping.com을 각각 2000년과 2005년에 합병함으로써 현재 이베이는 최신 블록버스터 제품들과 소규모 고객을 대상으로 하는 제품들 및 희귀제품들을 모두 판매하면서 수요곡선의 머리에서 꼬리까지 그 범위를 확대했다.

닐슨 리서치의 2005년 조사결과에 따르면 이베이를 자신의 주수입원 혹은 두 번째 수입원으로 삼고 있는 미국인들의 수는 72만 4,000명 이상이라고 한다. 영국의 경우에는 CD 판매점에서 조각가에 이르기까지 6만 8,000명 이상의 자영업자들이 적어도 수입의 4분의 1을 이베이를 통해 벌어들인다고 한다. 이베이에서 상거래를 하는 업체들은 평균 9명의 직원을 두고 있는데, 그런 업체 가운데 거의 절반이 이베이 사이트를 통해 수입의 4분의 3 이상을 벌어들인다. 이베이는 소규모 사업을 전개하는 업체들의 집산자라 할 수 있다.

하지만 이베이를 완벽한 롱테일 중심지라고는 할 수 없다. 이는 나를 비롯해서 나와 함께 이베이 사례연구를 진행했던 스탠퍼드 경영대학원 학생들로 구성된 팀이 우리의 연구 초기에 발견했던 한 가지 이유 때문이다. 우리가 의문을 품었던 사항은 이베이는 왜 아마존처럼 추천기법들과 제품 리뷰, 가격과 판매율에 따른 순위, 그리고 다른 세련된 필터들을 활용하지 않느냐 하는 점이었다. 놀랍게도 그 이유는 이베이가 종종 자기 사이트에서 무엇이 판매되고 있는지 모르고 있기 때문이었다.

이베이는 누가 제품을 판매하고 있고 누가 제품을 구매하고 있는지 정도는 알고 있다. 하지만 판매자들이 각자 제품 목록을 만들고 각각의 판매자는 제품들을 다른 방식으로 설명하기 때문에, 이베이에는 제품 목록에 반드시 있어야 하는 필수적인 재고품이나 대부분의 판매자들이 제품 목록을 확인하기 위해 사용하는 제품고유번호 같은 것이 없다(CD와 자동차처럼 판매자들이 제품 목록을 만들 때 표준화된 제품분류법과 명명법을 사용하도록 권장하는 예외적인 범주가 있기는 하다). 제품에 관한 이런 구체적인 정보가 없기 때문에 이베이는 수요자들을 롱테일 판매자들과 효과적으로 연결시켜줄 수 있는 추천기법과 같은 강력한 필터를 제공할 수 없는 것이다. 또한 판매자들이 제품들의 이름을 잘못 표기하는 경우를 포함해서 제품들을 매우 다양한 방식으로 분류하기 때문에 구매자 입장에서는 자신이 최종선택을 하기 전에 비교할 만한 후보들을 정말 다 찾은 것인지 확인하기가 어렵다.

이런 상황은 이베이의 취약성을 잘 보여준다. 이베이에서 이루어지는 판매의 대부분은 콩 모양의 보형물로 채워진 다양한 동물 시리즈 인형인 비니 베이비Beanie Babies를 파는 할머니들이 아니라, 이베이를 매장으로 활용하는 전세계 40만 명의 중소규모 상인들을 통해 이루어진다. 하지만 그들은 대부분 자신들의 웹사이트도 갖고 있으며 구글의 인터넷 쇼핑몰 사이트인 프루글^{Froogle}과 야후쇼핑도 활용한다. 이베이 이외의 다른 인터넷 판매업자들은 수십만 명의 판매자들에게서 필요한 정보를 빼내는 영리한 방법을 알아내서 이베이가 할 수 없는 제품의 특징과 가격을 비교할 수 있는 가상의 센터를 만들었다. 이베이의 숙제는 경쟁자들을 물리치기 위해 고객들이 원하는 제품을 찾아내서 확신을 가지고 구매하도록 해주는 더 나은 필터를 제공하는 것인데, 판매자뿐만 아니라 제품도 비교할 수 있게 해주어야 할 것이다.

키친에이드, 주방제품의 다양한 색상으로 롱테일을 구현하다

주방의 믹서에도 롱테일이 있을 거라는 생각은 쉽게 들지 않지만, 분명 그 분야에도 롱테일은 엄연히 존재한다. 주방기구 전문업체 키친에이드 ^{Kitchenaid}는 최고급 주방기구로 유명하지만 다양한 색상으로도 잘 알려져 있다. 사실 키친에이드는 제품의 다양한 색상을 통해 트렌드를 주도하는 세계적으로 손꼽히는 업체로 평가받고 있다.

만일 타깃과 같은 대형 할인점에 가면 그곳에서 각각 흰색과 검은색, 그리고 또 하나의 색상으로 된 3가지 색상의 키친에이드 믹서가 진열되어 있는 것을 볼 것이다. 또다른 한 색상은 코발트블루와 같은 독특한 색상인데, 키친에이드는 2가지 색상의 믹서에다 1가지 색상의 믹서를 더 진열할 공간을 얻기 위해 매장 측과 협상했다. 이처럼 세밀하게 나눠진 색상으로 인해 키친에이드 제품은 다른 믹서들과 뒤섞인 곳에서도 쉽게 구분되었고, 전반적인 판매도 증가했다. 그런데 키친에이드는 세 번째 색상을 추가함으로써 자사 흰색 믹서의 판매를 촉진시켰다는 사실을 알게 되었다. 키

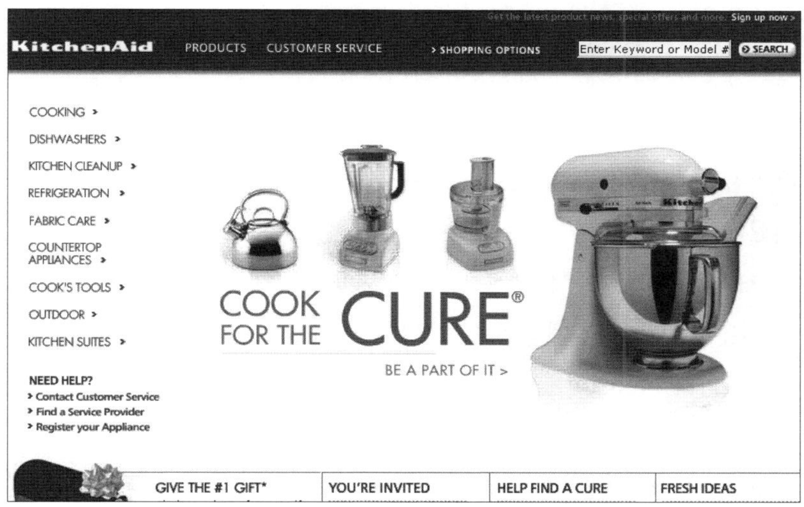

대형 할인점에서는 키친에이드 믹서를 흰색, 검은색, 그리고 또다른 한 가지 색의 3가지 색상 중에서 골라야 한다. 하지만 키친에이드닷컴에 들어가면 50가지가 넘는 색상 중에서 자신의 취향에 맞는 제품을 고를 수 있다.

친에이드는 그 이유를 다양한 색상의 제품을 진열하면 가정용품들이 쌓여 있는 매장에서 사람들의 시선이 키친에이드 제품에 쏠리게 되고 키친에이드의 브랜드를 기억하게 되기 때문이라고 생각했다. 하지만 이런 다양한 색깔에 매혹되었던 많은 고객들이 막상 구매를 할 때는 원래 선호하는 스타일인, 유행을 타지 않고 하얀 빛을 드러내는 전통적인 스타일의 제품을 구매했다.

지금까지는 별 문제가 없다. 하지만 판매자들이 어떤 색을 세 번째 색으로 고를까 하는 문제에 부딪히면 상황이 많이 달라진다. 그리고 키친에이드가 어떤 색깔들의 제품을 제작할 것인가도 문제가 된다. 색상을 정하는 직원과 전문가들이 있지만 다른 '사전 필터링 장치'들과 마찬가지로 일정부분 감에 의존해 추측할 수밖에 없다. 색상이 결정되면 제품은 진열대로 향하는데 진열상태와 경쟁사 제품들과 같은 다양한 요소들이 복합적으로 작용하기 때문에 그 제품들이 팔리거나 팔리지 않는 이유를 알아내기는 어려웠다. 키친에이드는 여러 가지 색상의 제품들을 생산했지만, 매년 소비자들은 소매상들이 실제로 고른 6~7종 중에서만 구매할 수 있을 뿐이었다.

그러나 2001년에서 2003년까지 키친에이드는 온라인을 통해 50가지가 넘는 모든 색상의 제품들을 제공하는 시스템을 구축했다. 만일 당신이 아마존이나 키친에이드닷컴 KitchenAid.com을 통해 믹서를 구입한다면 색상을 마음대로 선택할 수 있다. 이 제품들 가운데는 웹에서만 구매할 수 있는 담황록색, 진한 오렌지색, 덩굴월귤색, 포도색, 밝은 청색, 황갈색, 레몬색 같은 대담한 색상들의 제품들까지 포함되었다.

흥미로운 점은 고객들에게 50여 가지나 되는 색상의 키친에이드 제품들 중에서 선택하도록 했을 때 그들은 기존 판매자들에게서 구입할 수 있었던 6개 색깔의 제품에만 머무르지 않았다는 사실이다. 그 대신 롱테일이 수면 위로 부상했다. 물론 흰색과 검은색 제품이 오프라인 매장에서처럼 가장 좋은 반응을 얻긴 했지만 다른 색상의 제품들도 하나씩은 판매되었다. 또한 매년 판매 기준 상위 10위 안에는 인기를 얻으리라고는 아무도 예상하지 않았던 색상의 제품이 포함되었다.

2005년에 모두의 예상을 깨고 10위 안에 든 것은 바로 진한 오렌지색의 제품이었다. 오프라인 소매상들은 아무도 그 색상을 주문하지 않았기 때문에 키친에이드는 그 색상이 왜 그렇게 인기를 얻었는지 정확하게 파악할 수 없었다. 색상 선택에 영향을 미칠 수 있는 요소들은 인기있는 TV 쇼의 세트를 장식한 제품들과 마사 스튜어트(미국에서 '살림의 최고 권위자'로 평가받는 인물)처럼 트렌드에 영향을 미치는 사람들이 사용하는 색상,

혹은 계절의 변화를 반영하는 것들 정도였다. 그러나 키친에이드가 온라인을 통해 고객들로 하여금 모든 색상의 제품들을 선택하도록 하자, 이전에는 드러나지 않았던 잠재된 수요가 존재한다는 사실을 알게 되었다.

레고, 장난감 시장에서 롱테일을 만들어내다

만일 당신이 아이들의 생일잔치와 장난감 가게의 진열대에서 이제 막 레고^{LEGO}를 알게 되었다면 레고의 절반밖에 보지 못한 것이다. 레고의 나머지 절반은 특별한 조립완구를 원하는 아이들과 원조 조립완구를 구매하려는 어른들에까지 이르는 열성팬들이다.

레고가 엄청난 시장점유율을 기록하게 된 출발점은 바로 우편주문사업이었다. 이것은 전통적인 숍앳홈^{shop-at-home} 카탈로그로 시작해 레고의 웹사이트를 통해 조직화되었다. 전형적인 장난감 가게에는 레고 제품이 몇 개 없지만 레고의 온라인 매장에는 지붕 모양의 블록 꾸러미부터 300달러짜리 데스스타^{Deathstar}에 이르기까지 거의 1,000가지 제품이 진열되어 있다. 만일 레고 온라인 매장이 레고 제품을 판매하는 전통적인 오프라인 매장과 얼마나 차이가 나는지 알고 싶다면 두 매장의 베스트셀러 제품 목록을 확인해보면 된다. 온라인 매장 베스트셀러의 단 몇 가지만이 오프라인 매장에 있다.

이제 레고와 롱테일의 연관성을 살펴보도록 하자. 레고 제품들 가운데 적어도 90퍼센트는 전통적인 오프라인 매장에서는 살 수 없는 것들이다. 그 제품들은 단지 카탈로그와 온라인 매장을 통해서만 구입할 수 있는데, 이때 레고의 물품보관과 유통은 틈새상품들을 관리하는 방식과 매우 비슷하다. 더욱이 오프라인 매장에 출시되지 않는 제품들은 레고의 11억 달러에 이르는 연간매출의 10퍼센트에서 15퍼센트를 차지한다. 하지만 이 제품들을 판매한 이윤은 판매자와 수익을 나눌 필요가 없기 때문에 토이저러스를 통해 판매된 완구들에서 얻는 이윤보다 더 많다. 그리고 이런 가상 매장에는 아이들부터 어른들에 이르기까지 모든 레고 팬들이 좋아하는 제품을 진열할 수 있다는 이점도 있다. 온라인 매장에 진열할 수 있는 제품은 가격대도 1달러짜리 블록에서부터 앞서 언급한 고가의 300달러짜리 데스 스타에 이르기까지 매우 다양하다.

레고가 추진한 다음 단계는 고객들로 하여금 연간 40달러를 내고 브릭마스터Brickmaster 클럽에 가입하도록 한 것이다. 이 클럽에 가입하면 레고로 만들 수 있는 여러 가지 모형에 대한 조립 방법들을 담은 잡지와 특별한 5가지 조립완구, 그리고 레고랜드LEGOland 티켓 1장을 받을 수 있다. 이 클럽은 레고가 고객들을 일반고객과 열광적인 고객으로 분류하는 방법이자, 모든 고객들을 대상으로 하는 오프라인 매장의 마케팅 방식을 뛰어넘는 것이다.

이후 레고는 새로운 디자인의 중요성을 절실히 깨닫기 시작했다. 레고는 온라인으로 완구들을 공급한 지 오래되었기 때문에 모델을 교체하고 개인이나 협력업체들과 제품을 공동생산할 필요성을 느끼게 되었다. 2000년에 레고는 '나만의 완구' 프로젝트의 일환으로 사용자 제작 모델 콘테스트를 열었다. 레고는 우승자에게서 라이선스를 얻은 후 그것을 상업적인 완구로 만들어 고객들에게 제공했다. 그 뒤에 레고는 레고 모자이크LEGO Mosaic를 통해 사용자들이 이미지를 올리면 그것을 여러 가지 모형을 만들 수 있는 형태로 바꿔서 사용자들이 다운받을 수 있도록 했다.

2005년에 레고는 야심적인 쌍방향 생산시스템인 레고 팩토리LEGO

Factory를 출범시켰다. 레고 팩토리는 사용자가 소프트웨어를 다운받아 자신만의 레고 모델을 디자인한 뒤에 그것을 레고 사이트에 올리면 되는 것이었다. 그리고 1주일 정도가 지나면 자신이 디자인한 표지이미지가 붙은 상자에 직접 고안한 벽돌과 기타 부속물들이 담겨 배달된다. 여기서 특히 놀라운 것은 다른 고객들도 당신이 디자인한 완구를 구입할 수 있으며, 사용자가 직접 만든 모델들 가운데 상거래에 충분히 활용할 수 있는 멋진 작품들이 있다는 사실이다. 10만 개 이상의 모델들이 이런 식으로 디자인되었고, 그 가운데 몇몇 모델들은 공식적인 레고 완구로 출시되었다. 레고는 그런 작품을 디자인한 사람들에게는 소정의 저작권료를 지불한다.

하지만 레고 팩토리에서 모든 것이 가능한 것은 아니다. 대량맞춤은 멋진 일이지만 사용자들이 75가지 색상을 7,000개의 조각에 마음대로 적용할 수 있다면 50만 가지 이상의 경우의 수가 생기기 때문에, 사용자들이 마음대로 선택할 수 있게 하면 제작을 담당하는 레고의 부담이 엄청나게 커진다. 그래서 레고는 2가지 방식으로 사용자의 선택을 제한하고 있다. 첫째, 각각의 모델은 '자동차 조각'처럼 단일한 블록 조각으로만 제작될 수 있다. 둘째, 포장된 가방 안에는 당신의 필요개수와 상관없이 일정 개수의 블록 조각이 이미 들어 있기 때문에 당신은 모델을 만드는 데 필요한 것보다 더 많은 조각을 주문했을 수도 있다. 그래서 부품들을 비효율적으로 사용하면 소매점에서 10달러에 살 수 있는 단순한 자동차 레고를 레고 팩토리에서는 거의 100달러나 주고 산 것이 될 수도 있다.

다행히도 이런 문제를 피해갈 길이 있다. 레고의 열렬한 팬들은 어떤 꾸러미들이 어떤 색깔인지에 관한 자료를 수집했을 뿐만 아니라 사용자들이 그 꾸러미들을 보다 효과적으로 사용하도록 도와주는 소프트웨어까지 만들어냈다. 그리고 레고는 거기에 만든 사람들의 이름을 붙여주는 식으로 이런 활동을 장려하고 있다. 하지만 그것은 매우 힘든 작업이며 대부분의 사용자들은 할 수 없는 일이기 때문에, 레고는 우선 쉽게 활용할 수 있는 디자인 소프트웨어부터 시작해서 그런 활동을 장려하는 방법을 고려하고 있다.

나는 레고의 수석 브랜드 책임자인 마이클 맥널리Michael McNally에게 틈새시장을 만족시키고 사용자생산을 장려하는 레고의 방침과 유사한 점이 다른 회사에서도 나타나는지 물어보았다. 그러자 그는 흥미롭게도 애플의 아이튠스를 예로 들었다. 아이튠스는 사용자들이 개인적으로 만든 노래들을 다운로드할 수 있도록 했다. 또한 사람들은 자신이 듣고 싶은 노래들만 묶어서 자신만의 목록을 만들어 그것을 다른 사용자들과 공유할 수 있는데, 이런 작업은 레고의 작업과 유사하다. 이런 상황에 대해 마이클 맥널리는 "아이튠스가 음악 분야에서 하는 일을 레고 팩토리는 장난감 완구를 좋아하는 사람들을 대상으로 하고 있다"라고 말했다. 바야흐로 레고를 통해 플라스틱 블록 완구의 롱테일 세계가 열린 것이다.

세일즈포스닷컴, 소프트웨어 비즈니스에 롱테일을 적용하다

2005년 마크 베니오프Mark Benioff는 자신이 어려운 처지에 놓였다는 사실을 깨달았다. 그의 회사인 세일즈포스닷컴Salesforce.com(웹을 기반으로 응용 소프트웨어임대 방식을 통해 고객관계관리 서비스를 제공하는 업체)은 영업직원들을 위한 소프트웨어를 판매하는 상당히 따분한 분야에 혁신적인 접근을 이뤄냈다. 그는 다른 소프트웨어 개발업체들이 하고 있던 것처럼 경영 관련 소프트웨어 패키지를 고객 기업의 컴퓨터에 직접 설치하는 방식으로 제공하는 대신, 자신의 서버에서 그 소프트웨어를 작동하고는 표준 웹브라우저를 통해 자신의 서버에 접속하는 고객들에게 사용료를 받고 소프트웨어를 이용할 수 있도록 했다. 그는 이런 시스템을 통해 소프트웨어를 일종의 서비스로 전환했는데, 이는 자신들이 직접 소프트웨어를 설치하고 관리하는 데 시간과 노력을 들이고 싶지 않았던 중소 규모 사업체들을 사로잡았다. 이 서비스는 엄청난 성공을 거두었다. 2005년까지 세일즈포스닷컴은 엄청나게 빠른 속도로 성장함으로써 오라클Oracle과 SAP 같은 대규모 기업 대상 소프트웨어 판매업체들의 관심을 끌었고, 그 업체들은 세일즈포스닷컴과 유사한 서비스를 제공하는 식으로 마크 베니오프를 무너뜨리려 했다.

이런 공세에 대해 세일즈포스닷컴은 거대 경쟁사들이 제공하는 서비스와 경쟁하기 위해 기능을 더욱더 보강하는 방식으로 방어하려 했다. 하지만 마크 베니오프는 자신이 또다른 방식의 서비스를 키워낼 수 있다는 사실을 깨달았다. 그것은 자신이 개발한 온라인 소프트웨어 제공 방식을 수백 명의 소규모 개발자들이 사용할 수 있도록 함으로써, 운영비가 별로 들지 않는 인도와 같은 나라의 개발자들이 자국의 고객들에게 동일한 방식으로 소프트웨어를 제공하게 하는 것이었다. 일반적으로 기업들은 소프트웨어가 버그가 많고 적절한 지원을 받지 못할 수도 있으며 업데이트가 안 될 것이라는 불안감 때문에 소규모 개발자들과 함께 일하기 싫어한다. 그러나 마크 베니오프는 자신의 서비스에 가입한 소규모 개발자들로 하여금 소프트웨어를 설치하고 운영하게 하는 대신 소프트웨어를 웹브라우저를 통해 원격으로 제공함으로써, 다른 곳에 있는 사람들이 동일한 소프트웨어를 사용할 수 있는 플랫폼을 구축했다.

그가 한 작업은 롱테일 이론을 소프트웨어 비즈니스에 적용한 것이었다. 그리고 그것은 너무나도 잘 들어맞았다. 다른 산업 분야와 마찬가지로 소프트웨어 분야에도 머리와 꼬리가 존재한다. 한쪽 끝에는 마이크로소프트가 자리하고 있고 다른 쪽 끝에는 인도와 중국에 있는 수많은 개인 프로그래머들이 자리하고 있다. 그 사이에 엄청난 수의 소규모 개발자들이 작업하고 있으며, 그들 대부분은 전세계의 고객들에게 자신의 서비스를 제공할 수 있을 만큼 좋은 수단을 갖고 있지 않다. 하지만 마이크로소프트가 외견상 시장을 독점하고 있는 것은 여전히 매우 불안정한 유통방식인 히트상품 중심의 시장이 존재하고 있음을 보여준다.

그러나 미디어와 엔터테인먼트에서 그랬던 것처럼, 롱테일의 3가지 동인들은 소프트웨어산업의 경제도 바꾸고 있다. 소프트웨어 비용은 고성능 PC가 보급되면서 엄청나게 하락했는데, 저임금을 받으며 일하고 있는 인도와 중국의 재능있는 프로그래머들이 인터넷을 사용하게 되면서 더욱 급속하게 하락하고 있다. CD-ROM이 다운로드로 대체되면서 소프트웨어를 전송하는 비용도 하락하고 있다. 최고 대우를 해줘야 하는 컨설턴트보다 더 나은 제안을 해주는 거대한 온라인 사용자 그룹과 연결함으로써, 당신이 원하는 작업에 필요한 최고의 소프트웨어를 구하는 데 드는 비용은 최저점까지 떨어졌다. 당신의 컴퓨터에 그 어떤 손상될지도 모른다는 우려도 주지 않고 원격으로 가동하는 방식으로 웹브라우저를 통해 소프트웨어를 제공하는 능력은 물질적으로나 정신적으로나 엄청난 비용절감을 가져왔다.

온라인을 통해 셰어웨어와 데모 버전이 배포되기 시작하면서 틈새 소프트웨어 시장은 우리 주변에 항상 존재해왔다. 하지만 그것은 대부분 여러 가지 손상의 우려가 있었고 사용하기가 복잡했으며 윈도우와 같은 운영체제에서 잘 작동하고 호환성이 좋아야 하는 등 소프트웨어의 표준을 충족해야 하는 문제가 있었기 때문에 거대한 시장을 형성하지는 못했다. 그러나 세일즈포스닷컴이 제공한 서비스처럼 특정 호스트를 통해 소프트웨어를 활용할 수 있게 한 모델은, 전문가들을 통해 소프트웨어와 관련된 대부분의 복잡한 문제를 해결하고 보편적인 사용자 인터페이스를 갖고 있으며 운영체제의 종류에 영향을 받지 않는 웹브라우저를 사용함으로써 그런 난관을 극복할 수 있도록 해주었다.

2005년 후반에 세일즈포스닷컴은 처음으로 롱테일 소프트웨어를 자체 플랫폼으로 시장에 출시했다. 소프트웨어 개발자들은 성능관리 혹은 채용 등의 특정 전문 분야를 목표로 한 틈새 응용프로그램을 만들었고, 그것은 세일즈포스닷컴의 서버에서 다른 소프트웨어들과 함께 통합되어 운영되었다. 희망적인 것은 수백 명 혹은 심지어 수천 명의 영세한 개발자들이 세일즈포스닷컴 고객들의 특별한 필요를 충족시켜줄 것이라는 점이었다. 이를 통해 세일즈포스닷컴은 고객들의 공통된 니즈에 더 많이 집중할 수 있게 되었다. 즉 꼬리부분이 머리부분을 재강화하게 된 것이다. 2006년 초까지 세일즈포스닷컴에서 판매하는 응용프로그램은 200개가 넘었는데, 마크 베니오프는 그 수요곡선의 형태가 우리의 예상 그대로라는 사실을 확인해주었다. "놀랍게도 그 곡선은 완벽한 롱테일의 전형을 보여준다!"

세일즈포스닷컴과 유사한 서비스 모델을 가진 몇몇 소규모 업체들이 한 것처럼, SAP는 곧 자체적인 온라인 플랫폼 전략을 수립했다. 그것은 모든 일반적인 롱테일 관례들을 적용한 것이다. SAP와 같은 업체들은 자신들 각각의 플랫폼으로 된 틈새 소프트웨어를 만들고 필터링 메커니즘을 제공한다. 이것은 사람들에게 시장을 지배해온 획일적인 소프트웨어보다 더 그들의 필요를 충족해줄 수 있는 틈새 응용프로그램들을 이용해도 되겠다는 확신을 심어주었다. 이런 모델은 머리와 꼬리를 효과적으로 연결해준다.

이런 새로운 소프트웨어 시장이 얼마나 잘 작동할 것인지 속단하기에는 너무 이르다. 하지만 그런 시장들은 틈새 소프트웨어를 사용하는 비용을 절감함으로써 지금까지의 수요곡선 형태를 바꿀 수 있다는 사실을 보여주는 또다른 사례이다. 이런 전략을 적용하고 있는 또다른 소프트웨어 업체 잣스팟JotSpot의 CEO 조 크라우스Joe Kraus는 "지금까지 우리는 수십 명을 타깃으로 하는 수백만 개의 시장 대신에 수백만 명을 대상으로 하는 수십 개의 시장에만 초점을 맞춰왔다"라고 말했다. 그는 현재 수십 명을 타깃으로 하는 수백만 개의 시장에 기업의 사활을 걸고 있다.

구글, 온라인에서 거대한 롱테일 광고시장을 형성하다

전통적인 광고시장은 많은 비용을 들여 대규모 판매업자들과 구매자들에 초점을 맞추는 고전적인 히트상품 중심의 산업이었다. 이런 시장은 제너럴모터스의 경우처럼 마케팅 예산을 쥐고 있는 특정한 광고주에 의해 움직인다. 제너럴모터스가 몇 가지 광고제작을 광고업체에 의뢰하면 광고업체의 미디어 바이어가 그 광고를 TV, 라디오, 그리고 지면과 온라인을 통해 내보내는 식이다.

반면에 광고를 실어주는 미디어에는 자체 영업부서가 있다. 그 영업부 직원들은 자신들이 가진 광고 전달수단 덕분에 광고주들과 미디어 바이어들을 좌지우지할 수 있다. 만일 모든 과정이 순탄하게 이뤄진다면 수백만 달러가 광고주에게서 미디어로 넘어간다. 이 모든 것은 노동집약적으로 이루어지는데 비즈니스를 할 때 이런 광고 미디어의 영업부 직원들이 입

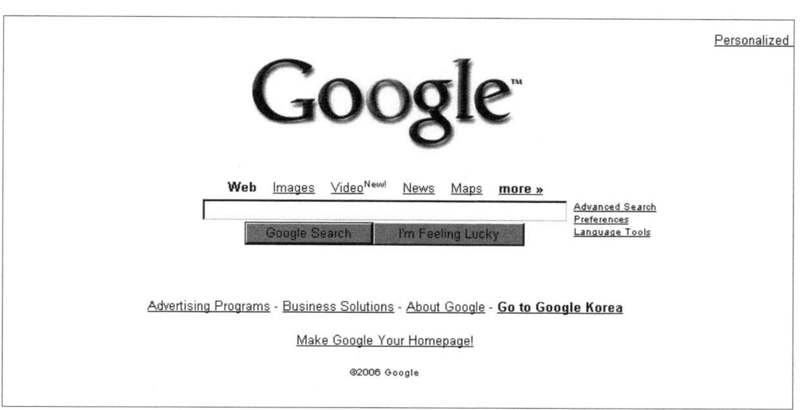

구글은 앞선 검색엔진들과는 다른 검색방식을 택했던 것처럼, 광고도 다른 식으로 하기로 결정했다. 구글은 최소입찰가가 클릭당 5센트인 자동경매 프로세스를 통해 특정 키워드를 구매하면 누구나 구글의 광고주가 될 수 있도록 했다. 이로써 구글은 역사상 가장 효과적인 롱테일 광고 머신을 구축할 수 있었다.

에 발린 말로 아부까지 하게 되면 더 많은 광고비를 지불하게 될 수도 있으므로, 영업적인 수완과 개인적인 인간관계를 활용해야 성공적인 비즈니스를 할 수 있다.

지금까지 대부분의 광고들은 업종별 기업안내에 실리든 슈퍼볼 경기장에 노출되든 관계없이 광고를 실으려면 전화통화나 직접방문을 통해 광고단가를 협상하고 결정해야만 했다. 요즘 영업사원들은 고객들에게 광고를 강요하지 않으며, 광고주들의 메시지를 외부에 전달하는 새로운 창조적 접근방법을 놓고 치열하게 의견을 교환하거나 주어진 매체를 활용하는 가장 효과적인 방법에 대해 광고주들에게 정보를 제공하는 광고 컨설턴트의 역할을 담당한다. 그런 활동은 충분히 성과를 내지만 너무 비싸기 때문에 많은 비용이 든다. 엄청나게 거대하고 손꼽을 정도로 돈이 많은 광고주들에게만 초점을 맞추기 때문이다. 즉 이 시스템은 광고곡선의 머리부분에 치우쳐 있다.

우리가 살펴본 다른 시장에서 나타났던 것과 마찬가지로 광고곡선의 머리부분에는 가능성 있는 시장은 조금밖에 없다. 하지만 전통적인 방식으로 광고를 하려면 너무 비싸기 때문에 장래성 있는 소규모의 광고주들은 대개 전화광고를 하거나 항목별로 정리된 광고지에 광고를 싣거나 혹은 지역신문에 자체 제작한 광고카피를 싣는 식으로 자체 고안물을 통해 광고를 내보낸다.

이것이 바로 지금까지 광고가 사람들에게 노출되어온 방식이다. 그러나 2001년 당시 세상에 나온 지 2년밖에 안 된 구글은 지구상에서 가장 빠르게 성장하는 검색엔진으로서 자신에게 적합한 비즈니스모델을 찾기 시작했다. 그리고 앞선 검색엔진들과는 다른 검색방식을 택한 것처럼, 구글은 광고도 다른 식으로 하기로 결정했다. 구글은 빌 그로스^{Bill Gross}가 몇 년 전에 새롭게 도입했던 한 모델에서 힌트를 얻어 역사상 가장 효과적인 롱테일 광고 머신을 구축했다.

구글이 간파한 것은 만일 구글이 판매광고비와 구매광고비의 대부분을 책임질 수만 있다면 잠재적인 광고 구매자들과 판매자들을 엄청나게 끌어들일 수 있다는 점이었다. 소프트웨어가 거의 모든 작업을 진행했고, 광고에 대한 진입장벽이 낮아지면서 구글은 엄청나게 큰 시장을 형성하게 되었다.

구글의 광고모델에는 3가지 중요한 롱테일적인 특징이 있다. 첫째, 구글은 배너 이미지보다는 검색 키워드에 기반을 두고 있는데, 우리가 이미 알고 있듯이 구글에는 단어들과 단어조합들의 무한한 롱테일이 존재한다. 검색 키워드들 역시 단어들과 동일한 방식으로 작동한다. 13-1 그래프는 검색엔진 익사이트^{Excite}의 공동창업자 조 크라우스가 제공한 2001년경의

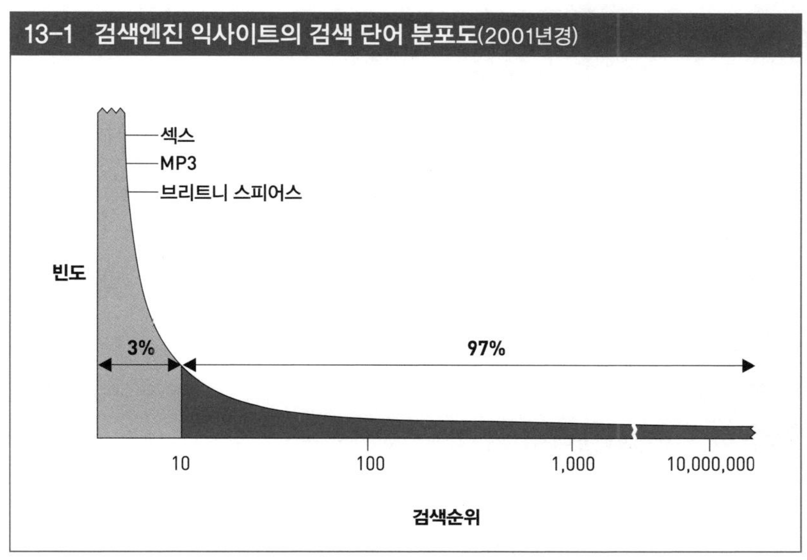

자료제공 : 조 크라우스

검색 키워드 관련 그래프이다.

여기서 검색순위 상위 10개 단어들은 전체 검색한 횟수의 3퍼센트밖에 안 된다. 나머지는 수천만 개의 단어들이 골고루 차지하고 있다. 구글이 간파한 것은 각각의 검색 키워드들이 그 자체로 해당 키워드에 관한 광고를 할 기회를 제공해준다는 사실이었다. 사용자들이 표현하는 수천만 개의 관심사와 의도들은 구글의 검색결과와 같은 페이지랭크 알고리즘에 따라 위치만 제대로 결정되면 각각 특정 타깃을 겨냥한 광고로 전환될 수 있다는 것이었다.

하지만 수천만 개의 개별광고들을 어떻게 판매할 수 있을까? 그렇게 하려면 소프트웨어를 이용하는 방법밖에는 없다. 바로 이 부분에서 구글의 두 번째 롱테일 기법이 탄생했는데, 그것은 광고시장에 접근하는 비용을 엄청나게 낮추는 것이었다. 이 기법은 단순하면서도 매우 저렴한 셀프서비스 모델에 기초한 것이다. 최소입찰가가 클릭당 5센트인 자동경매 프로세스를 통해 특정 키워드를 구매하면 누구나 구글의 광고주가 될 수 있다.

구글과 광고주들은 이와 같은 셀프서비스 모델을 이용해 저렴하면서도 보다 효과적으로 광고를 할 수 있게 되었다. 구글은 소비자가 광고를 클릭하면 광고주들의 사이트로 이동하는 클릭률을 최대한 높이기 위해 개별 광고주의 취향에 맞게 광고를 만들고 테스트까지 할 수 있는 도구를 제공한다. 광고주들이 원하는 결과를 얻을 때까지 키워드와 광고카피를 강박적으로 수정하는 것은 드물지 않은 일이다. 그들 자신보다 자신들의 사업을 잘 아는 사람이 어디 있겠는가?

이런 모델을 통해 구글의 광고사업은 다른 어떤 기업보다 훨씬 더 수요곡선의 꼬리부분으로 확장되었다. 현재 구글을 제외하고는 다른 어떤 매체에도 광고하지 않는 영세광고주들이 수천 명이나 된다. 셀프서비스 모델, 상당한 성과, 저렴한 광고비, 광고를 끊임없이 비틀고 향상시키는 능력 덕분에, 광고주들은 이 새로운 광고의 중심지로 몰려들고 있다. 그들은 광고비나 기타 조건에 대해 구글로부터 강요받지도 않으며, 구글의 어떤 직원들도 광고를 끌어오기 위해 광고주들과 접촉하지 않는다. 그 결과 소수의 직원들과 하나의 모델만으로도 꼬리부분에서 충분히 효과를 발휘하고 있다.

마지막으로, 구글은 컨텐츠 제작자들에 대해서도 동일한 작업을 했다. 전통적으로 컨텐츠 제작자들은 2가지 방식의 광고로 돈을 벌어들이고 있었다. 컨텐츠 제작자들은 자체 광고 영업직원을 채용해 광고주들에게 영업을 하거나, 광고 네트워크에 합류해 최저가에 광고할 수 있는 것이라면 어떤 것이라도 확보하려고 했다. 구글은 키워드로 적절한 검색결과를 찾는 검색기술을 활용하면 다른 사람의 사이트에도 적절한 광고를 올릴 수 있다는 사실을 간파했다.

당신이 〈뉴욕타임스〉 사이트를 운영하든 하나의 블로그를 운영하든 간에, 해당 사이트에서 2줄의 HTML 코드를 입력하면 구글의 광고를 실을 수 있다. 그것은 셀프서비스로서 허락을 받는 과정이나 전화통화가 필요 없다. 누군가가 광고를 클릭하면 광고주는 구글에 비용을 지불하고 구글은 당신에게 그 돈의 일부를 건넨다.

구글은 당신이 전문가이건 아마추어이건, 당신의 컨텐츠가 좁은 범위에 국한된 것이건 넓은 범위까지 아우르는 것이건 간에 상관하지 않는다. 만일 현재 광고가 제대로 된 성과를 얻지 못한다면, 구글은 더 많은 사람들을 사로잡을 것으로 보이는 다른 광고로 자동으로 대체할 것이다. 성과를 내지 못하는 광고 페이지는 구글에게 아무런 비용도 안겨주지 않는데, 아무도 클릭하지 않는 광고의 잃어버린 매출이라는 기회비용은 제3자인 웹사이트 출판사들이 부담한다. 구글은 광고시장을 출판의 롱테일로 탁월하게 확장해 수많은 블로그들을 끌어안는 것이다.

구글의 CEO인 에릭 슈미트Eric Schmidt는 첫번째 주주회의에서 자신이 구글의 미션을 '롱테일을 구현하는 것'으로 삼은 이유에 대해 상세히 설명했다.

그는 세로축에 달러를, 가로축에 사람 수를 설정한 파워로 분포곡선의 슬라이드를 보여주면서 이야기를 시작했다. 월마트는 머리 꼭대기에 있었고, 60억이라는 숫자는 꼬리의 끝부분에 있었다. 에릭 슈미트는 그것에 대해 다음과 같이 이야기했다.

우리 모두는 작년의 시장상황을 지켜본 뒤에 아마 이렇게 자문해보았을

겁니다. "우리의 상황은 지금 어떻지?" 광고주의 경우 월마트처럼 전세계에서 손꼽히는 거대기업을 비롯해 1인기업과 같은 세상에서 가장 작은 기업에 이르기까지 모두 구글의 광고시장에 포함됩니다. 우리는 이것을 롱테일이라 부릅니다. 이것은 많은 사람들이 이야기해왔던 매우 흥미로운 개념입니다.

우리는 이것을 자세히 살펴본 뒤에 다음과 같이 정리했습니다. "우리는 지금까지 사업이 잘 되는 중간 규모 기업을 대상으로 정말 잘해왔다. 하지만 규모가 큰 고객들에 대해서는 어떻게 해야 잘할 수 있을까?" 그래서 작년에 우리는 구글 광고서비스의 예측성을 활용해 엄청난 수익을 거둘 수 있는 거대광고주들을 위한 광고도구를 출시했습니다.

1인기업가, 영세사업체, 조나 밥이 혼자서 CEO, CIO, CFO, 직원, 비서 역할까지 다하는 기업은 어떻습니까? 우리는 작은 셀프서비스 도구를 만들어서 그 도구를 통해 광고서비스를 거의 자동으로 사용할 수 있도록 했습니다.

그래서 우리는 다음과 같은 2가지 방향 모두로 나아가게 된 것입니다. 우선 우리는 셀프서비스를 통해 수요곡선의 꼬리 끝부분으로 나아가면서 비용 때문에 전통적인 광고의 문턱을 넘지 못했던 광고주들을 한데 모을 수 있었습니다. 또한 우리는 수요곡선의 머리 방향으로 나아가면서 이런 종류의 온라인 서비스를 사용하지 않았던 완전히 새로운 영역이자 엄청나게 거대하고 역사적으로 온라인에서 만족하지 못했던 거대기업들까지 사로잡을 수 있게 되었습니다.

이어서 에릭 슈미트는 이런 수백만 명의 소규모 고객들과 중간 규모의 고객들이 어떻게 거대한 롱테일 광고시장을 형성하게 되었는지에 대해 설명했다.

롱테일의 놀랄 만한 점은 그 꼬리가 굉장히 길다는 것과, 많은 사업체들이 전통적인 광고매체를 통해 자사의 제품을 노출하려고 눈독을 들이지 않았다는 것입니다. 사업체들이 파레토 분포를 보인다는 사실을 인정하는 것은 그 어떤 것보다 더 깊은 통찰력을 보여줍니다. 그것은 과학자들이 오랫동안 알고 있었지만 결코 관심을 보이지 않았던 것입니다. 우리가 우리의 사업을 검토해보니 특히 수요곡선의 중간부분에 잘 어울리는 모델을 구축했다는 사실을 알게 되었습니다. 크리스 앤더슨이 〈와이어드〉 2004년 10월호에 쓴 롱테일 관련 기사를 읽은 뒤, 우리는 롱테일을 주시하며 스스로에게 '우리는 이 기회에 어떻게 대처하고 있는가?' 라고 자문해보았습니다.

전세계의 모든 사업체를 대상으로 수익을 내는 순서에 따라 파레토 곡선을 그려보면, 1위 업체는 월마트입니다. 그렇다면 맨 마지막에는 누가, 혹은 어떤 기업이 위치할까요? 그 자리는 직접 생산한 물품을 바구니 단위로 판매하는 인도의 한 개인이 차지하는 것으로 나타났습니다. 그 수요곡선 아래로 형성되는 영역은 약 10억의 인구를 포함하며 사실상 전세계 GDP를 나타냅니다. 그렇다면 그 수요곡선의 제일 밑바닥에서 출발해서 인터넷에 접속할 수 있는 사람들을 만날 때까지 그 수요곡선상에서 위로 움직여봅시다. 그들은 상당한 교육을 받은 사람들로 소규모 사업을 운영하며 제품을 판매하고 싶어합니다. 그러면 우리는 '우리 회사의 모델은 그들의 총수익을 증가시키는 데 얼마나 도움을 줄 수 있을까?' 하고 스스로에게 물어봅니다. 그 답은 그들이 원래 살던 지역에서 바깥으로 나와 사업을 하게 한다면 그들은 더 큰 시장을 얻게 될 것이고, 더 많은 제품 공급자들을 만나게 될 것이며, 더 나은 가격 경쟁력을 갖게 될 것이라는 사실입니다.

이런 일이 천천히 일어나는 데는 많은 이유가 있지만 대개는 사회적 하부구조가 제대로 갖춰지지 않았기 때문입니다. 그런 것을 감안해 그들 가운데 90퍼센트에게는 집중할 수 없다고 해봅시다. 그래도 여전히 1억 명의 사람들이 남습니다. 그것은 무시하기에는 너무 큰 수치이며 여전히 거대한 시장입니다.

현재 구글은 매년 50억 달러 이상을 벌어들이고 있는데 9개월마다 그 수익은 2배씩 증가하고 있다. 비록 그 수익의 대부분은 수요곡선의 머리 부분에서 오지만, 고객들의 대부분은 꼬리부분에 위치하고 있다. 이런 상황은 구글이 앞으로 성장하는 데 있어서 꼬리부분의 역할이 상당히 중요하리라는 사실을 보여준다.

구글에서 나타나는 흥미로운 점들 가운데 하나는 구글이 롱테일을 전개해나가는 방식이 매우 다양하다는 것이다. 앞서 살펴본 것처럼 구글은 광고주들의 롱테일이 광고 지향적 웹 출판자들의 롱테일로 확장되는 식으로 새로운 시장을 창출하는 광고의 집산자이다. 또한 구글은 정보의 집산자로 더 잘 알려져 있는데, 이것을 보면 구글은 모든 고객을 동일하게 다루는 단순한 모델이 아니라 그보다 더 진화된 흥미로운 기술들을 보여주고 있다고 할 수 있다.

애플의 아이튠스가 지닌 문제들 가운데 하나는 다양한 장르의 음악을 들려주는 방식이 제한되어 있다는 점이다. 정보를 처리하는 데도 이와 동일한 문제가 나타나는데, 구글은 같은 단어라 해도 문맥에 따라 다양한 상황을 나타낼 수 있음을 간파했다. 이런 이유로 만일 당신이 어떤 장소를 검색한다면 아마도 눈으로 확인할 수 있는 장면을 원할 것이다. 이것은 동영상의 경우에도 마찬가지다. 한 가지 사이즈의 옷으로 모든 사람들을 만족시킬 수는 없는 것처럼 검색도 하나의 결과로 모두를 만족시킬 수는 없다. 그래서 현재 구글은 취업, 교육, 인명, 쇼핑 등 특정 분야나 주제와 같은 한 가지 범주 내에서 검색하는 '전문영역 검색vertical search'과 같은 다양한 검색 방법을 제공하고 있다. 그 가운데는 구글로컬Google Local, 학술논문을 검색하는 구글스칼러Google Scholar, 구글맵스Google Maps, 제품을 전문적으로 검색하는 프루글, 구글뉴스Google News, 구글북서치Google Book Search, 구글비디오 등이 있다.

구글이 야후, 마이크로소프트, 그리고 기타 업체들과 협력관계를 맺은 지금, 전문영역 검색 시장을 궤도 위로 올리는 이유는 고객들의 다양한 필요를 최대한 활용해 전체 집산자를 개별 틈새상품들로 분할하기 위해서이다. 구글의 검색상품들은 각각 저마다의 영역을 확보하고 있으며, 가장 적절하고 유용한 결과를 제공하는 정보의 바다에서 사람들이 공통적으로 관심을 가질 만한 주제들을 뽑아낸 것들이다. 즉 구글은 사용자들에게 각각의 특별한 조건에 따라 검색할 수 있도록 맞춤검색을 제공한다.

당신이 적어도 찾고 있는 것의 종류를 알고 있고 구분되지 않은 집산자보다 세밀한 분야로 나눠진 집산자를 활용하면 더 정확한 결과를 얻을 수 있다는 점에서 맞춤검색은 위력을 발휘한다. 그리고 검색결과가 더 좋을수록 모든 분야에서 롱테일을 더 깊고 더 빠르게 확장하려는 사람들은 점점 더 늘어날 것이다.

14 롱테일의 9가지 법칙

롱테일이 가져올 위대한 미래를 어떻게 실현할 것인가?

점점 커가는 롱테일 비즈니스를 창출하는 비법은 다음 2가지 규칙을 따르면 된다.

1. 모든 것을 제공하라
2. 그것을 찾는 것을 도와주어라

첫번째 규칙은 말하기는 쉽지만 실제로 실천하기는 어렵다. 매년 선댄스 영화제에 출품되는 6,000편의 영화들 가운데 12편도 안 되는 분량이 배급되지만, 그 나머지 대부분의 영화들은 제작에 사용된 음악들이 저작권에 묶여 있기 때문에 영화제 외부에서 상영되면 법의 저촉을 받는다. 네트워크 TV의 기록보관소에 저장된 대부분의 TV프로그램도 이와 마찬가지 상황이다. DVD나 음악의 저작권 문제를 해결하는 데는 엄청난 비용이 들어간다.

또한 이와 유사한 저작권 문제가 불법복제 차단용 잠금장치가 걸려 있거나 암호가 필요한 클래식 음악과 비디오게임에서도 나타나고 있다. 모든 카탈로그에 실려 있는 모든 제품들의 저작권을 해결할 방법을 찾을 때까지 이러한 법적인 제한은 롱테일을 확장하는 데 중요한 장애요소로 작

넷플릭스의 평균적인 고객은 한 달에 7장의 DVD를 빌리는데, 오프라인 매장보다 3배나 높은 수치다. 이처럼 엔터테인먼트산업의 경우 온라인에서 추천기법을 활용하면 거대한 시장을 창출할 수 있다.

용할 것이다.

두 번째 규칙은 보다 빨리 그 영향력을 확대하고 있다. 재치있는 집산자들은 사용자의 평가에 기초한 협력 필터링을 통해 수요를 롱테일로 이끌어내기 위해 추천기법들을 활용하고 있다. 이것은 히트상품 중심의 일방적인 밀어내기 방식과 고객의 의견을 적극 반영하는 틈새상품 중심의 끌어당기기 방식의 차이이며, 고정된 프로그램만을 고압적으로 틀어주는 주류 방송과 개인적인 취향을 적극 반영하는 맞춤형 방송의 차이이다. 롱테일 비즈니스는 소비자들을 각각 다른 성향과 취미를 가진 개인으로 간주하며, 매스마켓 제품에 대한 대체제로 대량맞춤 제품을 제공한다.

엔터테인먼트산업의 경우 추천기법들은 저예산영화들과 비주류음악들을 고객과 연결시켜준다는 점에서 매우 효율적인 마케팅 형식이다. 소비자들은 뛰어난 추천기법에 따라 선정된 것들을 통해 자신들이 잘 모르던 영역을 경험할 수 있으며, 음악과 영화에 대한 열정을 일깨워 잠재적으로는 매우 거대한 엔터테인먼트 시장을 창출할 수 있다. 예를 들면 넷플릭스의 평균적인 고객은 한 달에 7장의 DVD를 빌리는데, 이는 오프라인 매장의 대여율보다 3배나 높은 수치다. 추천기법들을 통해 부차적으로 얻게 되는 문화적 이익은 엄청난 다양성인데, 이를 통해 유통의 장애를 극복하고 히트상품의 독재에서 벗어날 수 있다.

이 책을 통해 롱테일에 관한 위대한 청사진과 접한 지금, 마지막으로 성공적인 롱테일 전략으로 나아가기 위한 9가지 법칙은 무엇인지 하나하나 알아보도록 하자.

비용을 최소화하라

법칙1_ 재고를 없애라

시어스 로벅은 새로운 길을 개척했다. 이 회사는 중앙집중화된 대규모 창고가 뒷받침된 우편주문의 장점을 활용해 최초로 엄청난 효율성을 얻었다. 오늘날 월마트, 베스트바이, 타깃, 그리고 다른 대규모 매장들의 온라인 사이트들은 오프라인 매장에 있는 상품들보다 훨씬 더 다양한 상품들을 공급하기 위해 자신들의 창고 네트워크를 활용하고 있다. 이는 재고를 중앙집중화 방식으로 운영하는 것이 수백 군데나 되는 매장의 진열대에 올려놓는 것보다 훨씬 더 효율적이기 때문이다.

아마존 같은 기업들은 엄청나게 다양한 상품들을 제공하기 위해 재고를 '가상재고' 개념으로 확장했는데, 이는 상품을 협력업체의 창고에 쌓아두고 아마존에서는 그 제품의 이미지만을 보여주고 판매하는 것이다. 아마존의 마켓플레이스 프로그램은 그런 분산된 물품목록을 모두 한데 모아 수천 개의 소규모 상점들의 상품을 네트워크로 연결한다. 물론 아마존의 재고관리비는 전혀 들지 않는다.

아이튠스에서 관리하는 것과 같은 디지털 물품 목록은 유통비가 가장 저렴하다. 이미 플라스틱 디스크를 운반하는 유통에서 메가바이트 단위의 파일 전송 유통으로 바뀌면서 음악산업에 일어난 결과를 우리는 눈으로 확인했다. 얼마 지나지 않아 영화와 비디오게임, 그리고 TV쇼에도 이와 동일한 결과가 나타날 것이다. 뉴스는 종이매체 시대를 떠났고, 아이포드와 브로드캐스팅broadcasting의 합성어로 오디오 파일과 동영상 같은 멀티미디어 파일을 라디오 방송처럼 활용하는 '포드캐스팅podcasting'은 라디오방송을 위협하고 있다. 어쩌면 당신은 이 책을 종이가 아닌 화면을 통해 보고 있을 수도 있다. 아날로그적 요소나 방송 스펙트럼의 장애요소를 제거하는 것은 비용을 절감하는 강력한 방법이며, 이를 통해 새로운 틈새시장을 이끌어낼 수 있다.

법칙2_ 고객 스스로 작업하게 하라

'공동작업을 통한 생산'으로 이베이와 위키피디아, 크레이그스리스트, 마이스페이스가 만들어졌고, 넷플릭스는 수십만 개의 영화리뷰를 제공받을 수 있게 되었다. 또한 셀프서비스를 통해 구글은 고객이 1번 클릭할 때마다 광고주에게서 5센트를 받고 광고할 수 있도록 했으며, 인터넷 통신회사 스카이프Skype는 2년 6개월만에 6,000만 명의 사용자들을 확보했다. 구글과 스카이프는 모두 직원들에게 시키려면 돈이 드는 일을 사용자들이 무료로 즐겁게 하도록 만들어준 사례이다. 이것은 아웃소싱과는 다른 개념으로 다수의 군중을 대상으로 한다는 점에서 '크라우드소싱crowdsourcing'이라 할 수 있다.

크라우드소싱의 장점은 단순히 경제적인 것만은 아니다. 사실 사용자들은 더 나은 일거리를 구할 수도 있다. 사용자가 기록한 리뷰들 중에는 종종 정보가 풍부하고 논리정연한 것들이 있는데 다른 사용자들에 의해 검증도 받는다. 사용자들은 사실상 시간과 에너지를 제한적으로 사용할 수밖에 없는데, 단지 대중의 공동작업을 통한 생산만이 롱테일이 최대한 멀리 뻗어나가게 할 능력을 갖고 있다. 그리고 셀프서비스는 그 일에 대해 가장 관심을 갖고 있는 사람들에 의해 이루어지고 있으며, 이들은 그들 자신의 필요를 가장 잘 알고 있다.

틈새를 생각하라

법칙3_ 하나의 유통방식이 모든 상품에 다 맞는 것은 아니다

어떤 고객들은 오프라인 매장에 가기를 원하는 반면, 어떤 고객들은 온라인에서 쇼핑하고 싶어한다. 또 어떤 고객들은 온라인 매장에서 검색한 뒤에 오프라인 매장에서 상품을 구입한다. 반대로 어떤 고객들은 오프라인 매장에서 조사한 뒤에 온라인 매장에서 구입한다. 또한 어떤 사람들은 바로 지금 특정상품을 원하는 반면, 어떤 사람들은 기다릴 수 있다. 어떤 고객들은 오프라인 매장 가까이에 사는 반면 다른 고객들은 오프라인 매장과 멀리 떨어진 곳에 흩어져 살고 있다. 어떤 상품들은 수요가 집중되어 있지만 다른 상품들은 수요가 분산되어 있다. 만일 당신이 어떤 특정한 고객집단에 유통시키는 데만 초점을 맞춘다면, 당신은 다른 고객집단에 속한 사람들을 잃어버릴 수도 있다.

형이상학처럼 들리기도 하지만 최고의 롱테일 시장들은 시공간을 초월한다. 그런 시장들은 어떤 지리적 경계에 제한을 받지 않으며, 사람들이 자신들이 원하는 것을 언제 찾을지에 대한 가정도 하지 않는다.

오늘날 우리는 TV와 주문형 비디오, 아이튠스에서 다운받은 파일, 구매나 대여를 통한 DVD, 혹은 티보 정기이용권 등을 통해 〈CSI〉를 볼 수 있다. 또한 플라즈마 스크린에서 소니의 PSP에 이르기까지 다양한 장비를 통해 그것을 볼 수 있다. 당신은 지상파방송, 인공위성방송, 웹 스트리밍Web streaming, 포드캐스트podcast, 그리고 원한다면 이메일로 받은 파일을 통해 NPR 라디오 쇼를 청취할 수 있다. 이러한 다수의 유통채널들은 롱테일이라는 가장 거대한 잠재시장으로 나아가는 데 필수적인 조건이다.

법칙4_ 하나의 상품이 모두에게 다 맞는 것은 아니다

얼마 전만 해도 음악을 구입하려면 CD 앨범을 구입하는 단 한 가지 방법밖에 없었다. 하지만 이제 온라인을 통해 얻게 된 다양한 선택의 여지를 생각해보라. 앨범을 구입해도 되지만 개별 곡 단위로도 구입할 수 있다. 또한 전화벨소리, 무료 30초 샘플음악, 뮤직비디오, 리믹스, 다른 사람의 리믹스 샘플, 스트리밍되거나 다운받은 음악에 이르기까지 구성이나 샘플링 비율이 다양하다.

우마이르 하크는 이것을 '미세분리microchunking'이라고 했다. 승리를 결정하는 전략은 컨텐츠를 여러 구성요소인 미세구분microchunk들로 분리하는 것으로, 이를 통해 사람들은 새로운 컨텐츠를 만들기 위해 기존의 컨텐츠들을 리믹스할 뿐만 아니라 자신들이 원하는 방식으로 소비할 수도 있다. 신문은 개별 기사들로 미세분리되어 다수의 소스에서 얻은 컨텐츠로 구성된 보다 다양하고 특화된 제품을 만들어내는 매우 특별한 사이트들에 링크된다. 이때 그 특별한 사이트를 운영하는 블로거는 새로운 것을 창조하기 위해 뉴스를 리믹싱하는 일종의 DJ라 할 수 있다.

12명의 서로 다른 스파게티 취향을 만족시키려면 12가지 서로 다른 종류의 스파게티 소스가 필요한 것처럼, 상품이나 브랜드의 형태를 다양하게 분할하는 것은 예전부터 지켜보았다. 이제 그런 트렌드는 비디오게임의 개별적인 캐릭터와 한 번에 하나의 조리법을 알려주는 요리책을 판매하는 데까지 확장되고 있다. 각각의 재결합을 통해 다양한 유통 네트워크를 개척하고 다양한 청중을 확보할 수 있다. 한 사이즈는 오로지 한 사람에게만 맞는다. 여러 사람에게 맞는 옷을 입히려면 많은 사이즈를 확보해야 한다.

법칙5_ 하나의 가격이 모든 상품에 다 맞는 것은 아니다

미시경제학을 잘 설명해주는 원칙들 가운데 하나는 바로 탄력적인 가격이다. 서로 다른 사람들은 자신들이 얼마나 많은 돈을 갖고 있는가 하는 문제부터 얼마나 많은 시간을 갖고 있는가 하는 문제에 이르기까지 다양한 이유로 다양한 가격을 지불한다. 전통적인 시장에서는 한 가지 버전의 제품을 진열할 딱 맞는 공간이 있는 것처럼, 특정한 가격에 맞는 진열공간이 존재했다. 하지만 풍요로운 다양성을 지닌 시장에서 다양한 가격은 제품의 가치와 시장의 규모를 극대화하는 강력한 수단이 될 수 있다.

예를 들면 이베이는 경매방식이나 '즉시구매'를 통해 제품이 매매된다. 아이튠스는 일괄적으로 1곡당 99센트의 가격에 판매하는 정책을 고수하고 있는데, 만일 1장의 앨범 중에서 몇 곡만을 구입하고 싶다면 아이튠스를 이용하는 게 더 낫다. 랩소디는 좀더 나아가 곡당 가격을 79센트에서 49센트까지 내렸는데, 그 뒤에 다시 세 번째 가격인하를 단행해 그 가격의 절반까지 내렸다.

제조와 유통의 최저비용이 제로에 가까운 음악과 같은 제품의 자연스런 모델은 변동가격제 모델이다. 이렇게 되면 판매자들은 인기가 많은 제품들에 대해서는 더 높은 가격을 책정하고 상대적으로 인기가 적은 제품들에 대해서는 더 낮은 가격을 책정할 수 있다. 그런데 왜 이전에는 그런 일이 일어나지 않았을까? 이는 음반회사들이 CD 앨범 판매점들의 반발을 피하기 위해 곡당 70센트의 정찰가를 붙였기 때문인데, 이런 CD 앨범 판매는 아직도 음악산업 수익의 대부분을 차지하고 있다. 앞으로 언젠가는 음반회사들이 어떤 것이 더 나은 방법인지 깨달을 날이 올 것이고 그때가 되면 가격은 보다 탄력적으로 조정될 것이다. 그러면 판매자들과 소비자들이 롱테일에서 더 낮은 가격으로 만날 수 있게 될 것이다.

통제에서 벗어나라

법칙6_ 정보를 공유하라

비슷비슷한 상품들을 진열대에 산더미처럼 쌓아두는 것과 베스트셀러 순위를 보여주는 것의 차이는 바로 정보다. 첫번째 경우를 살펴보면, 상점은 가장 잘 팔리는 게 무엇인지 알지만 그것을 고객들에게 알려주지 않는다. 그러므로 '가격을 기준으로 한 순위'도 알려주지 않고, '평가를 기준으로 한 순위'도 확인해주지 않으며, '제조사에 따라 순서대로 정렬'해주지도 않는다. 모든 자료는 이미 존재하고 있기 때문에 그 자료를 고객들과 얼마나 잘 공유하느냐가 중요하다. 일반적으로 정보가 많을수록 더 좋은데, 이는 선택을 더 혼란스럽게 하는 게 아니라 제대로 선택할 수 있도록 도와줄 때만 그러하다.

이처럼 여러 가지 유형의 상품들을 구매하는 데 대한 정보는 그것이 추천기법과 같은 것으로 변형되면 강력한 마케팅 도구가 될 수 있다. 리뷰에서 설명서에 이르기까지 상품에 대한 상세정보를 제공함으로써 상품구입을 망설이는 소비자를 구매하게끔 할 수 있다. 어떤 소비자가 다양한 추천기법들을 활용하는 이유는 이런 추천기법에 대해 확신을 갖고 있기 때문이며, 이를 통해 다른 소비자들이 이런 추천기법을 더 잘 사용하도록 도와준다. 거짓이 없다면 비용을 들이지 않고도 신뢰를 구축할 수 있다.

법칙7_ '또는'식 사고에 얽매이지 말고 '그리고'식으로 사고하라

희소성적 사고 가운데 하나는 시장이 제로섬게임이라고 가정하는 것이다. 즉 모든 것이 하나를 선택하면 다른 것을 선택할 수 없는 '또는'에 근거해 모든 것이 움직인다고 가정하는 것이다. '이 버전 또는 그 버전을 출시하라'나 '이 색상 또는 저 색상을 판매하라'가 바로 그런 경우이다. 진열대나 방송채널의 경우 이런 현상은 매우 당연하다. 즉 하나의 진열대 선반에는 하나의 물건밖에 올려놓을 수 없다. 하지만 무한한 진열공간을 가진 시장에서는 모든 것을 진열하는 게 올바른 전략이다.

선택과 집중할 때의 문제점은 우리가 시간, 자원, 추측을 통해 여러 대상들을 비교하고 구별해야 한다는 것이다. 누군가는 특정한 기준에 근거해서 어떤 것이 다른 것보다 더 성공적인 것 같다고 결정해야 한다. 그런 선택은 거시적 관점에서는 옳을 수도 있지만, 미시적 관점에서는 항상 잘못된 것이다. DVD 영화의 '선택적 결말(영화 끝부분의 결말이 다르게 되는 것)'에 대해 한번 생각해보자. 비록 대부분의 사람들이 일반적인 결말을 가장 좋아한다 해도 선택적 결말을 선호하는 사람은 반드시 존재하기 마련이다. 이제 그들은 2가지 결말 중 하나를 선택할 수 있게 되었다. 선택의 문제를 외국어 선택 옵션, 표준화면과 와이드화면, 혹은 보호자를 동반해야 하는 영화, 13세 미만일 경우 보호자를 동반해야 하는 영화, 17세 미만일 경우 보호자를 동반해야 하는 R등급 영화, 무삭제 영화와 같은 다양한 수준까지 확대해보라. 어떤 경우이든 간에 선택권은 고객의 몫이다.

모든 '자투리 자료들'은 DVD의 풍부한 용량으로 인해 저장이 가능해졌고, 영화감독들은 비디오테이프 같은 용량이 부족한 매체에는 담을 수 없었던 컨텐츠를 DVD의 남는 공간에다 채워넣었다. 그러므로 저장공간의 가격은 떨어지고 용량은 늘어나는 온라인 디지털 시장을 볼 때, 얼마만큼의 저장공간을 원하든 간에 그것이 사실상 무료가 되는 것은 단지 시간 문제다. 저장공간과 유통망이 더 풍부해질수록 당신이 해야 할 선택은 그만큼 더 줄어들 것이다. '그리고'는 '또는'보다 결정하기가 훨씬 더 쉽기 때문이다.

법칙8_ 시장을 믿어라

진열공간이 부족한 히트상품 중심의 시장에서는 무엇이 팔릴 것인지 예상해야 한다. 하지만 풍요의 시장에서는 모든 것을 훌훌 털고 그저 어떤 일이 벌어지는지 지켜보면서 시장에서 그 상품이 얼마나 팔리는지 두고 보면 된다. '사전 필터링'과 '사후 필터링'의 차이는 사전예상과 사후측정의 차이라 할 수 있다. 그리고 당연히 후자가 훨씬 더 정확하다. 온라인 시장은 대중이 가진 정보를 한데 모은 매우 효율적인 곳이다. 온라인 시장에는 정보가 풍부하기 때문에 제품을 비교하고 사람들이 좋아하는 단어를 퍼뜨리는 것이 상대적으로 쉽다.

예를 들면 협력 필터링은 시장에 기초해서 제품을 판촉하는 방식이다. 인기도 순위는 입소문이라는 긍정적인 피드백의 순환으로 확장된 시장의 또다른 목소리이다. 그리고 그 인기도 순위는 제품들을 비교하고 순서대로 정리한 집단적 의견을 반영한 것이다. 이 모든 도구들은 어떤 일이 벌어질 것인지를 예측하는 어떤 판매자도 없이 소비자에게 의미있는 방식으로 다양한 제품들을 진열할 수 있게 해준다. 여기서 얻을 수 있는 교훈은 예측하지 말고 측정하며 응답하라는 것이다.

법칙9_ '무료'가 갖는 힘을 이해하라

무료라는 말은 저작권 침해 의혹을 불러일으키거나 혹은 그와 비슷한 선상에 있다는 점에서 별로 좋게 들리지 않는다. 그러나 디지털 시장의 강력한 특징은 그 시장 속으로 진입하는 데 돈이 들지 않는다는 것이다. 유통비가 거의 들지 않기 때문에 마찬가지로 시장진입비용도 거의 들지 않는다. 스카이프에서 야후메일에 이르기까지 인터넷에서 손꼽히는 비즈니스모델은 무료서비스로 많은 사용자들을 사로잡았고, 그 사용자들 가운데 몇 명에게는 고품질 혹은 더 나은 특별서비스를 추가한 회원제에 기반을 둔 프리미엄서비스로 업그레이드해도 되겠다는 확신을 심어주었다. 이처럼 디지털서비스를 제공하는 데는 비용이 아주 적게 들기 때문에 무료고객들은 회사에 비용을 거의 지불하지 않아도 된다.

광대역을 통한 전송비가 너무도 저렴하기 때문에 30초짜리 음악 샘플들에서부터 동영상 미리보기에 이르기까지 모든 샘플들을 전송할 수 있다. 그래서 비디오게임 제작자들은 몇 단계까지 무료로 할 수 있는 데모 프로그램을 정기적으로 보급한다. 만일 당신이 그런 비디오게임을 좋아한다면 데모 프로그램 이외의 게임 전체를 보기 위해 돈을 지불할 수 있다. 2005년에 유니버설^{Universal} 영화사는 SF 영화 〈세레니티 *Serenity*〉의 최초 9분까지의 영상을 무료 및 무삭제로 온라인에 올렸다. 왜 그랬을까? 우선은 그런 작업이 가능했기 때문이다. 또한 미리보기 영상을 온라인으로 보고 싶어하는 사람에게 전체 영화의 약 10퍼센트를 전송하는 데 드는 비용은 그런 마케팅을 통해 고객에게 영화의 줄거리를 소개하고 스릴 만점의 영화를 만나게 하는 가치에 비하면 너무나 하찮기 때문이다.

대부분의 TV는 이미 무료이며 광고의 지원을 받고 있다. 하지만 여전히 TV방송국들은 인터넷에서 방송프로그램을 유료화할 방법을 찾고 있다. TV방송으로 비용 이상의 수익을 이미 올리고 있고, 온라인 유통비용은 매우 저렴한데도 말이다. 그런데 그것이 최선일까? TV방송국들은 온라인 또한 그저 광고를 해서 최소한의 수익을 도모하거나, 제품 홍보를 위한 더 많은 고객을 얻는 수단으로 활용하는 것이 어떨까? 온라인 시장을 빼앗을 수도 과거의 영광을 회복할 수 없다면 어떤 선택을 해야 할까? 애석하게도 경쟁의 부담을 짊어진 풍요로운 시장에서 가격은 비용과 같이 가는 경향이 있다. 그리고 디지털 경제의 힘 덕분에 비용은 점점 더 내려가고 있다.

미래의 롱테일은 어떤 모습일까?

3만 달러 정도만 있으면 당신은 지금 솔리드스케이프^{Solidscape} T66 3D 프린터를 장만할 수 있다. 이 프린터는 상당히 비싸기는 하지만 더할나위없이 훌륭한 가정용 기기이다. 이 프린터의 가격은 빠른 속도로 하락하고 있는데, 이것은 우리가 생각하는 것을 현실적으로 구현해주는 일종의 급진적 기술이다. 레고 팩토리를 떠올려보라. 그것을 활용하면 당신은 레고 모델을 디자인할 수 있고, 직접 디자인한 것을 그 사이트에 올릴 수도 있으며, 1~2주 뒤에는 자신이 디자인한 조립완구를 받아볼 수도 있다. 그렇다면 당신은 이제 배송되는 것을 기다리기만 하면 된다. 솔리드스케이프 T66 3D 프린터는 대부분의 사물을 카피할 수 있도록 고안된 기기이다. 언젠가 이 기기도 잉크젯 프린터만큼 평범한 기기가 되고 가격도 비싸지 않은 정도까지 내려갈 것이다. 그렇다면 이 기기로 할 수 있는 작업에는 어떤 것이 있을까?

오늘날 다양한 형태를 띠고 있는 3D 프린터들의 공통된 원리는 레이저를 이용해 단단한 플라스틱 통에 들어 있는 액상중합체 용액이나 토너를 당신이 원하는 형태로 찍어내는 것이다. 캐드 프로그램으로 만든 결과 물이나 비디오게임의 캐릭터를 화면에서 갈무리한 3차원 영상을 솔리드 스케이프 T66 3D 프린터에 입력해보라. 그러면 레이저가 그 대상의 윤곽 을 그리는 작업을 시작하고 잠시 후에는 대상을 인공적으로 완벽하게 재 생산해낸 복제물이 나타날 것이다. 그런 과정을 보고 있노라면 마치 마술 과도 같은 느낌이 든다. 솔리드스케이프 T66 3D 프린터는 당신의 집에 있 는 디지털 파일들을 아날로그 형태로 바꿔줄 수 있다.

　3D 프린트 기술이 부서지기 쉬운 플라스틱을 넘어서서 금속에서 합성 섬유에 이르기까지 그 영역을 확장함에 따라 멀지 않은 미래에 우리는 어 떤 가상의 소매상에게서 다운받은 예비부품들, 장난감들, 그리고 심지어 기계 한 대를 통째로 자체 제작할 수도 있게 될 것이다. 우리는 이미 디지 털 제품들을 통해 그 힘을 경험했다. 즉 이제 우리는 아마존을 통해 세금 관련 소프트웨어를 상자에 담아 10일 안에 보내달라고 주문할 수도 있고, 그 소프트웨어를 다운받아서 당장 이용할 수도 있게 되었다. 우리는 음악 분야에서도 동일한 선택을 할 수 있다. 예를 들어 CD 앨범 1장을 주문하면 다음주까지 우편으로 받을 수 있지만, 디지털 음원은 지금 바로 다운받을 수 있다. 언젠가는 물질 형태를 띤 제품들에까지 그 영향이 확대될 것이 다. 지금은 집에서 사진을 출력할 수 있지만, 미래에는 〈스타워즈〉 같은 영 화에서 볼 수 있는 것처럼 영상까지 출력할 수 있게 될 것이다.

　당신은 이런 미래의 변화상을 엿볼 수 있다. 전설적인 비디오게임 디자 이너 윌 라이트Will Wright는 자신의 차기작 '스포어Spore'의 마무리 작업을 하고 있다. 이것을 이용하면 직접 디자인한 외관과 특징을 갖춘 자신만의 캐릭터를 만들 수 있다. 만일 당신이 그럴 생각이 있다면 스포어 서버에 당 신이 만든 새 디자인을 올릴 수도 있다. 그런 다음 약 20달러 정도만 들이면 당신은 색상과 외부골격 등 모든 것을 갖춘 3D 입체 액션게임 캐릭터를 받을 수 있다. 이 세상에 단 하나밖에 없는 그 캐릭터는 1~2주 내에 당신에게 배달될 것이다. 이것은 제품의 롱테일이라고 볼 수 있다. 이처럼 롱테일을 통해 앞으로 다가올 변화를 살짝 엿보는 것만으로도 흥분되지 않는가!

앞에서 살펴본 모든 롱테일의 경우와 마찬가지로 미래에 펼쳐질 사물 전체의 롱테일은 한데 모여 디지털 형태로 효과적으로 저장되고 광섬유를 통해 당신의 집으로 전송될 것이다. 그 뒤에 그것은 물질의 형태를 갖추게 될 것이며 소비되는 순간에는 다시 아날로그 형태를 띠게 될 것이다. 이런 상황은 마치 SF 영화의 한 장면 같아 보이지만 곧 현실로 다가올 미래이다.

엔터테인먼트와 정보의 세계에서 우리는 모든 수요를 하나의 사이즈로 해결하려던 진열공간과 방송채널의 수용력 한계를 극복했다. 얼마 지나지 않아 대량생산 용량 한계도 없어질 수 있다. 디지털의 효율성 덕분에 우리의 문화에서 폭발적으로 증가한 다양성은 우리 삶의 구석구석에까지 영향을 미칠 것이다. 미래에 우리가 하게 될 질문은 선택의 여지가 많을수록 더 좋은지 여부가 아니라, 그런 선택의 기회를 잡은 우리가 정말로 원하는 것은 무엇인가 하는 점일 것이다. 선택의 기회가 무한히 펼쳐진 공간에서는 모든 것이 가능하기 때문이다.

이 책은 기업의 경영자들과 학계의 경제학자들, 그리고 그밖에 다양한 직종에 종사하는 사람들을 대상으로 3년에 걸쳐 진행된 연구와 인터뷰의 결과물이다. 또한 넷플릭스에서 이베이에 이르기까지 롱테일 시장을 구축하고 있는 여러 기업에서 제공받은 엄청난 양의 판매자료와 원하는 파일의 형식을 선택하면 특정 기간의 통계를 바로 열람할 수 있는 사용 데이터usage data의 결과물이다. 이 프로젝트를 지원하고 데이터를 이용할 수 있도록 허락해준 해당 기업의 경영자들에게 감사드린다. 또한 이 책은 많은 연구원들과 사상가들, 그리고 작가들의 작업의 산물인데, 그들의 아이디어들과 결론들은 내가 롱테일과 관련된 생각을 정리하는 데 커다란 영향을 미쳤다.

이 책의 주요 정보 출처들을 비롯해 부가적인 정보와 설명을 제시하는 한편 롱테일에 대해 좀더 알고 싶어하는 사람들이 읽을 만한 관련 도서들을 정리했다. 많은 경우 1차 자료는 웹에서 가져왔는데 그런 경우에는 URL을 간단하게 언급했다. 그러나 URL은 언제든 바뀔 수 있기 때문에 대부분의 경우 그 사이트만의 독특한 정체성을 드러내는 정보를 언급함으로써 검색엔진을 통해 찾을 수 있도록 했다.

서문 _ 80/20법칙으로 설명되지 않는 새로운 현상, 롱테일

1. 히트앨범 자료는 미국음반산업협회Recording Industry Association of America, www.riaa.org에서 받은 것으로, 협회는 골드앨범(50만 장 이상 판매된 앨범), 플래티넘앨범(100만 장에서 200만 장까지 판매된 앨범), 멀티플래티넘앨범(200만 장에서 1,000만 장까지 판매된 앨범), 다이아몬드앨범(1,000만 장 이상 판매된 앨범)에 해당하는 앨범들에 관한 자료를 제공해주었다. 할리우드 박스오피스 자료는 www.boxofficemojo.com에서 얻은 것이다.

2. 과거와 최근의 텔레비전 자료는 닐슨 미디어 리서치에서 얻은 것이다.

3. 로비 반–아디베는 2005년에 이캐스트를 그만두었다.

1. 롱테일이란 무엇인가

1. 이런 식으로 환산하려면 몇 가지 설명이 필요하다. 월마트와 같은 오프라인 매장은 일종의 CD 앨범 판매점인데, 그곳에서는 거의 모든 노래가 앨범 형태로 판매된다. 하지만 아이튠스와 랩소디와 같은 온라인 매장의 경우에는 고객들이 노래를 개별 곡 단위로 다운로드받을 수 있다. 앨범 단위로 판매하는 시장과 개별 곡 단위의 시장을 동등하게 비교하려면 1장의 앨범에 포함된 평균 노래 수인 14를 곱하는 것으로는 충분하지 않다. 1장의 앨범에 포함되어 있는 몇몇 노래들은 해당 앨범에 포함되어 있는 다른 노래들보다 훨씬 더 인기가 있기 때문이다. 그래서 더 좋은 환산율을 찾아내기

위해, 우리는 랩소디의 판매순위 기준 10만 위까지의 노래들을 분석했다. 우리는 그 노래들이 약 2만 2,000장의 앨범에 들어가 있으며, 이 경우 앨범 1장을 평균 4.5곡 정도로 환산하면 된다는 사실을 알게 되었다. 판매순위 기준 10만 위에 미치지 못하는 상대적으로 인기가 떨어지는 노래들까지 이런 환산율에 포함시킴으로써, 우리는 앨범 1장을 판매하는 것과 곡 단위로 판매할 때 5.5곡을 판매하는 것을 동등하게 취급할 수 있다는 결론에 이르게 되었다. 따라서 월마트에서 4,500장의 앨범을 판매하는 것은 랩소디에서 2만 5,000곡을 판매하는 것과 같다고 볼 수 있다.

2. 대규모 오프라인 서점과 아마존을 비교하는 것은 결코 쉽지 않은 일이다. 아마존은 도서별 판매자료를 제공하지 않았기 때문에 입수할 수 있는 자료를 통해 아마존의 판매상황을 역추적해야만 했다. 역추적할 때 참고한 자료는 아마존의 도서별 판매순위에 따른 판매지수와 다양한 종류의 서적들에 대한 정확한 판매수치를 제공한 기타 서점들의 자료였다. MIT의 에릭 브린욜프손을 비롯해서 카네기멜론대학의 마이클 스미스^{Michael Smith}와 퍼듀대학의 제프리 휴^{Jeffrey Hu}가 이와 관련된 작업을 최초로 진행했다. 이들은 2003년에 출간한 논문 〈디지털 경제하에서의 소비자 잉여 : 온라인 서적판매상들에서 증가하고 있는 제품다양성의 가치 측정 *Consumer Surplus in the Digital Economy : Estimating the Value of Increased Product Variety at Online Booksellers*〉을 통해 아마존의 판매순위 자료를 대대적으로 분석함으로써 수요곡선을 예측했다. 이들은 아마존의 판매순위 기준 상위 10만 종에 미치지 못하는 책들이 아마존 매출의 40퍼센트를 차지하고 있다고 결론을 내렸다. 일반적으로 이런 책들은 전통적인 오프라인 매장에서는 창고에 쌓여 있는 것들이다. 아마존과 도서산업에 속한 다른 업체들에 대해 지속적으로 논의하는 가운데, 우리는 이같은 수치가 아마존의 판매순위 알고리즘에 내포된 몇 가지 문제와 판매순위 기준 상위 100위까지의 수치를 실제보다 적게 계산하는 경향 때문에 과장된 것이라고 결론을 내리게 되었다. 그 뒤에 출판사에서 직접 입수한 판매수치를 통해 상대적인 판매순위를 계산함으로써 정교한 분석을 진행했다. 그런 이후 아마존의 전반적인 도서판매수익을 분석한 추정치와 그 분석결과를 대조해보았다. 그 결과 판매순위 기준 상위 10만 위에 미치지 못하는 서적들을 판매한 수치는 아마존 전체 도서매출의 20~30퍼센트를 차지한다고 추정하게 되었으며, 그 중간값인 25퍼센트를 사용하고 있다.

2. 히트상품의 흥망성쇠

1. 이 문단에 나오는 발터 벤야민의 글은 그가 1936년에 저술한 논문 〈기계복제시대의 예술작품 *The Work of Art in the Age of Mechanical Reproduction*〉에서 인용한 것이다.

3. 롱테일의 역사

1. 여기에 인용된 부분은 제프 베조스가 2005년 처칠 클럽에서 강연한 내용의 일부이다.

2. 존 롭의 웹사이트는 글로벌게릴라스닷타이프패드닷컴^{globalguerrillas.typepad.com}이다. 그는 해당 글을 2005년 3월 18일에 자신의 웹사이트에 올렸다.

5. 롱테일 시대의 새로운 생산자들

1. 위키피디아가 탄생한 배경에 대한 정보는 2005년 3월에 〈와이어드〉에서 출판한 다니엘 핑크의 논문 〈백과사전의 완성판 *The Book Stops Here*〉을 상당 부분 참조했다.

2. www.paulgraham.com/web20.html을 참고하라.

3. 이 부분은 세계경제포럼의 〈글로벌 아젠다 *Global Agenda*〉 2006년판을 참고했다.

4. 이 부분은 제니 자댕Xeni Jardin이 〈와이어드〉 2005년 12월호에 쓴 탁월한 기사를 참고했다.

5. 정보과학과 경영대학원School of Information Science and Management 부속 미디어 스트림스 메타데이터 익스체인지Media Streams Metadata Exchange의 라이언 쇼Ryan Shaw와 그의 동료들을 말한다.

6. 롱테일 시대의 새로운 시장들

1. 원 자료를 보고 싶다면 www.nacs.org를 참고하라.

2. 원 자료를 보고 싶다면 www.bisg.org를 참고하라.

7. 롱테일 시대, 새로운 유행을 만드는 사람들

1. 여기에 인용된 부분은 2005년 11월에 리드 헤이스팅스가 레만 브라더스 스몰 캡 컨퍼런스Lehman Brothers Small Cap Conference에서 강연한 내용의 일부이다.

8. 롱테일 경제학

1. 나는 $y=ax^k$ 공식으로 분포들을 설명하기 위해 파워로 분포의 개념을 느슨하게 원용했다. 이 책에 활용된 자료에서 y는 순수한 판매량 혹은 인기도를 나타내고 x는 특정 제품에 대한 판매량이나 인기순위를 나타낸다. a는 라지 x에 대한 상수이고, k는 x의 수치를 높이는 거듭제곱으로 '파워로 지수'라 불린다. 사실 이런 종류의 지수방정식에는 많은 변수가 존재하며 언뜻 보기에는 파워로 분포를 하고 있는 것처럼 보이는 시장들은 변수인 대수가 정규 분포하는 로그 정규 분포나 다른 통계적 등가물일 수 있다. 이런 차이를 탐구하는 것은 이 책의 영역을 벗어나는 것이긴 하지만, 나는 이런 미묘한 의미를 나타내 보여주기 위해 UC버클리의 할 배리언의 도움을 받았다.

2. 원 자료를 보고 싶다면 www.film-festival.org를 참고하라.

3. 반스앤노블, 레디프닷컴의 통계수치는 해당 기업 경영자들과의 개인적인 통신을 통해 직접 받은 것이다.

4. 이 연구결과는 아직 출판되지 않았고 MIT 연구팀으로부터 초안 형태로 제공받은 것이다. 그 결과 몇 가지 수치들은 최종 버전에서 바뀔 수도 있다.

5. 온라인 시장과 오프라인 시장의 차이점은 매우 크다. 시장에서 차지하는 매출분포의 차이는 다음과 같다.

전체 판매비율				
순위	월마트*	랩소디	블록버스터*	넷플릭스
1~100위	65%	47%	68%	38%
101위 이후	36%	53%	32%	62%

*월마트와 블록버스터 매장의 판매자료는 닐슨 미디어 리서치의 사운드스캔과 비디오스캔에서 받은 것이다. 이 조사기관들은 전반적으로 두 소매점의 오프라인 판매를 측정했다. 월마트와 블록버스터 매장은 각각 음악시장과 영화시장에서 가장 큰 소매점이기 때문에 그들의 판매 패턴은 매우 비슷하다.

6. 원래 〈포브스〉에 발표된 이 인용문은 2000년에 출판된 조지 길더의 《텔레코즘》에도 언급되어 있다.

7. 개인적인 통신을 통해 입수한 내용이다.

9. 머리가 짧아진다

1. 〈애틀랜틱 먼슬리 *Atlantic Monthly*〉 2005년 10월호를 참고하라.

2. 〈디스커버 *Discover*〉 2005년 9월호를 참고하라.

3. 1961년에 출판된 제인 제이콥스의 《미국 거대도시들의 삶과 죽음 *The Death and Life of Great American Cities*》을 참고하라.

4. 데이비드 고틀리프는 2004년에 다큐멘터리 〈프런트라인 : 음악이 몰락한 방식 *Frontline : The Way the Music Died*〉에서 인터뷰를 했다.

5. 2003년에 발표한 에릭 브린욜프슨, 마이클 스미스, 그리고 제프리 휴의 자료를 참고했다.

10. 무한선택의 시대가 열리다

1. 컬럼비아대학의 시나 아이옌거와 스탠퍼드대학의 마크 레퍼[Mark Lepper]가 2000년에 집필한 〈왜 선택권은 의욕을 상실하게 하는가 : 한 사람이 엄청나게 많은 좋은 것들을 욕망할 수 있는가? *Why Choice Is Demotivating : Can One Desire Too Much of a Good Thing*〉에서 인용했다.

2. 니콜라 브라운[Nicola Brown]과 리즈대학 경영대학원의 바바라 서머스[Barbara Summers], 그리고 런던 경제학대학원의 다니엘 리드[Daniel Read]가 2002년에 집필한 〈선택의 유혹〉에서 인용한 것이다.

3. 개인적인 통신을 통해 입수한 내용이다.

11. 틈새문화가 주목받는 세상

1. 〈포브스〉 1998년 판에서 인용한 것이다.

12. 무한히 넓어진 스크린의 세계

1. UC버클리 '정보경영과 시스템 대학원'의 할 배리언과 그의 동료들이 2003년에 집필한 논문 〈도대체 정보는 얼마나 많은가? *How Much Information?*〉에서 인용한 것이다.

2. 〈스트리밍 미디어 *Streaming Media*〉의 2005년 10월호에서 인용한 것이다.

3. 개인적인 통신을 통해 입수한 내용이다.